上海社会科学院上海犹太研究中心 《犹太·以色列研究论丛》第四辑
CJSS JEWISH & ISRAELI STUDIES SERIES VOL.Ⅳ

犹太人在美国

一个成功族群的发展和影响

THE JEWS IN AMERICA: DEVELOPMENT AND INFLUENCE OF A SUCCESSFUL COMMUNITY

主编：潘光 汪舒明 罗爱玲
Edited by: PAN Guang WANG Shuming & LUO Ailing

时 事 出 版 社

《犹太·以色列研究论丛》编委会

Editorial Board of CJSS Jewish & Israeli Studies Series

目 录

Contents

二、以色列研究

Israeli Studies

三、来华犹太人研究

Research on Jews in China

四、犹太历史文化研究

Research on Jewish History and Culture

序

自1654年第一批犹太人登上北美新大陆的土地定居以来，三个半世纪过去了。美国犹太人走过了一条充满荆棘的奋斗之路，也是一条不断遭受挫折的成功之路，终于从一个无足轻重的小移民群体成长发展为美国社会的中坚力量。特别是第二次世界大战结束后60多年来，美国犹太社团经历了一个高速发展的“黄金”时期，成为最成功的族裔群体之一。在今日美国，犹太人总数约600万，仅占美国总人口的2%左右，但其在政治、经济、文化诸领域却拥有强大的影响力，特别是对公众舆论的形成、意识形态的塑造、议事日程的设定和对外政策的制定都能发挥举足轻重的作用。

美国犹太人为什么能取得成功？其中有许多原因，如人们通常谈到犹太人时所说的那几点：善于经商，精明，抱成一团等。但具体就美国犹太人而言，最主要的恐怕就是两条：重视教育和团结参政。由于重视教育，美国犹太人社会地位的上升要比其他少数族裔快得多。美国犹太人参政的主要目的自然是维护自身权益，这样的参政行动往往由犹太社团组织来进行领导和协调，每当发生事关犹太人切身利益的重大论争之时，所有犹太人都会团结一致地采取行动。

美国犹太人仍然保持了强烈的自由主义传统，但也出现了内向化、保守化的趋势，新保守派的崛起就是这种保守化的重要表现。美国犹太人的认同及保守化在思想方面的表现就是犹太—美国特殊主义的抬头，即美国认同和犹太认同的强化。美国认同的核心内容就是“美国主义”或称“美国信条”；而犹太认同的核心内容和诉求是“犹太生存”。尽管两者有时存在矛盾，但总体而言在美国背景下得到了很好的协调。

从美国价值观和自由主义传统出发，一部分美国犹太人形成了对中国的负面认知，甚至认为中国是类似于前苏联的极权主义国家、是美国信条和美国利益的挑战者。另一方面，由于儒家文化与犹太文化的相通及中犹两个民族在历史上的共同遭遇和互伸援手，又目睹了中国30多年的迅速发展和进步，许多美国犹太人也积极支持中国的改革和开放，高度赞扬中国取得的成绩，越来越关注和参与中国的发展，并从中分享利益。他们的对华认知，必然对美国的对华政策和中美关系产生重要影响。

尽管美国犹太人对内政外交有着巨大影响，但说犹太人“控制”着华尔街、“统治”着好莱坞，甚至“操纵”着美国新闻媒介显然是夸大其词的。长期以来，欧美主流社会一直有人宣传“犹太阴谋论”，其核心就是说犹太人试图控制世界，而美国犹太人则是其中的主要推手。这一观点本来对中国并无什么实质性影响，但随着去欧美的中国人越来越多，“犹太阴谋论”进入中国自然不可避免。如最近销售很好的《货币战争》一书，就是照搬了“犹太阴谋论”，这大概与作者长期在美国学习不无关系。总体来看，该书关于犹太人，特别是美国犹太人的一些基本史实、概念和数据都是不准确的，甚至是错误的。这种现象，使我们更加感到进一步加强犹太历史文化研究，特别是对美国犹太人的研究十分重要。

本书汇集了围绕“犹太人在美国：一个成功族群的发展和影响”这一主题的十篇论文，着重探讨美国犹太人的历史、文化、宗教，美国的锡安主义运动和反犹主义现象，美国犹太人对美国政治和外交的影响，美国犹太人与美以关系和中美关系等课题。我们十分欣喜地看到，中国的犹太学界，其中许多是中青年学者，对这一问题的研究正在逐渐深入。他们努力地将真正的犹太历史文化，包括真实的美国犹太人介绍给中国人民，以弥补国内在这方面研究的不足和缺陷，并纠正《货币战争》一类书籍制造的神话、谬误和不实之词。希望本书的问世能进一步推动和促进国内对美国犹太人和犹太历史文化的研究。

作为上海犹太研究中心推出的《犹太·以色列研究论丛》第四辑，本书还收入了以色列研究、来华犹太人研究、犹太历史文化研究等领域的十多篇论文。正如我们一再申明的，本书编者并非同意这些论文作者的所有观点，但我们愿意为他们，特别是青年学者们提供一个探讨、争鸣的平台，这正是我们推出论丛的宗旨，我们将继续为此不懈努力。

潘　光

2010 年 11 月 10 日

于上海社会科学院内

上海犹太研究中心图书阅览室

一、犹太人在美国：一个成功族群的发展和影响

美国犹太历史：回顾与展望①

乔纳森·萨纳 Jonathan D. SARNA

[内容提要] 美国犹太历史结合了两大传统：犹太传统和美国传统。它可以上溯至哥伦布发现新大陆以及首个犹太社团于1654年抵达北美。美国革命塑造出许多使美国犹太生活与众不同的特征。此后，随着犹太社团的成长，美国犹太历史出现了四个中心主题：（1）相信美国生活有保证；（2）多元主义；（3）追求成功；（4）致力于犹太民族的生存和延续。与此同时，美国犹太社团面临五大挑战，表现为五对紧张关系：（1）同化和认同；（2）传统和变化；（3）统一性和多样性；（4）多数决定原则和少数派权利；（5）犹太历史经验和美国例外论。当前，美国犹太人因为经济衰退、异族通婚和担心以色列而对未来忧心忡忡。最终来看，美国犹太社团的未来将由那些有愿景和毅力去塑造未来的人决定。

[**Abstract**] American Jewish history weds together two great traditions: one Jewish and the other American. It dates back to the discovery of the New World by Christopher Columbus and to the arrival of the first Jewish community in North America in 1654. The American Revolution shaped many of the features that made American Jewish life distinctive. Thereafter, as the community grew, four central themes characterized its history: (1) be-

① 本文系乔纳森·D. 萨纳（Jonathan D. Sarna）于2010年4月12日在南京大学宗教学系犹太文化研究所做的报告。他是美国布兰代斯大学近东和犹太研究系讲座教授、美国人文与自然科学院院士，代表作为《美国犹太教史》（中译本由胡浩译、徐新校，大象出版社2009年版）。

lief in the promise of American life, (2) pluralism, (3) quest for success, (4) commitment to Jewish survival and continuity. At the same time, the community has faced five major challenges, expressed as tensions: (1) assimilation and identity; (2) tradition and change; (3) unity and diversity; (4) majority rule and minority rights; (5) historical Jewish experience and American exceptionalism. Currently, American Jews are nervous about their future owing to the economic downturn, intermarriage, and worries about Israel. Ultimately, the future of the community will depend upon those with the vision and the fortitude to shape the future.

美国犹太社团是当今以色列之外最大的犹太社团。在美国，大约有520万犹太人。我知道，以中国的标准来看，这是很小的数字。事实上，全部犹太人，即在以色列和流散地的所有犹太人，据说比中国人口普查统计上的误差还要少。然而，犹太民族的历史意义不在于人口的多少。犹太人的重要性体现在他们的宗教、文化和经济上的成就对文明产生的影响。长久以来，犹太人都是美国少数群体中最重要的非基督徒，他们在美国的文化、经济以及政治生活中发挥了超过自身规模的作用。

我们今天的主题——美国犹太社团的历史——结合了两大历史传统：一是犹太传统，它可以追溯到几千年前圣经时代的族长们、古代的先知和《塔木德》时期的拉比们；一是美国传统，它可以上溯至印第安人、克里斯多弗·哥伦布以及美国革命中涌现的英雄豪杰。尽管带有这两大传统的印记，美国犹太社团还是形成了自己鲜明的历史传统，到现在约有356年了。就像我们下文将看到的，这个传统根植于一种矛盾心理，对于美国犹太人来说，有时会同时被拉向两个不同的方向。但他们也会因这种共同的愿景团结起来，即同时做一个完整的犹太人和一个完整的美国人。这一愿景既与全世界犹太人密切联系着，又同样密切地与信仰其他宗教的美国人联系着。它通过富有创造力的男男女女世代相传，这些人努力在美国犹太生活所固有的种种紧张和矛盾中探索，从中塑造出我们所了解的美国犹太历史——一个由万花筒般的社会、宗教、文化、经济和政治因素组成的丰富多彩、活力四射的美国犹太人的世界。

犹太人在美国的历史始于1492年克里斯多弗·哥伦布的远航和同时期犹太人被驱逐出西班牙。后者开启了犹太人大规模移民的一个时期。到16世纪，为了逃离天主教宗教裁判所的魔爪，一些犹太人在年轻的信奉加尔文教的尼德兰共和国找到了庇护。一个世纪后，他们数以百计的后代跨过大西洋，移居到了荷兰的新殖民地——巴西的累西腓（Recife）。在那里，犹太社团生活第一次在新世界成为可能。当葡萄牙在1654年重新占领这块殖民地时，累西腓的犹太人四下逃亡。难民们散布在荷属加勒比海地区，创建了新的犹太社团。其中23名犹太人的小船航行至偏远的北美港口城市新阿姆斯特丹，并获得了居住许可。这标志着犹太社团生活在北美的开始。

殖民地时期的犹太人（1654—1776）从未超过美国人口的千分之一，但是他们建立的犹太社团生活的模式却持续了好几代人的时间。

首先，许多犹太人居住在世界性的港口城市如纽约和纽波特，那里有足够多的商业和贸易机会，各种不同背景和信仰的人毗邻而居。

其次，很多早期美国犹太教的领导人和机构创立者都是塞法迪犹太人，他们的根源可以追溯至伊比利亚半岛上的犹太社团。直到19世纪早期，塞法迪犹太人都在美国犹太生活中拥有文化上的领导权，尽管当时阿什肯纳兹犹太人（即那些将自己的根源追溯到德国的犹太人）的人数已经很多。

第三，犹太人以会堂—社团模式组织起来。萨凡纳、查尔斯顿、费城、纽约和纽波特各有一座犹太会堂，承担着当地所有犹太人在宗教和社团方面的需要和责任。

1776年的美国革命不仅在美国犹太史而且在整个现代犹太史上都标志着一个转折点。起初，美国的1000—2500个犹太人由于不同的忠诚处于分裂状态，但到最后被迫选择时，大部分人选择了支持独立。有多达100名犹太人为美国的独立而战。战后，《联邦宪法》（1787）和《人权法案》（1791）废除了“作为在美利坚合众国获得任何公职和公信之一种资格”的宗教测试，并禁止国会制定任何“确立国教或禁止信教自由”的法律。在此之前，从未有一个大国给自己如此明确地制定有关自由和民主的通则及有关宗教自由的细则。犹太人和其他少数群体成员可以在宗教观上异于主流群体，而不必害怕受到迫害。不过，犹太人仍需为国家层次上的权利而奋斗，此外他们依旧面临着全国范围内形式多样的偏见。然而，许多犹太人从革命中获得了物质利益，而且他们能自由地与非犹太邻居交流。由于与其基督教同伴并肩为国家浴血奋战，犹太人作为一个团体感受到了比殖民地时期更大的安全感。他们公开维护自己的权利，一旦遭到挑战，就会有力和自信地保护自己。

乔治·华盛顿总统再次保证犹太人在这个新兴国家的地位，这位新总统将美国政府描述为“不容忍任何偏执，不协助任何迫害”的政府。他把宗教自由描述为一种与生俱来的自然权利，这有别于英国及许多开明的欧洲国家所实行的放任式的宗教“宽容”，在那些国家，犹太人的解放经常与要求犹太人品行的“提高”联系在一起。华盛顿借用《弥迦书》（4：4）中的预言，暗示美国将证明自己可以成为犹太人的“应许之地”，在这里，他们将“领略并享受其他居民的善意，人人都可安然坐在自己的葡萄树下和无花果树下，无人受到惊吓”。

美国犹太社团在革命后获得极大发展，在1825—1925年这一个世纪之间发展得尤其快。由于先是来自中欧然后是来自东欧的移民，还有人口的自然增长，美国犹太人口激增：从1825年的大约3500人的小社团膨胀到了1925年的350万人，一举成为世界上第二大犹太社团。纽约城拥有当时世界上最大的犹太社团，大约每4个纽约人中就有1个犹太人。同时，犹太人散居美国各地，重要的犹太社团甚至在美国太平洋沿岸城市如旧金山和洛杉矶也形成了。

我可以给出这段时期以及后来发展的很多细节——事实上，这些细节在我的专著《美国犹太教史》中可以找到。但我认为接下来去关注美国犹太社团的独特之处和其中持续存在的挑战会更有价值。泛泛而论总是有点危险，因为例外常常出现。然而，要理解美国犹太历史，就必须领会到下面四个主题的意义：

第一，相信美国生活有保证，这塑造了美国犹太历史。寻找自由、平等及机会的希望吸引着犹太人跨过大西洋来到美国的沿海城市，这就是他们来美国要寻找的。如果说经济上的贫困、法律上的歧视和反犹主义的暴力是促使许多犹太人离开母国的“推力”因素，那么对自由、平等及机会的许诺则肯定是引领他们选择移居美国的“拉力”因素。犹太移民梦想他们在其他流散地常常忍受的压迫和贫困的命运能够在新世界消失。尽管他们理想化的期望注定得不到实现——纽约的街道并非黄金铺就——但这种信念却世代流传且基本没有动摇过：美国代表了犹太人的希望，是世界各地应当怎样对待犹太人的典范。

第二，美国犹太人长期信奉多元主义。文化上的多元是美国社会的一个模式，它积极促成了民族的多样性，并反对与美国民主精神不相容的一致性或“熔炉”的号召。这种文化多元主义已经被美国犹太人广泛接受。美国文化多元主义的首要倡导者霍勒斯·卡伦（Horace Kallen）① 本人就是一个有犹太意识的犹太人，他作为美国犹太人的经历促成了其理论的诞生。当时美国犹太社团内部的多元主义由于权威的缺乏已经形成了；没有别的方法可以让那么多不同背景和信仰的人——宗教人士与世俗人士，阿什肯纳兹和塞法迪犹太人，正统派、保守派、重建派、改革派等等——共同生活在一起。美国犹太生活的现实（即一方面的内部多样性和另一方面的少数群体的地位）以及犹太社团一贯在意识形态上所信奉的多元主义巧妙地互补。其结果就是，多元主义原本只是出于必要，后来却转变为美国犹太生活的一条核心原则。

除了多元主义，美国犹太历史还有一个“追求成功”的特征，这是我们的第三个主题。这种追求不仅激励着每一代犹太移民，而且也激励他们的孩子经过努力奋斗取得自己父母通常达不到的成就。追求成功还可以进一步解释美国犹太人在地理分布及社会流动方面的高比率，解释他们为什么会集中在商业和金融中心——特别是那些发展迅速的大都会地区，以及为什么他们乐意进入新领域探险——不管是作

① 霍勒斯·卡伦（1882－1974），美国犹太裔哲学家，强调多元文化共存，认为种族文化的多样性和差异性共同塑造和强化了美国。——译注

为西部沿街叫卖的小贩、作为新研究领域的科学家还是作为探索新兴行业的企业家。当然，在美国，雄心壮志绝非犹太人的专利，移民到美国的中国人也显示了同样的对成功的追求。然而，这种特点通过犹太人在美国356年的历程表现得尤其明显，其成就用任何标准衡量都绝对是非凡的。今天的犹太人已在美国最富有、最成功的少数群体之中占有一席之地。

第四，也是最后一个主题：美国犹太人显示出对犹太民族生存和延续的巨大担当。作为一个从未达到哪怕是总人口4%的少数群体，犹太人在美国一直为了生存努力奋斗。改宗、同化和与异族通婚引起的人口损失时时威胁到这个团体。受这种挑战刺激，也受传统宗教价值观激励，美国犹太人从殖民地时代起就努力为自己创造一个可以自助的犹太社团。这样的社团是由个体和机构为了犹太人之间的同胞情谊而共同运作的一种网络；它提供犹太教育和犹太文化；它照顾贫穷的犹太人；它还实现其他一些功能，以保证美国犹太人的福祉和美国犹太生活从一代人传至下一代的延续性。今天，几乎每个美国犹太社团都有一个“犹太联合会”（Jewish Federation），它通过巩固犹太组织机构和提高犹太生活质量来促进犹太民族的生存和延续。除了关注自己的社团，美国犹太人也把自己同世界各地的犹太人联系在一起。海外爆发的反犹行径、影响到全体犹太人的自然灾害、援助处于危难之中的犹太社团的召唤，尤其是圣地犹太人发出的求助——这些长久以来都得到美国犹太人富于同情心的回应，因为他们心中始终秉持“所有的以色列人要彼此负责”这条原则。就像犹太人在漫长的流散史中所做的那样，美国犹太人把自己作为一个社团的生存与别处犹太人的生存联系起来，而从1948年起，他们又特别把自己与以色列的生存联系起来。此外，美国犹太人还日益关心整个社会的改善。今日美国的许多年轻犹太人愿意待在非洲、拉丁美洲或美国的欠发达地区，帮助这些贫困和物质匮乏的地方，以寻求“修补世界”，从而和那些不幸的人分享自己的好运。

如果美国犹太历史的这些典型特征——相信美国生活有保证、信奉多元主义、追求成功、致力于犹太民族的生存——暗示了一种超过三个半世纪的坚定不移的延续性，那么，美国犹太人面临的五个挑战则是另一种不同的模式。它们已经成为犹太人之间关系持续紧张的一个源头，因为它们把一些基本价值观对立起来，有时还要求犹太人做出极其痛苦的抉择。从根本上说，所有这些挑战都是不能解决的，因为它们源于美国犹太人整体经历的本质中所固有的种种困境。但这些挑战的存在最终却能证明是有益的，因为正视这些挑战不仅极大丰富了美国犹太人的生活，而且为个人和社团的创造力提供了重要的激励。

在美国的犹太生活中，最重要的挑战大概一直就是同化和认同之间的紧张关系，这使以下两者彼此对立：一方面是渴望成为美国人并遵循美国标准，另一方面是担心犹太人过于遵循这种标准而磨灭了个性并因此消失。这个问题并非犹太人所独有：诸如“适应与保留”（adaptation vs. retention）及“调和与抗拒”（accommodation vs. resistance）这类主题构成美国所有少数族群的历史——包括亚裔美国人历史——的特征。不过，在犹太人的例子中，这种困境是复合型的，因为犹太人同时是一个少数族群（“犹太民族”）和一种少数宗教（“犹太教”），而大多数犹太人寻求两者兼得。此外，犹太民族的历史告诉我们，有选择的适应已极大丰富了多个世纪以来的犹太生活。上至古代的希腊、罗马和波斯，下抵今日的西方文明，犹太人始终能从他们生活其中的伟大文明里学到很多有用的东西。然而，这些文明偶尔也会试图压制犹太人和犹太教。因此，同化和认同之间的紧张关系持续存在。多年来，在这个问题上，犹太历史和传统被用作各种立场合理化的依据，这些立场林林总总，既有以“所在地的法律就是法律”、“时代需要”及“和睦的邻里关系”为名义的对美国方式的大规模妥协，也有因为害怕“遵循非犹太人的方式”而坚决抗拒任何形式的调谐，甚至在服饰上也拒不妥协。在决定美国犹太人对主流文化什么该妥协、什么不该妥协这个问题上，由于美国的犹太领袖就像其追随者那样意见分歧，答案多种多样，而且从来没有一个答案令人完全满意。最终，每个美国犹太人都在彻底的同化和迥异于美国认同的犹太认同之间找到折中方案，每个犹太人都在美国文化和犹太教之间建构出他或她自己的个人综合。

第二个贯穿美国犹太历史的挑战是传统与变化之间的紧张。尽管与同化和认同问题有关，这个历史性的挑战迄今为止只局限于宗教领域。这方面的立场亦形形色色：一种极端坚持犹太传统团结了犹太民族，任何改变都会造成分裂，带来潜在的灾难（它们将止于何方）；另一个极端则认为这样或那样的变化（“改革”）对于犹太民族的生存必不可少，尤其是考虑到背离了其宗教遗产的犹太人的数量。但说到底，（如果有的话）究竟在哪里可以对传统的要求和变化的要求加以妥协？这个问题始终没有得到解决。每种宗教改革的提出都会令人重新面对这一挑战。早在19世纪，有人提议在犹太会堂中引进合唱团并用方言布道，这一挑战就已出现了。它又通过旨在改变会堂生活中妇女和男女同性恋者的传统地位的提议而一直持续至今。在美国，因为犹太人用太多不同和复杂的方式综合了传统和变化，故犹太教显得如此多样和复杂。

美国犹太历史的第三个挑战是统一性和多样性之间的对立。正如一般的美国生活长期以来一直受到由联邦政府利益与各州利益引起的争论的挑战一样，在美国犹太生活中同样可以看到一种普遍的紧张，它存在于犹太社团的整体利益和各类由区域、社会经济背景、宗教取向或政治意识形态定义的亚社团的利益之间。“一”和“多”的问题已经在历史上被各种公约和联合会制度加以探讨，这在组织层面上已成为美国犹太历史的趋势。但基本问题仍持续存在。一方面，美国犹太人已充分意识到随统一性而来的种种益处，并发誓对团结各类犹太同胞这个传统的犹太价值观矢志不移。另一方面，美国犹太生活固有的多样性，即有太多不同类型的犹太人和太多做犹太人的不同方式的这个事实，已经助长了对多样性的一种健康的尊重。与此同时，美国犹太人谈论犹太民族的统一性和犹太社团的多样性。这两种主张都正确，但调和两者从来不容易。

我要讲的第四个挑战集中于多数决定原则和少数派权利之间的紧张。这种紧张关系不仅融入美国生活的基本结构，而且位于美国犹太人与全体美国社团的历史关系的中心。在许多国内政策问题、尤其是在那些影响到政教关系的问题上，美国犹太人历史上一直被迫做出选择：他们应当让美国犹太人关注的事务服从于基督徒多数的意愿，还是应当对多数派的愿望置之不理，以此来保护宪法所规定的少数派权利？具体说来，这个问题涉及犹太人多年来在以下事情上进行的争论：星期天歇业法、宗教在国立学校中的地位以及公开庆祝圣诞节。在对外政策问题上并没有产生同等程度的争论，但已经要求做出同样困难的选择：犹太人应当服从多数派关于国际事务的议程？还是应当创造自己的少数派议程，去强调诸如保护全世界受迫害的犹太人和支持以色列国这样的问题？这个挑战始终意味着要找到某些方法，它们既能保护犹太人的权利和利益，又不过分冒犯多数派的敏感——这个目标无论从历史上还是放在今天看都是说比做要容易得多。

我要说的最后一个挑战是，美国犹太人在从过去3000年历史经验中学到的教训和他们普遍怀有的美国例外论意识（即他们感到那些教训以及标准的犹太历史叙述不适用于美国）之间左右为难。因此，“美国是不同的吗?”这个问题是美国犹太人面临的最伤脑筋的挑战之一。这使他们的信念——美国多少是个例外，这里不会有犹太人在其他地方遭受的种种变故——与他们在流散时苦涩的历史经验相冲突，比如犹太人也曾完全把西班牙和德国这类国家视为自己的家园——直到灾难来袭。这个“例外论”争论的双方都有美国犹太人支持。一方咄咄逼人地指出了散布在美国历史进程中的恶毒的反犹主义例子，警告危险的蛊惑人心的政客在美国竞选时经常能得到意想不到的支持，并告诫预言是一门非常不精确的技艺，过去决非预测未来的可靠的晴雨表。另一方则反驳说，美国仍然是不同的，尤其是拿犹太人在欧洲的经历来比较的话。他们指出，在美国，犹太人从不需要解放，因此也从不担心他们获得的解放会被撤销。美国最重要的文件保证了犹太人的宗教自由，就像上文所说，第一任总统也向他们传达了他的祝福。犹太人只是美国受到迫害的众多少数群体中的一个，其结果就是民族仇恨多样而广泛，从不仅仅针对犹太人。长期以来，美国一直有一种自由主义的宗教传统，它将犹太教视为这个国家伟大的信仰之一，并像犹太人那样倡导宗教的自由和多样性、政教分离、宗派主义（denominationalism，其意思是所有的教会和教派皆是平等的）和志愿主义。最后，美国例外论的支持者指出，两党制使得选举时选票接近成为惯例并使得权力高度分散，这就导致反犹主义的法律在美国很难生效。政治家们积累的经验是，要想拉到更多选票，针对基础广泛的所有主要选民集团发出的呼吁远比针对狭隘的地方主义或偏执发出的呼吁来得成功。尽管如此，最终只有时间才能证明美国是否与犹太人以前居住过的其他流散地相同。同时，历史已经教导犹太人要时刻保持警惕。这就是为什么美国犹太人虽说已经在美国做得非常出色，但他们依旧对潜在的反犹主义高度敏感和担忧的原因所在。

说到担忧，让我从这五个令人畏惧的挑战和前面列举的四个中心主题转向现在和未来。美国犹太人为什么会担忧？他们为什么不去庆祝他们在过去几十年里取得的巨大进步，而是对未来多少心怀忧虑？

美国的经济状况部分解释了这种担忧。美国犹太社团在当前的经济衰退中丧失了一笔财产，这不仅仅是因为下跌的股市，还因为一系列的财政丑闻，其中最广为人知的是伯纳德·麦道夫（Bernard Madoff）的庞氏骗局。据估计，美国犹太社团的财产比经济衰退开始前起码减少了 20%。由于社团的开销并没有减少 20%，所以社团必须痛苦地削减开支。如果说在 2007 年，美国犹太人还可以有新的旨在提升美国及海外犹太人生活质量的教育、文化及慈善事业的伟大梦想，那么他们现在却强烈感到，过去得到的种种收益——学校、旅行项目、用高额抵押贷款建造的豪华建筑等等——很快就会丧失。美国犹太人想知道，这会对犹太社团的士气、对社团保持犹太认同的能力产生什么样的影响？

与异族通婚的问题同样令社团担忧。今天大约有一半年轻的美国犹太人与非犹太人结婚。在许多方面，这可算作是对美国社会日渐开放的一种称颂；跨越民族、宗教和种族界限的婚姻现在已被全盘接受。在 20 世纪 50 年代，美国文化反对跨越种族和宗教界限的婚姻，鼓励族内婚。但今天，主张族内婚的犹太人和其他人面对的主流文化却视异族通婚为合法，甚至颂扬这有好处。事实上，在许多美国人看来，反对男女之间跨民族、信仰和种族的婚姻是非美国的和种族主义的。对犹太人来说，问题在于，一旦今天许多人奉行族外婚，就很难促进少数民族的群体意识和一种共同的民族意识。皈依犹太教也许能缓解异族通婚造成的一些影响。但子孙后代是否会继续做犹太人？他们是否会不可避免地“复归平常”并脱离犹太教？不少人忧虑，在未来某个时刻，美国犹太社团要么会大大缩水，要么会完全同化以致不复存在。

最后，今日美国犹太社团还为以色列国担忧。以色列和美国迄今为止拥有世界上最大的两个犹太社团。全世界超过80%的犹太人住在这两个国家。以色列建国也是世界犹太人在20世纪中最成功的故事。在20世纪30年代，犹太人没有家园，如果其他国家愿意接纳的话，数百万犹太人本可以活命，但最后却死于纳粹的灭绝营。相形之下，今天的每个犹太人都知道他或她在以色列有一个家园。全世界受迫害的犹太人——最近的例子是埃塞俄比亚和前苏联的犹太人——都已从这个家园中获益。没有以色列国的话，他们可能活不到今天。那么为什么担忧？首先，伊朗已经威胁要把以色列从地球上抹掉。犹太人仍然记着阿道夫·希特勒发出的威胁，这让他们对待这类威胁非常严肃，更何况伊朗现在可能拥有了核武器。犹太人知道，一颗原子弹就能灭掉犹太民族的1/3。除此之外，他们还担忧以色列在世界上的地位。中东政治异常复杂，但从美国犹太人的角度看，以色列今天似乎比以往更加危险和孤立。尽管美国犹太人对以色列的具体政策并非只有一个声音，但他们当中的绝大多数支持以色列的生存和安全。一个遭到削弱和威胁的以色列国是他们的一大忧虑。

虽说如此，我还是用一种较为乐观的口吻做一下总结。

身为一名美国的犹太历史学家的好处是，我知道美国犹太历史乃至整个犹太历史都充满了紧张、危机和不可预见的灾难。犹太人往往是犯愁的人。事实上，有一则广为人知的犹太笑话，说的是一封电报，上面写着："开始犯愁吧：信件随后就到。"犹太人无视困难并继续生存，这个事实证明他们有能力高度适应潜在的问题。犹太人已经懂得沾沾自喜是他们负担不起的奢侈品。因此，尽管美国的犹太历史学家有时会对未来冷眼悲观，但犹太历史本身却让人有充分理由乐观——更糟糕的情况犹太人都已克服了。事实上，多年来，犹太人熬过了一个又一个灾难。我相信，他们之所以能熬过来，是因为他们每次都能仔细分析他们面对的问题，并能通过改变策略、创办新机构及恢复古老的理想来着手解决它们。关于未来，我依据过去的经验所能告诉你们的是，它其实将由那些有愿景和毅力去塑造未来的人决定。让我们希望未来会塑造得更好！

（作者：乔纳森·萨纳，美国布兰代斯大学近东和犹太研究系讲座教授，美国人文与自然科学院院士；南京大学王艳、宋立宏 译）

美国犹太神学：被边缘的神的科学

刘 平 LIU Ping

［**内容提要**］“美国犹太神学”是美国犹太社团及其中的个人有关犹太宗教传统所信仰的神的科学。19 世纪晚期，改革派犹太教首先在美国犹太人中兴起变革的风气，美国犹太神学由此正式形成。不过，美国犹太神学由于美国文化的特质而处于边缘地位。本文根据拜伦·L. 舍温的综述将美国犹太神学的发展历程大致分为五个阶段：在宗派内部与跨宗派形成美国犹太神学；犹太教对生存主义神学做出回应；卡普兰形成重建派神学；大屠杀与以色列国的建立促动美国犹太教形成大屠杀神学；后现代主义对美国犹太神学产生直接的影响。在后“9·11”世界中，美国犹太神学面对诸多新的问题并对这些问题做出了自己的回答。

［**Abstract**］“American Jewish Theology” is the science of God in Jewish religious tradition attempted by American Jewish community and its individuals. Historically, Reform Judaism had begun its reformation movement within American Jews in the late decades of 19th century, and American Jewish theology came into being since then. But American Jewish theology is marginalized because of particular characters of American culture. This paper divides the historical development of American Jewish theology into five stages according to Byron L. Sherwin: Intradenominational and interdenominatoinal theology; Jewish existential theology after World War II; Reconstructionist theology by M. M. Kaplan; Since the 1967 Israel-Arab Six Day War, Holocaust and the foundation of the State of Israel promote the Holocaust theology in

USA; Postmodernism has direct impact on American Jewish theology. In a post- "9·11" world, American Jewish theology will face many new issues and make its own answers to them.

一、小序：何谓美国犹太神学？

根据著名的英国犹太神学家、拉比路易斯·雅各布（1920—2006年）的定义，犹太神学是指：

> 不断思索犹太宗教内涵的努力。就其当代形式而言，这种思考要合乎人类历史上在现时代所获得的认识和信息状况。犹太神学区别于其他犹太学术分支的一点在于它的践行者亲自献身于他们正在探求的真理。①

从这个定义中，我们可以将“美国犹太神学”确定下来。首先，“神学”的字面涵义是“神的科学”②，“犹太神学”是“不断思索犹太宗教内涵的努力”，而其主要宗教内涵是神。概言之，犹太神学是犹太人有关犹太宗教所信仰的神的科学，“其使命是更加全面地理解犹太宗教之意义”。③ 申言之，“美国犹太神学”是美国犹太社团及其中的个人有关犹太宗教传统所信仰的神的科学。美国犹太神学所乘载的元素及思想各种各样：有的关注古典犹太教问题（例如，神的本质、启示的意义或救赎的希望等），侧重于希伯来文圣经、拉比文献、中世纪犹太哲学等研究；有的以重大历史事件（例如，大屠杀、以色列国的建立）为思考对象；有的回应美国犹太人所面对的特定挑战。例如，在世俗时代犹太礼仪的意义，在保留犹太身份与适应美国生活之间寻求平衡的方法，在美国多元主义宗教背景下犹太教育的战略，美国公民宗教，跨宗教对话，以及其他各种社会问题——越战、生态危机、同性恋、女权运动等。尽管美国犹太神学呈现出多样性和多元

① Louis Jacobs, *A Jewish Theology*, New York, 1973, p. 1.

② Ibid.

③ Ibid., p. 3.

性，其中的一个主调或核心则是神的观念。美国保守派拉比和神学家哈罗德·舒尔维斯在考察这种思想处境后认为，神的观念是反映若干美国犹太人脸谱的一面镜子；做犹太神学家则意味着为美国犹太人提供犹太教形象，帮助他们发现和想象自己会成为哪一种人。① 其次，根据路易斯·雅各布的定义，"犹太神学"还要求做犹太神学家的美国犹太人自己具备一定的信仰。这种界定将各种没有宗教信仰的犹太教（如人文主义犹太教、文化犹太教等）及其倡导者从美国犹太神学家名录中排除出去。

尽管美国犹太教至今已经有350多年历史，但美国犹太神学的历史前后不过150年。如果要概论其发展和生存状况，美国犹太哲学和神秘主义教授拜伦·L. 舍温的一段话可谓一语中的：

> 犹太神学，说得好听一点，已经被美国犹太人忽略不计了，说得糟糕一点，要么与美国犹太人毫不相关，要么分歧丛生，从来没有在美国犹太社团日程表上占据优先地位。美国犹太人在许多方面慷慨解囊相助，但是训练和支持犹太神学家并不是其中的项目之一。直至现在，甚至各美国犹太神学院对犹太神学教育或训练犹太神学家都报以极端松懈的态度。如果训练有素的犹太神学家的出现是建构神学之前提条件，那么，犹太神学家的缺席似乎阻碍了美国犹太神学之存续。②

尽管上述描述有点灰暗，但美国犹太神学仍在美国乃至人类思想史上留下了、并将继续留下一笔重要的思想资源。本文试图结合美国犹太史来概述美国犹太神学150年的发展历程。

---

① Harold M. Schulweis, *In God's Mirror: Reflections and Essays*, Hoboken, 1990, pp. xiii – xv.

② Byron L. Sherwin, "Thinking Judaism through: Jewish Theology in America", Dana Evan Kaplan, ed., *The Cambridge Companion to American Judaism*, New York, 2005, p. 117. 实际上，从20世纪中叶至今，这种状况依旧没有发生根本性的改变。

二、美国犹太神学地位之轻与重

美国犹太神学自形成之日起就长期处于边缘地位，原因主要有两个方面：

首先，传统上，犹太教出于两方面原因反对或轻视神学。其一，犹太教在本源上不注重理论建设，而以回应特定、具体的处境为重，来解决日常生活中犹太社团所面临的问题。从 2000 年犹太教哲学史①来看，系统化、体系化的哲学建构直至希腊时期才开始出现，并一直贴近希腊主义传统的传承而延伸自己的思想轨迹。其二，如果任何宗教可以用三个元素——言说（理论）、心灵（灵修）和行动（实践）——来概括的话，那么犹太教的行动色彩更为鲜明。犹太教的主流——拉比犹太教一贯重行动、恪守神的旨意，轻逻辑和灵修。②

其次，外在而身处其中的社会大环境影响了犹太社团小环境，并与其自身生存需要和传统特质相结合，导致美国犹太人对美国犹太神学本身并不予以积极的关注。这具体体现在如下三个方面：③ 其一，美国文化向来强调杜威所倡导的行动主义和实用主义，通常会忽略、反对教理或神学理论。如果整个美国社会的基本精神风气是行动主义、实用主义和非神学的，那么身处其中的美国犹太人也难免受其熏染。大多数美国犹太人认为犹太教在根本上是一种重行动轻思考的宗教，是一种行动宗教，而非教理，因而重忠诚于犹太民族，轻恪守超越的信仰。其二，美国文化具有强烈的世俗主义倾向，这同样对犹太人产生耳濡目染的影响。社会学家史蒂文·柯亨一针见血地指出，美国犹太人具有三宗“最”：“在宗教上最不积极的人，在神学上最怀疑的

---

① 傅有德等著：《犹太哲学史》（上、下卷），中国人民大学出版社 2008 年版。

② Louis Jacobs, *A Jewish Theology*, p. 10. 但笔者认为，这并不是说，犹太教就没有理论建树和灵修。就理论建树而言，从斐洛到马丁·布伯，犹太神学或哲学已然形成自己的历史线索；就灵修而言，犹太神秘主义或喀巴拉、哈西德主义等也有着巨大贡献。但是，犹太教的主流是拉比传统，其重哈拉哈而轻阿嘎达的取向无疑是显而易见的。

③ Byron L. Sherwin, “Thinking Judaism through: Jewish Theology in America”, pp. 117 – 120.

人，简言之，属于最世俗的（团体）。"① 实际上，社会学研究和民调不断表明，美国犹太人比其他美国人在信仰上更加空洞。他们的祷告不仅少，而且更不合乎法礼，坚持不可知论和怀疑论的美国犹太人在比例上远比其他美国群体要大。概言之，神学的核心因素——信仰神——在美国犹太社团活动中并不占据主导地位。其三，美国社会的公民宗教，对美国犹太人的影响更为深远。在社会学家罗伯特·贝拉看来，美国除了存在各种不同形式的宗派、宗教信仰外，还拥有普遍存在的"公民宗教"②。公民宗教也具有一定的基本教义、价值观、节日和礼仪。1986 年，约拿单·伍彻用贝拉的思想考察"美国犹太人的公民宗教"问题。贝拉认为，在美国公民宗教中，信仰神发挥了核心作用。伍彻则认为，美国犹太人的公民宗教违背了这一准则：信仰神"在美国犹太人的公民宗教中完全无足轻重。……（美国犹太人的公民宗教）是非神学的——但不是无神论的——宗教。"③ 之所以如此，其原因在于，在美国犹太人中，有关神的观念在本质上形成根本不同的观点，其中既有毫不妥协的无神论，也不乏热忱的宗教信仰观。既然美国犹太人的公民宗教拒绝或忽略犹太传统神学思想，那么它必须为犹太人的信仰、身份和社团生活提供新的依据。伍彻认为，美国犹太人的公民宗教的基本"教义"就是"犹太生存"。所以，以色列子民取代以色列的神成为犹太生存赖以维系的基础。特别在 20 世纪最后几十年，犹太生存理论已经成为犹太社团生活的首要指南和基本教义。

20 世纪 60 年代晚期和 70 年代，各种巩固犹太社团的力量使美国犹太人的公民宗教在犹太共同体生活中取得了核心和权威地位。与犹太生存主义密切联系在一起的美国公民宗教的教理具体体现为大屠杀——以色列、死亡——重生的思想。这种颇具基督教神学味道的主张证明，美国犹太人认识到在大屠杀和以色列国的建立之间存在联系，而且这种意识成为美国犹太身份的基本特征。大屠杀意识使犹太人生

① Steven Cohen, *Content or Continuity*, New York, 1991, p. 26.

② Robert N. Bellah, "Civil Religion in America", Robert N. Bellah, ed., *Beyond Belief: Essays on Religion in a Post-Traditional World*, New York, 1970, pp. 168 – 189.

③ Jonathan Woocher, *Sacred Survival: the Civil Religion of American Jews*, Bloomington, 1986, p. 92.

物学上的存续构成犹太生存主义的首要指南的原因。由此，以色列国成为犹太生存和抵制各种威胁犹太生存因素的象征。美国犹太人认为，犹太人的无权地位成为反犹主义和大屠杀发生的条件。所以，犹太人的权力，诸如以色列国的军事力量和美国犹太人的政治力量成为美国犹太人帮助确保犹太生存的基本工具。其结果必然是，为了捍卫以色列国，政治活动和筹措资金成为美国犹太人公民宗教的“神圣的”核心活动。以色列国不仅成为美国犹太人犹太身份的基础，而且成为他们信仰的基础。

忽略、反对犹太神学，甚至将之边缘化的做法形成另外一种世俗化的犹太“信仰”。它包括：犹太民族主义以及20世纪各种形式的主义，诸如社会主义、共产主义、人文主义、理性主义等。所有各种版本的替代型信仰实际上都排斥犹太神学。①

美国犹太人的公民宗教重新塑造了犹太教，使之与美国政治自由主义的理想和思想相呼应。史蒂文·柯亨认为：

> 对于许多美国犹太人来说，政治，特别是亲以色列和自由主义的政治活动，已经构成犹太性的首要有效定义。在这种意义上，现代犹太政治运动在功能上起到了替代宗教传统的作用。……许多美国犹太人从小耳濡目染，认为自由主义或政治激进主义构成犹太教的本质，而其他一切——礼仪、仪式、共同体组织——都过时了。……②

实际上，具有讽刺意味的是，当代美国犹太人注重犹太民族生存、世俗主义、异族通婚、改宗等，表明犹太生存主义战略无助于确保犹太人可以作为犹太人生存下去，在确保犹太人恪守犹太教上更是无足轻重。

自21世纪以降，美国犹太人关注并忠诚于以色列的倾向不再如20世纪70年代那样强烈。曾经成为决定犹太自我身份的核心因素

① Louis Jacobs, *A Jewish Theology*, pp. 281－283.

② Steven Cohen, *American Modernity and Jewish Identity*, New York, 1983, pp. 32－35.

（自由主义和社会行动）开始衰落。美国犹太人日益从宗教而非民族的角度来确定自己的身份，开始凸出灵命而非世俗标准，从而为21世纪的美国犹太神学提供了较为有利的环境。美国犹太人的公民宗教思想也开始失去影响力，他们开始诉诸犹太传统中的思想和灵修资源，将之作为智慧、个人生命的意义以及犹太身份的来源，长期以来被边缘化的美国犹太神学有可能出现转机。尽管与喧嚣的美国犹太社会活动相比较，美国犹太神学显得沉寂而孤独，但是，它仍然从19世纪晚期顽强生存至今，并经历了20世纪50—70年代短暂的辉煌阶段。

三、格肖姆·M. 塞克萨斯：美国化的犹太神学的萌芽

格肖姆·门德斯·塞克萨斯（Gershom Mendes Sexias）是殖民地时代和美国独立初期最重要、最受人尊敬的领颂人（Hazan）[①]，被誉为最早期的美国犹太思想家。[②] 他的著述标志着美国犹太神学初露端倪。塞克萨斯在以下四个方面为美国犹太神学奠立了基调：

第一，塞克萨斯所拥有的宗教领袖地位，可以帮助他将思想家所在机构、组织和宗派中的名望与阐述犹太神学的推动力紧密联系在一起。他虽未被授职为拉比，但是在纽约和费城长期从事传道工作；他赞赏美国精神，积极支持美国革命；他拥护美国宗教关系上的志愿主义并将之落实到实践中，适应而非挑战美国犹太人之间的差异。塞克萨斯的立场和经历表明，早在18和19世纪，美国犹太神学家就赞成公民社会秩序和志愿主义，并与美国的公民宗教相一致。

第二，塞克萨斯的思想与犹太传统象征和形象遥相呼应。他在大量布道中使用古典犹太教中的神学词汇，在表达犹太人的需求、庆祝美国独立上，使用圣经和拉比文献中的语言来描述神、启示（托拉）、作为选民的以色列民的使命等。

第三，上述古典语言外衣并不能隐藏塞克萨斯的非传统思想。这

---

① ［美］乔纳森·D. 萨纳：《美国犹太教史》，大象出版社2009年版，第16－17页。

② Jacob Raider Marcus，“The Handsome Young Priest in the Black Gown：The Personal World of Gershom Sexias”，*HUCA*，Vol. 70－71，1969－1970，pp. 409－467.

一时期的美国宗教思想处于两种对立的思想张力之中，并对后世的美国犹太神学打下深刻的烙印。托马斯·潘恩反对组织化的宗教，要求用理性取代迷信。托马斯·杰斐逊、本杰明·富兰克林、约翰·亚当斯等则在宗教思想上采取自然神论立场，将宗教普遍理性化，而基督教是其中的一个代表，基督教在本质上保留了为一切宗教所具有的理性和永恒的内核。与理性主义立场不同的是，以乔纳森·爱德华兹（Jonathan Edwards）和提摩太·德威特（Timothy Dwight）为代表的复兴布道家们，强调人类理性毫无价值、人类灵魂病弱不堪，人类需要绝对依赖神的恩典，认为理性主义和自然神论是虚假、无法带来救赎的宗教。塞克萨斯则博采众长，将对立的两派都融合入他的布道之中，既主张理性主义，也宣讲人要敬畏神的惩罚，反映出美国犹太教的兼容并蓄的特点——将新教形象和犹太象征混合在一起。

第四，他根据同时代的理性主义法则将犹太教合法化，同时不放弃复兴布道家强有力的吸引力。此后，美国犹太神学开始运用同时代的哲学标准来省察犹太宗教，在耶路撒冷和雅典之间、信仰和理性之间寻求平衡，既有主张两者统一论的，也有认为两者不可调和的。

塞克萨斯为此后的美国犹太神学奠定了基调：将犹太教、公民宗教、神学思想等要素，综合为本真或原汁原味的美国化的犹太教。

四、美国犹太神学史：五阶段概览

19 世纪起，美国犹太教神学就一直面对美国环境带来的外在挑战，并积极建构能将美国犹太教正当化和合法化的形象。19 世纪晚期，改革派犹太教首先在美国犹太人中兴起变革的风气，并积极致力于重新界定和澄清犹太教的本质，美国犹太神学由此正式形成。美国犹太神学的发展历程大致分为五个阶段。①

① Byron L. Sherwin, "Thinking Judaism through: Jewish Theology in America", pp. 117 - 120; S. Daniel Breslauer, "Judaism, Philosophy and Theology of, Modern Times, in the USA", Jacob Neusner, Alan J. Avery-Peck and William Scott Green, eds., *Encyclopaedia of Judaism*, Brill, 2006.

1. 宗派内部与跨宗派神学[①]

在美国犹太教史上，改革派不断变革的纲领，包括1885年的《匹兹堡纲领》、1937年的《哥伦布纲领》和1999年的改革派犹太教原则声明，都反映出该派不断变革的神学主张。由于对改革派犹太教的激进神学不满，20世纪初保守派犹太教形成。接着，正统派犹太教在二战后复兴。三大派之间的差异同时体现在宗教实践和神学理论上，直接影响到各个运动的犹太律法思想。对于改革派，律法或哈拉哈不再具有约束力和权威性。对于保守派，律法已然具有约束力，但是可以根据历史和犹太教中的伦理原则以及社会经济处境做出适当的变革。对正统派而言，律法不仅具有约束力，而且是犹太律法权威法典。另外，《布就筵席》(*Shulhan Arukh*) 体现了犹太律法传统的精髓，也具有约束力。由于最伟大的学者生活在过去而非现在，所以正统派不倡导变革，还认为改变哈拉哈属于离经叛道。

（1）改革派。考夫曼·科勒（Kaufmann Kohler）在19世纪晚期和20世纪最初10年美国犹太教改革派的形成中发挥了关键作用，被誉为美国第一位具有重要意义的犹太神学家。科勒出版的《犹太神学》(*Jewish Theology*)[②] 一书，是第一部用英文撰写的系统化的犹太神学著作，包含着大胆并富有创建的思想。他认为犹太教的本质在于圣经先知所倡导的伦理一神论，而不是《塔木德》和中世纪拉比们所坚持的犹太律法特殊主义。从这种观点来看，以色列民的使命是永久保存和持守圣经先知的伦理信息，直到这种信息成为某种人类宗教的共同基础。科勒所勾画的犹太教具有以下几个特点：在社会和思想上具有“进步性”；坚持普遍主义；关注道德而非犹太律法；倡导积极的乐观主义，认为罪恶并不存在。科勒从普遍主义立场出发，反对犹太复国主义。科勒的犹太教观成为20世纪早期美国改革派犹太教的范式。科勒在该书中所阐述的神学思想实际上是《匹兹堡纲领》的扩充版，《匹兹堡纲领》中的七大纲要基本上由科勒起草，第八条纲要为增补部分，在政治上坚持自由主义和进步主义，倡导积极参与社会变

---

① 有关其中的重建派神学，本文单独作为一个发展阶段讨论。

② Kaufmann Kohler, *Jewish Theology: Systematically and Historically Considered*, New York, 1918.

革。《匹兹堡纲领》涉及各种犹太神学问题，其中包括神的本质、托拉的本质、以色列民的使命、来生、弥赛亚时代以及犹太教与其他宗教之间的关系等。

1937 年，改革派犹太教修正了《匹兹堡纲领》的立场，采纳了《哥伦布纲领》，显示了该派的政策转向和神学变革。撒母耳·S. 柯宏（Samuel S. Cohon）是《哥伦布纲领》的灵魂人物。柯宏在希伯来联合大学担任犹太神学教职长达 30 年之久，对塑造改革派犹太教的神学发挥了决定性的作用。柯宏并不以一般性的神学原则作为神学的出发点。他的神学思考的起点是个体的宗教意识，特别是人与神之间的亲身经历。人与神圣洁的相遇成为一切宗教的基础。在他看来，犹太教用这种首要的宗教经验塑造自己，使自身具有独一无二的形式、象征、价值观、信念和礼仪。所以，与科勒不同，柯宏强调犹太教的特殊主义、希伯来语、犹太神秘主义、宗教惯例等具有积极意义。这些思想都成为《哥伦布纲领》的神学基础。

改革派犹太教的渐进启示论源自于欧洲的启蒙思想。但是，20 世纪发生的各种悲剧，特别是大屠杀事件，促使美国的犹太神学家，包括改革派神学家，开始抛弃自启蒙运动以降激发出的犹太教自由主义的各种根本假设。两次世界大战、大萧条以及二战后原子弹的威胁等，动摇了过去美国犹太神学家所坚持的将体现美国文化特色的肤浅的乐观主义和启蒙运动中不受限制的乐观主义特色结合的做法。20 世纪 50 年代以后，美国犹太神学家需要思考的是与已经渗透进美国早期犹太神学的启蒙思想中的错误假设断裂，而直面历史中的惨淡现实。

（2）保守派。所罗门·谢希特（Solomon Schechter）被誉为美国保守派犹太教之父。他常常以公开或隐而不显的方式强烈反对改革派的观点，尤其是改革派在《匹兹堡纲领》中的思想。对于谢希特来说，存在两种启示：神对以色列的启示，以及神藉着以色列发布的启示。神的话语以及神的旨意必将继续藉着以色列共同体（Kelal Yisrael）并在其中显明出来，因此启示与其说是神的独白，毋宁说是神与人的对话；犹太教所形成的与其说是神颁布的命令体系，毋宁说是以色列民与神启示的话语之间的交互关系；犹太人在决定犹太教本质上具有最后的权威。谢希特的思想有过于简单化的问题，但他有关启示和权威的观点代表了早期保守派犹太教与正统派和改革派之间的鲜明对立。保守派犹太教试图在改革派和正统派之间寻求神学上的平衡：既不像改革派那样激进，完全否定传统的权威，也不像正统派那样完全否定变革的可能性和必要性。1988 年发表的《真理与信仰：保守派犹太教原则声明》(*Emet Ve-Emunah : Statement of Principles of Conservative Judaism* ）标志着美国保守派犹太教正式具有了关于自己的神学信念和原则的声明。

像早期的改革派一样，美国的保守派犹太教也认为该派最终会成为美国犹太教的主流，而正统派和改革派都难以生存下去。但现实的结果却是，二战后，改革派、保守派和正统派一起共同构成了美国犹太教的特色，而非一枝独秀。到 1999 年美国改革派采纳第二版的《匹兹堡纲领》后，科勒和谢希特时代关于改革派和保守派之间在思想和神学上存在的大多数分歧都已经解决。

（3）正统派。就正统派而言，根本不存在犹太神学，犹太教在本质上是宗教律法体系。但是，隐藏在这种观点之下的是这种神学假设：将正统派与其他当代美国犹太教形式区别开的因素是“来自天国的托拉”，即认为神已经直接将托拉启示给以色列民，其内容毫无谬误。启示是神对以色列的独白；以色列民的作用就是顺服可以在托拉中找到、由代代传承的拉比权威传统解释的神的话语。这种权威和启示观与美国非正统派犹太教形成鲜明的对比。

尽管正统派以托拉为真理，严格恪守犹太传统，但是多元主义也出现其中，表现为两种类型的思想路径：适应派（accommodators）和抵制派（resisters），前者试图理解美国处境中的正统派犹太教，[①] 而后者则反其道而行之，直面当代医学伦理、商业道德、政治实践以及当今犹太人所面临的各种问题，如怎样看待道德框架内的犹太律法问题。总之，正统派在对自由派的妥协加以否定的同时，进一步认为，犹太教不仅有益于犹太人，也有利于当今美国社会问题的

① Jeffrey S. Gurock, “Resisters and Accommodators: Varieties of Orthodox Rabbis in America, 1886 - 1983”, Jacob Rader Marcus and Abraham J. Peck, eds., *The American Rabbinate: A Century of Continuity and Change, 1883 - 1983*, Hoboken, 1985, pp. 10 - 97.

解决。

2. 犹太生存主义神学及其反对者

20 世纪 50 年代之前，美国犹太神学大体上局限于宗教内部或跨宗派之间的思想交锋，所创作的犹太神学著作并不多。但 50 年代以后，大批犹太神学著作面世，这些著作基本上都运用生存主义的方法来对犹太教进行思考，从而形成美国犹太神学发展的第二波浪潮。其中的代表人物有赫贝格（Will Herberg）、海舍尔（Abraham Heschel）、索罗维奇克（Joseph B. Soloveitchik）等人，尽管他们属于犹太教不同派别，但他们的思想并无特别的宗派导向。

美国犹太生存主义神学的重要主题是回答人类如何克服孤独、荒谬和异化等问题，由于人类非理性和犯罪的能力在人类经验中依然存在，所以人类生活的世界还没有得到救赎。对此，美国保守派犹太拉比海舍尔认为，人类中心论是危险的，人类需要植根于神圣启示的智慧和洞见，启示可以成为神人关系的范式，成为宗教权威的基础，以及道德价值观和宗教实践的基石，因此，启示在美国犹太生存主义神学中应该占据核心地位。而犹太教作为一种与西方哲学完全不同的独特范畴，它既是一种思维方式，也是一种生活方式，只有这种本真的犹太思维方式才能够为本真的犹太生活方式提供基础。另外，犹太教作为一种个人的生存依托，它不可以由哲学来加以证实或否定，只可以用人的生活方式来阐明。

美国著名的正统派犹太学者和神学家索罗维奇克则是将新康德主义、犹太律法和哲学以及生存主义方法相结合，认为信仰神、忠诚于传统法则、在宗教共同体内部建立社会交互关系是个人获得救赎的途径。而从马克思主义转向犹太传统的维尔·赫贝格认为，宗教信仰是个人生存的依托，因此不需要从思想上去肯定一个特定的神学原则。从犹太教来看，人类面临两种道路：要么信仰神，要么崇拜偶像，而偶像就是将非终极视为终极，使人类沉迷于世俗的意识形态。

此外，美国犹太生存主义神学拒绝过度的乐观主义、世俗主义和理性主义，认为最近的人类历史，特别是两次世界大战、大屠杀、斯大林主义等，充分证明各种世俗的主义都已经失败，理性主义或人文主义都不再是犹太生活和思想中切实可行的基础，人类的本性和人类历史都不再可能为人类自主改进其处境以及人性本善的信念提供可靠的依据，而犹太宗教信念则可以为二战后人类生存问题提供答案。美国犹太生存主义神学的方法不再关注神学原则或教义，而是个人献身于犹太教的涵义，进而关注神人关系，神中心主义的倾向更为明显。

可见，美国犹太生存主义神学转变了美国犹太神学的焦点、议事日程和假设，不再纯粹通过提出宗教信仰原则或界定犹太教的本质来推动神学讨论，而是开始追问人类生活的意义以及犹太生存一类的问题。与早期的现代犹太神学相比，美国犹太生存主义神学对过去的犹太思想和神学传统以及犹太历史经验持更加积极的态度。

3. 卡普兰的重建派神学

作为美国重建派犹太神学的代表，卡普兰（Mordecai M. Kaplan）的思想对美国犹太教具有至为深远的影响。虽然卡普兰本人认为自己是社会学家而非神学家，但他的犹太教神学特别具有美国味。他试图运用美国本土的实用主义哲学来重构美国犹太教，并且通过这种在各个方面都重构过的犹太教，来与现代化的美国犹太人相关联，以达到最终在美国复兴犹太教的目的。在卡普兰的推动下，美国犹太教的第四大宗派，也是第一个发轫于美国本土的犹太教——重建派在美国得以形成。

卡普兰认为，美国犹太教所需要的是以“有机”、全面的观点来认识犹太教，而非当时由犹太民族主义、文化主义、世俗主义或美国犹太教宗教运动所提供的东西。在他看来，犹太教是一种“不断进化的宗教文明”，即犹太教在整体上是一种文明，其中包括宗教、文化和民族性，它不断发展、进化，因此它不是静止不动的。它具有宗教性，但是宗教不是它的全部，而是它的内核。

犹太教传统的三个核心要素是神、托拉和以色列。卡普兰将之从传统神学思想中抽取出来，予以重构：神不再是抽象的名词，而是一个功能名词，重要的不是神的本质，而是神在我们生活中所发挥的作用，这种神不再是一种位格，而是一种在宇宙与人生中运作的力量、过程，它提供美善、意义和救赎；托拉不是超自然神圣启示的产物，神并没有给以色列人颁布诫命，犹太教和托拉是犹太民族中富有创造力的表达形式。他同时主张取消以色列是神的选民的思想。

4. 大屠杀与以色列国

1967 年“六日战争”爆发后，美国犹太人对以色列犹太人的生存甚为关切，开始将对以色列的忠诚视为犹太人生存和重生的象征，同时对大屠杀也有了更为深入的认识。20 世纪七八十年代，美国犹太神学高度关注大屠杀和以色列国，并以大屠杀神学为主题，涌现出了一批犹太神学家。

埃米尔·法肯海姆（Emil Fackenheim）是来自德国的拉比。与美国犹太神学家阿瑟·柯亨（Arthur Cohen）一样，法肯海姆认为大屠杀是人类历史上史无前例的事件。但与理查德·鲁宾斯坦不同的是，他重新肯定以色列人对超自然神的信仰。为此，以色列还肩负着超自然的人间使命，包括见证滥用人类自由的罪恶。杰出的正统派犹太学者和神学家埃利泽·贝克维茨（Eliezer Berkovitz）认为，大屠杀是扭曲人类自由所导致的结果，并利用希伯来文圣经中的“掩面不顾的神”的思想进一步思考大屠杀问题，认为神以奥秘、难以理喻的方式，在没有任何显而易见的理由的情况下，从人类中隐藏。正是神的这种缺席使人类自由以及人类悲剧得以发生，大屠杀是西方文明和基督教所特有的失败的证据。鲁宾斯坦和法肯海姆用大屠杀所具有的史无前例性来呼求以色列人做出史无前例的回应。不同的是，鲁宾斯坦还运用犹太传统神学范畴来处理由大屠杀所提出的神学问题。

5. 后现代主义与美国犹太神学

20 世纪 90 年代，美国犹太神学在世纪之交进入新的发展阶段。这一阶段以生于美国、并在美国接受教育的犹太神学家为代表。他们第一次登上思想史舞台，彻底抛弃了启蒙运动遗产的流毒；他们继续应对大屠杀和以色列国带来的一系列问题，但已不再将之作为犹太神学思考的核心；他们一方面接受犹太神秘主义传统，另一方面运用古典犹太资源，为 21 世纪的犹太教提供新的理解视角。

后现代美国犹太神学家关注犹太人如何过一种依据圣约的生活，并形成有关启示、犹太律法、道德行为等问题的思想。他们强烈反对将灵命从遭受灵命贫血症、开始追求犹太事务和灵修的美国犹太社团中去除掉。他们的神学使命旨在对美国犹太生活的世俗化提供回应和新的道路，以形成一种新的美国犹太神学。这种新的犹太神学虽然不属于正统派，但既本真，又合乎传统，它运用当代的术语来重新创造、重新论证犹太教中的神学、神秘主义、灵修、伦理和哈拉哈等要素，并将之运用到美国犹太教所面临的生存、社会和共同体问题上。

这一时期，美国犹太神学的一个显著特征是开始出现犹太妇女从事神学思考和创作。以苏珊娜·海舍尔（Susannah Heschel）为代表的早期犹太女性主义神学家已经开启新的议事日程，为犹太教神学思考增加了新的洞见。她们激发形成了新的礼仪、重新认识到在使用宗教语言上所隐藏的性别主义问题，阐述了身体神学，为教牧神学提供了新的路径。

五、美国犹太神学的未来：在不断的变革与创新中生存

评价美国犹太神学的成败得失大致有四个标准：原汁原味、条理清晰、关注当下、社群接纳。原汁原味，即承接文脉，取决于借以使用的犹太宗教传统文本的本质，以及犹太神学家的运用得当与否，也取决于使用这些文本的犹太神学家个人信仰上的忠诚度。一个犹太神学家要忠诚于犹太信仰，熟悉犹太宗教古典文本，并努力重新阐述和重新建构这种传统。条理清晰，是指从犹太传统的文本和历史资源中所阐发的神学观点应该清楚明白、前后一致和表达流畅。关注当下，是指犹太神学能够将过去的传统成功地运用到当代的处境。社群接纳，是指由信仰群体来核准、肯定某种神学立场和主张，社群接纳并不是指获得作为社会单位的犹太社团的一致同意，而是指为坚守以色列民志业的人所接受。

在新世纪的美国，在近期和可预见的将来，美国犹太神学将在一个开放、多元而宽容的环境中继续发展，并在思想的代际传承中走向新的阶段。具体而言，未来几十年美国犹太教要处理的主要问题大概有几个方面：首先，科学和宗教的关系，人类正在科技领域取得日新月异的发展，这需要美国犹太神学家与其他神学家一样切中时代脉搏，继续从传统中获得灵感以回应科学给宗教带来的挑战；其次，重新塑造犹太教在神学和社会上对基督教的态度，重新从神学上思考犹太教

与伊斯兰教、佛教等其他宗教之间的对话关系，在宗教多元主义的环境下，美国犹太神学将再次面临犹太教的独特性和多元宗教之间的关系问题；第三，20 世纪最后几十年兴起的犹太女性主义神学必将继续成为关注的焦点，与性别取向相关的各种理论和神学问题在近几十年里仍将继续成为热点；第四，尊重和延续犹太教传统依然是充满活力的拉比传统和犹太神学在新世纪不可或缺的一部分。

近年来，美国犹太教所面临的最大挑战不再是过去流行的各种世俗的主义，而是以下两个方面之间的张力：一方是美国普遍存在的以习俗为基础的个体化的宗教形式，一方是特殊的犹太教。在这种张力下，自我主权将继续塑造美国犹太人的宗教身份，来自其他宗教和思想的观念和实践也将继续成为美国犹太人宗教身份中的要素。这种自主决定宗教喜好的倾向正在威胁到犹太教的连续性、历史形成的神学传统，以及犹太社团的稳固。历史上，美国犹太神学不断地变革和创新自己的形式。在未来的美国，面对宗教日益个人化、生物技术发展以及后“9 · 11”时代各种危机的挑战，这种变革和创新仍会继续。

（作者：刘平，复旦大学宗教学系副教授，山东大学犹太教与跨宗教中心研究员）

卡普兰与美国犹太教运动

胡 浩 HU Hao

［**内容提要**］卡普兰在参与并批判美国犹太教各派别的过程中逐渐形成了自己关于犹太教的观点。他坚定地反对正统派的超自然主义立场，赞同改革派进化论神学与保守派文化民族观，同时重点批评了改革派的反民族性以及保守派的模糊神学。美国犹太教各派也都从卡普兰的思想中汲取了丰富的养分。卡普兰的宗教理论和实践大大缩小了美国犹太教各派之间的分歧。

［**Abstract**］Based on taking part in and criticizing American Judaism sects, Kaplan gradually formed his ideas on Judaism. Kaplan opposed supernatural theology of Orthodox strongly. He approved the natural theology of Reform and cultural nationality of Conservative, criticized strongly anti-nationalism of Reform and the obscure theology of Conservative. All sects of American Judaism also absorbed abundant nutrition from Kaplan's thoughts. The differences between American Judaism sects were reduced because of Kaplan's efforts.

摩迪凯·M. 卡普兰（1881—1983）是20世纪美国犹太教史

上最伟大的思想家之一，他提出了“作为一种文明的犹太教”① 的观念，创建了犹太教重建主义运动，积极倡导自然主义的宗教观并参与锡安主义运动，对美国犹太教运动产生了巨大的影响。卡普兰是在参与并批判美国犹太教各派宗教运动的过程中逐渐形成自己的犹太教观点的。卡普兰与美国犹太教各派之间是一种怎样的关系，他对美国犹太教各派宗教运动产生了怎样的影响，在整体上我们应当怎样看待卡普兰对美国犹太宗教运动的影响，这是本文所关注的问题。

一、卡普兰的成长环境与教育状况

卡普兰于1881年出生在立陶宛斯维辛尼斯的一个传统犹太家庭，父亲曾参加过东欧地区一个犹太社区的拉比法庭工作。8岁时举家迁往美国，在美国自由的环境下，他的父亲仍然在他进入公立学校之前，把他送到哈伊姆犹太学堂接受了3年的《塔木德》学习。这段时间的学习使他对犹太教教义和传统有了初步的了解，具有了一定的犹太气质。尽管卡普兰的父亲对正统的犹太教育和礼仪非常认真、虔诚，但他并非一个顽固坚持传统教条的人，而对宗教信仰持宽容态度。卡普兰在回忆其父亲时说：“他愿意让我发表对于大多数神圣信条的质疑，因为就像他所说的，他确信我最终会以自己的方式找到回归犹太信仰之路。他对于我突破传统信仰的容忍和他对于知识的忠诚是密不可分的。”②

母亲安拉·卡普兰对卡普兰的成长也具有一定影响。她非常崇尚英国犹太人的领袖、著名英国犹太慈善家摩西·蒙特弗尔（Moses

① 1934年，卡普兰在《犹太教：一种文明》一书中提出了重建犹太教的核心观念，后又在其各种著作（如《现代犹太教中上帝的意义》、《无需超自然主义的犹太教》、《正在形成中的更伟大的犹太教》等）和论述中强调了这一观念。卡普兰认为，犹太教是一种正在进化中的犹太民族的宗教文明，它作为一种文明，是某种远比犹太教本身更全面和复杂的东西。它是一系列事物之间的相互联系，包括历史、文学、语言、社会组织、民间道德约束、行为准则、社会和精神理想以及审美价值等，所有这一切共同形成了一种文明。

② Ira Eisenstein，“Mordecai M. Kaplan and His Teachers”，*Mordecai M. Kaplan：An Evaluation*，New York，1952，p. 16.

Montefiore），很希望自己的儿子有朝一日能像蒙特弗尔一样成为大不列颠的首席拉比，而不是塔木德学者。母亲认识到要使卡普兰成为这样的人，即英国犹太人合法的、公认的领袖、通向西方世界的官方代表，必须首先使他成为一个熟练的英语演说者并通晓西方智慧，成为周围人的文化精英。因而，她为将卡普兰引向这样的目标付出了巨大的努力，这样的努力使卡普兰接受了良好的科学和世俗文化教育。①

家庭教师阿诺德·艾瑞利奇给卡普兰留下的大量圣经评注手稿，也在一定程度上影响了卡普兰。卡普兰回忆说："艾瑞利奇给我展示了一种新的圣经批评和鉴赏学，这使我能够把《圣经》当成是以色列天才的精神显现来理解，使我认识到《圣经》具有原初文本意义的内在深度和美学价值。"艾瑞利奇对于《圣经》的自然主义的解释方式为后来卡普兰倡导的对于托拉的实用主义阐释提供了依据。② 后来，他对于正统派犹太教的反叛也是基于同样的立场。

经过3年的《塔木德》学习后，卡普兰进入美国公立学校完成了中学学业。1900年和1902年他先后获纽约市立学院文学学士学位和哥伦比亚大学文学硕士学位，同时在犹太神学院从事研究工作。这一时期，他广泛阅读了哲学、心理学、社会学和人类学方面的书籍，受到了宗教人类学和宗教社会学研究方法，以及杜威等人的实用主义思潮的影响，并为他后来宗教思想的产生奠定了基础。

卡普兰的家庭环境和教育背景表明，他是一个在犹太传统和现代美国文明教育下成长起来的新一代犹太人。他对于传统犹太教保有浓厚的兴趣，同时又能够对世俗文明敞开胸怀，持有相当的自由主义和宗教宽容思想，这些都对他与犹太教各派的观点争鸣以及重建主义犹太教理论的创建产生了重要影响。

---

① Jeffrey S. Gurock and Jacob J. Schacter, *A Modern Heretic and a Traditional Community*, New York, 1997, pp. 10 – 11.

② Ira Eisenstein, "Kaplan and His Teachers", *Mordecai, M. Kaplan: An Evaluation*, p. 17.

二、卡普兰与正统派运动

由于其正统派的家庭出身，卡普兰曾经在相当长的时间内停留在正统派的阵营中。但是，早在卡普兰21岁接受圣职时，他就大胆质疑了圣经中摩西律法的权威性和奇迹的超验存在。① 他以宗教自由主义立场对于圣经超自然主义进行了批判，大胆质疑正统派运动，也推动着正统派走向开明。大学毕业后，卡普兰来到美国著名的犹太教神学家所罗门·谢希特组建的谢希特神学院担任拉比，但“正统派拉比联合会”对卡普兰这种由英国犹太学院毕业而获得的任命表示不满，随即将卡普兰的“拉比”头衔换成了“教长”。这使卡普兰对正统派的教条主义和专断作风感到十分不满，他坦言自己在正统派会堂感到极不舒适并且在出卖自己的灵魂。② 他私下在1914年的日记中透露，“正统派是犹太教的余波”，而“唯一的希望在于进行彻底的和激进的变革”。③ 1915年，正统派在纽约西区发起了犹太中心运动，考虑到卡普兰对于青年的巨大影响力能够为正统派赢得更多听众，他们邀请卡普兰作为拉比参加中心的宣传和组织活动，卡普兰接受了这一职务，并一直任职到1920年。但早在1916年他第一次获得拉比任职成为犹太中心会堂的拉比时，他就和该中心的其他一些领导人共同持有“异端观点”。④ 在此期间，卡普兰尽管努力以自己的观念影响犹太中心的活动，但由于正统派把持了犹太中心运动的领导权，使卡普兰无法对该运动施加更大的影响力，最终退出了犹太中心运动，并带领其追随者创办了犹太教促进会。此后，卡普兰与正统派逐渐疏远并开始试图脱离正统派。1920年，在受到约翰·杜威哲学中的重建主义影响而撰写的题为“犹太教重建计划”的文章激起广泛讨论之后，读者首次听

① Charles S. Liebman, “Reconstructionism in American Jewish Life”, *American Jewish Year Book*, New York, 1970, p. 25.

② Ibid., p. 26.

③ Mel Scult, *Communings of the Spirit-The Journals of Mordecai M. Kaplan*, Vol. I, 1913 – 1934, Detroit, 2001, p. 78.

④ Jonathan D. Sarna, *American Judaism: A History*, New Haven & London, p. 244.

到他呼吁"新的宗教现实主义"和"历史的、进步的"信念。他在一篇文章中抱怨到，正统派"排斥在思想和实践观念上的一切发展，剥夺了犹太教在和非犹太文明接触的环境下发展和持存的权利。""任何旨在重建犹太生活的运动不可能是正统派的，而只可以是通过自我调整以适应我们这个时代的精神要求，并由此复兴礼仪遵从的整个系统。"①

关于卡普兰与正统派的关系，美国著名犹太移民正统派史学家杰弗里·S. 古诺克和美国著名正统派拉比雅各布·J. 谢克特进行了较为细致的探讨，他们得出了这样的结论："在他年轻的时候，他一直为正统派的教育和指责所折磨并且急切地渴望摆脱这种影响，然而，由于个人策略和作为犹太职业工作者的原因，卡普兰并不急于同那些持有古老信仰的人分离。"② 作为一个思想宣传者，卡普兰力图从正统派中赢得尽可能多的听众。而在最初，卡普兰的新思想尽管在正统派中引起了不满，但还没有达到与正统主义的根本决裂，他对于犹太教的虔诚依然是正统派所显示的重要特征，所以正统派尚且能容忍卡普兰。但到1945年，当重建主义祈祷书出版，正统派终于无法容忍卡普兰对传统犹太神学信条的背离，下令将卡普兰逐出犹太教正统派。《纽约时报》刊登了这样的消息："美国和加拿大正统派拉比联合会在其43年历史上第一次发表了逐出犹太教会的声明，以反对犹太神学院师范学院院长摩迪凯·卡普兰，谴责他在最近出版的重建主义祈祷书中表达的无神论、异端和对于基本犹太教信条的背离。联合会主席以色列·罗森伯格说逐出令是在星期二的一次集会上做出的，在逐出令获得一致通过后，卡普兰的著作、安息日祈祷书在集会上遭到焚毁。③

关于新正统派，卡普兰赞赏其对信仰的虔诚、对上帝存在于自然和人类之间的永恒信念，以及它所倡导的过一种宗教性的追求圣化的生活。卡普兰的一生始终是在不断地寻求犹太生活的宗教神圣性意义，

---

① Allen Lazaroff, "Kaplan and John Dewey", *The American Judaism of Mordecai M. Kaplan*, Emanuel S. Goldsmith, Mel Scult and Robert Seltzer, New York, 1990, pp. 173 – 197.

② Jeffrey S. Gurock and Jacob J. Schacter, *A Modern Heretic and a Traditional Community*, p. 157.

③ http://www.jewsformorality.org/excommunication.htm, Based upon an article in *the New York Times* of Friday, 15 June 1945.

并力图通过以自然主义方式重新解释犹太神学来赋予其伦理意义，以实现犹太生活的圣化。而其童年和少年时代在正统派阵营的经历也给他的宗教思想留下了永恒印记，他始终觉得无论以怎样的方式来解释犹太教，宗教终归是要作为某种生活的方式和依据。另一方面，他又与其顽固的守旧情结格格不入。新正统派只是将现代性当作在适当的时候证明宗教合理性的工具。尽管它也接受科学和世俗教育，但它坚持对上帝的超验阐释，拒绝理性检验，主张重新回归犹太教的传统。新正统派仍然坚持正统派的基本立场，认为“整个《托拉》的全文应作为神给予摩西的戒律不可更改地接受。除了无条件地忠于《托拉》的观念，没有更大的特权被恩准给人们”。[①] 在卡普兰看来，“新正统派没有成功地建立起一种能够应对影响犹太社团生存的现代思维、政治、社会和经济现实挑战的充分合理的犹太神学。”[②]

三、卡普兰与改革派运动

卡普兰一生并没有在组织上属于改革派阵营，他对于在希伯来联合学院[③]犹太宗教研究所的改革派拉比和学生的影响最初远不及他对于保守派运动的影响。然而，他注定要在改革派犹太人中产生强大的影响力。在20世纪的整个20年代，卡普兰的名字在辛辛那提的希伯来联合学院是名不见经传的，然而，当这个学院同在纽约的犹太宗教研究所合并，并推举他为该所执行主席时，他的观点就开始流行起来。在辛辛那提，卡普兰的观点通过其在1934年出版的《犹太教：一种文明》而广为传播。这所学校的学生竞相传阅这本书，出现了一个自称重建主义者的小群体，他们深受卡普兰民族理论的影响。

而在当时的改革派阵营中，领导权掌握在那些宗教人道主义者手

① Mordecai M. Kaplan, *The Greater Judaism in the Making – A Study of the Modern Evolution of Judaism*, New York, 1960, p. 318.

② Simon Noveck, *Great Jewish Thinkers of the Twentieth Century*, New York, 1963, p. 347.

③ 改革派的主要机构，用于培养改革派的犹太拉比，学院同时开设宗教课程和世俗课程。

中，他们一方面是反锡安主义者，另一方面在礼仪方面又是反传统主义者，这种观点一度被认为是改革派的经典理论。而卡普兰和他的学生却乐于把礼仪传统、锡安主义和当代一些重大的社会问题和社会行动结合在一起，强调犹太民族性和对于犹太教作为一种文明的定义。在理论层面，改革派认为犹太教的发展必须顺应时代精神，一切不符合当前形势的烦琐的礼仪必须废除，同时强调在现代条件下发扬犹太教伦理精神的重要性。它所倡导的人文宗教的理想与卡普兰有相通之处，特别是改革派倡导的宗教进化论，对于卡普兰有着深刻的影响。卡普兰据此提出了犹太教发展的三个阶段的理论，即单一神教阶段—神权政治阶段—转世拯救阶段。

但与改革派不同，卡普兰强调“犹太文明各个不同发展阶段的共同特性不应在信条和习俗中寻找，而是要在犹太民族的连续生活中去寻找”。① 改革派的致命弱点在于它在现代条件下否认了犹太教和犹太民族性的天然联系，不把犹太人看作是一个民族，而是一个宗教社团，这无疑是对于历史的背叛。卡普兰批评道：“放弃犹太民族性是一种新的自杀方式，一种全民族范围内的集体自杀。”② 因为犹太人和犹太教是不可分割的，犹太教是犹太人历史的一种文化反映，否认了犹太的民族性，也就否认了犹太教。“改革派……想象地认为，犹太宗教是一套关于神和人关系的普遍教导，而不是犹太人民存在的特定社会现实。”③ 另外，对于改革派把自己局限在宗教社团里进行宗教改革和建设这一点，卡普兰也坚决反对，因为它没有看到犹太宗教是整个犹太文明的一部分。“连结犹太人的是他们的文明，宗教只是其中一种要素，尽管毫无疑问是最为重要的要素，犹太教和犹太宗教不应被看作是同一事物的两个不同的名称。”④ 他认为只有承认时代精神，把犹太教当作一种文明来看待时，才能扩展宗教的文化视野，这样的宗教才能充满生机和活力。另外，改革派认为犹太人在上帝观念方面优越

---

① ［美］卡普兰：《犹太教：一种文明》，第435页。

② 同上书，第137页。

③ Mordecai M. Kaplan, *The Meaning of God in Modern Jewish Religion*, New York, 1962, p. 14.

④ Ibid., p. 15.

于其他民族，这也是卡普兰所反对的。卡普兰指出："改革派的基本错误在于习惯性地将上帝的观念抬高成为犹太教的本质，而犹太人作为一个整体有意识地献身于上帝。"①

卡普兰对改革派的批评一度造成了改革派的分裂，即锡安主义者和左翼激进主义者的分离。希伯来联合学院的教师队伍中有越来越多的人开始拥护锡安主义，其中包括一些犹太神学和哲学的重要阐释者。1930 年，对希伯来联合学院学生所做的一项调查显示，在这些未来的改革派拉比中，有 91% 的人赞成锡安主义或者对这一问题持中立态度，而只有 9% 的人仍坚定地反对锡安主义。② 当然，从改革派中分离出来的锡安主义者并不完全赞同卡普兰所倡导的重建主义原则，但所有改革派的重建主义者都是锡安主义者，尽管并不是所有改革派的锡安主义者都是重建主义者。事实上，在改革派拉比中，不少人并不接受卡普兰对于上帝的自然主义定义。卡普兰对于改革派的最大影响是在 1937 年，改革派通过了《哥伦布纲领》，修正了《匹兹堡纲领》中认为犹太人只是宗教社团、拒绝将犹太人看成是一个民族的观点，接受了犹太民族性主张，开始转而支持锡安主义和以色列建国。《哥伦布纲领》将犹太教表述为"犹太人民的历史宗教经验"。③ 改革派为了回应卡普兰的批判，以及担心自身的宗教运动走向枯萎，已经开始转变自身。许多拉比直接受到了卡普兰的影响，日益"强调犹太教是一种文明"，"关注犹太生活的方方面面以及开展各种各样的活动"。一些圣堂为了吸引东欧犹太人，将曾经抛弃的诸如男子的成年礼之类的礼仪重新引入了公会。④

四、卡普兰与保守派运动

卡普兰与保守派的关系最为密切，他对刚刚兴起的美国保守派运

① ［美］卡普兰：《犹太教：一种文明》，第 114 页。

② Jonathan D. Sarna, *American Judaism: A History*, p. 250.

③ Charles S. Liebman, "Reconstructionism in American Jewish Life", *American Jewish Year Book*, New York, 1970, pp. 58–59.

④ Jonathan D. Sarna, *American Judaism: A History*, p. 249.

动表现出了巨大热情。这个时候的保守派运动刚刚从正统派中开始分离，其思想模糊，成分复杂，内部争论气氛宽容。1909 年，卡普兰由谢希特推荐担任犹太神学院师范学院院长，一直到 1946 年。从 1910 年开始，他还在犹太神学研究院担任讲道教职，到 1947 年改任宗教哲学教授（一个专门为卡普兰创设的教职），一直到 1963 年他 82 岁时退休。在这里，卡普兰得以尽情地施展才华，自由地传授自己对于犹太教的理解。

应该说，卡普兰是在同犹太教正统派和保守派论争的过程中，形成了犹太教的重建理论，并逐渐赢得了自己的信徒。当时，在犹太教神学院比卡普兰更具影响力的权威是路易·金斯伯格①，他是实证—历史犹太教②的继承人，这种浪漫主义的历史观曾经是保守派犹太教的根源。卡普兰深受其思想的影响，对于犹太人民的历史经验和文化锡安主义表现出浓厚兴趣。与金斯伯格的精神犹太复国主义相对应，卡普兰倡导作为一种文化概念和精神号召的犹太民族主义，并在此意义上支持犹太复国主义，不过他更强调犹太教发展与现代社会的协调。金斯伯格倾向于从传统来解释犹太教，而卡普兰深受美国精神的影响，则更乐意从现实出发来解释犹太教。“对于金斯伯格来说，学识是一种权威；而对于卡普兰这样坚持实用主义的美国人来说，学识是用来美化生活的一种工具。”③“他（卡普兰）在有意识地鼓动宗教向生活转化，在强调生活的神圣性及最高价值方面超过了金斯伯格。”在犹太神学院的教育中，卡普兰表达了这样的一种思想：“上帝与我们犹太人的契约，我们的精神命运，只有依赖我们保存犹太传统的物质与精神、形式与内容才能得以延续。”④ 1934 年，他出版了那部震撼人心

---

① 又名阿哈德·哈姆，美国保守派运动的重要领袖、精神犹太复国主义的倡导者。

② 主张从犹太人的历史当中寻找犹太民族的文化和精神联系，以此作为评价犹太教改革的标准，这一学派成为犹太教保守派的理论基础。主要代表人物有弗兰克尔、谢希特和阿哈德·哈姆。

③ ［美］亚瑟·赫茨伯格：“纪念摩迪凯·卡普兰诞辰一百周年”，引自卡普兰：《犹太教：一种文明》。

④ Cyrus Adler, *The Jewish Theological Seminary of America, Semi-Centennial Volume*, New York, 1939, p. 143.

的著作《犹太教：一种文明》。书中所阐释的犹太文明论遭到了当时保守气氛非常浓厚的犹太神学院拉比的普遍反对，但却赢得了他同时代的美国犹太移民的普遍赞同。那时正在兴起的锡安主义也在青年犹太人当中激起了同情、关注和行动，卡普兰的极具现代性的理性思维鼓励了新一代犹太人追求犹太人的国家理想和个人幸福，而这在当时的美国社会显得合乎情理和不可抗拒。卡普兰曾经声言自己无意于创立一个新的教派，但他的学说却在实际上造就了犹太教的重建主义。

在相当长的时间内，卡普兰一直处在保守派的阵营之中。从20世纪30年代到60年代，重建主义一直作为保守派运动的一个派别而存在。在卡普兰看来，重建主义并不需要发展成独立的运动派别，这是卡普兰自己的愿望，至少在60年代之前实际也是这样。但在其后继者艾拉·爱因斯坦成为运动的领导人之后，重建主义加速了自己独立的进程，1959年重建主义者基金会以及此后重建主义拉比学院的建立，最终使重建主义与保守派运动分离。

在长达102年的生涯中，卡普兰经历了保守派运动的整个历史和阶段。当他开始在犹太神学研究院学习的时候，保守派运动还只是正统派阵营中的一个派别。当卡普兰从神学院毕业时，保守派开始成为一场运动。卡普兰作为一个非常年轻的拉比也是“青年以色列运动”的创建者之一，而这个组织后来成为现代正统派的一个主要流派。卡普兰后来非常伟大的发明——会堂中心，成为保守派在犹太神学研究院之外关注的焦点，并成为保守派运动的关键机制。这一机制成为保守派运动在美国主要的东北大城市取得成功的重要保证。①

在意识形态和神学上，犹太教保守派直接脱胎于德国实证历史学派，因而主张以实证主义和历史主义的态度来看待犹太教和犹太文化，并以此增进对于文化民族性的认同，这一点为卡普兰所继承。然而，保守派过分强调犹太传统的价值而忽视了对于现代神学与宗教观念的根本变革。它坚持认为：“任何故意地、有计划地改变传统都是过分

① Daniel J. Elazar and Rela Mintz Geffen, *The Conservative Movement in Judaism*, Albany, NY, 2000, p. 24.

理性化和革命化的形式，都被认为是对犹太教最高价值的侵害。"[①] 它既不想破坏理性，又不想过分地扭曲犹太人对于传统的情感依恋；它强调观念和礼仪变革的必要性，却不愿在根本的超自然神学方面做出让步。而正是在这一点上，卡普兰大胆突破了保守派神学的樊篱，倡导一种自然主义的、富于生机活力与创造性的上帝信仰。卡普兰认为"保守派的主要弱点在于……它无法说出什么是急需变革的，它始终抱有一种折中主义的原则"[②]。"整个保守派的失败归结于普遍存在的思想混乱和无原则的折中主义。"[③] 卡普兰批判保守派不是因为保守派没有意识到宗教发展的社会环境，而是因为它没有充分地理解它所继承的传统，它提供了辩解却没有提供解决实际问题的方式。"保守派也承认历史的进化，但是，它总是在被动地等待着历史来改变犹太教，而不愿主动地改造犹太教来适应新形势的变化。在卡普兰看来，保守派在很大程度上是防卫性的，而不是建设性的。"[④] "犹太教所需要的不仅仅是对于传统的历史审视，更需要致力于发现人类的普遍精神和伦理，这样的价值导向一种比目前更有意义的生活。"[⑤] 卡普兰因此认为保守派在坚守传统的同时，更需要面对科学的坦诚和清晰的思想。

五、结论与思考

透过卡普兰与美国正统派、改革派和保守派运动之间的关系以及他对于各派观点的分析和批判，我们已经清楚地看到，卡普兰的重建主义所要坚持的是作为一种文明的犹太教，自然主义、实用主义的宗教观，文化和精神民族性观念以及积极参与锡安主义的立场。卡普兰反正统派超自然主义神学的立场非常明确；他与改革派自然主义神学

---

① Mordecai M. Kaplan, *The Greater Judaism in the Making – A Study of the Modern Evolution of Judaism*, p. 353.

② ［美］卡普兰：《犹太教：一种文明》，第 148 页。

③ Harold C. Weisberg, "Modecai M. Kaplan's Theory of Religion", *Mordecai M. Kaplan: An Evaluation*, pp. 170 – 171.

④ Alexander J. Burnstein, "Modecai M. Kaplan's Contribution to Conservative Judaism", *Mordecai M. Kaplan: An Evaluation*, p. 229.

⑤ Nahum N. Glatzer, *Modern Jewish Thought*, New York, 1987, p. 153.

与保守派文化民族观非常接近，不过他也重点批评了改革派的反民族性以及保守派的模糊神学。

卡普兰的整体性的理论可能并不为犹太教各派所接受，但是，他们或多或少都借鉴了卡普兰理论的重要方面，或是宗教理论、或是民族理论，或是其犹太社区的观点。他的观点使得美国犹太教各派之间的根本分歧日渐缩小。他使得正统派更加开明和务实，使得保守派更加开放和自由，使得改革派接受了犹太民族主义的立场。卡普兰所构建的重建主义并不试图消灭犹太教各派，而是力图用自己的观点来影响各派。正如卡普兰指出的："我们从传统走出是基于民主而非神权政治。民主只能与宗教的多元主义相协调。因而，未来的犹太教，要符合民主的原则，那么它必须给宗教多元主义留下空间。相应地，重建主义犹太教打算给予那些像我一样的犹太人，他们希望保留他们的犹太身份却不能在现有的犹太教派别中找到自己心灵的家园。"① 事实上，这样的多元主义在本质上是相互渗透的，日渐缩小着美国犹太教各派之间的差别。在某种程度上，一个共同的犹太教正在美国出现，它有一个左翼和一个右翼，右翼人士恪守传统律法，人数相对少，美国大多数犹太人，从现代正统派到人文主义者，正在移向左翼。② 特别是到了20世纪的中后期，犹太教和基督教一样，开始朝着公民宗教的方向发展，与美国的自由主义思想契合得更加紧密。他们（犹太人）与其说是有神论者，不如说是公民教徒（civil religionists）。③ 这表明美国犹太教和犹太人已经成功地适应并融入到美国的社会环境之中。

（作者：胡浩，河南大学犹太研究所讲师）

---

① Mordecai M. Kaplan, Arthur A. Cohen, *Conversations Between Mordecai M. Kaplan and Arthur A. Cohen: Toward a Reconstitution of the Jewish People, If Not Now, When?* New York, 1973, pp. 13 – 14.

② ［美］雅各·瑞德·马库斯著，杨波译：《美国犹太人》，上海人民出版社2004年版，第282页。

③ 同上书。

美国犹太教保守派与犹太复国主义

刘精忠　LIU Jingzhong

[**内容提要**] 在犹太复国主义历史上，保守派是唯一始终支持这一事业的美国犹太教运动。其中，谢希特等人及其美国版的“文化犹太复国主义”主张发挥了巨大的历史推动作用。在这一历程中，保守派运动的“中间主义”路线，成功推进了犹太复国主义事业与美国犹太人之间的文化和情感融合。但鉴于多种因素的历史性影响，这一融合本身在传统与现代之间以及犹太认同等领域上，亦不可避免地留下诸多悬而未决的难题。

[**Abstract**] In the history of Zionism, Conservative Judaism in US was the only movement that had always been in support of Zionism. In the process of which, Solomon Schechter and other leaders played an important part together with its American version of "cultural Zionism". The doctrine of "centrism" by US conservative movement successfully promoted the cultural and emotional integration between the Zionist enterprise and American Jews. Whereas, due to the influences by multiple historical factors, as to issues such as the relation between tradition and modernity, as well as Jewish identity, this sort of integration still inevitably left numerous problems unsettled.

一

从历史起源上说，美国的犹太教保守派运动源于改革派内部对激进改革路线的反对。保守派创始人查哈里亚·弗兰克尔（Zacharia

Frankel，1801—1875）在正统派的刻板立场与改革派的激进路线之间，主张一种中间主义的改革道路，其中犹太人自身及其传统应当成为犹太教的核心。[①] 在宗教理念上，保守派虽然同样认可口传及成文《托拉》的约束力，但与正统派不同，他们更坚持要求"哈拉卡"（即犹太教律法）必须合乎时代发展的需要，以便做出必要的取舍与改革。就对待传统与现代性的方法或途径而言，保守派运动试图在仪式与伦理、律法和学识、信仰与实践、普世主义与民族主义之间，寻求一种保护性平衡。[②] 正如美国保守派公会组织《联合圣堂章程》的前言中所述，美国保守派运动的目标在于：

> "推进美国犹太教事业，维持犹太教传统及其历史连续性；肯定和确立对《托拉》及其历史的忠诚；……在宗教仪式中保留与昔日以色列国的联系，坚信以色列复国的希望；维护传统礼拜仪式的特征，用希伯来语作为祈祷语言；按传统的宗教习俗培养犹太教家庭中的宗教生活；鼓励兴办犹太教宗教学校，在学校课程设置上，希伯来语言和文学的学习应占主导地位，以期成为真正理解犹太教的钥匙和团结散居世界各地的犹太人的纽带；……目标是团结本质上忠诚于传统犹太教和同情上述目的的人士。同

① 1845年，查哈里亚·弗兰克尔在法兰克福改革派拉比会议上，坚决反对大多数与会者在祈祷语言上放弃希伯来语的主张，并同改革派阵营彻底决裂。实际上，作为一位杰出的拉比学者，弗兰克尔既反对过时的正统派作风，也无法接受改革派对传统所作的激进变革。参见 Dan Cohn-Sherbok, *Modern Judaism*, New York, 1996, pp. 101－103。

② 保守派的宗教立场虽然在其后的岁月中有所分歧或变动，但其主导性思想大体也许可作如下归纳：1. 犹太教是自《圣经》时代演化至今的宗教及种族的混合体；2. 它作为一种戒律体系组织起来，包含了全部人类行为，并管理人们之间以及我们自身同上帝的关系，无论是伦理的，还是仪式的；3. 诠释犹太教理想并将之同生活相关联的过程称之为哈拉卡；4. 哈拉卡在学识渊博的虔诚拉比权威所做的创造性诠释下具有足够的灵活性，以满足现代人的需要；5. 哈拉卡范围内有进行变化和多样性选择的空间；6. 犹太教的科学、历史研究是一种积极的发展，它帮助我们理解自身，并使犹太教今天同过去一样富有创造性。参见 Dan Cohn-Sherbok, *Modern Judaism*, 1996。

时，反对任何加入的团体进行革新。”①

无疑，该章程拒绝欧洲模式的犹太传统，提倡全新的美国模式犹太信仰。②

在美国，保守主义这种对激进改革的立场得到许多犹太领袖人物的支持和发扬。保守派运动在最初的发展历程中，得到了犹太慈善团体的支援，后者中的成员虽然附属于改革派，但他们也认识到改革派对东欧移民几乎没有什么吸引力，而一个“重新定义了的”、去除了隔都特点的“正统派”，是最适合东欧犹太人的犹太教类型了。③ 对于大量的东欧移民来说，他们虽然同美国的正统派犹太人同源，但他们在新大陆几代人时间里所经历的社会、经济及文化上的熏染，早已使他们的文化心理在很大程度上不同于由东欧移民后裔及其不断补充的新血液所构成的正统派。④ 他们在美国放弃了正统犹太教，但对改革派在情感上却很陌生，只有在保守派运动中才能感受到“家”的味道。

二

在犹太复国主义这一敏感问题上，由于其对犹太民族性的坚持与奉献，保守派运动实际上从一开始就一直支持建立一个犹太国家。

历史上，从19世纪末到20世纪初的美国犹太教保守派领袖都是激进的犹太复国主义者，而美国犹太复国主义组织亦将保守派拉比视为美国犹太复国主义的堡垒。到二战结束前后，几乎所有的保守派拉比和工会成员都是犹太复国主义运动的支持者。更有意思的是，在以色列建国前，美国犹太复国主义组织中绝大多数的领导位置都为保守

① ［美］大卫·鲁达夫斯基：《近现代犹太宗教运动》，第361页。

② Dan Cohn-Sherbok, *Modern Judaism*, p. 105.

③ Bernard Martin, ed., *Movements & Issues in American Judaism: An Analysis & Sourcebook of Developments since 1945*, Westport, London, 1978, p. 107.

④ Shmuel Almog, ed., *Zionism & Religion*, Hanover, 1998, p. 183.

派拉比所占据。[①] 至1983年，已有百位以上的保守派犹太神学院拉比在现代以色列国家定居。[②]

在这一过程中，美国保守派运动依旧遵循自身的中间主义方法，并由此顺利实现了美国犹太人在犹太复国主义与“美国主义”之间的文化和情感融合。这一不寻常的文化整合早在1903—1914年的10年间得以渐进完成，并成为美国保守派的宗教立场基础。[③]“由于保守派集中反映了犹太的民族性格，因此当20世纪初改革派和欧洲正统派为犹太复国主义和反犹太复国主义的争论所困扰时，保守派没有痛苦地卷入。”[④] 保守派宗教思想关于犹太复国主义与犹太教的成功融合，在某种意义上，业已成为美国犹太人自我定义的公认原则之一，甚至有人从这一角度出发，将20世纪上半叶称为美国犹太人的“犹太复国主义化”时期。

在具体的文化操作或取向上，美国的保守派与犹太复国主义者都对传统做了某种选择性的反对或支持。前者反对理性乐观主义以及大胆反传统的改革派。例如，弗兰克尔本人虽然同意犹太教必须改革，但对改革派去民族化及普世主义范式的宗教改革标准并不赞同。而后者则坚决反对犹太人的同化主义倾向或救赎式的解放思想。具体来说，在根本性的价值或立场取向上，美国保守派借助犹太复国主义运动在文化整合上的功用，在文化意义上积极复兴美国犹太人的犹太教生活，并将之视为反对激进同化、增强犹太人文化认同的堡垒。

在行动上，自20世纪20年代始，美国保守派内的犹太复国主义者纷纷强调，“以色列地”将给欧洲及美国的犹太人带来精神上的好处，号召犹太人积极支持犹太复国主义事业。

---

① 但其中最著名的拉比，如阿巴·H. 西尔弗（Abba Hillel Silver）等是改革派。

② Bernard Martin, *Movements & Issues in American Judaism*, p. 130; Dan Cohn-Sherbok, *Modern Judaism*, p. 115.

③ Evyatar Friesel, “The Meaning of Zionism & Its Influence among the American Jewish Religious Movements”, *Zionism & Religion*, Shmuel Almog, ed., Hanover, 1998, p. 179. 后又为重建派的卡普兰所继续发挥。

④ ［美］罗伯特·M. 塞尔茨著：《犹太的思想》，赵立行等译，三联书店上海分店1994年版，第710页。

在这一声势浩大的宣传运动中，亚伯拉罕·M. 赫什曼（Abraham M. Hershman）拉比将犹太复国主义运动视为一场“解放犹太人精神的解放运动”，[①] 而“世界各地以色列的运气和精神命运都同巴勒斯坦的运气和命运紧密地联系在一起”。[②] 西蒙·格林伯格拉比（Simon Greenberg）则将犹太复国运动看作一个从根本上“拯救和救赎犹太人灵魂的机遇”，强调犹太人在巴勒斯坦的成功也“将为我们在全世界的人民创造一个精神和肉体上的力量源泉，在未知的数千年中，这将确保他们的生存”。[③] 另一位拉比亚伯拉罕·海勒公开宣称：“犹太复国主义的出现，对于我们意味着我们自身生存所需要的信心。有多少丧失了犹太灵魂的人因为锡安理想的重建，在犹太意义上获得了再生？”[④]

在此基础上，以色列·H. 利文塔尔（Israel Herbert Levinthal）拉比进一步鼓励说，摩西作为解放者的首要任务，就是向犹太人证明他们将获得自由。“我们拥有我们的选择，要么（依靠）自己去赢得我们的自由，要么让我们的自由强加在我们身上。”[⑤] 对于那些畏惧或不愿意获得解放和自由的犹太人，他引用《圣经·出埃及记》（21：5—6）中的事例诠释道：“如果犹太人今天容许他应许的解放溜掉的话，他在同胞的眼里将被永远打上记号，并得不到尊重，即便像（那位）愿意接受束缚的老奴一样。”[⑥] 在20世纪30年代的纳粹阴影下，当许多美国犹太人甚至不敢承认自己的犹太身份时，他直接以喀巴拉式的鼓动，强调巴勒斯坦复国和犹太教复兴对犹太人新生的意义：

> “不仅犹太人，而且还有上帝的显现（Shekhinah）正在回归它自身。犹太教，犹太灵魂的产物，注定将再度兴盛并繁荣世界。……在那里（巴勒斯坦）犹太教应当成为一种现实，一个活

① Shmuel Almog, ed., *Zionism & Religion*, p. 210.

② Ibid., p. 266.

③ Ibid., p. 210.

④ Ibid.

⑤ Ibid.

⑥ Ibid.

体，在其新旧中心有一颗心脏将创造生命的血液送往散居世界的每一个角落，并恢复（那些）疲倦肢体的美丽、鲜活与青春。”① 不仅如此，“在犹太土地上的犹太生活中，具有深刻上帝意识特征的犹太文化将是主流。犹太教将不必再像在流散地所做的那样，仅仅为了生存而奋斗……。犹太灵感的活水，这么长时期以来在流散的不利条件下被抑制了，也应在锡安找到一个自然的出泻口，（它们将）滋润我们干涸的散居犹太教地区，唤醒任何（一位犹太人）灵性的种子依然深藏于心中的新生命。”②

三

在保守派运动的美国犹太复国主义立场上，保守派最著名的领袖人物之一所罗门·谢希特（Solomon Schechter，1847—1915）③ 发挥了重要的历史作用。在行动上，谢希特向犹太复国主义者敞开了保守派犹太神学院的大门，使之成为美国犹太人反对同化主义的最大堡垒。④ 甚至有人强调：“最重要的是，在美国犹太教中，谢希特赋予保守派运动一种犹太复国主义的趋向。其中，他在思想上和制度上，都是主要的建设者。”⑤

对于谢希特来说，现代犹太复国主义运动的最大价值在于：它是对慢慢窒息并最终消灭犹太文化的“同化主义”运动的最大抵抗。⑥ 对此，他坦诚地说：“对我个人来说，在经历了长期的犹豫和仔细的观察之后，犹太复国主义作为抵抗同化的伟大堡垒呈现在我

① Shmuel Almog, ed., *Zionism & Religion*, p. 211.

② Ibid., p. 256.

③ 谢希特出生于罗马尼亚的摩尔达维亚，曾作为犹太问题专家在牛津大学度过20年生涯。1901年，任美国犹太神学院院长。

④ Bernard Martin, “Conservative Judaism & Reconstructionism”, *Movements & Issues in American Judaism*, Bernard Martin, ed., p. 108; Dan Cohn-Sherbok, *Modern Judaism*, pp. 104–105.

⑤ Arthur Hertzberg, ed., *The Zionist Idea: A Historical Analysis & Reader*, New York, 1982, p. 503.

⑥ Abraham J. Karp, “Solomon Schechter Comes to America”, Jeffrey S. Gurock, ed., *The History of Judaism in America*, New York & London, 1998, pp. 925–944.

面前。……犹太复国主义作为一个整体，构成了针对以色列的命运观及其使命解释的一种反对力量，……犹太复国主义勇敢地向世界宣布犹太教准备捍卫其生命，而不是失去其生命。”①

正如谢希特的思想核心是一种关乎“普遍的以色列”的理想，即犹太人的主体、“集体意识”以及犹太统一性，在美国犹太人的犹太复国主义问题上，他更为强调这场政治运动在改变犹太生存及命运上的行动主义特征。犹太复国主义虽然可能一时间遭遇挫折，但它却改变了锡安和耶路撒冷在传统意义上的悲剧色彩，是犹太历史使命的必然选择或反弹。对此，谢希特毫不讳言地说：“事实上，犹太复国主义是对一种不能够再继续存在下去的、人为的、过度紧张的事态的自然反弹。它是针对各种奴役的……《独立宣言》。它像生命本身一样自然和本能，没有任何斥责和辱骂可以阻止对犹太灵魂的再次肯定。……它是一种实实在在的当下的体验，虽然在不同的思想中，赋予它的表达方式采用了不同形式。”②

要实现这些，谢希特认为，犹太教只有走出流散，找到立足之根，才能进一步恢复启示历史性的救世使命。“只有当犹太教发现自身，犹太灵魂被从流散中救赎出来的时候，犹太教才能希望恢复其对世界的使命。……以色列将成为上帝为新的最终使命所挑选出的工具；但是届时以色列必须首先影响其自身的救赎，再次过自己的生活，再一次成为以色列，以完成其普世使命。”③

出于这样的认识，谢希特坚决反对犹太人的“流散”状态。在他看来，流散对于犹太文化或犹太教而言，都是一个巨大的悲剧。“因此事实仍然是，在巨大的悲剧面前，我们是无助的旁观者。换句话说，我们在流散（Galut）之中。虽然这可能并非犹太人的流散，但却是犹太教的流散。或者如某些神秘信徒所表达的那样，是犹太心灵（han-nephesh）的流散，就在我们的眼前荒废掉。”④

虽然谢希特并不赞同改革派和正统派的许多做法，但他却依然抱

① Arthur Hertzberg, *The Zionist Idea: A Historical Analysis & Reader*, p. 507.

② Ibid., pp. 511 – 512.

③ Ibid., p. 512.

④ Ibid., p. 508.

有对犹太普世主义理想的巨大热情，因为“无论从特殊的还是普遍的角度着眼，传统的救世主希望都是犹太教中的最高理想。在谢希特看来，这种渴望暗示要在锡安恢复以色列国，在那里唯一上帝的普遍王国是为普天下所有的人建立的”。[①] 更为重要的是，谢希特强调：“我们的圣贤自身也表达了犹太教中普世主义与民族主义因素的这种一致性。”[②]

作为一种自然的结果，谢希特更为强调犹太复国主义运动的宗教—民族层面，强调犹太人民族意识的新生与犹太教的复兴是不可分的。犹太复国主义的工作就是要在犹太国家建立之前，重新复兴或创立一种犹太意识，它可以使部分人对犹太教重新产生兴趣。关于这一立场，谢希特直白地说：“以色列民族意识的再生与以色列宗教的复兴，或者用更简短的术语说，与犹太教的复兴，是不可分的。”[③] 阿哈德·哈姆主张的犹太教本质上是一种人道的伦理体系，对此，谢希特并不赞同，因为在他看来，犹太教与犹太民族意识是不可分割的同一整体，而“以色列地”则在犹太教中占有至关重要的地位，它与“普遍的以色列人”的核心思想，即犹太民族性的原则紧密相连。[④]

谢希特还主张，犹太复国主义即便不能同保守的或传统的犹太教保持一致，至少也应当保持中立，不应成为犹太人分裂的肇因。他强调说：“绝大多数犹太复国主义者加入这一运动是希望证明它是一种强化犹太教事业的力量……他们极其痛恶看到犹太复国主义传媒在自由讨论的幌子下，批评那些对他们来说是亲切和神圣的事物。”[⑤] 因而对保守派的犹太复国主义来说，遵守安息日，在饮食上谨守洁净律法，献身希伯来文学，以及怀着对锡安的渴望，所有这些对于美国犹太教的维系同在其他任何地方一样绝对必要。

与此同时，谢希特也清醒地看到，在犹太人争取自身命运的过程

---

① ［美］大卫·鲁达夫斯基：《近现代犹太宗教运动》，第371页。

② Arthur Hertzberg, ed., *The Zionist Idea: A Historical Analysis & Reader*, p. 512.

③ Ibid., p. 508.

④ ［美］大卫·鲁达夫斯基：《近现代犹太宗教运动》，第368页。

⑤ Shmuel Almog, ed., *Zionism & Religion*, p. 205.

中，犹太复国主义运动本身不可避免地将导致不同的理解，但无论如何，犹太人全体奋斗的目标无疑应当是一致的。为此，谢希特提醒他的同胞："犹太复国主义是一种理想，正如其不可定义，因而它从属于各种不同的诠释，并可以接受不同的层面。对某个人，它可能像犹太民族意识的再生；对另一个人，又可能像一种宗教复兴；与此同时，对第三个人，它又可能表现得像一条通往犹太文化目标的路；……因为这种层面上的多样性，犹太复国主义能够在其纲领之上，团结起最不同种类的因素。它们代表着所有国家的犹太人，并展现了几乎所有不同类型的文化和思想。这只有一场真正伟大和普遍性的运动才能做到。很自然，这些代表中的每一位将会强调同其思考方式中最一致、最适合其行动模式的特定层面。然而，有一点他们都同意，那就是，巴勒斯坦，我们祖先的土地，应当被恢复起来，其目标是至少为一部分犹太人建造一个家园，以使其在那里过一种独立的民族生活。这不仅令人向往，也是绝对必要的。"①

在此基础上，谢希特进一步强调，指责犹太复国主义不具有宗教意义上的精神性或灵性色彩，也是没有意义的。相反，同其他运动相比，犹太复国主义是最具有奉献性的事业。"犹太复国主义者并非圣人，但他们可以公正地宣称，几乎没有任何运动能够免于对方便和舒适的考虑，能够比他们所从事的运动更少为世俗性……所污染。"②

总之，在谢希特那里，犹太复国主义为犹太人设置了一道反同化的屏障，一种激起现世犹太人心中犹太意识的手段。由此，他们可以通过民族主义途径回到犹太信仰的怀抱。对流散地犹太人来说，一个在精神上新生的巴勒斯坦将成为犹太教的精神中心，以及宗教文化创造力和生命力的源泉。但同时，谢希特坚持流散地犹太人也同样是犹太创造力的一股源泉。③ 在一定意义上，或许谢希特自己的信条是在自身非狂热的、却很传统的宗教性背景下对阿哈德·哈姆的再诠释，通过这种方法，使得阿哈德·哈姆的"文化的犹太复国主义"在美国本土化。

---

① Shmuel Almog, *Zionism & Religion*, p. 505.

② Ibid., p. 509.

③ ［美］大卫·鲁达夫斯基：《近现代犹太宗教运动》，第368页。

四

尽管谢希特本人并不赞成阿哈德·哈姆的某些看法，但在巴勒斯坦与流散地之间的文化关系问题上，美国保守派宗教人士还是深受阿哈德·哈姆“文化复国主义”理论的影响。其中，罗伯特·戈迪斯（Robert Gordis，1908—1992）拉比关于阿哈德·哈姆的评价就代表了美国保守派犹太复国主义者的典型立场：“巴勒斯坦的中心价值将使犹太人的精神中心居于其存在之中……，巴勒斯坦与散居地之间将相互作用这一观点，始终是他（指阿哈德·哈姆）对犹太思想最根本性的贡献，犹太教保守派已衷心地采纳了这一立场。”① 他进一步说：“巴勒斯坦作为犹太人的中心，必须成为犹太教的生活中心。犹太复国主义是整体性的和基础性的，是现代犹太教信条里的核心条款。”②

与阿哈德·哈姆的“文化复国主义”相比，奠立美国版“文化犹太复国主义”理论基础的，是犹太神学院③早期最明确的犹太复国主义支持者以色列·弗里德兰德（Israel Friedländer，1876—1920）。

弗里德兰德本人深受西蒙·杜布诺夫（Simon Dubnov，1860—1941）④

---

① Shmuel Almog, *Zionism & Religion*, p. 211.

② Ibid., p. 212.

③ 美国保守派运动的组织机构主要有三：其一即1886年建于纽约的犹太神学院。它在1920年又得以重组。这个神学院在美国西海岸的洛杉矶成立了犹太教大学，并支持在以色列成立美国学生中心；其二是拉比大会，这是一个拥有1100名以上成员的国际保守派拉比协会，1901年作为犹太神学院的一个校友会出现；其三是所罗门·谢希特于1913年建立的美国联合会堂。20世纪90年代初拥有800以上的公会成员。参见Dan Cohn-Sherbok, *Modern Judaism*, pp. 108－112。

④ 杜布诺夫提出了一种非犹太复国主义的流散地民族主义理论。在他看来，民族是一个具有共同的记忆，具有一种亲缘感和一种成就、一项共同使命的愿望者的联合体。一个民族在没有通常的土地、语言、国家等统一性的情况下，如果其同一性的主观因素，即明确的自我意识以及作为一个集体生存下去的意愿，能够得到充分的发展，那么它同样能够继续存在下去。按照这种理论，犹太民族的生存无需依赖于建立一个民族国家。虽然他也承认在巴勒斯坦得到复兴的犹太社团将是一个有价值的新中心，但他反对为了恢复犹太教的“东方”根源，而在物质或文化上放弃欧洲。参见罗伯特·M.塞尔茨：《犹太的思想》，第683－684页，以及Michael Meyer, ed., *Ideas of Jewish History*, Detroit, 1987, pp. 247－272.

和阿哈德·哈姆二人的影响，他既同意前者的美国犹太新中心说，也接受后者的巴勒斯坦中心说，但却拒斥两人的世俗主义倾向。在关于如何看待犹太“流散”生活这个问题上，他与阿哈德·哈姆态度各异。阿哈德·哈姆认识到，无论怎样，大多数犹太人仍将生活在散居状态中，因而对巴勒斯坦的未来并不抱什么希望。而弗里德兰德在承认美国，而非流散地，是犹太移民的新犹太中心的前提下，强调犹太人的“美国中心”与“巴勒斯坦中心”的建设并行不悖。诚然，在做出这一判断的同时，弗里德兰德似乎并未太多考虑欧洲反犹主义对犹太人文化心理影响上的因素，也忽视了阿哈德·哈姆本人对于犹太教的非宗教性立场。① 不管怎么说，弗里德兰德将犹太复国主义同宗教的分歧弱化，并使二者之间从理论上相互支持。这一方法也为后来从神学院中成长出来的保守派运动所继承。

同谢希特及弗里德兰德的支持或保留态度不同，犹太神学院院长塞鲁斯·阿德勒（Cyrus Adler，1863—1940）的想法和立场有些特别之处，他在坚决反对犹太复国主义者的巴勒斯坦移民重建方案的同时，却又感兴趣于美索不达米亚方案。在所谓的理论上，他个人坚持认为不能将犹太教同民族家园混为一谈，重建“圣地”的目的是为了宗教，犹太人不能没有犹太教，因为“主要的目标是犹太教，犹太人只是其载体。正如没有犹太人，我们将没有犹太教是事实一样，没有犹太教的犹太人将更是（灾难）深重的不幸”。②

在阿德勒之后，路易斯·芬克尔施泰因（Louis Finkelstein，1895—1991）则又对犹太复国主义做了一番宗教普世意义上的评论。他试图将巴勒斯坦重建普世化，并使之成为人类宗教精神完满性的象征中心。他提示众人，以犹太先知所述的战后理想化国际主义来附会犹太复国主义是两面不讨好的想法。他认定犹太人的方式是非政治的，在他看来，所谓“民族主权”对犹太文明是致命的，也是不合适的。③ 不过，这种非犹太复国主义的立场并未成为保守派立场取向的主流。

---

① Shmuel Almog，ed.，*Zionism & Religion*，p. 208.

② Ibid.，p. 207.

③ Ibid.，pp. 212 – 214.

五

虽然保守派是美国社会中唯一始终支持犹太复国主义事业的犹太教运动，但它却似乎一直难以在以色列找到自己的位置，其运动本身在以色列的发展也远远不能同其在北美和南美的发展势头相提并论。[①]造成这种现实历史状况的具体原因无疑是多方面的，既有双方在犹太复国主义议题以及宗教传统问题上的历史和现实差异，同时也涉及到美国保守派运动发展自身不可回避的问题。

一个不可否认的事实是，在以色列同美国犹太人之间，无论是在宗教艺术领域，还是文学领域，都并无深远意义上的、具有创造性的文化交流。此外，以色列的世俗主义特征也使美国犹太人只是在宗教而非民族和种族意义上，同以色列保持认同。大多数的保守派拉比都对以色列社会的政治及文化状态表示沮丧，因而也就不难理解为何很少有人定居以色列。[②]

与此同时，随着犹太复国主义事业的发展，美国保守派拉比的“两个文化中心论”也在发生变化。1948 年以色列建国后，美国保守派拉比同巴勒斯坦拉比间的友好合作关系并没有维系太长时间。在有关以色列地同散居犹太人的关系上，1973 年，保守派拉比犹大·奈季奇（Judah Naidich）在任职讲演中指出，美国犹太人对以色列的绝对支持，是以承认美国犹太生活的可行性及相互间的友善批评为前提的。[③] 1988 年，美国保守派原则声明则公开不复将以色列同犹太教末世论思想中的未来相联系，而是转而强调以色列国家中的宗教需要以及犹太教各派的平等地位，并将以色列同流散地在犹太使命上的地位重要性平行等列。[④] 显然，过去美国保守派犹太人为了强化犹太认同，

---

① 实际上，直到 20 世纪 70 年代，保守派才在以色列努力开展自身的运动。虽然此前以色列曾有一些保守派会堂和美国学生中心，但直到 80 年代，才开始迈向较为严谨的目标并建立一些自身成长所需的组织机制。参见 Bernard Martin, ed., *Movements & Issues in American Judaism*, p. 131。

② Ibid.

③ Shmuel Almog, *Zionism & Religion*, p. 215.

④ Ibid.

一直倾向于强调“重建圣地”对散居地犹太生活的单向性意义，但在这里，这一宗教理论性策略已被彻底放弃了。

就保守派运动内部的因素而言，虽然二战后保守派在美国犹太人中获得了极大的成功，但其内部不同思想流派之间的差异很大，在一些最基本的问题上，如包括启示问题在内的信仰原则以及哈拉卡规范等重要问题上，从接近正统派的传统主义立场到几近与改革派无异的激进观点都并列存在。甚至对于教育目标、清洁食物、乃至葬礼仪式等许多体制性事务，保守派内部也一直缺乏明晰一致的共同目标或标准。在这种情况下，拉比大会的犹太律法及标准委员会在负责律法解释时，其决定常常会引起内部争议。

在表面的多样性之外，保守派运动内部一直面临一个最大难题：在反对正统派历史上的迂腐守旧与改革派的激进忘本之间，保守派自身实际上始终没有能力提出一个明确的哲学原则。对于许多当初脱离正统派加入保守派的人士来说，现在他们突然发现自己当时对保守派和正统派的看法可能都是错误的。此外，美国社会对犹太人存在的同化威胁，似乎也使得保守派自身越来越没有信心赢得年轻人的忠诚，而其早先的文化融合理想也受到20世纪60至70年代美国反文化运动的冲击。总之，在自身的目标与方法之间，保守派运动所面对的这一悖论性危机具有深远的文化意义。准确地说，虽然保守派运动的具体目标在于传统与现代之间的调和，但由于与传统的宗教启示理解等保持距离，这种变革及其权威性本身都发生了激烈的分歧。众人在关于传统与变革的理解取向上的差异，使得这场运动难以取得原则及具体事务上的一致性，有的只是近乎无序化的多样性。

在美国犹太教自身的发展历程中，保守派的美式“文化复国主义”对于美国与锡安两个中心论的态度变化，其实只是具体技术层面上的表象而已。问题的实质在于，通过主张民族主义运动有助于在“美国主义”氛围下复兴美国的犹太教，保守派运动实际上间接认可了现代民族主义观念在犹太文化认同上的整合功用，但这种文化上的认可本身又不可避免地涉及政治实体意义上的民族解放与政治独立性，因而反过来造成了美国犹太人在现实政治态度上的文化困境。在其后从该运动中发展出来的重建派思想体系中，这一趋势得到了进一步的理论化的应对和发展，并成为当代许多美国犹太人对于自身文化取向的主流思潮。

（作者：刘精忠，江西南昌大学哲学系教授）

美国犹太教新改革派与锡安主义运动

熊正江　汪舒明　XIONG Zhengjiang & WANG Shuming

［**内容提要**］美国犹太教改革派继承了德国犹太教改革派的传统，在很长时期内坚决反对和抵制锡安主义运动。但世界政局的风云变幻及其自身的不断发展推动许多改革派拉比转向锡安主义运动，导致新改革派的形成。在以色列的建国道路中，美国犹太教新改革派发挥了重要的作用。以色列建国后，新改革派在维护以色列的国土安全和促进其经济、文化发展等方面继续发挥着重要作用。但是改革派内部关于锡安主义运动的争议一直没有停止，新改革派和传统改革派围绕锡安主义问题展开了一次次辩论。改革派的这种分歧在一定程度上影响着新改革派的自身发展，同时，它对于后锡安主义思想的产生也有一定的影响作用。本文对美国犹太教新改革派的产生及发展进行了阐述，并对新改革派的锡安主义观做了重点研究。

［**Abstract**］The American Reform Judaism, which inherited the tradition of the German Reform Judaism, had stoutly rejected Zionism for a long time. But with the development of world's politics, many American Reform rabbis began to support Zionism, and caused the Neo-Reform Judaism to came into being. The Neo-Reform took an active part in the founding of Israel, a Jewish State, and still plays an important role in Israel's security, economy and culture development. Meanwhile, the debate about Zionism between the Neo-Reform and the Classical Reform inside the Reform Judaism never ceased. To some extent, this kind of debate affected the progress of the Neo-Reform itself and the thought of the Post-Zionism. This thesis focuses on the birth and growth of the American Neo-Reform, as well as its standpoint on Zionism.

肇始于德国的改革派运动是美国犹太教中自由普世主义立场最为强烈的分支。它全面承继了德国犹太教改革运动的“与时俱进”精神和坚持以“修补世界”（Tikkun Olam）为己任的“以色列使命”论。它摒弃了传统犹太教中种种不符合现代精神的教规和仪式，也反对犹太民族主义（即锡安主义），并将自身在美国的使命指向社会公义和公正，① 推崇一种高度普世主义的、政治化的先知犹太教（Prophetic Judaism）。建立于自由主义之上的美国尤其深得改革派犹太人的钟爱。远在锡安主义运动兴起前，美国就成了流散地犹太人的“应许之地”，是他们的新以色列。他们钟爱“美国主义”，与“美国主义”保持一致是犹太社团的行为准则。

就其实质而言，受近代民族主义思潮影响而产生的锡安主义运动，是一场犹太民族的复兴运动，是犹太民族主义的一种表现。锡安主义的兴起为美国犹太人带来如何在两个“应许之地”调谐的问题，民族认同和国家认同之间的张力和矛盾开始凸现。在锡安主义运动早期，其支持者在美国犹太人中只是一个少数派。在同化主义道路上走得最远的改革派则采取一种反民族主义的立场。在 1885 年改革派拉比通过的《匹兹堡纲领》中，他们就宣称：

> “我们不再将自己看作一个民族国家，而是当成一个宗教共同体，因此，我们既不务求重返巴勒斯坦，也不向往在亚伦子孙的管理下从事献祭崇拜，更不会恢复任何有关犹太国的律法。”②

一种锡安主义化的新改革派在 20 世纪 30 年代的形成，无论对于锡安主义运动的发展还是美国犹太教自身的发展，都是有着重要意义

① ［美］大卫·鲁达夫斯基：《近现代犹太宗教运动：解放与调整的历史》，傅有德等译，山东大学出版社 1996 年版，第 327－329 页。

② 同上书，第 328 页。

的事件。

一、新改革派的形成

新改革派的形成，乃是19世纪末期至20世纪中期犹太人在西方世界处境不断恶化的结果。首先，根深蒂固的反犹主义打碎了同化主义的迷蒙。犹太教改革派期待着启蒙时代的自由、宽容和理性之光能够消融西方社会对犹太人的偏见、憎恨和排斥，对融入主流社会一直抱着比较乐观的态度。但在19世纪沙皇统治下的俄国和东欧，反犹主义却愈演愈烈。即使在高举“自由、平等、博爱”大旗的法国，反犹恶浪也因为德雷福斯案件而达到高峰。虽然美国的反犹主义最终没有形成大气候，更没有出现类似欧洲的屠杀事件，但它还是对美国的犹太社团，尤其是一直努力融入美国社会的改革派产生了消极影响。其次，大规模俄国犹太移民的到来改变了美国犹太人口结构。从19世纪80年代开始，在短短的40年里，约有300万俄国和东欧的犹太人移居美国。与来自德国的犹太人相比，那些为逃避东欧反犹浪潮来到美国的犹太人有着更强烈的正统意识和民族意识。随着他们在美国犹太教改革派中的比例上升，改革派不得不相应地调整自己。第三，锡安主义运动在一战后的蓬勃发展也对改革派产生了巨大冲击。1935年，巴勒斯坦的犹太人总数已经达到40万，他们在经济、文化等各个领域都取得了辉煌的成就。巴勒斯坦在世界各地的犹太人心目中逐渐“获得了崇高地位，远远超过包括改革派在内的任何一个美国犹太教派系的影响”。①

早在纳粹大屠杀发生前，许多改革派拉比就开始关注并倡导锡安主义，比较著名的有斯蒂芬·怀斯、犹大·玛格尼斯和马丁·梅耶等人。结果，到20世纪20年代后期，一种关于重建犹太人的巴勒斯坦的半公开思想渐渐在改革派内部传播。② 当然，改革派的美国犹太精

---

① ［美］大卫·鲁达夫斯基：《近现代犹太宗教运动：解放与调整的历史》，第344页。

② Sylvia Barack Fishman, *The Way into the Variety of Jewishness*, Woodstock, VT, 2007, p. 115.

英会一直努力在两者之间进行综合。他们都倾向于透过美国自由主义的棱镜来看锡安主义，以美国的价值观去实践锡安主义。从一开始，美国锡安主义就吸收了美国的自由主义信条。

欧洲的劫难导致了美国犹太民族主义不可避免地迅猛上升。随着坏消息从欧洲不断传来，美国犹太人不得不重新审视其对锡安主义的立场，并带着悔恨责无旁贷地挑起领导锡安主义的重任。美国在参与拯救欧洲犹太人工作中的表现也让许多犹太人心寒，这其中也包括改革派中许多思想顽固的反锡安主义者。早在20世纪20年代，美国政府就出台了限制移民法，对许多犹太移民关闭了大门。1906年美国接纳了15万犹太人，而1932年却只接纳了2000多名犹太人。面对纳粹疯狂的反犹主义，即使是改革派中对锡安主义持最激进反对立场的成员（如欧文·赖克特（Irving F. Reichert）拉比等人）也对欧洲犹太人的境况给予了最密切关注。虽然他们反对在巴勒斯坦出现一个犹太国，但是却希望巴勒斯坦成为犹太难民的一个避难地。他们呼吁让犹太难民自由进入巴勒斯坦，并对英国政府于1939年发布的白皮书进行猛烈抨击。

改革派运动的领袖们决定从根本上对本派的基本立场和意识形态进行一次变革。1935年，美国拉比中央大会的领导权在一场“政变”中落入了改革派的锡安主义者手中，这一事件可以看作是新改革派形成中的重要一步。1937年，改革派拉比大会在俄亥俄州哥伦布市召开，一个受命研究改革派纲领的委员会正式抛弃了《匹兹堡纲领》，并以新的《哥伦布纲领》取而代之。

同《匹兹堡纲领》相比，《哥伦布纲领》主要就以下几个方面做了重大改变。首先，新纲领强调了犹太人传统文化的重要性，指出“不论是成文的还是口头的《托拉》，都珍藏着犹太人不断丰富的对上帝和道德法的认识，保留了历史先例、法规和生活准则”；对于传统的宗教意识，纲领要求保留各种节日和圣日，保留和发展相应的习俗、信条和仪式，并在宗教仪式中兼用希伯来语和英语。其次，新纲领对犹太人进行了重新界定，强调了犹太人的民族性。纲领指出：“如果以色列人是一个躯体，那么犹太教则是其灵魂，以色列不仅靠共同的历史，更重要的是靠共同信仰遗产的纽带紧紧地团结在一起。”第三，纲领对锡安主义运动的政治立场发生了转变，号召全体犹太人帮助在巴勒斯坦建设犹太人的民族家园，指出巴勒斯坦应该成为“不仅是受压迫难民的避风港，而且也是犹太文化和精神生活的中心”。[①] 新纲领的出台无疑标志着一个全新的改革派出现在美国历史舞台上。而正如一些学者指出的，是20世纪的反犹主义和纳粹大屠杀将美国犹太教改革派拉进了锡安主义阵营。

二、新改革派的锡安主义观

新改革派一出现，立刻就受到少数传统改革派分子的猛烈攻击。1942年，他们组建了犹太教理事会（American Council for Judaism），[②] 该理事会继续坚持反锡安主义的立场，认为犹太教仅仅是一种宗教，而锡安主义则是一场纯粹的世俗主义运动，二者之间难以相容共存。他们声称，犹太人只是一个宗教团体，决不能成为一个民族主义团体。与以犹太教理事会所代表的传统改革派相比，新改革派对锡安主义的看法显然存在重大差异。

传统改革派强调犹太教的普世性，选择通过抹去自身的民族特性努力融入寄居地的主流社会。在他们看来，理性的、现代的犹太教最终不仅能让犹太人获得解放，而且会实现全人类的救赎。而新改革派则认为，与其说犹太教是普世性的宗教，还不如说它是犹太人自己的民族宗教更为确切，犹太教失去了民族性也就失去了它的特点和魅力，而犹太民族丢掉犹太教也就会削弱甚至丧失它的凝聚力，因此犹太教与犹太民族主义并不矛盾，两者之间犹如鱼水关系不能分开。

关于反犹主义，传统改革派认为，虽然从历史上看反犹主义可能是历史的常态，但是现代思想的发展最终会使反犹主义最小化。犹太人应该接受永久散居的现实，这也是上帝让他们将犹太教发展成为普

---

① 潘光、陈超南、余建华：《犹太文明》，中国社会科学出版社1999年版，第312页。

② Sylvia Barack Fishman, *The Way into the Variety of Jewishness*, p. 116.

世性宗教的手段，“犹太人的离散是上帝精心安排的”。① 他们并不否认犹太人问题的存在，但是他们坚信当人道主义和国际主义获胜时，他们能够在革命后的一个早晨找到解决办法。② 新改革派则指出，消除种族偏见和实现少数民族的完全平等是一项不可分割的工作，而修建经济和政治的安全壁垒则能够有效抵制偏见的滋生和蔓延，同时也有益于实现全人类的完全平等。虽然一个犹太国的出现并不能根本杜绝反犹主义，但至少反犹主义会被这个国家拒之门外，同时，一个独立的犹太国也能为面临反犹迫害的犹太人提供强大的物质和精神支持。

传统改革派将同化视为人类社会一种不可抗拒的历史进程，而犹太人问题最终会通过同化的道路得到解决，因为“犹太人的解放不再基于主观因素，而是基于世界历史的社会—经济倾向和不可抗拒的文明进程”。③ 在他们看来，美国犹太人的成功无疑是他们最有力的论据。新改革派的观点则与锡安主义有着相似之处。他们认为，即使一个犹太人（如德国裔犹太人）将美国精神置于犹太教之上，甚至哪怕他加入基督教教堂，他也改变不了这样一个事实，即他的邻居坚持认为他依旧是一个犹太人，宗教上的让步根本不能改变犹太人身份这个事实。

传统改革派并不认为偏僻、狭小和落后的巴勒斯坦可以成为解决犹太人问题的恰当选择，而美国则是人间仙境，这里的群山“正等着阿拉丁的魔幻钥匙打开宝藏”，这里还有肥沃的山谷和郁郁葱葱的草地。④ 更何况，在美国及世界上的许多地方，犹太人已经深深地融入了当地社会，并且正以饱满的热情投入到所在地的现代化建设中。因此，对他们来说，锡安主义是一个严重的威胁，它甚至比反犹主义更

① ［美］摩迪凯·卡普兰：《犹太教——一种文明》，黄福武、张立改译，山东大学出版社 2002 年版，第 148 页。

② ［英］沃尔特·拉克：《犹太复国主义史》，徐方、闫瑞松译，上海三联书店 1992 年版，第 478 页。

③ 同上书，第 477 页。

④ Fred Rosenbaum, *Visions of Reform: Congregation Emanu-El and the Jews of San Francisco, 1849 - 1999*, Berkeley, CA, 2000, p. 95.

具有危险性，返回巴勒斯坦被认为是“所有疯狂的梦想中最疯狂的一个”。[①] 同时，他们也“拒绝相信神的旨意是将犹太人从目前作为世界导师的高位上拉下来并带到文明的边缘，让他们再次成为种族混杂的部落的邻居”。[②] 美国犹太教理事会副主席莱克特（Reichter）在他1943年的悔罪祈祷（Kol Nidre）布道中也尖锐地指出：对于作为犹太人的他们以及他们的孩子来说，锡安主义是他们所面临的最为严重的一个问题，从根本上具有欺骗性。[③] 因此，他要求他的会众做出选择，要么加入美国锡安主义组织，要么加入美国犹太教理事会，两者只能选其一。

但是新改革派则认为，虽然一个以色列国不能解决犹太问题，但它至少会让犹太人同世界上其他大多数民族一样有一个可以为之带来慰藉的祖国，当前欧洲犹太人面临的日益严峻的形势表明，犹太人此刻应该考虑的不是如何去实现全人类的救赎而是要更多地关注犹太人的现实命运。与绝大多数保守派和现代正统派一样，在新改革派眼中，美国也并非上帝许诺给犹太人的“应许之地”，美国社会中同样存在反犹主义，并且在欧洲犹太人最需要帮助的时候，美国却残忍地拒绝向他们提供避难场所，虽然巴勒斯坦存在阿拉伯人反抗的极大威胁，但那里确实已经成为犹太人唯一的避难所，因此他们渴望在巴勒斯坦地区出现一个犹太人的国家，使之成为他们的精神家园。

对于以色列建国，传统改革派将之视为一种暂时现象，其建立并不代表锡安主义者已经取得了最后的胜利，也不能从根本上解决犹太人问题。一些激进分子甚至质疑以色列建国本身的道义合法性。他们指出，无论是犹太人早期的“阿利亚”运动还是后来的以色列国家，都曾经有计划地、强制性地驱逐巴勒斯坦阿拉伯人。[④] 这种思想对后

---

① ［美］大卫·鲁达夫斯基：《近现代犹太宗教运动——解放与调整的历史》，第338页。

② Fred Rosenbaum, *Visions of Reform: Congregation Emanu-El and the Jews of San Francisco, 1849 – 1999*, p. 95.

③ Ibid., p. 197.

④ Benny Morris, *The Birth of the Palestinian Refugee Problem, 1947 – 1949*, Cambridge, 1987.

来的后锡安主义者[①]的思想产生了很大影响。后锡安主义者走得更远，他们甚至认为，以色列作为一个犹太人的国家，不仅对于它自身和它的居民，而且对所有的犹太人，对中东和中东以外所有的其他民族和国家都构成了威胁。对于这些批判，新改革派给予了坚决回击，他们甚至将那些激进分子称为犹太人的叛徒，是对大卫子孙身份的玷污。

对于以色列建国后产生的巴以冲突问题，传统改革派出于其自由主义和世界主义立场，坚持认为巴勒斯坦的原住居民应该享有相当于犹太移民的权利，巴勒斯坦应该是所有该地区居民的家园，以色列不应该只是犹太人的国家，也应该是阿拉伯人的国家，只有如此，阿犹两个民族才能和睦相处。他们认为以色列的侵略行径是对自由主义的公然践踏，违背了最起码的人道主义原则，因此新改革派对以色列的支持不但有违他们自己一贯标榜的社会正义，而且也违背了上帝的旨意。改革派中的激进分子认为阿以冲突是锡安主义运动的直接产物，以色列为实现“大以色列”计划而进行的侵略扩张造成了大量的阿拉伯难民，严重违反了国际人道主义精神，因此他们指出解决阿以冲突的前提是解决好难民问题。他们认为犹太人可以在巴勒斯坦建立自己的社团，但是一个只包括犹太人而将非犹太人驱逐出去的民族家园只会使阿以矛盾进一步加剧。因此，他们对以色列政府对巴勒斯坦人采取的政策不时予以公开批评。一些改革派拉比甚至还加入了“布莱拉”[②] 组织。当以色列军队用坦克和大炮去回击约旦河西岸和加沙地带的“石头起义”者时，改革派的激进分子也对以色列的“铁拳”政策给予了猛烈抨击，甚至还有少数人到以总领事馆进行请愿。

面对这些质疑和批评，立场温和的新改革派称之为“锡安主义者的危机”，并尽力阻止这些激进言论出现在犹太会堂的布道坛上。[③] 他们坚持认为，只有一个真正强大的犹太民族家园才能彻底解决犹太问

① 后锡安主义是在全球化时代背景下受美国和欧洲后现代主义思想的影响，在以色列兴起的一种思潮，其成员是一些左翼的具有反思精神的知识分子，按照他们自己的说法，后锡安主义的实质就是反锡安主义。

② 布莱拉（Breila）在希伯来语中是“抉择”的意思，它是一个由犹太知识分子领导的、公开批评以色列对巴勒斯坦政策的组织。

③ Fred Rosenbaum, *Visions of Reform: Congregation Emanu-El and the Jews of San Francisco, 1849 – 1999*, pp. 221 – 222.

题，以色列的生存和发展是当务之急，目前以色列正处在强敌包围中，因此它采取的强硬政策是必需且可以理解的。巴勒斯坦人的反抗是徒劳无益的，他们应该也必须接受现实。

在是否回归以色列的问题上，美国犹太人的想法不一。大多数美国犹太人对以色列充满向往，但是却很少有人定居在那里，因为他们始终认为“美国是他们的国家，是他们的祖国，他们决心留在这里”。① 与此相比，犹太教理事会的成员走得更远。当以色列第一任总理本-古里安在美国充满深情地号召犹太人移居以色列时，该理事会成员的回答是：美国就是他们的祖国，是上帝的应许之地，星条旗就是他们的国旗；这里有充分的言论、信仰自由和数不清的发展机遇；虽然美国不是十分完美，但它仍在发展中，而完善这个国度正是包括犹太人和基督徒在内的所有美国人的共同奋斗目标。② 他们全心全意接受美国，把美国当作自己的家园，认为美国就是上帝的国家，犹太教是美国的宗教之一，不应该含有任何的民族成份。同信仰基督教的美国人一样，他们是信仰犹太教的美国人，美国就是他们永远的“锡安山”，以色列是为那些需要避难所的犹太人准备的。当锡安主义者有可能牺牲美国的利益去支持以色列，以至于有人质疑他们究竟是美国公民还是以色列公民时，尤其让这些激进分子难以忍受。

但是对于温和的新改革派来说，他们认为犹太人是一家，是一个民族共同体，因此他们承认并义无返顾地支持以色列。在他们看来，对以色列的热爱和对美国的忠诚并不矛盾。拉比阿尔文·法尔因指出：“美国是一个地地道道的民主国家，这种民主不会将美国的民族主义变成沙文主义，因此，当我走在市场大街时，我不需要用美国国旗将自己包裹起来。”③ 他还指出：“对美国的忠诚并不意味着我必须放弃犹太教和断绝同我的民族之间的亲密联系，否则，这种民主披上的就

① ［美］雅各·瑞德·马库斯：《美国犹太人 1585－1990 年：一部历史》，杨波、宋立宏、徐娅囡译，上海人民出版社 2004 年版，第 254 页。

② American Council for Judaism Advertisement in San Francisco's Jewish Community Bulletin, October. 7, 1949.

③ Fred Rosenbaum, *Visions of Reform: Congregation Emanu-El and the Jews of San Francisco, 1849－1999*, p. 219.

是一件狭隘的、集权主义的外衣，因此，如果这种诽谤性的‘分割式忠诚’的标签可以粘帖在美国犹太人身上，那么它也可以粘贴在所有人身上，甚至包括那些诽谤制造者。”① 由此看来，温和的新改革派始终将自己当作美国多民族大家庭中的一员，是美利坚合众国中的一个少数民族，因此他们肩负着忠诚于美国和支持以色列的双重使命，美国是他们在现实世界奋斗的舞台，以色列则是他们永远的精神寄托，甚至于少数新改革派成员还会产生“叶落归根”的思想。

三、对锡安主义运动的支持

早在一战期间，美国改革派内部支持锡安主义的力量就开始积极行动起来。斯蒂芬·怀斯拉比曾在威尔逊总统非正式地对《贝尔福宣言》表示支持后要求他能够再次声明保证对锡安主义运动予以支持。1918 年，改革派中的锡安主义者为巴勒斯坦的犹太人武装谱写了军歌——锡安主义战斗之歌。值得一提的是，改革派中的女性成员还专门成立了支持锡安主义运动的组织——哈达萨（Hadassah）。尽管面临来自改革派内部的许多反对和质疑，但他们并没有退缩。改革派的梅耶拉比甚至预言：“20 世纪的犹太史将会因散居世界各地的犹太民族的重归统一而闻名于世。”② 在锡安主义问题上，拉比路易斯·纽曼的思想更为激进，他是第一个对亚博廷斯基的军事修正主义表示认可的改革派拉比，他还要求魏兹曼对巴勒斯坦阿拉伯人的暴动给予坚决镇压。

改革派前期对锡安主义运动做出重大的实质性贡献是在 1930 年。当年 6 月，在斯蒂芬·怀斯、路易斯·纽曼、朱利安·马克以及其他一些改革派领袖们的努力下，美国锡安主义组织的全面重建取得成功，纽曼还当选为该组织的执行委员。改革派送给锡安主义运动的又一份大礼是前面提及的《哥伦布纲领》，该纲领的出台不但标志着新改革派的诞生，而且还标志着改革派对锡安主义运动官方立场的根本性

① Fred Rosenbaum, *Visions of Reform: Congregation Emanu-El and the Jews of San Francisco, 1849–1999*, pp. 219–220.

② Ibid.

转变。

1939 年 5 月，英国政府发布了关于巴勒斯坦问题的白皮书，对犹太人移民巴勒斯坦做了严格限制。为了反对英国当局的白皮书，斯蒂芬·怀斯和阿巴·西尔弗两位新改革派拉比带头成立了锡安主义非常委员会。1940 年，改革派发表新版《联合祈祷书》，在书中他们加入了“重建犹太人的家园”的祈祷文，以显示他们支持锡安主义运动的决心。

在犹太人建国事业最重要的阶段，新改革派起了重要甚至可以说是关键性的作用。在 1942 年召开的美国拉比中央大会上，他们以 64 票对 38 票通过了在巴勒斯坦建立一支犹太人的军队的提案。① 同年，他们对于锡安主义的巴尔的摩纲领②也给予了积极认可。在 1943 年于纽约举行的“美国犹太人代表大会”（AJ Conference）上，西尔弗拉比激动地指出：“如果我们不能自由地向巴勒斯坦移民，我们怎能真正营救欧洲犹太人；如果那里不承认我们的政治权力，我们怎能自由移民；如果我们与这个国家的历史联系得不到公认，我们重建民族家园的权力得不到肯定，我们的政治权力又怎能得到承认。”③ 会后他提交的提案以 479 票赞成、4 票反对而获得通过。此外，在新改革派的推动下，1944 年 7 月 24 日，美国民主党在其全国代表大会上通过的纲领中声明：“我们赞成开放巴勒斯坦，不限制犹太移民和犹太人的拓殖，这种政策的结果，是要在那里建立一个自由而民主的犹太共和国。”④

以色列建国后，包括新改革派在内的绝大多数美国犹太人都为之欢欣鼓舞。因为他们觉得“现在终于有了一座有形的靠山，有了一方

---

① Sylvia Barack Fishman, *The Way into the Variety of Jewishness*, p. 116.

② 巴尔的摩纲领是锡安主义者根据本-古里安的提议通过的，主要内容包括：结束英国在巴勒斯坦的统治，在整个委任统治下的巴勒斯坦建立一个犹太国和一支犹太人军队；撤销英国 1939 年的白皮书，在移民和购置土地问题上应得到完全自由的保证。

③ [英] 沃尔特·拉克：《犹太复国主义史》，第 671 – 672 页。

④ 国际关系研究所编：《巴勒斯坦问题参考资料》，世界知识出版社 1960 年版，第 23 页。

他们可以访问、参观和触摸的土地”。① 因此，在以色列国的生存受到阿拉伯世界的威胁时，他们不但拿出自己的积蓄，甚至不惜牺牲自己的生命去保卫新生的政权。

在以色列发展的最初几年里，新改革派几乎在每年的拉比中央大会上都会强烈呼吁全美犹太人为以色列慷慨解囊，因为他们觉得美国犹太人的经济资助是巴勒斯坦犹太人安全、自由和尊贵的保障。他们认为，就以色列的经济实力来说，它没有能力满足维持其经济发展的需要，因此美国犹太人的援助不是无足轻重而是具有决定性作用的因素。1951 年，美国拉比中央委员会呼吁美国政府运用政治影响力促使西德政府将德裔犹太人的遗留财产返还给以色列政府。② 1955 年，新改革派将犹太国家安全基金组织和犹太慈善同盟合并，并将新组织的大部分基金用于支持锡安主义事业上，因为他们深知“没有大量现金，任何民族运动或国际运动都无法兴旺”。③ 而就在同一年，美国拉比中央大会呼吁美国的以色列债券组织为以色列的发展筹集 4 亿美元（占以色列发展预算资金的 75%）。④

新改革派对以色列的支持在政治上表现为干预美国的中东政策和努力促进美以关系的发展上。美国改革派锡安主义者协会（ARZA）是他们支持以色列的代表性组织，该组织成立于 1978 年，是犹太教改革派的一个附属机构，其使命就是进一步加强以色列作为一个多元、公正、民主的犹太人国家的历史地位，并通过不断增长的认知、教育等多种方式将以色列带入改革派的内心深处。⑤

在利用美国的政治力量为以色列服务上，新改革派一直走在美国犹太人的前面。在第 88 届美国拉比中央大会的年会上，新改革派指

---

① ［美］雅各·瑞德·马库斯：《美国犹太人 1585 - 1990 年：一部历史》，第 305 页。

② Digests of resolutions adopted by the Central Conference of American Rabbis between 1889 and 1974，http：//ccarnet. org/documentsandposition/resolutions/.

③ ［美］雅各·瑞德·马库斯：《美国犹太人 1585 - 1990 年：一部历史》，第 308 页。

④ Digests of resolutions adopted by the Central Conference of American Rabbis between 1889 and 1974，http：//ccarnet. org/documentsandposition/resolutions/.

⑤ http：//www. arza. org/aboutus/mission/.

出，作为美国犹太人的领导，他们呼吁美国政府维持自己一贯支持以色列的立场，抵制通过迫使以色列做出单方让步而威胁到以色列安全的各种行为，这些行为对以色列和美国的利益都会构成威胁。① 对于美国政府向阿拉伯世界出售武器，新改革派一直持坚决反对的态度。20 世纪 70 年代后期，他们在呼吁美国推动限制对阿军售协定的同时，又督促美国不间断地满足以色列的军备需求，以保证以色列对阿拉伯世界的绝对军事威慑力。他们还号召国会投票反对美国将预警机（AWACS）等尖端武器售与沙特。② 事实证明，新改革派在美以特殊关系的形成中发挥了重要作用。

（作者：熊正江，精锐国际教育集团讲师；
汪舒明，上海犹太研究中心助理研究员）

① Digests of resolutions adopted by the Central Conference of American Rabbis 1977, http: //ccarnet. org/ docu-mentsandposition/resolutions/.

② Digests of resolutions adopted by theCentral Conference of American Rabbis 1981, http: //ccarnet. org/ docu-mentsandposition/resolutions/.

美国历史上反犹主义的宗教文化根源[①]

石竞琳　SHI Jinglin

[**内容提要**] 反犹主义在欧洲基督教世界是一种普遍性的反对犹太人及犹太教的历史文化现象。西方反犹主义根深蒂固，首先源于基督教与犹太教的神学冲突。反犹主义运动也一直伴随着犹太人的美国移民史。美国作为一个以基督教为主导的国家，它所秉承的基督教文化传统无疑对其国内反犹主义运动起了首要的推动作用，为反犹主义的孳生和高涨提供了适宜的土壤。探讨这一问题，对于认识和把握多元民族国家中的文化冲突与整合，加强族群间的和解与合作、消除种族主义和偏狭的宗教情结，有着深刻的现实意义。

[**Abstract**] Anti-Semitism was a common historical phenomenon in the Europe Christian world which was against the Jews and Judaism. It also accompanied the Jewish immigration history to the US. With Christianity as the leading religion in the country, the US was deeply influenced by Christian traditions which inevitably promoted the nationwide anti-Semitism movement, and thus nurtured a seedbed for the birth and growth of anti-Semitism. A probe into the origin of anti-Semitism has profound realistic meanings concerning the acknowledgement and control of cultural conflicts and integration within a multinational country, enhancement of conciliations and cooperation among ethnic groups, elimi-

① 基金项目：国家社科基金项目（08XSS005）“美国十九世纪末二十世纪初反犹主义研究”、陕西省教育厅人文社科基金项目（07JK161）“犹太的阵痛——美国历史上反犹主义高潮研究”的阶段性成果。

nation of racialism and narrow religious complex.

反犹主义在欧洲历史上是一种具有普遍性的反对犹太人的社会文化现象。可以说，它是人类历史上所有仇恨中持续时间最长、散布范围最广、后果最惨的一种以一个民族为对象的仇恨。[①] 从1654年起，欧洲犹太人为躲避迫害，陆续、分批来到美国寻求新生活。从此，反犹主义的阴影也一直伴随着犹太人的美国移民史。[②] 反犹主义在美国历史上不仅一直存在，还曾出现过两次高潮，但并非社会主流，没有泛滥成像欧洲那样的灭顶之灾。美国历史上之所以会出现反犹主义，有着各种各样复杂的因素。对于这一问题，邓蜀生先生的《美国犹太人同化进程初探》一文，最早涉及到美国反犹主义的历史，并对之做了简要论述；[③] 李爱慧的《东欧犹太移民与美国反犹主义的激化》一文，侧重从东欧犹太移民史的角度谈美国反犹主义被激化的史实。[④] 本文主要从美国反犹主义的首要因素，即西方基督教的反犹传统切入，对美国反犹主义的影响进行分析。

一

反犹主义在欧洲可以追溯到古代。从希腊在叙利亚的塞留古王朝安条克四世（Antiochus IV，公元前215—164年）强迫犹太人希腊化、禁止犹太教信仰开始，[⑤] 反犹主义在欧洲一直延续了两千多年，影响遍及基督教国家。公元132—135年，犹太人在最后一次反抗罗马帝国的大起义失败后，就被迫离开民族家园巴勒斯坦开始向世界各地大流散。流落到欧洲各地的犹太人，作为基督教世界的异教徒四处谋生，

① 徐新：《反犹主义解析》，上海三联书店1996年版，第2页。

② Leonard Dinnerstein, *Anti-Semitism in America*, New York, 1994, Preface.

③ 邓蜀生："美国犹太人同化进程初探"，《世界历史》1989年第2期。

④ 李爱慧："东欧犹太移民与美国反犹主义的激化"，载南开大学世界近现代史研究中心编：《世界近现代史研究》（第一辑），中国社会科学出版社2004年5月版。

⑤ 徐新："论反犹主义的开端"，《同济大学学报（社科版）》1995年5月第6卷第1期。

经历了惨痛的打击和迫害。

在基督徒与犹太人的冲突中，起着根本性作用的首先是基督教与犹太教的神学冲突。基督教反犹主义通常是指“反犹太教”（Anti-Judaism）。“反犹太教”一词在 19 世纪末被伯纳德 · 拉扎尔（Bernard Lazare）使用，专指基督徒对犹太教和犹太人长达数世纪之久的宗教敌对，以区别于 19 世纪以来种族和政治意义上的现代“反犹主义”（Anti-Semitism）。①

基督教在公元 1 世纪诞生时是犹太教的一个分支，后来为了与犹太教分庭抗礼，表明自身的合理性和优越性，就提出一套强有力的辩解说辞，同时也要求犹太人接纳这一事实。②《圣经新约》就是这一时期的作品，所以“四大福音书”和《使徒行传》里都有抨击犹太教和不愿皈依基督教的犹太人的立论和言辞。这些思想就成为一种永恒的价值观融入了基督教的教义之中，为后来一系列的反犹主义奠定了理论基础。“基督教的某些重要事典在西方文化中往往还以节期、习俗的形式固定下来（如“圣诞节”、“复活节”等等），并在周而复始的循环呈现中演化为一种文化习规。”③ 当基督教的神学观念逐渐演化为西方社会的文化传统之后，反犹主义就成为欧洲历史上一种根深蒂固反对犹太人的社会现象。

基督殉难是基督教文化的核心内容。据《新约》记载，耶稣 12 门徒之一的犹大因见利忘义而出卖了耶稣基督。于是“犹太人必须为耶稣之死负责”就为广大基督徒埋下了仇视犹太人的神圣种子。虽然后来有学者考证，认为《新约》中的《福音书》伪造了耶稣之死的情况，甚至指出其中有 27 处与犹太律法不相符合，然而，《圣经》是神圣的，是不能改动的。④ 中世纪欧洲各地每年复活节前夕都要上演基督殉难的剧目，就是为了提醒基督徒们不要忘记这个血仇。观看完戏

---

① Gavin I. Langmuir, *History, Religion and anti-Semitism*, California, 1990, p. 275.

② G. F. Moore, *Judaism in the First Century of the Christian Era*, Cambridge, Mass., Vol. 1, 1971, pp. 47 – 49.

③ 刘洪一：“西方反犹主义的文化分析”，《徐州师范大学学报（哲社版）》1995 年第 1 期，第 34 页。

④ Josepn L. Blau, *Modern Varieties of Judaism*, New York & London, 1966, p. 2.

剧的人们群情激愤，往往自发地集会，痛斥犹太人的种种劣行，而欧洲各国复活节前后总会发生迫害犹太人的事件。

基督教也承认希伯来圣经（即《旧约》），但认为上帝已放弃犹太人，而派救世主耶稣拯救世人，让基督徒传播新的福音《新约》。然而，犹太人始终拒绝接受这一观点。《新约》中多处耶稣的话，例如“凡在人面前认我的，我在我天上的父面前也必认他；凡在人面前不认我的，我在我天上的父面前也必不认他”①，“你们往普天下去，传福音给万民听。信而受洗的必然得救，不信的必被定罪”。② 这些言论都使犹太人被视为基督教世界的罪人。

另外，像犹太教的“安息日”、“逾越节”与基督教的“礼拜日”、“复活节”存在差异，基督教圣父、圣子、圣灵“三位一体”、圣母玛利亚“童贞生子”等教条，也成为犹太教和基督教无可逾越的界线，造成了基督教和犹太教在教义上严重的分歧。犹太教也不册立教宗，没有教阶制度，对基督教的这一套体系也不予认同。犹太人又一直以上帝拣选的“特选子民”自居，这种优越感加深了他们与基督徒的隔阂；犹太人又非常虔诚地固守自己的宗教信仰，拒绝改宗，即使有些人为了生存而被迫改宗，但其中绝大多数人私下里还是信仰犹太教，犹太教在他们心目中的地位稳固不可动摇。犹太人的生活习俗也与基督徒不同，难以与基督教世界融为一体。这些都使基督教世界对犹太人仇恨有加，被基督徒视为冥顽不化的宿敌，因此必须严加防范和惩治。“1233年教宗格雷哥利九世（Gregory IX，1227－1241）公然谴责犹太法典，声言犹太法典为当代犹太人反社会行为的根源。此项声明的影响一直延续到中世纪末，始终是教廷对犹太人的基本立场。”③

中古基督教神权笼罩欧洲社会和人民生活长达千年之久。基督教

---

① 《新约》《马太福音》第10章：32－33。

② 《新约》《马可福音》第16章：15－16。

③ 何宛倩：《欧洲基督教世界的化外之民——犹太人的宿命与挣扎（1300－1750）》，中国台北：稻乡出版社，中华民国88年8月初版，第32－33页。

一统天下的“中世纪是反犹主义思潮和迫害行动在欧洲大陆不断升级和蔓延的时代”。[①] 作为一个寄居的异教徒民族，流落到欧洲各地的犹太人遭受了无数的磨难。各国驱犹、屠犹事件时有发生。从1096年到1270年的十字军东征期间，欧洲对犹太人的迫害和屠杀达到前所未有的顶峰。一些宗教狂热分子在东征征讨异教徒穆斯林时，首先向身边的异教徒犹太人开刀，以“干掉犹太人，以拯救你的灵魂”为口号，肆意地掠夺和杀害欧洲各地的犹太人。沿途的犹太人社区无一幸免，纷纷被夷为平地，数以万计的犹太人遭杀戮，被夺去财产和生计的犹太人不计其数。

西方早期社会对犹太人所从事的职业还有种种限制。例如，犹太人作为外民，不能拥有土地；中世纪行会的行规很严格，尤其是在入会时还必须举行一套基督教的宣誓仪式，犹太人又被排斥在行会之外，各种手工业经营被有效地阻止。因此，犹太人从事农业和手工业的极少。而犹太人作为一个主要定居在城市的民族，从事商业的比较多；加上早期基督教禁止其教徒放贷取息，1179年第三次拉特兰公会议重申：严禁基督徒从事高利贷，违反者身故后丧失享有基督教葬礼的资格。[②] 而犹太教禁止犹太人之间借贷取息，对于犹太人和非犹太人则无限制。于是，犹太人充当放贷者的就相对较多。这样，“犹太人是经济的攫取者”，“犹太人是无生产能力的寄生虫”就成为基督教世界对犹太人的又一种普遍偏见。莎士比亚笔下的犹太放贷人“夏洛克”的形象在欧洲可谓家喻户晓，影响深远，在许多基督徒的心目中“夏洛克”一词几乎就等同于犹太人。

犹太人经常居无定所，他们也始终将巴勒斯坦视为上帝赐给自己的“应许之地”，而将其外的地方都视为临时性的寄居之所，相信总有一天必将回到故土上去生活，这种信念也使犹太人视自身为基督教世界的“客民”。出于宗教、社会和安全的考虑，犹太人一般尽可能地聚族而居以避免遭受基督徒的凌辱和袭击。而基督教世界“基于防

---

① 徐新：“论中世纪犹太民族的客民身份及其影响》”，《江苏社会科学》1995年第3期，第94页。

② 何宛倩：《欧洲基督教世界的化外之民——犹太人的宿命与挣扎（1300－1750）》，第39－40页。

范犹太人和基督徒的来往，（1215 年）第四次拉特兰会议通过法令，订定基督徒对犹太人的行为准则，禁止彼此的社交、聘雇、通婚，连日常交易也得透过特定的管道和手续；同时进一步限制犹太人的宗教崇拜，禁建犹太会堂，规定犹太人必须穿着特殊服装，佩戴识别标志，居住在指定的区域，避免和基督徒接触，以杜绝可能危及信仰的一切交流”。[①] 拉特兰会议的条款随即成为中世纪后期教会和官方管理犹太人的通行模式，欧洲各国相继开始遵照执行。到 16 世纪末，欧洲犹太人几乎都已定居在各地的隔离区中，也就是通称为“隔都”（ghetto）的“犹太人区”。

犹太人得以在欧洲各地居住还被视为一种特权，在经济上常常被以种种理由敲诈勒索才能获得居住一定期限的特许状。他们“得缴交名目繁多的人头税、保护税、特别税、通行税、结婚税、生产税、葬礼税甚至祈祷税，以及不计其数的规费和捐赠以换取基督徒统治者恩准居留的许可”。[②] 而且有些统治者还把驱逐犹太人、剥夺其财产或者先将犹太人驱逐走、再抬高税额把他们招回来作为敛财的一种手段。犹太人在欧洲各国还必须佩带耻辱性标记，如黄腰带、尖皮帽、黄布条等，以区别于“高等”的本国基督徒居民；同时，无端的宗教诽谤也时常伴随着犹太人，例如对犹太人从事“宿主亵渎”、“血祭”、“投毒播病”等类的指控一直层出不穷，这类谣言从 12 世纪起甚至持续到 20 世纪。事实上，犹太教明文禁止以血祭祖、祭神等仪式，犹太教的饮食法也禁止食用带血的肉类，更不容饮食血。这些恶意的指控每一次都会导致对犹太人的残酷迫害、驱逐甚至屠杀。尽管历史上也有教宗及大封建主出面调查情况，澄清事实，但都无法取信于固执、充满偏见的基督徒，更无力阻止诽谤事件的相继爆发和蔓延。

在基督教文化的综合情境中，“犹太人”被等同于“恶”并被作为“恶”的象征而呈现于基督教世界的社会文化结构中。[③] 当基督教社会遇到威胁而又不能理解或解释时，犹太人就被当作邪恶的化身、

---

① 何宛倩：《欧洲基督教世界的化外之民——犹太人的宿命与挣扎（1300－1750）》，第 58 页。

② 同上书，第 43 页。

③ 刘洪一：《犹太文化要义》，商务印书馆 2004 年版，第 116 页。

永远的外乡人和基督教社会的蛀虫。欧洲社会从传统上就不信任犹太人，所以犹太人不可能真正成为欧洲主流社会的一部分。正如犹太复国主义理论家平斯克所言："对于活着的人，犹太人是死去的人；对于当地人，他们是异己和流浪者；对于有资产的人，他们是乞丐；对于穷人，他们是剥削者和百万富翁；对于爱国者，他们是没有祖国的人；对于社会上各阶层的人，他们是令人厌恶的竞争者。"①

20 世纪三四十年代，德国法西斯分子修建的集中营、焚尸炉更成为犹太人悲惨命运的写照，纳粹德国在二战中屠杀了 600 万犹太人，占欧洲犹太人的 1/2、世界犹太人的 1/3。究其原因很复杂，但基督教反犹的传统无疑是其中重要的因素之一。德国法西斯分子所犯的罪行已遭到世界舆论的一致谴责。

二

美国虽然自称是外来者的天堂，但它基本上是一个基督教国家，仍然强调基督教的文化传统。自殖民地时代始，美国曾长期是基督新教一统天下。在其发表《独立宣言》时，美国人中有 80% 是新教徒，天主教徒占总人口的 0.8%；信仰基督教（包括各教派）的人占美国总人口的绝对多数；而犹太教徒仅占总人口的 0.1%。② 随着欧洲基督徒的大量到来，美国信仰基督教的人口更加庞大，绝大多数欧洲白人移民的宗教信仰就成了决定美国民族文化价值取向的关键。新教徒不仅在美国总人口中占绝对优势，而且成为美国政治、经济和社会精英群体中的主流，代表了多数工商业、企业的所有者和管理者。在被载入 1931 年"美国名人录"的 1.6 万位名人中，有 1.05 万人为新教徒，天主教徒只有 750 人。③ 精英们的思想和价值观，无论是宗教的、经济的，还是社会的，所建立的表达方式——有时是一种扭曲的时尚——

---

① Walter Laqueur, *A History of Zionism*, New York, 1972, p. 7.

② Peter L. Berger, *The Capitalist Spirit toward a Religious Ethic of Wealth Creation*, San Francisco, 1990, p. 84.

③ 董小川："美国宗教民族主义的历史省察"，《史学集刊》2002 年第 2 期。

都在引导着中下阶层的民众。[①] 1933 年，哥伦比亚大学教授 T. 艾贝尔提出"美国政府的理念和原则以及美国的社会生活都是来自于基督新教并由基督新教所支撑的"，这种思想在许多美国人心目中根深蒂固。[②]

当美洲殖民地的建立者（荷兰人、英国人、苏格兰—爱尔兰人、德国人、法国人和其他欧洲人）移民到美国时，把欧洲反犹主义的历史传统也移植到了"新大陆"。[③] 在新殖民地，人们把在蛮荒之地努力建立文明的需要与从欧洲带来的"遗产"结合起来，发展出新的传统。[④] 反犹主义作为从欧洲国家来的一批批基督徒的"文化包袱"被带到了"新世界"，冲淡了美国相对而言比较宽容、民主、宗教平等的社会气氛。经过一两代人后，美国"新世界"的观念就与欧洲反犹主义的价值观混合在了一起，[⑤] 反犹主义成为美国文化一个真正的和不光彩的组成部分。反犹主义就像一种基因疾病，被一代一代遗传；又像一个民间传说，被添加、传播，以适应特殊的时代、地方和环境。它在基督教社会存在了 2000 年，它的表现形式根据历史环境而改变。无论这种"疾病"在何时何地出现，犹太人是"谋杀耶稣的凶手"、"经济的攫取者"、"永远的叛徒"、"基督教文明的颠覆者"、"魔鬼的化身"等等，都被用来作为"发病"的借口。[⑥]

19 世纪后期是美国工业化、城市化大发展的社会转型期，工业化的浪潮吸引着无数移民涌向美国寻求致富的机遇，从而引发了美国历史上最大的一次移民潮。据统计，从 1870 年至 1924 年间共有 2000 万移民来到美国，其中包括 200 多万犹太人。[⑦] 这些移民主要来自东、南欧地区，他们分别信奉天主教、东正教和犹太教。于是，美国新教徒在人数上的绝对优势逐渐下降，新教在美国一统天下的地位开始被打

---

① Leonard Dinnerstein, *Anti-Semitism in America*, preface.

② 董小川："美国宗教民族主义的历史省察"。

③ Rufus Learsi, *The Jews in America*, Cleveland, 1954, p. 289.

④ Leonard Dinnerstein, *Anti-Semitism in America*, p. 3.

⑤ Ibid., p. 245.

⑥ Ibid., preface.

⑦ 余志森等著：《崛起和扩张的年代 1898－1929》，人民出版社 2001 年版，第 204 页。

破。这一情况引发了美国土生白人和新教徒的恐慌，“害怕外来移民中具有不同信仰的教徒和欧洲思想激进分子会在美国煽动和制造‘骚乱’，从而破坏美国原有的‘社会团结’”，[①] 把从东、南欧地区来的移民视为对新教和美国共和制度的一种严重威胁，因而对新移民的宗教信仰百般诋毁和排斥，特别是对犹太人的歧视和排斥更为严重。

因为天主教、东正教和新教均源于基督教，所以来自东、南欧地区的移民中的天主教徒、东正教徒与美国新教徒一样，都拥有基督教反犹的宗教文化传统，对犹太人有天然敌对的宗教情绪，也加入到了美国反犹主义的行列中。而犹太人千百年来勤勉奋斗、重视教育的传统使其子女受教育的程度远高于其他移民，也高于美国本土人，于是使新教徒、天主教徒、东正教徒仇恨不已。“犹太人一直生活在偏见之中，很少有基督徒不曾轻视过亚伯拉罕的子孙。传教士从来没有停止过强行要求犹太人改宗，以拯救他们的灵魂，同时灭绝犹太教。”[②]

20 世纪初期，美国人对犹太人的看法建立在早期基督教对犹太人的敌对描述之上，并且对之加以发挥。“犹太人控制着美国的商业”、“犹太人引起经济衰退”等观念，尤其是夏洛克式的陈词滥调，在 19 世纪末期就已经很明显了。在 19 世纪末 20 世纪初美国第一次反犹主义高潮时期，犹太人是“美国经济的攫取者”、是“破坏美国血统的种族上的贱民”、是“国家的颠覆性因素”等观念甚嚣尘上，犹太人因而在美国社会生活的方方面面遭到强烈的攻击。

20 世纪初，美国国内的排犹现象很严重。破坏者多次向犹太会堂扫射，针对犹太人的纵火与爆炸并不鲜见，墙壁上有反犹涂鸦，犹太墓地有数百座墓碑被推倒；美国有不少反犹组织印刷并发放反犹太人的文学作品、报纸，某些反犹的报纸印刷精美、价格不菲，一看就知道背后有富裕的赞助商。[③] 在日常生活的层面上，同过去那些招工告

---

① 梁茂信：《美国移民政策研究》之《序》（丁则民所作），东北师范大学出版社 1996 年版，第 2 页。

② ［美］雅各·瑞德·马库斯：《美国犹太人 1585 – 1990 年：一部历史》，杨波、宋立宏、徐娅囡译，上海人民出版社 2004 年版，第 118 页。

③ ［美］雅各·瑞德·马库斯：《美国犹太人 1585 – 1990 年：一部历史》，第 240 页。

示曾写明专要“新教徒”以排斥爱尔兰人一样，此时则写明只要“基督徒”；[①] 在医学界也出现了对犹太医生（特别是牙医和精神病医生）规定限额的要求；房地产主制定公约“希伯来后裔免开尊口”；[②] 在美国约半数的州里，根据基督教传统的“礼拜日法律”将“礼拜日不得营业”的规定强加在犹太店主身上；度假旅馆拒绝犹太人入住的问题也很严重；美国一些著名社会团体曾在19世纪90年代拒绝接受犹太人，这在此后的几十年里成了普遍现象，不少社交俱乐部、互助会和兄弟会都拒绝犹太人加入；国民警卫队和一些艺术学会、住宅区也把犹太人排斥在外；授予军官官职时犹太人也遭到歧视；1922年，哈佛大学校长阿伯特·劳伦斯·洛维尔宣布他将限制犹太学生的数量，公开做部分常春藤联盟大学私下里所做的事情，[③] 此后许多名校以种种方式限制犹太学生的数量。基督教反犹传统经过第一次反犹主义高潮的大肆渲染和强化，成为美国根深蒂固的社会观念，为美国再度爆发反犹主义高潮打下了广泛的社会基础。

20世纪三四十年代，随着经济危机和二战难民潮的发生，以及美国本土各种社会矛盾的激化，美国又爆发了第二次反犹主义高潮，犹太人成为众矢之的，遭到全社会的攻击。美国第二次反犹主义高潮对犹太人造成的伤害比第一次更甚。“在1915—1932年间，美国建立的反犹组织有5个，1933年就建立起了9个反犹组织，1934—1939年的5年间，反犹组织竟发展到了105个，这还不包括西部和中西部较小城市的排犹组织。”[④] 经济大衰退的10年间催生了从以农村和小城镇为基础的“银衫党”到以城市为中心的“基督教阵线”等范围广泛的反犹主义组织。“据估计，在大萧条的那10年中，美国可能有1.5万

① ［美］托马斯·索威尔：《美国种族简史》，沈宗美译，南京大学出版社1993年版，第106页。

② 邓蜀生：《世代悲欢“美国梦”——美国的移民历程及种族矛盾（1607－2000）》，中国社会科学出版社2001年版，第342页。

③ ［美］雅各·瑞德·马库斯：《美国犹太人1585－1990年：一部历史》，第118－119、121页。

④ 邓蜀生：“美国犹太人同化进程初探”，《世界历史》1989年第2期，第32页。

名隶属于各反犹主义组织的坚定的犹太憎恨者。”① 20 世纪 30 年代，对犹太人的攻击愈演愈烈。美国国会议员，主张美国不参加欧战的人士、宗教顽固派、反黑人者和民众鼓动家都提高嗓门攻击犹太人。在 1929 年到 1941 年这段经济大萧条时期，反犹偏见大行其道。美国需要替罪羊，而犹太人几个世纪以来一直扮演这个角色。②

美国的排犹思潮也影响了政府的决策，一度导致了美国政府对欧洲犹太人危险境遇的冷漠。20 世纪 30 年代末期，欧洲地区的数百万犹太人处于德国纳粹的铁蹄之下。当犹太难民为逃避纳粹的迫害而纷纷逃离欧洲时，美国则出于自身利益的考虑，对犹太难民实行了关门政策。1939 年，满载犹太难民的“圣路易斯”号客轮驶入纽约港湾，满怀希望的犹太难民们激动地看着海岸上熙熙攘攘的人群和川流不息的车辆，渴望尽快上岸开始新的生活。然而，经过与美国移民局官员交涉后，他们却被拒绝上岸。走投无路的犹太难民们不得不返回欧洲。

美国在这一时期制定了严格的移民限额政策，使大批战争难民望而却步。二战期间，美国只接纳了 2.1 万名犹太人，而本来它可以收容更多的犹太人以帮助他们脱离苦海。当时，在社会上的反移民情绪和反犹主义的影响下，有 70%—85% 的美国人反对政府放宽移民签证限额来帮助犹太难民。在纳粹大批屠杀犹太人的暴行最终披露之前，包括《纽约时报》在内的美国主流媒体都没有报道欧洲犹太人被屠杀的情况，基督教会、政界、知识界对此也都保持沉默。③ 美国政府在 1941 年以前始终没有采取有力措施来拯救犹太难民。美国在二战中对待各国难民的态度，尤其是对待犹太难民的政策，在历史上留下了很不光彩的一页。

美国历史上的两次反犹主义高潮，当然是由于美国自身的政治、经济、文化等诸多因素导致了社会矛盾的激化，促发了反犹主义的高涨。但是，作为一个以基督教为主导的国家，基督教反犹主义的宗教

---

① ［美］雅各·瑞德·马库斯：《美国犹太人 1585 - 1990 年：一部历史》，第 240 页。

② 同上书，第 241 页。

③ 邓蜀生：《世代悲欢“美国梦”——美国的移民历程及种族矛盾（1607 - 2000）》，第 344 页。

文化传统无疑在其中起了推动作用。基督教反犹主义的文化传统，为美国反犹主义的孳生和高涨提供了适宜的土壤，成为在较长时段对美国反犹主义发挥作用的历史因素。

二战后，反犹主义逐渐从美国退潮，这有多方面原因。一是由于世界舆论对纳粹罪行的揭露和谴责，使反犹主义在美国遭到唾弃。二是美国本土的现实状况发生了很大变化。三是犹太人在美国相对宽松的社会环境中成就日益显著，地位举足轻重。四是美国民主力量的增强，尤其是1964年民权法案的通过，针对不同信仰群体和少数族裔群体的各种歧视减弱。如今，美国的民族、宗教成分和比例都在发生变化，历史上的反犹主义及反犹事件正在民族大融合与文化多元化的“祥和”气氛中逐渐淡化。

（作者：石竟琳，原名石涵月，延安大学历史文化学院副教授）

犹太人在美国政坛的崛起及其社会文化根源

汪舒明　WANG Shuming

[**内容提要**] 20世纪中期以来，犹太人在美国政坛强势崛起，对美国公共事务产生强大影响。以“罗斯福新政”和“六日战争”为转折点，他们从边缘地位顺利进入美国社会政治的主流，在精英关联、舆论塑造、组织游说和动员等方面的能力全面提升，并使美国社会更愿意在支持以色列、推广大屠杀教育、救助苏联犹太人等体现犹太民族特殊利益的议程上满足其诉求。这种变化固然出于美国犹太人自身社会经济地位的大幅提升及其独特的政治行动主义态度，也离不开美国社会亲犹、亲以主流民意的同情和支持。二战以后，来自主流社会的善意正是犹太人在美国社会政治中影响力大幅提升的不可忽视的原因。

[**Abstract**] Since the second part of 20th century, Jews emerged in American politics as a powerful player and left much influence on American public affairs. With “New Deal” and “Six-Day War” as milestones, they entered into mainstream of American politics out of a fringe status, comprehensively advanced their capability of elite-connection, public opinion shaping, lobby and grass-root mobilization. They made U. S. give much more support on Jewish particularistic agendas, such as supporting Israel, extending Holocaust education and rescuing Soviet Jews. Their political succeed is based on a distinctive political activism and improvement in social-economic status, as well as on the kindness of American mainstream society to Jewish people and Israel.

2006 年 3 月，哈佛大学肯尼迪学院的网站上发表了约翰·米尔斯海默（John Mearsheimer）和史蒂芬·沃尔特（Stephen Walt）的研究报告《以色列游说集团和美国外交政策》(*The Israel Lobby and U. S. Foreign Policy*）①。报告指出，以美国犹太人为核心的以色列游说集团在美国中东政策制定中拥有无与伦比的力量，操控着美国的政治体系，它们的影响如此之大，以至于任何关于美国对以政策的公开辩论都难以在国会发生；只要涉及以色列，任何潜在的批评者也会沉默寡言。② 犹太人在美国政坛的力量及其影响成了一个引起激烈论争的问题。20 世纪中期以来，犹太人在美国政坛强势崛起，对美国公共事务产生了强大影响。

一、犹太人在美国政坛的崛起

精英关联、舆论塑造、组织动员和游说等要素及其有效整合是一个群体发挥政治影响力的主要途径，而影响力则主要体现该群体的利益和诉求在决策中得以体现的程度。在犹太人对美政治影响力上升过程中，罗斯福"新政"和 1967 年的"六日战争"是两个关键转折点。

在"新政"前，犹太人对美国社会政治的影响并不明显，而且他们主要通过媒体和"美国犹太人委员会"（AJC）、"反诽谤联盟"（ADL）和"美国犹太人大会"（AJ Congress）等若干"防卫"组织发挥间接影响。这些媒体和"防卫"组织总体上持同化主义立场，主要目标是帮助犹太同胞们尽快融入美国主流社会，变得更像"美国人"。

① 几乎同时，该报告更浓缩的版本以《以色列游说集团》（*The Israel Lobby*）为题在英国很有影响的杂志《伦敦书评》（*London Review of Books*）上发表，次年，两人又在该报告的基础上出版了同名专著。

② John J. Mearsheimer & Stephen M. Walt, "The Israel Lobby and U. S. Foreign Policy", *KSG Faculty Research Working Paper Series*, March, 2006, p. 16.

其在国内外承担的抵御或反击反犹主义、救助同胞的“防卫”任务成效有限。1912 年塔夫脱政府中止 1832 年开始实施的《美俄商约》，这可以算作犹太人参与和影响美国对外政策中的一次重要斩获；但他们仍然难以对抗一战后美国国内强大的孤立主义，在移民问题上遭受重挫。1923 年新移民法严格限制移民入境，实际上使美国对东欧犹太移民关上了大门。当时，犹太人从东欧舶来的左翼激进意识形态和社会政治运动难以在“自然自由主义”根深蒂固的美国主流社会找到适合其成长的土壤，犹太人及其意识形态只能处于边缘地位。

在“新政”过程中，美国犹太人与罗斯福的民主党结成自由派联盟。犹太人“帮助构建了‘新政’联盟并在此后三代人的时期内为这一联盟提供了许多粘合剂。而罗斯福……则在他们的美国旅程中第一次邀请了他们帮助书写公共政策。……（他）在最重要的公共政策问题中引入（犹太人），使美国犹太人实现了一代人的梦想：融入主流”。① 在罗斯福任内，他前所未有地将众多犹太精英招入麾下，他在 12 年任期中任命的最高级别官员中大约有 15% 是犹太人，其中包括财政部长亨利·摩根索，白宫助理菲利克斯·法兰克福特、塞缪尔·罗森曼、戴维·K. 尼尔斯、本杰明·V. 库恩等。② 法兰克福特还被罗斯福任命为美国历史上第一任犹太裔最高法院法官。同样重要的是，罗斯福还充分借鉴了犹太社团行之有效的社会福利和救济经验，利用犹太社团大批有经验的社会工作者投入“新政”，以致于罗斯福的政敌们将罗斯福“新政”谑称为“犹太新政”。“新政”教会了美国犹太人适应和妥协的智慧，使他们形成自由主义的核心信条，使他们前所未有地（通过民主党）获得了接近权力的孔道，更是对他们作为美国人已经“成功”的一次官方确认。③ “新政”由此标志着犹太精英在美国政坛的强势崛起。犹太人一举摆脱了边缘地位，大步跨向主流社会。

---

① Marc Dollinger, *Quest for Inclusion: Jews and Liberalism in Modern America*, Princeton, 2000, p. 20.

② David G. Dalin, “At the Summit: Presidents, Presidential Appointments, and Jews”, L. Sandy Maisel, eds., *Jews in American Politics*, Lanham, 2001, pp. 35 – 37.

③ Marc Dollinger, *Quest for Inclusion: Jews and Liberalism in Modern America*, p. 40.

“新政”将美国犹太社团带入20年的“黄金时期”，积极参政并努力影响公共事务在犹太社团中蔚然成风。犹太组织在数量上迅猛增长，功能也日益广泛，参政能力和积极性都大为提高，其使命已经远远超越了“防卫”的局限，开始积极在国内外推动建立一个有利于犹太民族安全和繁荣的整体环境。重要组织都关切美国公共事务，积极推进体现公平自由、权利平等原则的自由主义议程。以美国犹太人大会为代表的犹太组织积极参与关涉政教分离原则的立法和司法，在捍卫和推进政教分离原则中取得了一个又一个胜利。犹太“防卫”组织在推倒就业、居住、教育和休娱场所等方面的歧视中也表现得非常活跃，成为美国各级政府改善民权的重要支持者和合作者。美国犹太人大会等自由派犹太组织还积极参与了黑人民权运动。当然，在20世纪中期，美国犹太人的主要目标还是破除美国社会中的种种壁垒，顺利融入美国主流社会。这一阶段美国犹太人并未大规模投入美国外交事务，其对美国外交政策的影响力也并不强大。尽管重要的犹太组织频频向美国政府施压、游说，要求美国修改移民法以庇护欧洲犹太难民，要求美国支持巴勒斯坦分治决议，要求美国提升美以关系并结成联盟，但除分治决议外，犹太组织的愿望大多并未实现。出于争取犹太选民的需要，面临游说压力的美国政客们这时已经不能不认真对待犹太组织的要求，但他们基本上尚未将犹太组织视为对外政策制定过程中的重要角色。

“六日战争”后犹太人对美国政坛的影响力全面提升，而且其主要目标从国内的自由主义议程转向了以色列安全、救助苏联犹太人等外交事务。精英关联的增强成了这一时期最明显的变化。随着新保守派的壮大并投入共和党怀抱，犹太人在共和党内形成了一股颇有影响的力量。由此，犹太人在两大政党内部都成了有重要影响的角色，进入政府高层的犹太政治精英明显增加，里根、克林顿、小布什任期内均有大批犹太人加入政府。同时，犹太人在国会中实力明显增长使国会成了犹太人发挥影响的最重要平台：尽管犹太人在美国人口总数中的比例从20世纪70年代以来就不断下降，但犹太裔议员却从1960年的10名众议员和2名参议员增加到1994年的24名和9名，几乎增长了200%。[①] 在2006年的110届国会则进一步上升到30名和13名。[②] 众议院中的犹太裔议员还建立了“犹太联线”。犹太组织也积极举荐犹太青年担任国会议员助理，几乎每一位议员都有一名以上的犹太裔助理。除了犹太政治精英的崛起，犹太组织的数量、规模和影响也在这一时期进一步扩展，“美以公共事务委员会”（AIPAC）、“主要犹太组织主席联席会议”（Conference of Presidents of Major American Jewish Organizations）等组织都逐渐成长为强大的游说组织。美以公共事务委员会成员众多，资金雄厚，拥有强大的研究团队和游说团队。它可以通过快速的草根动员直接向议员施压以影响政策制定进程，也可以通过其领导的许多“政治行动委员会”（PACs）为参选议员的人提供大量政治捐款以有效影响国会选举。在美国中东政策的制定过程中，该组织在国会山的影响无可匹敌，被称为“国会山之王”。除了那些跨教派的组织，美国犹太教各派也纷纷在华盛顿建立专门机构，对政府相关部门开展游说。在这一阶段，犹太人在美国媒体、高校、智库中的影响力也明显上升。与此前谨慎的同化主义立场不同，受到多元文化主义鼓舞的犹太知识精英可以更大胆地声张其作为犹太人的愿望和诉求，并得到主流社会更多的默许和支持。

“六日战争”以来，美国犹太人的政治认同和核心议程也发生了改变。族裔认同在美国的抬头，以色列在美国全球战略中地位上升，“六日战争”带来的自豪感和孤立感都导致犹太人更大胆地表达民族主义的情绪和诉求。美国犹太人对自由主义的热情消褪，一些人退出了自由主义阵营，转向犹太民族主义。新保守派、锡安主义者和正统派这三类“新犹太人”在许多犹太组织中的影响大为增强，并使其从自由主义转向犹太民族主义，以色列安全、大屠杀教育和苏联犹太人成了美国犹太社团的三大中心议题。犹太人在这三项议题中都对美国的相关政策发挥了强大影响，并经常以符合其利益的方式解决：美国

---

① Robert B. Fowler & Allen D. Hertzke, *Religion and Politics in America : Faith , Culture , and Strategic Choices* , Boulder & London, 1995, p. 121.

② 王震：“从中期选举看国会犹太政治力量的变化及其影响”，载刘杰编：《负责任大国的路径选择》，时事出版社 2007 年版，第 228 – 229 页。在 2008 年选出的 111 届国会中，犹太裔参议员数量保持不变，而众议员人数则进一步增长为 32 人。

迅速提升与以色列的双边关系，与以色列结为战略同盟，长期推行一种有损于自身国际形象的偏袒政策；设立专门的大屠杀纪念理事会(1978 年)，并建立“美国大屠杀纪念博物馆”（1993 年），将促进大屠杀教育上升为国家政策；使美国国会通过瓦尼克—杰克逊修正案(1974 年)，将苏联犹太人人权状况与美苏贸易关系长期挂钩。美国中东外交成为犹太人最为关切的问题。“围绕美国在中东的活动，美国国内存在政治博弈，而有组织的犹太社团是其中唯一的主要角色。”① 20 世纪 60 年代中期以来，美国的中东外交常受犹太组织的限制，有时甚至被迫采取与美国战略利益不一致的行动。② 在关涉犹太人利益的问题上，美国犹太组织已经成了府院之外另一种相对独立的制衡力量，不符合它们利益和愿望的政策往往会受到它们强烈反对和批判。为避免受到犹太组织的阻梗，府院在制定和推行相关政策时往往主动了解这些组织的立场，将它们纳入决策过程。

二、美国犹太人的政治行动主义

犹太人在美政治影响力的提升源于犹太人在美国社会经济地位的提升及其在参政问题上态度的改变。

二战以前，犹太人在美国尚处于社会阶梯的中下层。数以百万计的东欧移民正处于向上流动的进程中，许多人尚在东北部大都市的血汗工厂或在街头作为小贩艰苦打拼。经过几代人的努力，犹太人已经顺利融入主流社会，成为一个高度精英化的群体。从受教育程度、职业、收入等方面来看，美国犹太人都已经爬升到了美国各社会群体的顶端。“几乎从任何一种标准看，犹太人都是最成功的。”③ 2001 年的一项调查显示，58% 的犹太人拥有大学文凭，而非犹太人为 22%；

① Seymour Marrtin Lipset & Earl Raab, *Jews and the New American Scene*, Cambridge, MA, 1995, p. 145.

② 以色列学者本-泽维在 1998 年就对这种观点有所论述，参见 Abraham Ben-zvi, *Partnership Under Stress: The American Jewish Community and Israel*, Tel Aviv, 1998, pp. 9 – 11。

③ Robert B. Fowler & Allen D. Hertzke, *Religion and Politics in America: Faith, Culture, and Strategic Choices*, p. 46.

28%的犹太人从事专业性工作，而非犹太人为10%；37%的犹太人的收入超过了8.5万美元，而非犹太人为13%。[①] 在金融、房地产、时装、传媒、IT等利润丰厚的产业，犹太人多有出色表现。在美国科技文化领域，犹太知识精英的作用非常突出。据20世纪80年代美国的社会学家统计，对美国最有影响的200名文化人中，有一半是犹太人。到80年代初，在获得诺贝尔奖金的100多名美国学者中，有近半数是犹太人及其后裔。[②] 犹太人在美国高校、智库、媒体、律师界、演艺界等领域都拥有强大影响力。在美国最有影响的有线新闻网络、新闻周刊和四大日报等全国性"精英媒体"中，犹太人占据了1/4以上的作者、编辑和制片人。在1994年10月《名利场》列出的20多位新媒体精英的掌控者中，也有近一半为犹太人。[③] 近年来默多克的新闻集团也在美国迅速扩张，而且，他愿为其保守的社会政治思想承受经济损失。犹太人也主导着好莱坞，他们是主要制片公司的创办者。战后，以犹太裔知识分子为主体的"纽约知识分子群体"强势崛起，将纽约塑造成了全国文化中心。这个群体中涌现了像丹尼尔·贝尔、欧文·豪等众多大师，也分化出了后来被称为"新保守派"的群体。

社会经济地位提高的犹太人还积极投身政界、积极建立和参与社会政治组织，表现出强烈的政治行动主义倾向。他们积极参加投票，其投票率远远高于美国的平均水平，一般高达80%以上。他们大多聚居在一些对选举产生重要影响的关键州，尤其是少数重要的大城市中，因此往往能够有效影响选举结果。他们也积极提供政治捐款，民主党的政治捐赠通常有1/4至1/2来自犹太人。为数众多的犹太知识精英还积极通过媒体和智库发表意见和评论，对公共事务施加影响。在20世纪美国许多自由派的社会政治运动中，犹太人经常处于关键地位，涌现出了大批社会政治运动的领导人。政治行动主义成了20世纪中后期以来美国犹太社团的一大特征。丹尼尔·埃拉泽就此评论道，"对

---

① L. Sandy Maisel, eds., *Jews in American Politics*, p. 174.

② 陈和丰："战后美国犹太人的社会地位与政治倾向"，载朱威烈、金应忠编：《'90中国犹太学研究总汇》，上海三联书店1992年版，第19页。

③ J. J. Goldberg, *Jewish Power: Inside the American Jewish Establishment*, Reading, 1996, p. 280.

于许多犹太人而言，政治已经成了犹太认同的新基础。……今天，那些在帷幕中不知道如何做犹太人、在家更像其他美国人的犹太人以走上街头的方式来成为犹太人，通过某种体现…犹太事业的犹太公共活动（首先是政治）来显示他们的犹太性。"①

美国犹太人的政治行动主义首先源于犹太文化传统中包含的强烈道德主义冲动和救世激情。作为上帝的"特选子民"，他们有义务去"修补世界"（Tikkun Olam）和变革世界。其次是因为犹太人独特的历史体验和认知。在漫长的流散史上，无权处境是犹太人的一种常态。欧洲犹太人因无权而衰亡、巴勒斯坦犹太人因组织起来自卫而幸存的惨痛历史唤起了犹太人对权力的重视。拥抱权力，成了20世纪以来犹太政治发展的一个新特征。深知无权之苦的美国犹太人对美国提供的参政机遇尤其倍加珍惜。大屠杀惨剧和以色列的军事胜利使一些犹太人产生了某种程度对权力的迷恋。② 经历了大屠杀的惨剧后，美国犹太人将政治上的低调和不作为看做某种对罪恶的纵容。即使已经顺利融入主流社会，他们也仍然有着某种根深蒂固的不安全感。美国犹太社团也为以色列的胜利深受鼓舞和自豪，他们羽翼已丰，已无须过于在意别人对他们的非议。

三、美国主流社会的亲犹主义

犹太人在美国政坛的崛起离不开美国社会二战以来亲犹、亲以的主流民意为他们创造的友善环境。他们在支持以色列等一些问题上很有影响，那是因为他们拥有基督徒广泛的支持。③ 在欧洲，犹太人社会经济地位的提高经常引发主流社会的嫉妒、担忧甚至敌意，其自身安全尚且难得保障，遑论获得政治权力和地位。在20世纪中期以前，尽管犹太人的基本安全和权利受到美国宪政体制的保障，但广泛存在的反犹主义将他们阻挡于主流社会尤其各种精英机构之外，迫使他们

① Daniel Elazar, *The New Jewish Politics*, Jerusalem, 1988, pp. 9 – 10.

② Ibid., pp. 11 – 12.

③ Robert B. Fowler & Allen D. Hertzke, *Religion and Politics in America: Faith, Culture, and Strategic Choices*, p. 47.

在政治上保持低调而难有作为。

二战以来，某种程度的亲犹主义却在美国主流社会成长起来，美国人开始同情、接纳这个一度在美国处于边缘、受到排斥的群体。根据 1999 年 3 月盖洛普的一项民意调查，愿意投票选一位犹太人当总统的比率在 1937 年时为 46%，1958 年达到 62%，1965 年达 80%，1999 年则达 92%。[①] 白人中愿意与犹太人通婚的比率以及实际的通婚率也不断上升，通婚现在已经成了一种相当普遍的现象。反犹主义在美国主流社会中逐渐变成一种在政治和道德上都是不正确的行为而难以获得支持。反诽谤联盟的调查就显示了反犹主义不断缓和的趋势：1964 年美国反犹主义者为 29%，1992 年为 20%，1998 年为 12%。2002 年回升为 17%，而且反犹主义主要来自非裔和西裔，白人中的反犹主义远低于全国平均水平。受教育程度越高的群体，反犹主义就越低，大学校园的反犹主义几乎可以忽略不计。[②] 犹太教也在美国受到尊重，“犹太—基督教传统”已经被广泛接受为美国乃至西方文明的共同基础。在重大公共活动（如总统就职典礼）中，犹太教拉比与新教牧师、天主教神父同列参加已经成了一种惯例。美国“熔炉”的基础已经变成了基督教、天主教、犹太教三方。“三大宗教社群——新教、天主教和犹太教——构成了美国的三大宗教，即‘民主的宗教’。”[③] 在代表美国的精神方面，犹太教已经与基督新教平起平坐。犹太人在美国的成就和贡献获得了广泛认可，他们已经成了美国主流社会重要而独特的组成部分，已经被接受为“白人”。犹太人在美国不再是访客，而是主人。

美国偏袒以色列往往让米尔斯海默这样持现实主义立场的美国国际问题专家深为不安，但却总是获得美国公众的广泛支持。锡安主义不仅在犹太人中广受支持，它在美国基督教群体中也是一种跨越自由

---

① Frank Newport，“Americans Today Much More Accepting of a Woman，Black，Catholic，or Jew As President”，http：//www. gallup. com/poll/releases/pr990329. asp.

② “Anti-Semitism in America，2002”，by ADL，http：//www. adl. org/anti_ semitism/2002/as_ survey. pdf.

③ Will Herberg，*Protestant-Catholic-Jew：An Essay in American Religious Sociology*，New York，1960，p. 246.

和保守阵线的共同愿景。自 20 世纪 40 年代以来，美国民众对以色列的支持持续强烈，一直把以色列列为最喜欢的国家之一，很少受美以双边关系起伏的影响。60 多年来，美国媒体反复问一个问题：对于中东局势，你更同情（喜欢）以色列还是阿拉伯国家？结果显示，同情以色列的始终占了压倒多数。如在 1967 年“六日战争”后，盖洛普的民意调查相继出现了 41%：1%（1967.7）、50%：5%（1969.2）、44%：3%（1970.5）、50%：7%（1973.12）的悬殊比例。① 一位学者就这种亲以倾向评论道，“美国公众很少有如此鲜明、深远的外交政策偏向，它与别国民意竟如此大相径庭”。②

美国的亲犹、亲以立场乃是美国社会文化、历史体验和现实利益交错的产物。立国之初，美国的民族文化和认同就深受希伯来文化的影响。历险移居新大陆的清教徒将《旧约》作为他们首要的行动指南和终结的知识源泉。在殖民地，“摩西律法……是最高权威，是无人敢于质疑和拒斥的权力之源。”③ 希伯来语的学习和教育在美国早期历史中也很受清教徒们推崇。清教徒们将自己等同于在迦南流浪的古代以色列人，新大陆就是他们心中的新以色列，他们的领袖往往被比附为《旧约》中的犹太先知。他们感觉自己跟古代以色列人的命运何其相似。他们还受到古代希伯来先知道德理想主义的强大感化，以之锤炼心智、坚定信心和信念，并据以确立新国家的政治原则和制度。从殖民地时代至今，美国人将自己视为上帝的新“特选子民”，将美国视为肩负神授使命的国家，即“山巅之城”。这种基于希伯来圣卷的关于美国性质和使命的迷思是美国文化和思想中最为强大持久的成份之一。共有希伯来文化使美国与旧以色列和旧以色列人（犹太人）建立起一种文化亲缘关系。1966 年约翰逊总统对来访的以色列总统夏扎尔（Shazar）说：“我们也是在希伯来文化中成长起来的，……这是我

---

① Gabriel Sheffer, *Dynamics of Dependence: U. S. -Israeli Relations*, Boulder, 1987, pp. 48 – 49.

② Walter Russell Mead, “The New Israel and the Old: Why Gentile Americans Back the Jewish State”, *Foreign Affairs*, July/August 2008, p. 30.

③ Dagobert D. Runes, *The Hebrew Impact on Western Civilization*, New York, 1976, p. 44.

们的遗产，也是你们的遗产。”①

自 19 世纪以来，美国就自认为是上帝选召的代理人，负有保护和拯救犹太人之责。② 担负以色列的保护者和犹太人的朋友这一角色正是使美国“天定命运”地位合法化的方式。主流自由派基督徒往往从进步主义伦理出发，为历史上基督教反犹主义而深感愧疚。他们认为反犹主义有悖于人道主义，也阻止了犹太人接纳基督教。许多美国基督徒觉得自己对犹太人承担着某种历史负债，通过保护犹太人以补偿过去的罪孽久已成为许多新教徒的重要宗教试炼。这种思想的代表性人物就是著名基督教神学家、现实主义大师莱因霍尔德·尼布尔（Reinhold Niebuhr）。他主张整个基督教世界应当为欧洲犹太人的生存承担责任以补偿历史上的反犹主义；他还将以色列的建立看作犹太人寻求集体生存的合法、必要手段。尽管后者侵害了阿拉伯人的合法权益，但他认为巴勒斯坦问题缺乏完全公正的解决方案，而锡安主义符合“相对正义”。

保守的福音派基督徒则往往将以色列的建立和壮大视为圣经预言在中东的实现。从《圣经》文本主义立场出发，他们对于《旧约》中关于犹太民族的特选子民、应许之地，《新约》中关于神并未丢弃以色列人、全以色列将要得救以及犹太民族在千年王国到来中起关键作用并将重聚圣城耶路撒冷等教义深信不疑。这些带有强烈末世论倾向的基督徒将犹太民族的历史遭际和回归建国看作神圣计划展开和《圣经》预言应验的迹象，而美国保护以色列将影响美国自身在神圣历史进程中的终极命运。早期以推动锡安主义为重要使命的代表性人物有布莱克斯顿（William E. Blackstone）和盖布兰（Arno C. Gaebelein，1861—1945）这样的著名福音派神学家。布莱克斯顿的活动主要集中在推动美国政府承担起支持锡安主义运动的国际领导角色，他认为这是神赋予美国的使命。1891 年和 1916 年，他先后两次征集一些重要神学家联名向美国总统递交备忘录，要求美国政府关切犹太民族的苦难，

① Lorenza Rossi, *Who Shall Guard the Guardian Themselves?* New York, 1996, p. 81.

② Walter Russell Mead, “The New Israel and the Old: Why Gentile Americans Back the Jewish State”, p. 36.

支持他们回归巴勒斯坦。盖布兰长期（50年）担任主编的杂志《我们的希望》（*Our Hope*）则是宣传锡安主义思想的重要阵地。他坚信如果神“已经抛弃了他的子民，他们不再有未来，旧约的预言不再能实现，那么我们最好绝望地合上我们的《圣经》”。①

惨绝人寰的纳粹屠犹和以色列在“六日战争”中旋风般的胜利从不同方面强化了美国主流社会的亲犹、亲以情绪。纳粹屠犹带给美国新教巨大冲击，使主流自由派深感震惊，反对反犹主义成了他们评判自己及其领导人的关键依据。② 它还使基督教对犹太民族产生了沉重的负罪感，促使基督教大力推进20世纪早期就已开始的与犹太教的对话，以实现历史性的和解。天主教对犹太教的态度转变最为显著。二战以来的历任教皇都高度重视并积极推进与犹太教的对话与和解进程，他们在不同场合发表讲话和宣言，表达对历史上反犹主义的忏悔和希望和解的立场，阐发有助于和解的新神学教义和观点。其中1962—1965年的第二届梵蒂冈大会发表题为《在我们的时代》（*Nostra Aetate*）的宣言和1986年约翰·保罗二世（Pope John Paul II）对罗马犹太会堂历史性的访问是其中最具象征性的两大事件。双方对话导致了通常所说的“犹太教—基督教传统”（Judeo-Christian tradition）这样一种概念（或理念）进一步巩固，颠覆了长期敌对的历史，凸显了双方的共性，即双方信仰一位共同的上帝、同有一部圣经（《旧约》），都信仰弥塞亚降临，以及有着共同的伦理标准。基督教为历史上的反犹主义忏悔，带着愧疚之情承认纳粹大屠杀跟长期以来基督教的反犹主义有内在的联系，反对并谴责现实中的各种反犹主义，清除本身教义中的反犹说教；认为基督教和犹太民族之间有共同的精神遗产和精神纽带，基督教对犹太民族有一份精神之债。保罗二世在1986年对罗马犹太会堂的访问中还提出犹太教和基督教之间存在特殊关系。他说，“犹太宗教在某种意义上‘内在于’我们的宗教。我们跟犹太教存在

① David A. Rausch, “Arno C. Gaebelein (1861 - 1945): Fundamentalist protestant Zionist”, *American Jewish History*, Vol. lxviii, No. 1 - 4, September 1977 - June 1978, p. 51.

② Walter Russell Mead, “The New Israel and the Old: Why Gentile Americans Back the Jewish State”, p. 40.

我们与任何其他宗教所不具备的（特殊）关系。你们是我们亲爱的兄弟（dearly beloved brothers），从某种意义上而言，你们是我们的兄长（elder brothers）”。[①]

而以色列在“六日战争”中的胜利、尤其是耶路撒冷的统一在福音派中戏剧性地引起了末世狂热。“自法国大革命和拿破仑以来，也许没有任何政治、军事事件像这场短暂的战争那样为预言的启动提供了如此多的动力。”[②] 正是在“六日战争”后，福音—基要派在美国再次崛起，并日益向着政治化发展，成为20世纪末美国急剧右转的强大动力。当自由派基督教和非裔美国人开始因为以色列对巴勒斯坦的占领而疏远以色列时，基督教右翼成为最强大的亲以势力。20世纪70年代，几十个福音派亲以组织像雨后春笋般地在美国涌现，其重要人物也不断发表热情洋溢的亲以言论。

20世纪后期以来美国在国内外面临的现实也使美国主流社会需要犹太人。在国内，少数族裔群体的壮大和族裔认同的觉醒使白人主流族裔（WASP）在美国的长期主导地位面临严峻挑战。非裔与白人关系的持续紧张、西班牙裔人口的膨胀和文化自立都重构着美国国内族裔关系。这些都迫使美国白人进一步接纳力量壮大而且已经顺利融入美国的犹太人作为他们的一部分，即属于“白人”。非裔则因历史上犹太人积极支持对其有利的自由主义议程而心存感激，一直努力维护与犹太人的自由派联盟，并以支持以色列作为对犹太人的回报。因此，犹太人在美国政坛经常可以左右逢源，在不同议程上找到强大的盟友。冷战期间，美苏之间全方位的竞争使美国需要犹太人发挥聪明才智以保存对苏联的竞争力，也需要实力壮大的以色列作为其在中东遏制苏联影响扩展的战略支柱。以色列在美国战略价值和地位的逐步提升与犹太人在美国政治影响力的提升并行不悖、相辅相成。强化美以战略关系、加强美以政策协调的现实需要为犹太人提升在美国外交事务中影响力提供了空间。冷战结束以来，美国维护世界霸权的努力受到了

① Pope John Paul II, *Spiritual Pilgrimage: Texts on Jews and Judaism 1979 – 1995*, New York, 1995, p. 63.

② Yaacov Ariel, *Philosemites or Antisemites? Evangelical Christian Attitudes toward Jews, Judaism, and the State of Israel*, Jerusalem, 2002, p. 16.

激进伊斯兰的新挑战，其福音派外向传教的努力也面临伊斯兰教的竞争，无论以激进伊斯兰为主要对象的“反恐”，还是全球范围推进包括宗教自由在内的“人权”，美国都可以将以色列和犹太人作为他们的同盟军。

四、余论

尽管犹太人在美国政坛仍然强大，但20世纪末以来也出现了一些不利于其继续维持在美政治影响力的变化。

首先，美国犹太人口出现了增长停滞、居住分散、族外通婚和脱离犹太教等趋势。埃利奥特·阿布拉莫斯（Elliott Abrams）在1997年出版的《信仰和恐惧》一书中就描绘了美国犹太人出现“人口灾难”景象：犹太人口在美国总人口的比例由最高点的3.7%降为2%；1/3的犹太后裔宣称他们不再信仰犹太教（选择世俗生活或改宗其他宗教）；1985年以来结婚的犹太人中，大多数选择与其他族裔的人通婚（52%），而且非犹太配偶改宗犹太教的比例正在下降（20世纪40年代为20%，而1990年为5%）；通婚家庭出生的孩子，只有28%作为犹太人抚养；预计在今后两代人的时间里美国犹太人口将缩减100万到200万。[①] 随着美国经济版图的重构，犹太人还大量地向环境优美的西部和西南部“阳光地带”迁移，不再集中在纽约等东部少数几个大城市。这种分散化的趋势将使现有的犹太社团成员减少，削弱美国犹太社团的政治影响力。对这种“人口灾难”的广泛担忧还使美国犹太社团在后冷战时期进一步内向化，将更多的注意力从美国公共事务转向其自身在美国的延续问题。尽管犹太人进一步精英化有助于提高其政治影响力，但人口比例缩减仍将使犹太选票对选举政治的影响力减弱。另外，网络在草根动员和选举筹款中展现的强大功能也会减弱少数大捐款人的影响力。

第二，美国犹太人的民族凝聚力减弱。“六日战争”使全球犹太

① Elliott Abrams, *Faith or Fear: How Jews Can Survive in a Christian America*, New York, 1997, pp. 1 – 2 & pp. 99 – 100.

人为以色列、为自己的犹太身份自豪，几乎所有美国犹太人都将他们的命运跟以色列的生存和安全联系了起来。以色列成了他们共同的纽带，成为他们团结与忠诚的新源泉。① 但自20世纪80年代以来，美国犹太社团内部及其与以色列之间都出现了明显的裂痕。

一个导致分歧的问题来自对阿以和平进程的立场。大部分美国犹太人属于犹太教改革派和保守派，或者不信犹太教，在社会政治上大多属于美国自由派阵营，崇信“美国信条”。他们大多支持以工党为代表的以色列中左翼主张的“以土地换和平”战略，也支持美国政府积极介入阿以和平进程。他们对以色列右翼政府对巴勒斯坦人推行的强硬政策深为不满，一些重要组织（如美国犹太人大会）的领导人公开批评以色列的政策，甚至疏离以色列。而正统派等“新犹太人”则强烈支持以色列右翼政府的强硬政策，反对和平进程，也反对美国对以色列施加必要的压力。拉宾就因积极推动和平进程受到美国一些正统派拉比的强烈反对，并被那些拉比们根据犹太教法宣判为“叛徒”。1995年11月拉宾遇刺无论在以色列还是在美国犹太社团都大大加剧了不同群体间的敌意。

另一个引起尖锐冲突的问题是犹太认同问题。犹太教正统派在以色列压制和排斥非正统派的做法违反了基于“美国信条”的宗教自由和多元主义。1987年，正统派和非正统派就为“谁是犹太人”问题发生了严重分歧，最终正统派占据了上风。1997年，以色列政府试图通过“改宗法”（Conversion Law）进一步确立正统派在认同问题上的垄断地位，结果引起波士顿、克里夫兰、旧金山等许多城市犹太联合会的强烈反对，它们纷纷削减对以捐款，或将捐款转向与它们意识形态相近的组织。② 此外，犹太自由派在美国国内的社会政治问题（政教分离、堕胎、同性恋等）上也与部分正统派存在尖锐矛盾。

犹太社团内部的分歧使得正统派和非正统派严重对立，使他们之间越来越难以形成共同的立场和议程，也难以共事相处，以致于正统派在1993年退出“美国犹太会堂理事会”（SCA），导致该组织在延续

① Jonathan D. Sarna, *American Judaism: A History*, p. 316.

② Abraham Ben-zvi, *Partnership Under Stress: The American Jewish Community and Israel*, pp. 36–37.

近70年后解体。同时，美国政府也可以利用犹太社团内部分歧，更好地推进其政策。克林顿政府就对对立的犹太群体施行操纵，削弱了主要犹太组织主席联合会（PC）等美国犹太机构领导人在巴以和谈问题上的影响力。① 另外，犹太自由派对以色列政策的抨击也会“外溢”并影响美国社会对以色列的公众舆论，削蚀美国国内同情和支持以色列的民意基础，并转而质疑美国犹太右翼为核心的以色列游说集团在美国中东政策中的影响。

第三，美国主流社会对以色列政策和以色列游说集团的顾虑和批判增强。犹太人影响美国政治的能力和效果仍然受制于美国主流社会对以色列和犹太人的公众舆论。美国犹太人仍然担心反犹主义在美国主流社会的复活，这使他们不能不有所忌惮。这种对反犹主义的担心决不是空穴来风。2004年8月，佐格比国际（Zogby International）的一项调查显示，61%的美国人认为应将美以公共事务委员会登记为外国（即以色列）政府在美代理机构。② 2005年3月“反诽谤联盟”的一项全国民调显示，有33%的美国人认为，美国犹太人更忠于以色列。③ 而且美国犹太学者早有预言，“在美国，跟以色列有关的问题被犹太人视为反犹主义复活的最大的潜在源泉。如果美以关系恶化或者支持以色列被美国的政策制定者和美国公众看作违背了美国的利益，而美国犹太人继续为以色列大力游说，这种（反犹的）诱因就会出现。”④ “9·11”事件的发生以及美国陷身伊拉克和阿富汗泥潭都促使美国社会对美以特殊关系的影响进行反思，许多人认为以色列已经成为美国中东战略的负担。以色列右翼政府推行的扩张政策日益引起美国许多精英的不满。在《牢墙内的巴勒斯坦》一书中，前总统卡特将以色列修建的“安全墙”称为“牢墙”（Apartheid），他猛烈抨击以色列对巴勒斯坦人实行种族隔离和殖民统治，剥夺了巴勒斯坦人民的基

---

① Abraham Ben-zvi, *Partnership Under Stress: The American Jewish Community and Israel*, p. 30.

② http://www.cnionline.org/learn/polls/aipac/.

③ “American Attitudes Towards Jews in America”, http://www.adl.org/anti_semitism/Anti_semitic_Attitudes_files/frame.htm.

④ Semour Martin Lipset & Earl Raab, *Jews and the New American Scene*, p. 194.

本人权，一直是谋求圣地全面和平的主要障碍。他还指出，美国对以色列的偏袒损害了美国的国际威信，糟蹋了美国的善意，同时也使全球反美恐怖主义活动增长。① 前述米尔斯海默和沃尔特的著述也对美国支持以色列的道义和现实基础都提出了质疑，他们还批判以色列游说集团对美国中东政策的影响损害了美国的战略利益，而以色列本身已经成为美国的战略负担。这种对以色列和以色列犹太集团的批判声浪都给美国犹太人施展其政治影响力蒙上了阴影。

（作者：汪舒明，上海犹太研究中心助理研究员）

① ［美］卡特：《牢墙内的巴勒斯坦》，郭仲德译，西北大学出版社 2007 年版，第 135、140 页。

"打开通向最高权力的入口"
——美国犹太社团与杰克逊—瓦尼克修正案

罗 辉 LUO Hui

[**内容提要**] 犹太社团在当今美国政坛有着举足轻重的影响，但此种影响并非与生俱来，而是历经斗争和曲折。历时两年始获通过的杰克逊—瓦尼克修正案正是美国犹太社团成长历史中一个极其重要的里程碑，犹太社团藉此向世界"证明"了他们的斗争能力。杰克逊—瓦尼克修正案是1974年美国国会通过的《贸易改革法案》所附法案，主要内容是禁止给予苏联等"非市场经济国家"以贸易方面的优惠，是一项将贸易和移民问题挂钩的法案。此修正案的本意是要改善苏联犹太移民的处境，但直接后果却导致了苏联移民人数的降低。而对于美国犹太社团而言，此种逆"缓和"之潮流而动的努力在政治上得到了回报，他们在与尼克松政府和苏联政府的较量中胜出。自此，犹太利益集团逐渐成长为力量强大的院外游说集团。

[**Abstract**] The Jews are indisputably a powerful political force in American society. To be sure, American Jewish power began with the Jackson-Vanik amendment passed by Congress in 1974 which made U. S. -Soviet trade relations conditional on the Soviets' treatment of their Jewish minority. The amendment continued in effect even after the Soviet Union collapsed in 1990, giving the Jewish community a veto over America's commercial links with Moscow. The campaign for the amendment was the first of a series of American Jewish legislative initiatives that transformed the Jewish lobby into a powerful one in Washington. For the amendment's intended result, however, it turned out to be the opposite: emigration in the Soviet went down, not up.

一、美国犹太社团对于苏联犹太移民问题的立场

苏联犹太人在20世纪60年代掀起了移民以色列和美国运动，动因主要有以下三个。首先，以色列在1967年的“六日战争”中所取得的胜利在许多苏联犹太人中间引发了作为犹太人的自豪感，促使他们中的一些人萌生移民以色列的念头，还有一些苏联犹太人则希望能与已经移居以色列或其他西方国家的亲友们团聚。其次，也是最重要的原因，当时苏联社会普遍存在一种对犹太人的歧视，体现在教育、就业以及文化和宗教生活的方方面面，尤以勃列日涅夫时期（1964—1982）为甚。一些官员公开批判“科学和学术事业中犹太人的过分集中”，并限制犹太人接受大学教育的机会。犹太人进入大学的人数从1968年的11.2万降至1970年的10.5万、1972年的8.85万，而到了1980年更降到至5万人，连1968年的一半都不到。① 最后，许多苏联犹太人对未来非常悲观，他们认为自己遭遇的不公正待遇将是永久性的，对此自己无能为力，因此除了移民别无他法。②

这对于苏联政府而言无疑是新的挑战，但苏联政府自始至终也难以制定成功应对的战略或形成一项贯彻始终的政策。苏联政府在犹太移民问题上的立场源自苏联对其公民移居国外的基本法律法规。原则上，苏联官方不允许苏联公民擅自离境，而基于民族原因的移民更是缺乏“正当性”，因为苏联官方一直宣称其境内的民族问题早已得到解决。更为重要的是，政府一旦允许犹太人移民就可能会开启自由移民之先河，这当然是苏联政府极力避免的结果。③ 因此，苏联犹太人

---

① William Korey, “Brezhnev and Soviet Anti-Semitism”, Robert O. Freedman ed., *Soviet Jewry in the Decisive Decade, 1971 - 1980*, Durham, 1984, pp. 29 - 37.

② Yaacov Ro'I, *The Struggle for Soviet Jewish Emigration*, Cambridge, 1991, p. 128.

③ Nina Sementchenko & Sergei Mirokhin, “Soviet Diplomacy and the Issue of Jewish Immigration to Israel, 1946 - 1953”, Yaacov Ro'I, ed., *Jews and Jewish Life in Russia and the Soviet Union*, Portland & Oregon, 1995, p. 318.

在申请移民签证时常常面临许多不可逾越的门槛，苏联政府为这种限制性政策给出的理由是受过高等教育并且从事科研工作的犹太人可能会泄露“国家机密”。① 但有学者指出，苏联自政府到社会普遍将移民看作一种背叛祖国的行为，在他们看来，社会主义国家苏联为其公民提供了比资本主义国家更为优越的生活条件，因此苏联公民的移民行为是给政府难堪，无疑是向外界宣布苏联社会并非像苏联官方宣传的那么好。② 苏联犹太人问题，尤其是移民问题，在20世纪60年代开始成为美苏关系中的一个重要问题，这是苏联政府始料未及的。

美国犹太社团从60年代开始关注苏联犹太人的移民问题，但那时美国犹太组织也并非铁板一块。有些领导人认为不应该因为苏联犹太人而成立特别的组织机构，还有些人担心美国的公开卷入会产生反作用，从而危及苏联犹太人的境况。③ 但总体而言，美国主要的犹太组织都被动员起来，承诺要“唤起人类对三百万犹太人的关注……他们处于文化和宗教认同被摧毁的困境”。④ 1964年2月，“全美犹太社团关系咨询委员会”（National Community Relations Advisory Council，下面简称“咨询委员会”）和几个主要犹太组织牵头召开了一场以拯救苏联犹太人为主题的大会，全美几乎所有的犹太组织都派代表出席，美国国会也有代表参加，还有许多非犹太裔的宗教和民权领袖出席。⑤ 在这次会议上，“拯救苏联犹太人美国犹太会议”（American Jewish Conference on Soviet Jewry）宣告成立，充分表明美国犹太社团“解救”苏联同胞的决心。同时，他们也表示其目标并非“加剧冷战之紧张局

① Laurie P. Salitan, *Politics and Nationality in Contemporary Soviet-Jewish Emigration, 1968 – 1989*, London, 1992, p. 38.

② Georgii Arbatov, “America Also Needs Perestroika”, Stephen F. Gohen & Katrina Vanden Heuvel, eds., *Voices of Glasnost: Interviews with Gorbachev's Reformers*, New York, 1989, p. 320.

③ Albert D. Chernin, “Making Soviet Jews an Issue: A History”, Murray Friedman and Albert D. Chernin, eds., *A Second Exodus: The American Movement to Free Soviet Jews*, Hanover, NH, 1999, p. 33.

④ Naomi Cohen, *Not Free to Desist: American Jewish Committee, 1906 – 1966*, Philadelphia, 1972, p. 508.

⑤ Lewis H. Weinstein, “Soviet Jewry and the American Jewish Community”, *American Jewish History*, Vol. 77, No. 4, June, 1988, p. 603.

势”，只是要“将公众舆论汇聚成一种能挽救苏联犹太人于精神灭绝之困境的道德力量”。事实上，此次会议最为成功之处是曝光率极高，抓住了公众眼球，为以后的宣传工作奠定了基础。当然更为重要的是，国务卿腊斯克在会后充分表达了对这项议题的支持，“同意向苏联政权转达美国民众对此事的关切之情并与苏联大使多勃雷宁详谈此事。”①

美国犹太社团在对苏联犹太人问题上的立场开始渐趋一致，在如何进行斗争的战略上也有了共识。但是，20 世纪 60 年代是整个美国民权运动风起云涌的时代，民众对越南战争的抗议声潮也日隆，关于苏联犹太人的报道要抓住媒体的眼球并非易事。起初，一些比较激进的犹太组织试图通过袭击苏联驻美使馆等暴力行为赢得媒体的关注，但却因此失去了普通民众和外交政策制定者的支持，公众将更多的注意力放在他们的暴行上，反而不关注他们要表达的问题本身了。如何既引起公众注意又不招致其反感，随即成为美国主流犹太社团需要认真对待的课题。② 在经过细致的策划后，犹太教节日成为一个个大型的“主题活动”，苏联犹太人问题被巧妙地与节日最初的来源结合起来。比如在逾越节（Passover）和诵经节（Simchat Torah）等节日，美国各地的犹太社团会组织大型的集会活动。在这些活动中，组织方除了邀请有影响力的宗教和政治领袖演讲之外，还安排几千人共同唱歌跳舞，成功地吸引了电视和平面媒体的关注。当然，美国犹太社团在致力于“教育”公众的同时，并不放弃其在政府和国会层面的努力。他们深知，只有当苏联犹太人问题真正进入美苏关系的议程之中，这场运动才有可能取得实质性的成果。正是美国犹太社团在 60 年代积累的运动经验及其与政府和国会发展的密切关系，为 70 年代杰克逊—瓦尼克修正案的提出并通过埋下了伏笔。

---

① Lewis H. Weinstein, “Soviet Jewry and the American Jewish Community”, p. 615.

② Albert D. Chernin, “Making Soviet Jews an Issue: A History”, Murray Friedman and Albert D. Chernin, eds., *A Second Exodus: The American Movement to Free Soviet Jews*, p. 48.

二、美国犹太社团运动与杰克逊—瓦尼克修正案

杰克逊—瓦尼克修正案最初并非美国犹太社团提出，但犹太社团在六七十年代的运动能力显然引起了美国保守人士的高度关注，亨利·杰克逊（Henry Jackson）便是其中的一位。作为一个坚定的反共分子，杰克逊反对尼克松政府的缓和政策。但当时美国社会反共情绪在经过越南战争之后已经逐渐消退，保守分子需要更好的理由“重启”冷战，美国犹太社团如火如荼的“拯救”苏联犹太人运动无疑给了他们一个极好的契机，而导火索正是1972年8月3日苏联政府通过的向移民征收“教育税”的法令。

“救助苏联犹太人全国大会”（National Council on Soviet Jewry，下面简称“全国大会”）在1972年9月25日召集执行委员会全体委员讨论苏联收取学位税事件，而出人意料的是，华盛顿州民主党参议员亨利·杰克逊通过其助手理查德·珀尔（Richard Perle）提出了参加会议的要求，旨在取得美国犹太人对其提出的将美苏贸易关系和犹太人的移民权利挂钩的法案的支持。尼克松政府对苏联实行的缓和政策中非常关键的一项内容就是改革美苏之间的贸易关系，而杰克逊参议员则希望在此贸易改革法案上附加条件。杰克逊向“全国大会”的代表明确表示他希望自己提出的修正案能够在国会通过，而这需要犹太团体的支持。作为一个坚定的反共分子，杰克逊表明此举并非为了自己的政治利益，而是关乎对与错的问题。如果苏联希望得到美国在物质上的帮助，那他们就该用人权来“偿付”。同时，杰克逊本人与犹太人颇有渊源，他在二战时期服役时曾结识纳粹死亡营中的犹太幸存者，那时“我发誓我会尽我所能不让这些人们再遭此浩劫”。①

“全国大会”对杰克逊提出的修正案讨论至深夜，不断有人提到美国犹太人未能在二战中将自己的欧洲兄弟从纳粹的魔掌之中解救出来的事实，因此杰克逊的提案的确不失为避免此类悲剧再次发生的一

① J. J. Goldberg, *Jewish Power: Inside the American Jewish Establishment*, Reading, MA: Addison-Wesley, 1996, p. 164.

种手段。此时的一些犹太团体对苏联人的不满已经开始通过某些极端的行为表现出来，比如在 1971 年 1 月犹太防卫联盟（Jewish Defense League）在纽约刺杀了一位与苏联文艺界保持友好关系的美裔犹太人，这对以"全国大会"为代表的温和立场形成了挑战，这使得他们必须采取一些实质性的行动来维护自己的领导地位。但另一方面，"全国大会"认为杰克逊的提案在国会通过的可能性很小，而付出的政治代价却很大。首先，这可能会影响苏联在事实上对犹太移民逐渐放宽的政策；其次，此举必然激怒尼克松政府，而这届政府对待以色列的态度比往届政府更为友好；最后，惹怒白宫等于伤害以色列，这会使以色列外交部极为不满。经过反复衡量，"全国大会"最终同意支持杰克逊修正案。这不仅对于"全国大会"和支持苏联犹太人运动是个重要转折点，对于整个美国犹太政治也是转折点。为争取杰克逊修正案通过的运动是美国犹太人影响立法机构的开端，之后他们采取的一系列与之类似的行动将犹太人游说团体变成为华盛顿最为强大的院外游说集团。

1972 年 10 月，杰克逊与尼克松在白宫就此修正案进行私下会谈。尼克松同意让共和党的参议员支持此提案，但条件是杰克逊不得将它变成即将到来的总统选举中的党派问题。当时竞选的双方一边是力促美苏缓和的尼克松，另一方则是持更温和立场的乔治·麦戈文（George McGovern），充分反映出美国因为越南战争的拖累而疲惫不堪的状态。因此，杰克逊这种力图恢复冷战对峙状态的提案其实是不得人心的，至少在尼克松及其助手看来，通过的机会非常之微，不过是杰克逊为 1976 年的总统选举提前争取犹太人的支持而已。

但是事情的发展远超出人们的预计。在数周之内，杰克逊的助手和犹太社团的领袖就争取到 72 名参议员的支持。更为重要的是，他们还争取到俄亥俄州的众议员查尔斯·瓦尼克（Charles Vanik）的支持，这位民主党议员是众议院筹款委员会成员，而筹款委员会从来被认为是众议院最有权势的委员会之一。通过瓦尼克及其助手的活动，有 258 名众议员支持此修正案。① 杰克逊—瓦尼克修正案被广泛接受对于

① J. J. Goldberg, *Jewish Power: Inside the American Jewish Establishment*, p. 169.

尼克松政府是一个意料之外的打击，因为缓和政策是一套相互联系的复杂微妙的交易，是在与苏联政府不断讨价还价的过程中达成的。按照许多学者的说法，缓和政策是美国在贸易方面做出让步以换取苏联帮助其结束越南战争，同时美苏双方共同限制战略性核武器以减少核战争的危险。杰克逊—瓦尼克修正案则有可能毁掉已经取得的进展。①

尼克松最早采取的策略是将杰克逊和其犹太支持者分离开来。此时的犹太领袖面临一个艰难的抉择：在与尼克松会面之前，他们一直竭尽所能在各种场合公开支持杰克逊修正案，但从来没想过要反对总统。相反，他们认为，对修正案的支持能够增加总统在与苏联人进行“秘密外交”时的砝码。而且，尼克松是以色列的朋友，对这个犹太国家一直非常支持。但现在，这些犹太领袖感到他们必须在总统和修正案之间做出选择。在这样的关头，苏联犹太人的态度显得格外重要。当他们得知美国犹太人对于修正案的立场发生动摇时，他们进行了直接干预。在1973年4月23日，美国犹太人领袖收到一份由100多位苏联犹太人签名的请求，呼吁美国犹太领袖继续支持杰克逊—瓦尼克修正案，提醒他们不要忘记大屠杀。而在结尾处的措辞更是激烈，他们这样写道：“记住，我们这个民族的历史已经见证过太多骇人听闻的错误。不要为甜言蜜语所欺骗。记住，你们一点小小的犹豫就可能导致不可挽回的悲剧。记住，你们的坚定不移是我们唯一的希望。我们的命运从未像现在这样掌握在你们手里。在这时刻，你们能够退却吗？”②

这一言辞激烈的来信显然发挥了作用。在这之后不久，犹太组织发表了一份声明，宣称杰克逊修正案对于缓解苏联犹太人的悲惨境遇是有帮助的，因此美国犹太人会继续支持其立法通过。但同时，声明也表示了对尼克松总统的理解。③ 数周之后，众议院以388票对44票的绝对多数通过了杰克逊—瓦尼克修正案。

---

① Marshall I. Goldman, “Jackson-Vanik: A Dissent”, Murray Friedman and Albert D. Chernin, eds., *A Second Exodus: The American Movement to Free Soviet Jews*.

② Ibid., p. 103.

③ William Korey, “The Story of the Jackson Amendment”, *Midstream*, Vol. 21, March, 1975, p. 17.

自此，苏联犹太移民问题成为美苏缓和架构中不可缺少的一部分，并成为长期困扰美苏关系的因素。非常具有讽刺意味的是，本意是要改善苏联犹太人处境的修正案起到了适得其反的作用，苏联犹太人的命运几乎没有得到根本的改变，但美国犹太人的地位却从此大幅度提升。犹太组织和团体在这场与尼克松政府和克里姆林宫的较量中胜出，充分展现了他们所具备的斗争能力。尽管犹太团体最初并非此修正案的倡议者，而是被杰克逊参议员“拖下水”的，但这场斗争的胜利是属于美国犹太社团的。从吸引舆论注意到组织街头游行和抗议，美国犹太社团在20世纪70年代向广大公众表明他们深切关注苏联犹太人的自由，而美国和世界都“听到”了。一言以蔽之，杰克逊—瓦尼克修正案的通过表明美国犹太团体打开了影响华盛顿的大门，从此成长为强大的利益团体。①

三、杰克逊—瓦尼克修正案对美国对外政策的影响

杰克逊—瓦尼克修正案对美国外交的影响主要有两点：1. 美国反共产主义的可信度因受到麦卡锡主义的影响而削弱，又因为越南战争的失败而大幅度下降，而杰克逊—瓦尼克修正案的通过提供了一个新的道德理由而使反共主义“重生”。2. 此修正案的通过超越了美国犹太社团的短期利益和关切。这是美国首次通过的国际人权立法，它体现了美国对全世界人权状况的“关注”，并最终导向赫尔辛基条约的签订。由35个欧洲和北美国家共同签署的赫尔辛基条约迅速将人权问题推向国际外交的中心位置。之后的多次会议，特别是在1986—1989年间召开的维也纳会议，对自由移民政策在苏联真正实现起到了重要的作用。

苏联政府对于美国国会因其国内的移民事务而不愿无条件地给予其最惠国待遇大为不满，但更为不满的是美国如此肆无忌惮地干涉其内部事务。就连基辛格后来都承认：“没有一个国家能够容忍本国的

① Jay Winik, *On the Brink: The Dramatic, Behind-the-Scenes Saga of the Reagan Era and the Men and the Women Who Won the Cold War*, New York, 1996, p. 57.

内政受到其他国家如此的干预，正如我们对苏联所做的那样。"① 1975年1月，苏联政府对此郑重表态，指出这是对苏联内政的粗暴干涉，坚决予以拒绝。② 但是苏联政府在1975年加入了赫尔辛基协定，这意味着它同意保障自由移民的权利，同时也给了美国政府谴责其限制性移民政策的法理和道德依据。

令苏联政府没有想到的是，《赫尔辛基最终协定书》不仅被世界犹太团体用来推进苏联犹太移民事业，而且协定书中关于自由移民和人权的内容对整个冷战后期的影响都是深远的。在维也纳会议结束后不久，上千名在匈牙利度假的东德人移民到西德。这种大规模的移民削弱了东德政府的统治基础，为之后柏林墙的倒塌埋下了伏笔。而更为重要的是，东欧国家的许多人权组织由此合法化，波兰和匈牙利等国家的"民主反对派"活动变得更加活跃，这对苏东剧变产生了不可低估的影响。③ 正如其时的美国国家安全顾问布热津斯基所希望的："倡导尊重人权影响巨大、意义深远，可加速共产主义衰亡的进程……西方大声疾呼尊重人权，已使所有共产党国家处于守势……积极宣传尊重人权还为更直接地进行争取民主的活动提供了理论依据，这些活动有助于使独立性越来越大、政治色彩日益浓厚的公民社会在现在的共产主义制度下，不断成长壮大。一个独立的公民社会的出现，就等于社会从共产党统治下最终解放出来的开端……有助于使持不同政见者逐渐成长为真正的政治反对派。到一定的时候，他们就会要求进行和平移交权力的谈判。"④

而尼克松之后的每届政府在制定对苏政策时都或多或少受到杰克逊—瓦尼克修正案的影响。福特政府相比尼克松政府而言对于缓和的态度不太积极，而对于犹太移民的事业比较热心。他公开向参议员杰克逊、贾维茨和鲁比科夫承诺会对苏联的移民政策提出抗议，但同时

① Raymond L. Garthoff, *Détente and Confrontation: American-Soviet Relations from Nixon to Reagan*, Washington DC, 1985, p. 460.

② William Korey, "The Story of the Jackson Amendment", pp. 7–36.

③ William Korey, "Jackson-Vanik: A 'Policy of Principle'".

④ ［美］兹比格纽·布热津斯基：《大失败——二十世纪共产主义的兴亡》，军事科学院外国军事研究部译，1989年版，第303页。

也希望避免与苏联的正面冲突，力求通过没有附加条款的贸易协定。然而，对于福特而言，杰克逊参议员及其支持者的力量实在是太强大了。尽管福特最终未能使苏联完全放开对移民的限制，但事实证明，他在任期间苏联的移民人数是持续上升的。①

卡特政府对待苏联移民问题的态度服从于其整个人权外交的逻辑。卡特大体上接受尼克松政府时期的缓和方向，但相较其前两任而言，他更愿意将人权问题作为宣传武器，在公开场合不断加以使用，其代价是激怒苏联方面并引发对方更为强硬的反应。勃列日涅夫在一次演讲中就特意“告诫”卡特总统不要对苏联政府如何管理国家指手划脚。② 但是，由于苏联政府在贸易和军控领域对美国可能做出的让步抱有一些希望，因此70年代末期苏联移民的人数呈逐渐上升趋势，在1979年甚至达到了5.132万人次。③ 苏联政府在移民问题上的让步虽然“打动”了卡特政府和部分国会议员，以至于他们提出可以考虑给予苏联最惠国待遇并通过进出口银行向苏联提供贷款，但这种“和解”立场还是遭遇了以杰克逊为首的保守人士的反对，他们坚持认为此种立场会导致移民人数的下降。④ 从后来的结果来看，杰克逊等人的担心并非完全没有道理。苏联政府在1979年5月对移民政策重新收紧，一方面出于对卡特政府公开指责苏联人权问题的回应，另一方面也是表达苏联对美国恢复同中国关系的愤怒。⑤

80年代初期苏联移民的人数大幅度下降，从1979年的5.132万人

---

① 1975年1.3221万位苏联公民移民，1976年1.4261万人，而1977年则达到1.6736万人次。参见 Robert B. Cullen，“Soviet Jewry”，*Foreign Affairs*，No. 65，Winter，1986－1987，p. 260。

② Minton F. Goldman，“President Carter and the Soviet Union：The Influence of American Policy on the Kremlin's Decision to Intervene in Afghanistan”，R. Gordon Hoxie，ed.，*The Presidency and National Security Policy*，New York，1984，pp. 225－226.

③ Robert B. Cullen，“Soviet Jewry”，p. 260.

④ Marshall Goldman，“Soviet-American Trade and Soviet Jewish Emigration：Should a Policy Change Be Made by the American Jewish Community”，Robert O. Freedman，ed.，*Soviet Jewry in the 1980s：The Politics of Anti-Semitism and Emigration and the Dynamics of Resettlement*，Durham，1989，pp. 152－153，p. 155.

⑤ ［俄］阿纳托利·多勃雷宁：《信赖——多勃雷宁回忆录》，肖敏、王为等译，世界知识出版社1997年版，第470－475页。

次下降到1980年的2.1471万人次再到1981年的9447人次直至1984年的896人次。在这个时间段，勃列日涅夫对持不同政见者的镇压最为严厉。随着苏联在阿富汗的军事卷入日深，美苏关系也受到极为严重的影响。里根强烈谴责苏联政府践踏人权，指责苏联限制犹太人移民是违反了赫尔辛基条约。同时，他还对苏联国内著名的持不同政见者阿纳托利·夏兰斯基表示出异乎寻常的关注并亲自接见他的妻子。所有这些都向苏联政府发出了一个信号，即此届政府将会一如既往地明确支持苏联犹太人的移民“事业”。事实上，里根曾在1983年公开表示：“本届政府非常关注苏联犹太人问题，我们已经一再声明无论是宽泛的人权问题还是具体的苏联犹太人问题都在我们的关切之中，这合乎我们的国家利益，仍是我们外交政策的主要关注点。”① 里根采取此种立场并不奇怪，因为他本人长期坚定地反对苏联共产主义，并深知他的立场代表了美国大多数人的立场，特别是那些在总统竞选中表现积极的支持者。

四、小结

杰克逊—瓦尼克修正案被许多学者视为冷战时期犹太利益集团影响对外政策的最佳例证，② 其原因在于：一、在20世纪60年代的美国，犹太宗教团体并非主流的宗教利益集团，在美国社会的影响力也极其有限；二、当时的美国和苏联已经进入缓和时期，双方在许多战略问题上达成了一定的共识，此时提出一项与贸易挂钩的人权法案似乎很“不合时宜”，因此尼克松和基辛格起初并不认为此修正案会顺利通过。但是结果出乎许多人的意料，在一定程度上表明物质利益考量并不总是在对外政策中占上风。

---

① Minton F. Goldman, “United States Policy and Soviet Jewish Emigration from Nixon to Bush”, Yaacov Ro'I, ed., *Jews and Jewish Life in Russia and the Soviet Union*, p. 347.

② Leo P. Ribuffo, “Religion in the History of U. S. Foreign Policy”, Elliott Abrams, ed., *The Influence of Faith: Religious Groups and U. S. Foreign Policy*, Lanham, MD, 2001, pp. 1-27.

当然，此项修正案的立法背景很重要，犹太团体之所以能够产生如此大的能量，与当时国会强大的保守主义势力有关。以杰克逊和瓦尼克为代表的保守主义分子极端仇视共产主义，反对与苏联的任何和解。此时，苏联犹太人移民问题为他们提供了一个极好的道德借口来"重启"冷战。而且，在20世纪60年代声势浩大的民权运动中，美国犹太社团在游说能力和策略上得到了很好的锻炼，足以成为杰克逊联盟的对象。仅从立法的过程和结果来看，杰克逊—瓦尼克修正案无疑是犹太利益集团影响对外政策之极具代表性的案例。特别对美国犹太社团而言，更为深远的影响在于他们自身获得了极大的发展，在政治影响力和游说能力上逐渐成为一支不可小觑的力量，这一点在美国对以色列的态度上反映得更为清楚。但如果从修正案试图达到的效果来看，显然是失败多于成功。在修正案通过后的最初几年内，苏联的犹太移民人数急剧下降，苏联犹太人的处境并没有得到改善，而美苏之间的关系却受到极大冲击。

美国政府显然过高估计了苏联方面改善同美国关系的意愿。良好的美苏关系固然会给苏联带来诸如贸易和技术领域的好处，但苏联政府官员显然不愿因此而被美国牵着鼻子走。同时，以杰克逊参议员为首的保守势力在不断向苏联施压的过程中，并未收到预期的效果，相反激起了对方更大的反弹。事实上，美国对整个移民问题的过分强调在苏联引发的憎恨和反感使得犹太人在教育和就业方面遇到了更大的困难。更为重要的是，美国的强硬派无视苏联在增加移民人数上所采取的措施，以至于原本热衷推动此事的某些苏联人失去了进一步往前走的机会。最终的结果是苏联犹太移民人数的起伏后来完全取决于苏联方面的意志，成为反映美苏关系好坏的"晴雨表"，美国则几乎丧失了在这件事情上与苏联讨价还价的能力。

（作者：罗辉，上海社会科学院亚洲太平洋研究所助理研究员）

以色列与美国犹太人关系的演变

杨　阳　YANG Yang

[**内容提要**] 1948年以色列建国后，以色列与世界上最大的海外犹太社团——美国犹太人之间的关系经历了一些变化。建国初期，以色列急需得到美国犹太人的帮助，双方关系突出表现为富裕的美国犹太人向“穷亲戚”以色列提供政治支持和经济资助这样一种“动员模式”。随着以色列国力的增强和外部环境的改变，双方原有的关系模式遭到越来越多的质疑。以色列与美国犹太人都将自身视为两者中的强势一方，这种心态已不适应新形势下以色列与美国犹太人关系的健康发展，新的时代要求发展出一种更为平等的新型的伙伴关系。

[**Abstract**] The relations between Israel and American Jews which is the largest Diaspora Jewish community witnessed some changes since the establishment of the State of Israel. During the early years of the Jewish state, Israel needs the help from American Jews. The relations between the two sides were characterized as “mobilization mode” that the rich American Jews provided political support and financial assistance. With the increasing national power of Israel and the change of its external environment, the original mode of the relations was questioned more and more. Both Israel and the American Jews see itself as the strong side. This kind of mentality is already unsuitable to the healthy development of the relations between Israel and American Jews. The new era needs a new type of more equal partnership relations.

纳粹大屠杀和1948年以色列建国，改变了犹太民族的力量结构，形成以色列和美国犹太社团主导犹太民族事务的基本格局。这两者之间的关系发展无论对美以关系的发展，以及两者自身的发展，都产生了巨大影响。

一

建国初期，海外犹太人担心，以色列自我宣称为犹太民族家园并呼吁犹太人离开散居地移民以色列会被反犹主义势力所利用。如果一个国家的犹太公民准备将以色列视为其真正的祖国，就会面临究竟是忠于祖国还是忠于居住国的双重忠诚问题，其居住国会由于犹太人忠诚于其他国家而不再对其信任。20世纪50年代，一些美国社团领袖就曾公开发表声明，反对称其仍处于"流散中"的说法，强调美国就是他们的祖国，他们的忠诚只属于美国。① 美国犹太人委员会的领导对以色列建国可能给美国犹太人带来的政治和心理上的困境表示担忧。对他们来说，以色列国只代表居住在以色列的犹太人，而不应宣称代表整个犹太民族。

为了协调以色列与美国犹太人的关系，澄清一些令人困惑的问题，以色列首任总理本-古里安建国伊始就邀请美国犹太人委员会的领导人访问以色列。这些美国犹太领袖告诉本-古里安，以色列不应将自己描绘成犹太民族的国家及其发言人，也不应鼓励美国犹太人移民以色列。他们要求本-古里安停止鼓励美国犹太青年移民以色列，否则，他们将被迫重新考虑对以色列的支持。美国犹太人委员会的领导人认为，是否移民以色列是美国犹太人的内部事务，以色列的呼吁是对其内部事务的干预。1949年10月，本-古里安在联合犹太求助会的会议上再次呼吁美国犹太青年移民以色列。美国犹太人委员会的领导人之一普罗斯考尔（Joseph Proskauer）给本-古里安写信重申了其观

① Zvi Ganim, *An Uneasy Relationship: American Jewish Leadership and Israel*, Syracus, 2005, pp. 4–25.

点，并称他无法说服美国人向这样一位鼓励美国人移民国外的领导人提供资助。当时的以色列正处于建国后的困难时期，本-古里安急需得到美国犹太人的帮助，不能冒着风险让这一严重的分歧继续发展下去。他对美国犹太人委员会表示，他的意图是呼吁美国犹太青年"选择性地"移民以色列，只是针对一些特定的个体而并非针对整个美国犹太社团。委员会坚持认为，不能将美国犹太社团看作最终将返回以色列故土的流散社团，相反，正是由于强大的犹太社团在美国的存在，通过善款资助和对以色列安全事务的影响才能保证以色列的生存。

由于以色列领导人在这一问题上的表态仍有矛盾，美国犹太人委员会的主席雅各布·布劳斯坦（Jacob Blaustein）要求本-古里安对以色列在美国犹太人的移民问题上做出正式的承诺。1950年8月，本-古里安邀请布劳斯坦访问以色列，经过紧张而艰难的谈判，双方交换了正式声明，这两份声明成为以色列与美国犹太人关系的基础。此后，从未有人表示要修改或废除双方达成的这一谅解。本-古里安并未将声明提交内阁批准或列入官方文件，布劳斯坦也并不能代表所有的美国犹太人，尽管如此，这一被称为"本-古里安-布劳斯坦协议"的文件仍被认为是很多年里对双方均有约束力的有效协议。

从双方的声明来看，显然是布劳斯坦处于上风，他赞扬了以色列的成就，指出以色列的民主制度符合美国价值观，以色列的存在鼓舞了经历大屠杀之后的犹太人的士气，但以色列有责任不以其言行对其他国家犹太公民的敏感处境产生不利影响。本-古里安在声明中明确表示，以色列国只代表其自己的公民，绝不谋求代表其他任何国家的犹太人。他还强调，以色列人民不愿也无意干预海外犹太社团的内部事务，以色列的成败在很大程度上取决于美国犹太社团的实力及其与以色列的合作。本-古里安对号召移民的问题也做了妥协。他表示以色列愿意看到美国犹太人移民以色列，因为以色列需要美国犹太人的知识、技能、自信和首创精神，但是否前来以色列取决于每个美国犹太人自身的自由判断。以色列所需要的先驱者不仅来自犹太人遭受迫害和处于流亡中的国家，同时也来自那些犹太人过着自由生活并与其他公民享有平等地位的国家，但其本质是自由选择。[1]

本-古里安在积极推动世界各地犹太人尤其是阿拉伯世界的犹太人移民以色列的同时，不得不在两个关键问题上向美国犹太人做了让步：首先，本-古里安承认世界上最大的美国犹太人社团并非处于流散状态，而应被视为以色列的“大姐姐”，因而他把流散地形容为犹太人遭受迫害的地方，而不是犹太人在故土之外所有生活的地方；其次，他在呼吁美国犹太青年移民以色列的问题上也向布劳斯坦屈服，尽管美国犹太人是最大的犹太人才资源库。

“本-古里安-布劳斯坦协议”尽管并没有得到完全遵守，但为双方的关系提供了几项准则：犹太人在美国发现了一个家园而且将其全部的忠诚给予了美国，美国犹太人不认为自己是潜在的移民以色列的对象；以色列是一个独立的犹太共同体，需要得到美国犹太人的帮助，只要以色列宣称自己不会代表美国犹太人，美国犹太人就将向以色列提供帮助；由于美国犹太人不用在以色列服兵役，也无需承担以色列的政策所造成的代价和后果，美国犹太人对以色列的支持应是全面的和无条件的；以色列及其领导人也不会干预美国犹太社团的内部事务。这种关系对双方来说都是适宜的，并一直延续到 1967 年的中东战争。这一协议事实上确立起以色列与美国犹太社团关系中的“动员模式”：在锡安主义和移民等问题上，以色列尊重美国犹太人的自由选择，以减轻美国犹太人对美国社会指控其“双重忠诚”的担忧；而美国犹太社团则利用其强大的经济和政治影响力，为以色列提供经济和政治支持。

此后的几年中，双方屡次指责对方违反了协议，但又表示将继续遵守协议。本-古里安曾几次与美国犹太领袖发生争执，他曾在锡安主义组织大会上批评生活在以色列之外的犹太人阻碍了犹太人实现其成就，还警告说生活在自由和繁荣国度中的海外犹太人面临着“死亡之吻”的威胁，即缓慢而持续地走向同化的过程。美国犹太委员会则抨击以色列的《回归法》，声称自动给予所有犹太人以以色列公民身份

---

① Yossi Beilin, *His Brother's Keeper: Israel and Diaspora Jewry in the Twenty-first Century*, Schocken, 2000, pp. 59－61.

只会让人产生这样一种印象，即生活在以色列之外的犹太人是一个没有家园的民族，而以色列是其唯一的家园。

本-古里安之后的埃希科尔和梅厄夫人两位总理都曾重申对于“本-古里安-布劳斯坦协议”的承诺，然而，1967 年的第三次中东战争却使这一协议失去了意义，并且在突然之间改变了以色列和美国犹太人的关系。

二

1967 年发生的“六日战争”使美国犹太人对以色列的认同和关注大为提高。战争爆发前，美国犹太人对以色列将在战争中付出惨痛代价而忧心忡忡，又一次大屠杀的前景唤起了美国犹太人对未能在二战期间拯救更多犹太同胞的愧疚。以色列在战争中旋风般的胜利，给美国犹太人留下了深刻印象，使他们感到自豪。一种对于以色列的自信感在美国犹太人中油然而生，他们对因支持以色列而被指责为双重忠诚的担心程度有所下降。很多犹太人从“柜子里走了出来”，自觉地强调其犹太身份和对以色列的认同，“六日战争”成了唤醒美国犹太人民族意识和民族认同的铃声。① 当时，最让美国犹太公众激动的就是擦着眼泪聆听来访的以色列士兵用结结巴巴的英语讲述其战斗经历。

美国犹太组织此时已基本完成了为美国犹太人争取权益的斗争使命，他们找到了一个新的目标，即成为以色列的代言人。以色列很快成为美国犹太人各种集会的主要议题。国会两党犹太议员发现，召集以以色列为议题的会议比单纯召集犹太议员会议更为便利。由于受到美国犹太公众的积极支持，20 世纪 70 年代初，美以公共事务委员会发展为一个强有力的犹太组织。作为最为成功的美国犹太院外游说组织，该组织在一些重要问题上对以色列提供了帮助，如确保每年国会批准对以色列的援助，阻止美国向与以色列敌对国家的武器销售，向苏联施压要求其给予犹太人移民权等。20 世纪 70—80 年代是美以公

① Yossi Beilin, *His Brother's Keeper: Israel and Diaspora Jewry in the Twenty-first Century*, pp. 64－65.

共事务委员会的黄金时代，一些国家与以色列发展密切关系在很大程度上是因为了解到美以公共关系委员会的力量，想通过它与美国发展更为密切的关系。在美国国会和白宫的眼中，委员会就是以色列利益的真正代表。这一时期，"美国主要犹太组织主席联席会议"的实力也得到了增强，积极致力于在美国和国际舞台捍卫以色列利益和形象。这种因战场上的胜利而带来的自豪感和在以色列的批评者面前维护以色列的需要相结合，造就了新一代亲以的美国犹太领袖。这一代美国犹太人从以色列获得了力量，同时又对以色列提供帮助，双方之间形成了一种新型的关系。

那些自由派的美国犹太人也在积极建立自己的组织，表达其对以色列的立场。1973 年春，美国大学校园中的一批犹太知识分子建立了一个名为"布雷拉"（Breira）的组织，① 该组织最初的目的是在以色列和海外犹太社团之间建立起公开对话，但在当年发生的赎罪日战争后，"布雷拉"的主张变成了推动以色列和巴勒斯坦的相互承认。以色列将这一组织看作是一个严重的问题，认为其对以色列的干预是不可接受的。美国的其他犹太社团组织对"布雷拉"采取了拒斥的态度，"布雷拉"不得不在 1977 年解散。美国犹太人中的左派支持以色列的"现在就和平"运动，并在 1982 年以色列入侵黎巴嫩的战争后成立了其在美国的姐妹组织，对以色列的"现在就和平"运动提供了大量支持。

这一时期，以色列与美国犹太人之间都更深地介入对方事务，以色列的政策在很多领域影响到美国犹太人，美国犹太人的行动也会影响到以色列的内外政策。20 世纪 70 年代，以色列与另一个遭受国际孤立的国家南非发展了比较密切的关系，甚至有报道说双方在研发核武器过程中也有合作。由于南非拒不改变种族隔离政策，一贯崇尚自由平等的美国犹太人对南非白人政权极为反感，而以色列与南非的密切关系使美国犹太人处境尴尬。美国犹太组织正努力游说联合国废除将锡安主义与种族主义等同的议案，但以色列的举动却给反对者提供了口实。美国犹太社团向以色列施加压力，要求其

---

① Breira，ברירה希伯来语音译，意为选择。

改变这一政策，以色列不得不考虑美国犹太人的要求。1987 年，以色列内阁发表声明谴责南非的种族隔离政策，并限制以色列与南非的安全联系。

美国的传统犹太组织仍表示遵循不干预以色列内部事务的原则，但这其实已经成了一句空话。富有的美国犹太人在以色列出资设立了一些机构，关注以色列社会所面对的主要问题，如议会民主、自由市场经济、宗教多样性、和平进程以及以色列国内的阿犹关系等。美国犹太人还对以色列各党派提供捐款，甚至直接向候选人提供竞选资助。1990 年，美国犹太人资助了以色列的一场公共运动以改革其选举法，包括进行总理直选，这一改革的主要目的是防止宗教政党在组阁谈判时的“宗教讹诈”，并使直选总理在组建政府时有更大的权力。但选举后的事实表明，新选举制度反而使总理在面对极端正统派的勒索要求时毫无退路。美国犹太人接着又资助了一场要求恢复原有选举制度、取消总理直选的运动。[①] 美国犹太人比过去更深地介入了以色列的内部事务。

美国犹太人向以色列提供政治支持和经济援助的“动员模式”已处于一种逐渐消蚀的状态，而且这种消蚀状态似乎已不可逆转。客观上，以色列对财政和政治支持的需要确实已下降，主观上，美国犹太人也认为这种支持的必要性已大不如前。[②] 部分以色列官员也开始认为应改变以色列与美国犹太人关系的原有模式，他们开始贬低美国犹太人在以色列经济和政治中的重要性。如拉宾 1992 年当选总理后首次访美时批评美以公共事务委员会的官员，称委员会的政治游说活动对美以关系来说已无必要，并称以色列可以自己进行游说活动。而以色列副外长贝林（Yossi Beilin）则在国际妇女锡安主义组织的大会上表示以色列不再需要美国犹太社团的捐助，而应把筹集的资金用于美国

---

① Yossi Beilin, *His Brother's Keeper: Israel and Diaspora Jewry in the Twenty-first Century*, pp. 74 - 75.

② Steven Cohen & Charls Liebman, “Israel and American Jewry in the Twenty-first Century: A Search for New Relationships”, Allon Gal & Alfred Gottschalk, *Beyond Survival and Philanthropy: American Jewry and Israel*, Detroit, 2000, pp. 5 - 6.

犹太社团的教育事业。[①] 在贝林看来，原有的关系模式歪曲了现实，使以色列产生依赖性，而事实上以色列已没有理由继续维持这种依赖性。真实的以色列已经成为一个繁荣发达的、现代化的、文化上异彩纷呈的国家。如果她仍被描述成一个处境艰辛的贫困国家，其60多年的发展成就会被完全抹杀，其发展历程也会被误认为是失败的，以色列对全世界犹太人尤其是青年一代将越来越失去吸引力。[②]

以色列国内知识界出现的后锡安主义浪潮对以色列与美国犹太人的关系也提出了质疑。受到后现代主义和后民族主义思潮的影响，后锡安主义者对于锡安主义的叙事重新评价。在和平进程启动之前，后锡安主义者中的修正主义历史学家就开始重述以色列的历史，宣称以色列国家是带着驱逐巴勒斯坦难民的原罪而降生的。一批"新考古学家"则声称缺乏实际的考古遗迹发现以证明犹太人圣经时代在这片土地上的存在和主权。和平进程启动后，后锡安主义者期待以色列能够真正成为这一地区的组成部分，结束与其邻居之间的冲突状态。他们讨论的一个焦点问题是：以色列究竟应该是一个犹太国家、一个犹太民族的国家还是一个属于其全体国民的国家。这一讨论产生了一个尖锐的问题：如果以色列的未来是融入本地区，那它就应该更注重与中东而不是与海外犹太人的联系，与海外犹太人的关系可能会延缓其融入中东的步伐。他们批评以色列的《回归法》给予海外犹太人高于当地阿拉伯人的待遇，那些从未踏足过以色列的海外犹太人可以在任何时候返回以色列居住，而在战争中逃离家园的阿拉伯人却无权返回。

尽管众多的犹太组织在以色列与美国犹太人的联系中起到了重要作用，但这两大犹太群体之间并没有一个正式的双边机构。以色列曾经一度宁可把美国犹太社团视为一个过渡性的流亡社团而对建立这样

---

① Steven Bayme, "Israel and American Jewry: Oslo and Beyond", Jerusalem Center for Public Affairs (JCPA), January 15, 2008, http://www.jcpa.org/JCPA/Templates/ShowPage.asp? DRIT = 4&DBID = 1&LNGID = 1&TMID = 111&FID = 623&PID = 0&IID = 1999&TTL = Israel_ and_ American_ Jewry: _ Oslo_ and_ Beyond.

② Yossi Beilin, *His Brother's Keeper: Israel and Diaspora Jewry in the Twenty-first Century*, p. 52.

的机制并不热心，美国犹太人则担心与以色列定期的正式会商机制会招致“双重忠诚”的嫌疑。缺乏这样一个正式的协调沟通机制导致多次出现一方令另一方措手不及的情况。现有的犹太组织虽然在促进以色列与美国犹太人的联系方面做出了重要的贡献，但大都还是以原有的“动员模式”建立起来的。一些有识之士呼吁应建立新的以色列—美国犹太人联合组织，如有人提议重组犹太代办处和世界犹太人大会等组织，有人建议成立犹太议会。贝林则提议成立一个名为“以色列之家”（The House of Israel，בית ישראל）的国际犹太组织，该组织可在接纳超过100万名会员后通过民主选举的方式选出代表，以色列和美国应在组织中拥有平等的代表，代表会议可在美国和以色列轮流举行。这些建议虽仍未付诸实现，但其设想已引起了广泛的关注。

20世纪90年代，奥斯陆协议签署后中东和平进程稳步推进，对于中东实现和平的乐观预期使得要求调整以色列与美国犹太人关系的呼声日益强烈。然而，随着和平进程逐渐陷入僵局，特别是2000年戴维营谈判失败和第二次巴勒斯坦起义爆发后，人们对中东和平的前景陷于悲观。“9·11”事件发生后，很多以色列人和美国犹太人得出结论，以色列与美国是在同一条船上。黎巴嫩战争和加沙战争以及伊朗潜在的核威胁使以色列重新回到了其生存处于危险之中的境况。所有这一切使调整以色列和美国犹太人关系的呼声开始减弱，双方关系似乎又有往回摆的趋势，回复到更为传统的议事日程之中。美国犹太领袖再次强调其最重要的任务就是确保美国对以色列的政治支持，保护以色列的安全。①

三

以色列和美国犹太社团所处的社会文化背景和意识形态的差异，使得双方在共同推进一些议程的过程中难免出现许多分歧和矛盾。20世纪70年代中期，以色列曾与美国犹太社团在由谁接纳前苏联移民的问题上产生争执。当时，苏联政府允许大批苏联犹太人离开苏联。在

① Steven Bayme，“Israel and American Jewry：Oslo and Beyond”.

移民的去向上，以色列坚称所有离开前苏联的犹太人持有的是以色列的邀请，他们必须回到以色列。对以色列来说，大批前苏联犹太移民的到来能够推进锡安主义的目标和促进犹太国家的发展，而如果这些前苏联犹太人中途转向他国，前苏联政府可能会停止批准犹太人离境。① 而以美国犹太人委员会为代表的美国犹太组织则主张和支持移民的选择自由。以色列和美国犹太社团在吸引前苏联犹太移民问题上成为了竞争对手，但双方在帮助前苏联犹太移民的问题上依然保持着合作。类似的分歧和争执还屡屡发生在巴以和平进程、以色列军售等一系列问题上。

以色列与美国及海外犹太人关系中最常遇到的问题就是“谁是犹太人”的问题，以色列对犹太人的定义方式直接影响到全世界的犹太社团。以色列只承认以正统派对犹太律法的解释来判别犹太人，这使得很多按照保守派和改革派标准被认可为犹太人的人到达以色列后发现自己成了非犹太人。因此，每当以色列的宗教政党要求修改《回归法》中关于犹太人的定义时，美国和其他国家的犹太社团就会出来反对这种修改。关于谁是犹太人的争论主要集中在皈依的问题上，根据《回归法》，以色列认为“母亲为犹太人者和皈依于犹太教同时不属于其他宗教者为犹太人”。这一定义显然是较为宽泛的，并未规定必须由正统派拉比主持皈依仪式。如果按照正统派的规定，大量的海外犹太人不能被承认为犹太人，这样就会产生一个悖论，当海外犹太人因其犹太身份而遭受反犹主义的歧视和迫害时，声称代表全世界犹太人利益的以色列却不承认他们的犹太身份。这些由其他教派皈依的犹太人进入以色列后可根据《回归法》获得以色列国籍，但在进行人口登记及由宗教法管辖的婚姻、丧葬等事宜时其犹太身份会产生问题。

这一较为宽泛的定义 1970 年被加入《回归法》后，以色列的宗教政党一直要求在关于皈依者的条款前加上“根据犹太律法”这几个字。他们确信只有这样才能确保仅有正统派主持下的皈依才能被认可

---

① David Harris, “A Century of Involvement: AJC and Soviet Jewry”, *American Jewish Year book*, New York, 2007, pp. 47-48.

是符合犹太教规的，阻止犹太教中的其他派别通过这一道“后门”进入以色列并扩大其影响。对于美国犹太人来说，加上这几个字意味着正统派企图在以色列保持独霸地位，必须与之进行斗争。美国犹太组织领袖曾声称，如果在改革派拉比主持下皈依犹太教的母亲生育的孩子不被承认为犹太人的话，他们和以色列之间的关系也就到此为止了。

“谁是犹太人”问题已经数次成为以色列议会的讨论议题，以色列传统的两大政党利库德集团和工党曾以此作为其国内政治博弈的筹码。通常，利库德集团支持正统派修改《回归法》的主张，工党则反对，因而得到了保守派和改革派的支持。美国犹太人也积极地介入了以色列国内政治的这一博弈过程。1988 年大选后，极端正统派政党宣布将把修改《回归法》作为其参加任何联合政府的条件。大选结果使组阁陷入了僵局，利库德集团获得 41 个议席，工党 40 个席。任何一个政党获得宗教政党的支持就能组建联合政府。当时以色列同盟党倾向于加入工党组建的政府，但仍坚持自己的条件。对于工党来说，这一诱惑是巨大的，因为工党领袖佩雷斯不久前与约旦国王侯赛因在伦敦达成了一项协议，利库德集团领导的政府反对该协议，工党急切希望组成政府以执行这一协议。

此后的一段时间里，一批接一批的美国犹太人代表团接踵而至，他们分别会见利库德集团和工党领导人，就组织联合政府的问题进行斡旋。美国客人们忧心忡忡，甚至不无夸张地宣称如果修改《回归法》将导致所有的改革派犹太人不再被承认为犹太人。工党终于被说服不要因此事而引起一场更大的内部争论，利库德集团也意识到不能因此与美国犹太人发生直接冲突，因而重新回到与工党组成“民族团结政府”的轨道上来。这一大联合政府吸收了尽可能多的政治势力，但也导致政府陷入瘫痪，无法就任何问题达成一致，存在了一年半之后就解体了。这个政府可以说是由美国犹太人以间接的方式组成的，美国犹太人介入以色列政治的深度可见一斑。同时，这一事件也表明了“谁是犹太人”问题的重要性。

以工党为首的以色列支持和平阵营经常抱怨美国犹太人中的非正统派社团对于他们提出的和平倡议支持力度不足，而工党为了尊重其对于“谁是犹太人”问题的关注付出了极大的代价，甚至放弃了组阁的机会。工党高级领导人贝林称，如果工党对宗教党派的要求做出让步并组成联合政府，奥斯陆和平进程很可能会提前数年开始，已经开始的巴勒斯坦第一次起义也许会提前结束，从而避免许多不必要的流血。工党将取得美国犹太人支持的重要性放在了启动和平进程之上，因而错失了一次重要的历史机会。①

类似的情景在1995年重演，由于在国外经过保守派和改革派仪式皈依犹太教的人在来到以色列后可被承认为犹太人，以色列的改革派运动向最高法院提出，应对以色列国内经过非正统派仪式皈依犹太教的人采取一视同仁的态度，最高法院承认存在双重标准问题，但推迟6个月做出裁决以便以色列议会通过立法方式澄清这一问题。极端正统派的沙斯党1993年退出了拉宾领导的工党联合政府，工党政府成为了少数派政府，不得不靠两个阿拉伯政党的支持才得以维持。拉宾遇刺后，沙斯党表示它准备加入由佩雷斯领导的工党政府，条件是工党应支持一项不承认非正统派皈依仪式的法案，工党拒绝了这一要求，宗教党派没有加入政府。几个月后，佩雷斯宣布提前进行大选，工党在选举中败给了利库德集团，和平进程再次陷入停顿。非正统派进行的皈依数量在以色列非常少，这一问题以前几乎从未被提上日程，如果工党接受了皈依法案，在议会赢得足够的多数，或许可以在当时最重要的议事日程如与叙利亚和巴勒斯坦的和平进程中取得更多进展。工党的拒绝依然是受到了美国保守派和改革派犹太社团的压力和影响。

在“谁是犹太人”② 问题上的争论长期以来破坏了犹太民族的内部团结，也对以色列和美国犹太人的关系带来了困扰。长期由正统派独霸的以色列有关个人地位的法律20世纪90年代以来遭到了越来越多的抵制，大量到来的原苏联犹太移民的犹太身份与正统派的标准并不相符。1996年，内塔尼亚胡表示支持宗教党派关于不承认以色列非

① Yossi Beilin, *His Brother's Keeper: Israel and Diaspora Jewry in the Twenty-first Century*, pp. 69 – 70.

② Mirianne R. Sanua, *Let Us Prove Strong: The American Jewish Committee 1945 – 2006*, Waltham, Mas., 2007, pp. 315 – 317.

正统派皈依仪式合法性的法案，并称这是以色列的内部事务，与海外犹太社团无关。以色列的首席拉比则谋求取消所有在海外进行的犹太教皈依仪式的合法性，声称每一个案都需要经过重新裁决。看来，这一争论还将长期进行下去。

（作者：杨阳，上海外国语大学东方语学院副教授）

美国犹太人的对华认知及其对中美关系的影响

潘 光 王 震 PAN Guang & WANG Zhen

［**内容提要**］ 作为一个有着巨大政治影响力的族裔群体，美国犹太人的对华认知势必会对中美关系产生直接或间接的影响。本文在分析美国犹太人对华认知中的正面因素和负面因素的基础上，进一步探讨了美国犹太人对华认知因素对中美关系的影响。

［**Abstract**］ As an ethnic group with great influence in U. S. , The perceptions of American Jews toward China exerts important influence on Sino-US Relations directly or indirectly. This paper analyses the positive and negative factors of American Jewish perceptions toward China, and then explores their influence on Sino-US Relations.

近600万美国犹太人虽然不到美国总人口的2%，但对于美国社会和内政外交的影响历来不容小觑。美国犹太人对于中国的认知自然也会通过他们的参政行为对中美关系产生直接或间接的影响。全面分析和评估美国犹太人对中国的认识是比较困难的，因为美国犹太社团本身就是一个十分复杂的群体。而且，由于条件所限，我们也无法进行抽样调查和统计分析。但是，我们还是可以从美国犹太精英、主要社团组织及其喉舌发表的各种观点和看法中，归纳出美国犹太人对华的总体认知及其对中美关系的主要影响。

一、"美式"犹太文化和美国犹太人对国际问题及美国外交的看法

在数百年融入美国社会的过程中，美国犹太人逐渐形成了自己的"美国式"文化特色，其主要特征有四个方面：首先，美国犹太文化具有较强的兼容性。这种兼容性是作为一种移民文化的美国文化所具有的兼收并蓄特征与长期作为一种少数族裔文化的犹太文化所特有的适应性相结合的产物。其次，美国犹太文化表现出超乎寻常的传统意识。美国文化本身是一种多元的移民文化，而美国的每一个族裔的文化都具有自己的传统意识。但将几种主要的族裔文化做一比较，就会发现美国犹太文化的传统意识要比美国白人新教文化、美国非洲裔（黑人）文化、美国拉丁美洲裔文化、美国亚裔文化等都强得多。再次，美国犹太文化呈现出强烈的自由主义色彩。绝大多数美国犹太人或其先辈都是因逃避宗教和种族迫害而从欧洲来到美国的，追求平等和自由是他们来到这块新大陆的主要目的。这种强烈的渴望自由的情绪与美国文化中本来就固有的自由主义和多元民主属性相融会，便使美国犹太文化呈现出十分强烈的自由主义色彩，这从美国犹太人对各种社会、政治、文化问题的看法和态度上充分表现了出来。比如，大多数美国犹太人反对种族歧视、主张男女平等、支持堕胎自由等。第四，美国犹太文化包含一种特别活跃的政治参与机制。作为一个少数族裔，流散各国的犹太人都有通过积极参政来维护自身权益的意识。与欧洲不同，美国这块自由竞争的新天地为所有少数族裔参政提供了同等的权利和机遇，而来自欧洲，深知无权之苦的美国犹太人则格外珍惜并充分利用了这一权利和机遇。这是作为一种文化形态的美国犹太文化所特有的参政机制，特别表现在美国犹太社团和组织高度敏锐的参政意识及其大量的、积极的、有效的参政行为上。①

美国犹太文化的上述特征，充分表现在美国犹太人对国际问题和

① 关于"美国式"犹太文化特色，可参见潘光、陈超南、余建华著：《犹太文明》，福建教育出版社 2008 年版，第 246－252 页。

美国外交的看法上，以下几点最为突出：

1. 强烈的自由主义色彩。美国犹太人在除巴以冲突问题外的大多数外交问题上普遍采取自由主义立场，突出表现为：反对增加军费，反对美国介入外部争端，主张和平解决国际冲突，支持援助发展中国家。如1952年的民意测验表明，主张就朝鲜问题进行谈判的在犹太人中占54%，而在天主教徒中只有30%，在白人新教徒中仅28%。1964年的调查显示，主张对越南加强军事压力的在犹太人中只有2%，而在天主教徒和白人新教徒中分别为15%和23%。1963年就是否赞成美国加强对发展中国家援助进行调查时，犹太人中的赞成者占70%。20世纪70年代就是否应增加军费进行调查时，犹太人中的反对者达56%。① 当时，美国犹太人曾激烈反对美国深陷越南战争。进入新世纪以来，大多数美国犹太人也主张将美军撤出伊拉克和阿富汗。

2. 努力推广自己的人权观念。犹太人在欧洲就深受种族歧视和迫害之苦，来到美国后又不断遭到反犹主义的威胁，因此始终站在维护人权与平等的前列。除了积极反对和抵制反犹主义之外，犹太人对黑人和其他少数族裔争取人权与平等的斗争也采取同情和支持的态度。在国际上，美国犹太人曾强烈反对南非等国推行的种族歧视和种族隔离政策，并积极推动美国和国际社会对南非实行制裁。部分美国犹太人甚至对以色列在巴勒斯坦建造隔离墙、封锁加沙等行为也加以谴责，认为这侵犯了人权。同时，美国犹太人也强烈反对任何否定纳粹大屠杀等历史罪行的言行。当然，美国犹太人的人权观既具有根深蒂固的犹太特征，又带有明显的美国烙印。因此，当他们试图以自己的人权观改造世界的时候，不可避免地带有“双重标准”。

3. 高度关注中东局势，坚定支持以色列。以“美以公共事务委员会”为核心的亲以色列院外集团，就有一个与全美各犹太组织和社团保持密切联系的网络，通过该网络去影响犹太选民、国会议员、政府官员，直至向白宫进行游说，对美国的中东政策和对以政策施加多方面影响。从杜鲁门坚决支持以色列建国到奥巴马继续给予以色列大量

---

① 这些统计数据可参见陈和丰：“战后美国犹太人的社会地位与政治倾向”，朱威烈、金应忠编：《90中国犹太学研究总汇》，上海三联书店1992年版，第192页。

援助，60 多年来美国一直是以色列的头号盟友，并给了以色列巨额援助，这正是美国犹太社团亲以院外活动的直接后果。根据美国犹太人委员会 2010 年的调查，有 50% 以上的美国犹太人感觉与以色列非常亲近，55% 的人支持奥巴马对美以关系的处理方式。① 美国犹太人对以色列的支持也不可避免地导致他们对中东局势的关注，特别是巴以冲突、伊拉克局势、黎巴嫩国内乱局、伊朗核问题、土耳其外交政策走向等，因为这些问题均与以色列的安全环境密切相关。

了解了美国犹太文化的特征及美国犹太人对国际问题和美国外交的看法，就可以进一步研究他们对于中国的认知及对中美关系的影响。

二、美国犹太人对华认知中的正面印象

美国犹太人对华认知中的正面因素大致可以归纳为以下四个方面，其中有些内容又是互相交叉的。

1. 中国是一个有着悠久历史和深厚文化底蕴的国家，中犹文化有着许多相通和相似的地方。由于历史上中、犹两个古老民族一直保持着传统的友好关系，许多美国犹太人对中国文化和中华民族怀有亲近感。美国"创始记（Genesis）"公司创始人、总裁哈利·李普曼和美国犹太人大会主席杰克·罗森在接受中央电视台采访时就认为犹太人和中国人有很多共同点："都强调教育、家庭的价值，尊重历史、祖先并固守土地。"他们认为犹太人和中国人有着共同的历史遭遇："中国人和犹太人是世界上仅存的两个历史悠久并且从未间断过的民族，都历经磨难。在第二次世界大战中，几百万中国人被日本人夺去了生命，同样 600 万犹太人被德国人夺去了生命。"② 2004 年，当时由美国前中东事务特使丹尼尔·罗斯担任主席的犹太民族政策规划研究所（JPPPI）发布的一份战略报告指出："中国与其他大国的区别之一就在于其悠久的历史；它并非单单依靠军事力量，而是通过文明和文化，特别是"民族精神上的连贯性"进行薪火相传；也许只有"犹太传统

① 参见美国犹太人委员会网站：2010 Annual Survey of American Jewish Opinion，http：//www. ajc. org。

② CCTV Channel 9 interview：The Jewish Influence in America，August 17，2006.

可以与这种民族精神上的连贯性相提并论。”①

2. 中国发展成就巨大，正在崛起为世界性大国，这与犹太人的未来密切相关，应当致力于推动中犹关系的发展。这种看法代表了一部分美国犹太精英阶层的共识。具有犹太裔背景的《前进》（Forward）周报在2008年的一篇文章中指出：“从邓小平时代开始，这个国家启动了世界历史上最为成功的经济改革，使上千万民众摆脱贫困，过上了小康生活。他们逐步扩大了绝大多数民众的自由，使他们能够自由择业、自由恋爱和生活。”② 前述犹太民族政策规划研究所发布的报告也指出：“当前世界地缘政治权力正从西方向亚洲转移，这对犹太人而言是一次历史性机遇。中国正在重新崛起为一个世界性大国，其内外政策处于调整之中，这种调整势必会对犹太人未来的发展产生影响。”③ 报告强调犹太社团领袖们应该制定长期的战略来逐步发展与中国的关系，还提出了一系列发展中犹关系的建议，如改善中国人眼中的犹太人形象，提高中国人对犹太文化和历史的认识，加强与中国政府的联系，增进双方在地缘政治等全球事务上的共同利益等。美国犹太人大会领导人也曾表示：“作为世界上人口最多的国家和飞速发展的世界第二大经济体，中国是一个对犹太人未来利益有着极大重要性的世界主要力量之一。现在中美正处在战略合作而非对抗的路口，我们有兴趣在中国人民和犹太人民之间建立更好的政治、经济联系。”④ 在2006年犹太社团举行的关于犹太民族性的大辩论中，有人提出：“在未来一两个世纪中，如果中国成了一流的超级大国，那么犹太人为什么不可以把他们的美国性（American-ness）和加拿大性（Canadi-

① Shalom Salomon Wald, *China and the Jewish People: Old Civilizations in a New Era*, JPPPI Report, Jerusalem, November, 2004.

② Eric Frey, “Let the Olympics Ring in a New Era for Modern China”, *Forward*, August 14, 2008.

③ Shalom Salomon Wald, *China and the Jewish People: Old Civilizations in a New Era*.

④ Chinese Government Hosts Joint Delegation of American Jewish Congress Leaders and Chinese-American Leaders: “One China——One Jerusalem” Parallel Raised, November 7, 2002, http://www.ajcongress.org/site/PageServer? pagename = homepage.

an-ness）改成中国性（Chinese-ness）?”①

3. 中国的发展带来了一系列机遇，要加强对华关系中的接触、交流与合作。这种观点可以归纳为“与中国接触论”或者“同中国对话说”，在美国政界、商界和学界的犹太精英中较有市场。犹太裔民主党资深参议员、2000年总统选举中的民主党副总统候选人约瑟夫·利伯曼就是这种观点的代表之一。他曾大力推动国会通过法案，支持和鼓励美国人学习汉语和中国文化。美国前国务卿基辛格、前财政部长布卢门撒尔等高官也持这种观点。美国犹太人委员会曾经长期进行游说，敦促国会给予中国永久性最惠国待遇。它宣称：“我们相信，永久性正常贸易关系将会把更多的美国货物、服务以及美国公民带入中国市场，与之相伴随的，将是有关人权、民主、经济、信息等方面的美国价值观”，“发展同中国的贸易将有助于实现美国的政治和战略目标，促进中国的人权状况”。② 针对中国政府最近几年采取的提高汽车能效等节能措施，美国犹太人大会曾专门发表声明，声称这使“中国能以负责任的方式进入工业化国家行列”③，进而减少对中东石油进口的依赖。

4. 中国没有土生土长的反犹主义，因而成为犹太人的移居地和犹太难民的避难地，犹太人不应忘记中国的善举。在很多犹太人看来，世界上只有东方的儒家文化圈非常宽容，从未发生过反犹主义，犹太人在中国安居乐业并融入中华文化之中，这在犹太民族离散史上是不多见的。不少美国犹太人都知道“开封犹太人”、“上海犹太人”和“哈尔滨犹太人”，对于中国人接纳离散的犹太人怀有一种特殊的感情。2005年11月，在上海举办的纪念犹太人避难上海60周年系列活

---

① A. B. Yehoshua, “The meaning of homeland”, *Ha'aretz*, May 13, 2006; “The A. B. Yehoshua Controversy: An Israel-Diaspora Dialogue on Jewishness, Israeliness, and Identity”, Dorothy and Julius Koppelman Institute on American Jewish-Israel Relations, and American Jewish Committee.

② “AJC Urges Congress To Grant China Permanent Normal Trade Relations”, The American Jewish Committee, New York, May 18, 2000.

③ American Jewish Congress Praises China's New Auto Energy Efficiency Program, November 20, 2003, http://www.ajcongress.org/site/PageServer? pagename = nov03_02.

动开幕式上，美国犹太人委员会主席古德卡因特说道："中国人民由于仁慈而人道地接纳了犹太难民而在犹太人的心中有着特殊的位置。700多年来（实际上远不止700年——作者）犹太人在中国的存在昭示了这一深厚有力的联系，在漫长而丰富的历史长河中，这里从未发生过反犹主义，这一不平凡的事实令我们心存感激。"① 美国犹太人大会和华裔美国人联合代表团来华访问后表示："我们所到之处，经常可以听到中国人民对犹太人的尊敬和友爱。与欧洲不同，这里从来没有过反犹主义。事实上，大屠杀期间中国拯救了成千上万从欧洲纳粹迫害下逃出来的犹太人。犹太人永远不会忘记。"②《前进》也在一篇文章中写道："大屠杀期间，上海是犹太难民的主要目的地，收留了大约2万犹太人。""上个世纪三十年代末，中国驻维也纳总领事何凤山为犹太人签发了大量前往上海的旅游签证。"③ 2008年，在美国联邦保护海外遗产委员会委员马丁·戈尔德（犹裔）的策划和组织下，中美两国政府在华盛顿、上海和维也纳共同举办了纪念何凤山的活动，并为他建立了永久性的纪念牌。这年6月6日，美国参议院还专门通过了表彰何凤山的议案。

三、美国犹太人对华认知中的负面因素

毋庸讳言，美国犹太人的对华认识中也存在很多负面因素，主要体现在以下几个方面。

1. 人权问题。前已提及，关注人权问题是美国犹太人的政治传统之一。美国犹太社团中的一些人经常在人权问题上指责其他国家，中国也是他们的攻击目标之一。2006年3月，联合国人权理事会成立后，美以公共事务委员会在内部刊物上称，联合国人权委员会（联合国人

① AJC President E. Robert Goodkind's remarks in Shanghai, November 15, 2005, http://www.ajc.org/site/apps/nl/content2.asp?c = ijITI2PHKoG&b = 838493&ct = 1622901.

② Chinese Government Hosts Joint Delegation of American Jewish Congress Leaders and Chinese-American Leaders: "One China——One Jerusalem" Parallel Raised.

③ Anthony Weiss, "Shortcuts", *Forward*, Fri. Dec 2, 2005.

权理事会的前身）截至目前通过的40个决议中，8个是谴责以色列的，“而那些滥用人权者像中国和古巴却依然被忽视。一系列滥用人权的国家中国、俄罗斯、苏丹、阿尔及利亚都曾是人权委员会的成员，利比亚2003年一度被选为主席。改革后的联合国人权理事会规模稍小，但一些人权记录很糟糕的国家，包括中国、古巴、俄罗斯、沙特都被选为47个成员国之一。”① 已故的犹太裔民主党资深众议员汤姆·兰托斯（Tom Lantos）曾长期担任众议院人权委员会主席一职，并且是国会人权事务“连线”的负责人之一，在人权问题上不时向中国发难。他曾极力推动国会就谷歌同中国政府合作监管网站一事召开听证会，并拿德国政府制止新纳粹的网络监管行为来讽刺中国：“在德国，否认大屠杀就是违背法律，通过谷歌进入新纳粹的网站是不可能的。公司会提示用户，并不是所有的网站都可以登陆。在中国的服务中，谷歌也发出了同样的提示。但是，民选基础之上的联邦德国政府反对仇恨散播者的努力同中国政权打击宗教自由、人权和民主毫无可比之处。”② 另一家犹太杂志则直接攻击中国：“除了经济自由化改革之外，中国政府的特点依然是内部反民主，……布什和美国民众应当清楚，这是一个什么样的伙伴，引导其领导人的信条又是什么？”③ 需要指出的是，即使那些主张同中国进行接触和对话的犹太组织，在对“六·四”政治风波的评价、对法轮功的看法等问题上也一直对中国持批评态度，一些组织甚至参与了2008年抵制中国奥运会的活动。

2. 国际责任与国际道义问题。在这方面，一些美国犹太组织对中国指责最多的就是中国的武器出售问题和中美贸易的不平衡问题。以美国犹太安全事务研究所为代表的右翼势力经常发表文章指责中国进行“不负责任”的武器扩散，认为“由于中国继续帮助一些国家发展

① The United Nations Human Rights Council, *AIPAC Issue Brief*, December. 28, 2006.

② Remarks by Congressman Tom Lantos, Co-Chairman, Congressional Human Rights Caucus, Caucus Members' Briefing, http://lantos.house.gov.

③ Jonathan Gurwitz, "A look at China's soul would startle Bush", *Jewish World Review*, April 18, 2006.

弹道导弹和大规模杀伤性武器，美国的防扩散政策算不上是成功的”。[①] 该所发表的另一篇文章援引学者的观点称：“俄罗斯和中国在苏丹和伊朗的所作所为都是一样的，就是阻止西方自由世界对其进行制裁的努力，在津巴布韦、乌兹别克斯坦和缅甸，他们蔑视全球的自由共识而拥抱各种各样的独裁者。”[②] 中国近几年能源进口的增加也让这些人感到不安，认为“北京正在利用它与那些反美的富油国建立的关系作为反美的杠杆”，声称“中国向那些无赖国家进行扩散，并授之以影响力，同时增加中国自身的威望”。[③] 犹太公共事务委员会（JCPA）执行主任史蒂夫还煞有介事地说：“在达尔富尔，已有40万人死于非命，250万人流离失所。很明显，中国在苏丹油田的利益是中国阻碍联合国对苏丹政府进行更有力干预的主要因素。”[④] 在中美贸易问题上，部分犹太政客一直认为，中国廉价的商品出口正在吞噬美国的就业机会。有犹太杂志声称，“1990年我们从中国的进口为100亿美元，2002年我们从中国的进口已经超过了2000亿美元”，“但同一时期美国出口到中国的商品几乎是止步不前的，只是可怜地增长了100亿”，“来自中国的商品潮的直接影响就是冲掉了美国上百万的就业机会”。[⑤] 进入2010年，随着美国中期选举的临近，为争取选民支持，美国一些犹太裔议员又积极推动国会通过相关议案，施压中国将人民币升值，声称此举可以减少中国廉价商品进口，增加美国的就业机会。

3. 台湾、西藏问题。“台独”分子和“藏独”势力在美国的影响历久难消，与一些美国犹太组织和人士的积极支持不无关系。一些犹太组织居然将二者与犹太人的历史或以色列争取独立的情形相提并论。比如，2005年《前进》报的一篇文章谈到：“西藏与以色列历史并无相似之处，然而西藏人却有点像第二圣殿被毁之后的犹太人，今天的

① U. S. Anti-Proliferation Failure: Russia and China, JINSA, February 21, 2000.

② Shanghai Cooperation Organization's Growing Influence Felt Worldwide, JINSA, December 3, 2006.

③ Chinese Military Rapidly Modernizing, Capabilities Growing, JINSA, November 21, 2002.

④ Steve Gutow, Breaking Our "Oil Addiction", *Congress Monthly*, American Jewish Congress, Vol. 73, No. 6, November / December, 2006.

⑤ Gus Tyler, "Jobs Wash Away in Trade War", *Forward*, Fri. Aug 15, 2003.

西藏人在漫无目的地游荡的同时，还要保存他们的宗教文化和民族理想。（流散）对于西藏宗教的影响可以和第二圣殿被毁对以色列宗教的影响相比。”① 2008 年拉萨发生“3 · 14 骚乱”后，该杂志刊登的另一篇文章又无知地写道：“中国统治下西藏年轻人的生活变得更苦，因此过去一周的暴动应当放在五十年耐心的非暴力过程中来认识。”②《犹太世界评论》杂志更是荒谬地把中国对西藏的政策同纳粹大屠杀相提并论，渲染“中国对西藏这个世界上现存的最古老文明的大屠杀和吞并”。③ 在台湾问题上，部分美国犹太人仍然以冷战时期的老眼光来看待海峡两岸，继续称中国为“共产党中国”，将台湾视为“西太平洋地区一个民主与自由的灯塔”。美国国会中的犹太裔议员大多是“台湾连线”（Taiwan Caucus）成员，利伯曼、兰托斯都曾与台湾长期保持密切关系。兰托斯甚至还曾盛赞台湾是“我们在亚太地区最为密切的盟友之一”，称“如果台湾是其他任何国家，陈水扁将会受到白宫玫瑰园仪式和国宴的欢迎，并在国会联席会议上发表演说”。④

4. 中东问题。随着中国在中东地区影响力的上升，中国与中东国家关系的发展也引起了美国犹太人的关注。美国犹太人在此问题上的关注主要集中在两个方面：一是中国和以色列关系的发展是否会影响到美以关系；二是中国同中东其他国家发展关系是否会影响到以色列的安全。在中以关系上，美国犹太人总体上持积极支持的态度；同时，部分犹太人士对以色列向中国出售尖端武器（如费尔康预警机和哈比无人驾驶机）持反对立场，担心这会损害美以战略关系的基础。《前进》的一篇文章就认为“在以色列对中国军售问题上，美国和以色列两个亲密盟友之间爆发了罕见的危机”，导致了“双方 20 年来最大的

① Ira Rifkin, “The Long Way Home to Lhasa”, *Forward*, Nov 25, 2005.

② Rodger Kamenetz, “Cry Out for the Fate of the Tibetan People”, *Forward*, March 28, 2008.

③ Dennis Prager, “ ‘World Opinion’ is Worthless”, August 1, 2006, http://www.realclearpolitics.com/articles/2006/08/post_18.html.

④ Charles Snyder, “US congressmen heap praise on Chen”, *TAIPEI TIMES*, Saturday, Nov 01, 2003.

裂缝”。① 在中国同其他中东国家发展关系问题上，一些美国犹太组织一直认为中国向伊朗、沙特、埃及、叙利亚等国出售武器不利于中东的军事平衡，也不利于以色列的安全。2006 年黎以冲突之后，不少犹太右翼人士极力宣扬真主党打击以色列军舰时使用了中国设计制造的导弹，并主张进一步收紧对华军售，包括军民两用高新技术的出口管制。中国近年来增加进口中东石油更使一些美国犹太人感到不安，认为中国对中东石油依赖的增加将会使中国更多地支持中东那些反美仇以的产油国，比如伊朗、苏丹等。犹太安全研究所宣称：“过去几年里，北京正在全球范围内夺取石油储备以助推其经济繁荣。为了保障这些储备，中国正在取悦于那些世界上最为无耻但是能源丰富的政权，如苏丹和伊朗。北京的全球新存在，连同其军事投放能力的增长，已经令国际社会担忧和不悦。”②

四、美国犹太人的“中国观”对中美关系的影响

美国犹太人对中国的认识及其发展演变，是他们形成对华政策立场的重要基础。而且，美国犹太人还能够通过其具有巨大影响力的传媒和舆论来影响公众对中国的态度，并通过以选举为基础的美国政治机制来影响美国政府和政治精英的对华战略和政策。

冷战时期，尽管中美两国长期交恶，一些对中国怀有亲近感的美国犹太人士仍积极探索促进中美关系的渠道。20 世纪 60 年代末、70 年代初，面对苏联在全球的扩张，以亨利·基辛格为代表的有远见的美国犹太政治家在对华关系上大胆地迈出了第一步，促成了尼克松总统的中国之行，并最终使中美关系正常化。此后，以遏制苏联霸权主义为基础的中美战略合作日趋加强，强烈反苏的犹太精英们在其中发挥了重要作用。由于他们在美国两党政治中具有举足轻重的影响，这

---

① Marc Perelman, “China Crisis Straining U. S. -Israel Ties Arms Sales Flap Intensifies”, *Forward*, Aug 05, 2005.

② China's Global Energy Hunt Leads to Unsavory Regimes, http://www.jinsa.org/articles/articles.html/function/view/categoryid/884/documentid/3446/history/3, 2360, 884, 3446.

种作用至今尚存。

冷战结束后，在里根时代盛极而衰的美国新保守派再度兴起，其核心又是一小批从极左转向极右的犹太精英。苏联瓦解后，新保守派把中国视为对美国国家利益构成“严重威胁”的“最大战略竞争对手”，敦促克林顿政府在人权、贸易、台湾、西藏、武器扩散等一系列问题上对中国施加高压。2001 年，小布什入主白宫，新保守派由此掌握了美国政府的实权，进入政府的新保守派中的犹裔官员包括国防部副部长保罗 . D. 沃尔福威茨、国防部负责政策的副部长道格拉斯·费思、五角大楼国防政策委员会成员理查德·珀尔等，成为布什政府外交决策层中举足轻重的人物。这样一来，以一批美国犹太人为核心力量的新保守派对中国的认识，一度成了布什政府制订对华政策的重要依据，导致中美关系几度恶化。

奥巴马入主白宫以后，犹太裔官员又占据了重要的位置。奥巴马当选后的第一项人事任命就是委任犹太裔众议员拉赫姆·伊曼纽尔（Rahm Emanuel）为白宫办公厅主任。伊曼纽尔是一名正统派犹太教徒，其父本杰明·伊曼纽尔生于以色列，是右翼武装组织伊尔贡成员。同时，副总统拜登任命的办公室主任也是一名犹太人。在国会，美国犹太人的影响力更是如日中天。进入 111 届议会的犹太裔众议员达到 32 位，犹太裔参议员达到 13 名，他们是：芭芭拉·鲍克瑟（Barbara Boxer）、本·卡丁（Ben Cardin）、罗斯·菲茵戈尔德（Russ Feingold）、戴安·范斯坦（Dianne Feinstein）、赫尔伯·科尔（Herb Kohl）、法兰克·劳滕伯格（Frank Lautenberg）、卡尔·列文（Carl Levin）、约瑟夫·利伯曼（Joe Lieberman）、伯纳德·桑德斯（Bernard Sanders）、查尔斯·舒默（Charles Schumer）、阿伦·斯佩科特（Arlen Specter）、龙·威登（Ron Wyden）。犹太裔议员在第 111 届国会中也担任了许多重要职位。在参议院，舒默继续担任民主党大会排序第三的副主席；芭芭拉·鲍克瑟担任民主党议员团的首席副党鞭，并担任环境委员会主席；范斯坦任情报委员会主席；科尔任老年事务委员会主席；列文任军事事务委员会主席；利伯曼任国土安全委员会主席，斯派克特仍为司法委员会成员。在众议院，唯一的犹太裔共和党议员埃里克·坎特（Eric Cantor）任共和党议员团党鞭。在众议院 20 个常设委员会中，犹太裔议员占据了四个委员会主席职位，包括外交事务委员会主席博尔曼（Howard Berman）、金融委员会主席弗兰克（Barney Frank）、能源和商务委员会主席维克斯曼（Henry Waxman）、老兵事务委员会主席费尔奈（Bob Filner）。[①] 另外，美国犹太社团关于外交事务的立场还会对重要非犹太裔议员产生影响。如2009年1月再次当选为众议院议长的民主党议员南希·佩洛西（非犹太裔），就与美国的犹太社团组织、犹太院外集团关系极为密切。这些犹太政治家（或受其影响的非犹太裔政治家）的对华认知必然会对中美关系产生直接或间接的影响。下面来看看一些突出的事例。

美国犹太裔资深参议员约瑟夫·利伯曼，曾长期担任美国参议院国土安全和政府事务委员会主席，与台湾保持着密切关系，是参议院"台湾连线"的主要成员。已故犹太裔资深众议员汤姆·兰托斯是一个在对华政策上颇有影响的人物，曾担任第110届国会众议院外事委员会主席。他是纳粹大屠杀的幸存者，在众议院国际关系和人权事务领域有着较大发言权。在中美关系方面，他认为中国既是一个"负责任的利益相关者"，也是一个"正在崛起中的挑战者"，曾在北京申奥、人权、知识产权和最惠国待遇等问题上屡屡向中国发难。[②] 还有其他一些美国犹太裔议员在一系列涉华问题上也持反对中国的立场。一位是参议院军事委员会主席卡尔· 列文，他强烈支持美国对华高科技和尖端武器禁售政策，对中国的知识产权保护和人民币汇率政策一直持批评的立场，认为中国保护美国知识产权的措施不力，要求美国贸易代表通过世界贸易组织对中国采取具体行动。另一位是众议员桑德·列文，2000年他曾与道格·贝罗伊特议员共同提出4444号议案，建议成立一个委员会专门监督中国人权状况和法治发展。还有一位是参议员舒默，在中美贸易和人民币汇率问题上一直指责中国，在国会中推动要求对中国进口商品征收27.5%关税的提案。2001年5月24日，美国众议

---

① 美国犹太人委员会（AJC）关于2008年美国大选的专题报告，见AJC网站：http：//www.ajc.org。需要指出，犹太裔议员在国会担任的职务后来又发生许多变化，这里不一一详述.

② Opening Remarks by Congressman Tom Lantos at Committee Hearing on：Resurgent China：Responsible Stakeholder or Robust Rival？May 10，2006.

院以237票赞成、197票反对的表决结果通过了给予中国永久正常贸易关系待遇的议案，但当时众议院的23名犹太裔众议员中，只有6人投赞成票，这在相当程度上反映了美国犹太人的态度。① 2008年开始担任外交事务委员会主席的霍华德·博尔曼也是一个操纵“中国议题”的老手，他积极支持美国对台军售，推动国会在2009年通过了涉藏决议。他还呼吁奥巴马政府确保中国和其他外国石油企业没有违反美国针对伊朗的新制裁措施，并要求政府就此对中国企业展开调查。②

同时，由于美国犹太人的“中国观”是多元的，其中的积极因素又会对中美关系的发展产生积极的影响。这样的情况经常出现：一些犹太议员在一些问题上反对中国的同时，又在另外一些问题上推动中美关系的发展。这里也有不少事例。

2005年5月，参议员约瑟夫·利伯曼和参议员拉马·亚历山大（Lamar Alexander）一起提出了1117号议案，即《2005年美中文化交流法案》③。法案要求5年内从联邦资金中拨款13亿美元，用于在美国学校开展中文教学，增加美国领事活动经费，支持美国在华商务活动，并推进两国各方面人员进行交流等。这项法案还要求给予国务院更大的灵活性，向前来美国学术机构学习研究的中国学者发放签证。利伯曼认为：“中国的崛起带来了全面的挑战。但是，实现相互交流与理解不应该是很困难的问题”，“给我们的孩子提供学习中国语言与文化的机会将有助于确保他们在全球经济发展中获得更多的机会”。④ 在能源安全领域，利伯曼鼓励中国加入国际能源署，支持中美之间就能源安全问题开展更为广泛的合作。⑤

---

① http: //www. zaobao. com/special/china/sino_ us/pages2/sino_ us020600. html.

② 路透社华盛顿2010年9月20日电。

③ 美国国务院国际信息局（IIP），“美国两党参议员提出美中文化交流法案”，http: //usinfo. state. gov/mgck/Archive/2005/May/27 – 32787. html.

④ “Alexander, Lieberman Introduce Bill To Improve U. S. - China Relations”, May 26th, 2005 News Release in Washington, http: //alexander. senate. gov/index. cfm? FuseAction = PressReleases. Detail&PressRelease_ id = 731&Month = 5&Year = 2005.

⑤ Remarks of Senator Joseph Lieberman Council on Foreign Relations: “China/US Energy Policies: A Choice of Cooperation or Collision” December 2, 2005, http: //www. cfr. org/publication/9335/chinaus_ energy_ policies. html.

2006年1月，当时担任参议院对外关系委员会成员的犹太裔共和党参议员诺姆·科尔曼（Norm Coleman）和时任民主党参议员的巴拉克·奥巴马（Barack Obama）宣布将联手成立参议院的“中国连线”，其目的在于讨论中国在地区和全球政治、经济、军事领域发挥的作用及对美国的影响，以帮助参议员们更好地了解中国的崛起以及美中关系中的各种重要议题。科尔曼表示，“所有美国人包括参议员更好地了解中国是很重要的，这正是我们要做的事情。”① 近两年来，美国众议院也先后建立了美中关系工作小组和“中国连线（China Caucus）”。组织者希望美中关系工作小组和“中国连线”能够唤起美国人重视中国的意识，成为一个了解中国的平台。美中关系工作小组和“中国连线”的成员定期会面，并邀请一些专家学者来分析中美贸易、台湾问题和中国的军力状况等问题，专门关注中国的崛起，以及这种崛起在能源需求、贸易竞争到军费开支等一系列问题上对美国的影响。目前已有许多众议员参加了美中关系工作小组和“中国连线”，其中包括不少犹太众议员。2007年2月，美中关系工作小组和国会犹太裔工作人员联谊会曾组织“犹太人在中国”报告会，邀请本文作者做了专题演讲。

2008年春天，针对美国犹太改革派中一些人公然支持“藏独”，在达尔富尔问题上攻击中国，甚至呼吁抵制北京奥运会的错误主张，美国主要犹太组织纷纷发表声明，表示反对抵制北京奥运会，特别严厉批评将2008年北京奥运会与1936年纳粹德国柏林奥运会相提并论的荒谬言论，要求美国犹太人努力维护犹太人民与中国人民之间的传统友谊。根据截止到2008年5月2日的统计，美国犹太人委员会、反诽谤联盟、国际犹太圣裔社（B'nai B'rith International）、“青年以色列”全国委员会（the National Council of Young Israel）、犹太正统派联盟（the Orthodox Union）、美国以色列正教党（Agudath Israel of America），以及主要犹太组织主席联席会都发表了声明。此后，又有更多犹太组织和犹太名流发表了支持北京奥运会的声明和谈话。反诽谤联盟在声明中指出：“中国是一个复杂的社会，正在经历各种变革和开

---

① 美国参议院为何成立“中国连线”，中央电视台网站2006年1月12日，http://www.cctv.com/program/hxla/20060115/100714.shtml。

放进程，人们不能将它和大屠杀前夜的德国进行简单对比。”① 声明认为：“一些犹太人在这些问题上的鲁莽做法将会危害以色列和中国这个重要贸易伙伴的关系，特别是中国已经表示要在反对核伊朗问题上采取行动。”② 两位犹太裔学者撰文指出：“为了达尔富尔问题去羞辱中国是天真、无知的，也是自欺欺人。妖魔化中国并不会给达尔富尔和西藏带来什么，但是却会给我们和这个拥有五千年历史并且从未出现过反犹主义的超级大国的关系带来阴影。”③

2010 年 6 月，就在中美两国在美国对台军售这个老大难问题上再次发生冲突之时，美国犹太裔资深参议员、参议院情报委员会主席戴安·范斯坦专程访问了海峡两岸，会见了两岸领导人，并就此问题进行考察和研究，回国后即提出了自己的看法。6 月 16 日，参议院对 2011 年的美国国防开支法案进行了审议。按照惯例，国防部长盖茨和参谋长联席会议主席马伦接受参议院拨款委员会的质询。在双方就武器项目开支问题密集交火之际，范斯坦直截了当地质疑美国对台军售的必要性，认为美国对台军售正在损害中美关系。她向盖茨发问：北京做出什么样的举动能够促使五角大楼重新考虑对台军售问题?④ 此番话立即在美国和海峡两岸引起了震动。

这些美国犹太精英之所以在对华政策上采取务实立场，重要原因在于：他们认识到美国必须正视中国的发展，否则将丧失大好的机会，而且中美之间通过合作正在衍生出庞大的共同利益，这是任何一位美国犹太人都无法回避的客观事实；同时，由于中国国际地位和影响力的增长，美国和犹太世界在处理热点问题如朝鲜核问题、伊朗核问题、中东和平进程、反恐、防扩散等方面都需要得到中国的合作，在应对全球性挑战如金融危机、气候变暖、粮食短缺、能源安全等方面更离不开中国的支持。

---

① ADL Opposes Boycott of the Beijing Olympic Games, April 30, 2008, http://www.adl.org/PresRele/Mise_00/5280_00.htm.

② Jennifer Siegel, Proposed Olympic Boycott Sparks Debate Among Jewish Groups, *Forward*, May 16, 2008.

③ Antoine Halff and Shalom Solomon Wald, Enough Misguided Maligning of China, *Forward*, May 2, 2008.

④ 美国《华盛顿观察》，2010 年 6 月 18 日。

五、结论

综上所述，我们可以得出以下几点结论：

第一，美国犹太人对中国的认识具有明显的双重属性：一是作为美国公民的属性，这一属性使他们在认识中国的过程中带有美国化的特色，其考虑问题的出发点往往首先是美国的国家利益，如在看待中国崛起、人权问题、台湾问题、中美能源竞争、中美贸易等问题上表现最为突出。其次是作为犹太人的属性，这一特殊的群体归属使其在对华认识方面又具有明显的“犹太特色”，比如在对待中国传统文化、中国与犹太人的关系、“以史为鉴”等问题上就明显不同于美国其他社会群体，这一特征使他们对中以关系、中国中东政策等问题也更为关注。

第二，美国犹太人对中国的认识是一个极为庞杂的“复合体”。不仅整个犹太社团内部对中国的认识不尽一致，不同阶层的犹太人对中国的认识相互矛盾，而且同一阶层、同一组织内部的犹太人对中国的认识和立场也五花八门、甚至根本对立。美国犹太人在对华认识上的这些特点，决定了美国犹太人对中美关系的影响必然呈现一种多元复合的状态。

第三，美国犹太人虽然在美国政治中占有举足轻重的地位，但只是影响美国对外政策的因素之一，并受到其他许多因素的制约，而且对华政策也从来不是其对外关注的重点。从这个意义上看，美国犹太人在对华政策上的影响又是“有限”的。因此，决不能孤立、静止地看待美国犹太人的“中国观”对中美关系的影响。客观而言，无论其是否犹太裔，无论这些议员归属哪个党派，美国政治精英的政策立场都是由其自身利益或其所代表的利益集团决定的，对华认知是政策选择过程中影响其决策的因素之一。只要中美两国关系的大格局不发生根本变化，美国犹太人的作用还不足以从根本上改变中美关系的走向。

（作者：潘光，上海犹太研究中心主任，研究员；王震，上海社会科学院欧亚所、上海犹太研究中心助理研究员；上海犹太研究中心的汪舒明和张屹峰也为本文提供了资料和思想）

附件：2010 年美国中期选举与美国犹太人的政治影响力

在本书即将付印之时，2010 年美国的中期选举已经尘埃落定，参众两院众多议席花落谁家也已经有了答案。这场选举体现了包括犹太社团在内的美国社会对奥巴马政府和民主党的民意改变，也将对美国犹太人维护和拓展其利益的能力产生影响。因此，特约请汪舒明撰写此附件，对这一新发展加以分析。

一、犹太人在国会的力量有所削弱

民主党在 2010 年中期选举中遭遇了滑铁卢式的惨败：在众议院所有 435 个议席的改选中，民主党只保住了 183 个，不仅丢掉了上届的绝对优势地位，还沦落为少数派。就主要党派在众议院中的席位消长的幅度而言，这是自 1932 年以来变动最大的一次。在参议院 37 个席位改选中，民主党候选人也纷纷铩羽而归，虽保住了在参院的多数党地位，但丧失了此前的绝对优势。2008 年，奥巴马以"变化"和"是的，我们能行"的口号赢得了大选，选民期待着新天新地。但美国的病症积重难返，奥巴马也不是魔术师，奇迹并没有出现。相反，美国继续深陷中东和阿富汗泥潭，国内的赤字进一步膨胀，失业率居高不下。奥巴马在医疗等方面的新政使中间选民也大为不满，新兴右翼势力茶党甚至将奥巴马贴上了"社会主义者"的标签，指责他正在侵害作为美国信条核心之一的自由资本主义原则。

两年前对奥巴马寄予厚望的犹太选民也对奥巴马的表现深感失望和不满：美国犹太人委员会于 2010 年 4 月和 2010 年秋季所做的两次民调显示，美国犹太人对奥巴马政府工作表现表示满意的比率下降了 6 个百分点，对其处理经济问题方式的支持率急降了 10 个百分点，对其对以色列政策和对伊朗核危机的处理方式的支持率也都有明显下降，认为自己归属于民主党的犹太选民也有所减少。① 根据犹太组织“犹太街”的民调，目前仍然有大约66%的犹太选民投票支持民主党候选人，② 但与两年前78%的犹太选民投票支持奥巴马相比已大为减少。

自罗斯福新政以来，犹太人一直以民主党作为参与美国政治的主要阵地，而民主党也一直倚重犹太人的支持。因此，此次民主党在国会选举中的惨败也使犹太人在国会的影响力受到重创。在再次参加众议院选举的30名犹太裔议员中，有4名败选出局。而在新参加竞选的6名犹太裔候选人中，只有戴维·希希林（David Cicilline，民主党）和南·海沃思（Nan Hayworth，共和党）两人胜出。这样，第112届国会中的犹太裔众议员减少到了28名。③ 希希林主要关注国内社会问题，而海沃思的政治立场与保守的茶党领导人佩林相近，反对奥巴马的医改法案和潜在的金融改革法案，也反对民主党的大政府和赤字财政④。犹太裔众议员的人数略减还是次要的，更关键的是，随着民主党让出多数派地位，犹太裔议员不得不让出众议院5个专门委员会主席和10个分委员会主席的位置。这5个专门委员会为外交事务、老兵事务、金融服务、能源和商务、行动；10个分委员会中包括：外交事务委员会中的中东南亚分委员会、西半球分委员会，反恐委员会下属的外交事务分委会，情报委员会下属的国内安全分委会，空间与航空委员会的科技分委会，军人委员会的军事服务分委会，贸易委员会的执行分委会，民权委员会的立法事务分委会等。犹太裔议员在参议院的议员数保持不变，威斯康辛参议员罗塞尔·菲因古德（Russel Feingold，民主党）落选，而理查德·布鲁门塔尔（Richard Blumenthal，民主党）当选。此前犹太组织期待犹太裔共和党众议员坎特（Eric

① “2010 Annual Survey of American Jewish Opinion”, and “Fall 2010 Survey of American Jewish Opinion”，美国犹太人委员会网站：http://www.ajc.org。

② Nathan Guttman, “Jews Stayed With Democrats, Now Worry About Domestic Agenda”, *Forward*, Nov. 12, 2010.

③ http://www.ajc.org/atf/cf/{42d75369 - d582 - 4380 - 8395 - d25925b85eaf}/2010 - MIDTERM-ELECTIONS. PDF.

④ 海沃思公开反对奥巴马政府“从共产主义中国借钱，推行社会主义式的项目”。

Cantor）和犹太裔民主党参议员舒默（Charles Schumer）可以成为众参两院多数党的党首，结果都未能如愿。

二、犹太人的政治影响力有所下降

在此次中期选举前后，犹太政治精英影响白宫的渠道也明显减少。奥巴马经济团队曾有几名重要的犹太裔成员，如犹太裔的萨默斯就曾担任奥巴马的国家经济委员会主任，但不久前已辞职，因为他对美国经济的务实立场与奥巴马的理想主义还是存在差异。当然，所有去职的犹太裔白宫要员中最重要的一位是拉姆·伊曼纽尔（Rahm Emanuel），他辞去了白宫办公厅主任一职。伊曼纽尔在国会人脉很广，而且有很强的组织协调能力。奥巴马的许多重要议案（如医保法案等）得以在国会顺利通过，他的能力和努力发挥了重要作用。他的离职，也使犹太社团少了一个影响奥巴马政府的关键渠道。

民主党在中期选举中的惨败和犹太势力在白宫的削弱使美国犹太人的政治影响力有所下降，使其设定和推进其社会政治议程的能力和成效受到影响，不得在新形势下调整其目标和策略。另外，茶党势力在国会中上升是一个新现象，犹太社团领导人还需要与许多进入国会山的新人建立起稳定的关联。

总体而言，两党在支持以色列和中东政策问题上存在较多的共识，共和党控制众议院不但不会削弱对以色列的支持，而且可能加强对以色列的援助，因为来自共和党的亲以议员将执掌外委会和拨款委员会等重要国会涉外部门。目前，包括犹太裔共和党众议员坎特在内的一批共和党议员希望将每年约 30 亿美元的对以援助从美国的对外援助资金中单列出来，转由对外行动资金，甚至国防开支中支出，以便于削减美国对外援助开支。坎特等人还主张将美国对巴勒斯坦自治政府的援助与后者承认以色列为犹太国家相挂钩，这将对美国在中东和平进程中扮演的调停角色和在阿拉伯世界的影响带来强烈冲击。[①] 共和党力量的增强将对奥巴马的对以政策产生一定的牵制，迫使他降低批评内塔尼亚胡政府的调门，从而在巴以和平进程中更加难有作为。

同时，共和党胜选将对美国应对伊朗核危机的政策产生重要影响，而这正是美国犹太人非常关心的问题。随着时间的推移，美国犹太人对伊朗核危机的不断恶化变得越来越焦虑不安。从前述美国犹太人委员会 2010 年的两次民调中可以看出，犹太人对奥巴马处理该问题方式（外交 + 制裁）的支持度和信心正在不断减弱，而主张美国用军事手段解决伊核问题的比率从 53% 上升到了 59%，支持以色列用军事手段解决的比率则从 62% 上升到了 70%。[②] 尽管国会并不能替代奥巴马制定和实施对伊政策，但却可以对奥巴马推动外交对话的努力造成阻梗，甚至迫使其逐渐采取更加强硬的手段。

当然，犹太社团也很担心共和党上台将导致许多国内政策的变化。例如，共和党主张削减政府开支，反对政府权能的扩张，这将使那些提供社会服务的犹太社团组织面临经费紧张。为此，犹太组织不得不调整议程[③]，将其关注点集中于保障居民基本权利的社会保障和医疗保障项目上，特别是为老年人提供基本保障和为改善孩童营养提供补贴等方面。目前，在美国犹太社团中，仍有部分犹太老人生活在贫困状态中。[④] 又如，在共和党控制众议院后，犹太人积极支持的移民和能源方面的改革法案将更加难以通过，一些犹太组织只得暂时将它们搁置起来。再如，众议院新一任立法委员会主席拉马尔·史密斯（Lamar Smith）可能会支持学校祈祷并支持政府提高对宗教性服务项目的资助，这将有利于加强基督教白人群体的主流地位，而不利于少数族裔和宗教群体，从而对美国犹太人一贯坚持的政教严格分离的立场形

① 美国犹太人网站文章，http：//www. ajc. org/site/apps/nlnet/content2. aspx？c = ijITI2PHKoG&b = 1531915&ct = 8856681。

② “2010 Annual Survey of American Jewish Opinion”, and “Fall 2010 Survey of American Jewish Opinion”，美国犹太人委员会网站：http：//www. ajc. org。

③ Nathan Guttman，“Jews Face New GOP Reality，Following Republican Election Gains”, *Forward*， November. 2，2010.

④ Nathan Guttman，“Jews Stayed With Democrats，Now Worry About Domestic Agenda”, *Forward*， November. 2，2010.

成严峻挑战。

就近期来看，此次犹太人在国会力量有所削弱及其政治影响力有所下降均不会对中美关系产生直接的重大的影响，但经过一段磨合期，其比较深远的影响会逐渐显露出来。

（作者：汪舒明，上海犹太研究中心助理研究员）

二、以色列研究

俄裔犹太移民与以色列农业定居点研究

(19 世纪末—1948 年)

肖　洪　XIAO Hong

[**内容提要**] 从 19 世纪末起，受各种主客观因素的影响，俄裔犹太人率先开启了现代犹太人移居巴勒斯坦的序幕。他们首创并成功建立起数以百计的农业定居点，以色列的基布兹和莫沙夫就是在此基础上发展壮大起来的。从 19 世纪末至 1948 年以色列建国前，近 50 万俄裔犹太人移居巴勒斯坦，成为以色列国家开拓与建设的先驱者，他们是以色列国家建立的基石，为以色列的农业振兴和经济发展做出了卓越贡献。

[**Abstract**] From the end of 19th century, affected by all kinds of subjective or objective factors, Russian-born Jews began to immigrate to Palestine firstly. They founded many agricultural settlements successfully, the Israeli Moshav and Kibbutz were developed on this basis. From the end of 19th century to 1948, around 500 thousands of Russian-born Jews immigrated to Palestine. As the pioneers of Israeli establishment and development, they are the foundation stone of the State, and contributed a lot to the economic and agricultural development of Israel.

一、俄裔犹太人移居以色列的历史背景与成因

众所周知，以色列是个移民国家。19 世纪末 20 世纪初，巴勒斯

坦总人口约100万，其中犹太人只有2.4万人，仅占巴勒斯坦总人口的2.5%。受锡安主义思潮的影响，俄裔犹太人率先开启了现代犹太人移居巴勒斯坦的序幕。从19世纪末起，犹太人先后发起五次大规模的移民活动，至1948年5月建国时，以色列全国65万犹太人口中有50万人来自俄国和东欧国家。根据研究与考证，俄裔犹太人移居以色列主要有以下五个方面的原因：

1. 俄国政府的排犹政策

俄国是由100多个民族组成的多民族国家，受根深蒂固的反犹主义传统思想影响，俄国犹太人不时地遭受到政府的歧视与迫害，民族平等的理念在俄国犹太人身上丝毫得不到体现。沙俄政府对大批进入其境内的犹太人在居住权、财产权、工商业权利、受教育权、税收等领域进行限制，大肆欺辱犹太人。以居住权限制为例，在俄国各民族中只有犹太人无权自由选择居住地。未经政府许可，他们不能随意选择定居地点，只能居住在特定区域内，即所谓的“犹太人固定居住区”。《1804年犹太人安置条例》规定：“居住区”的范围主要位于西部和新俄罗斯的15省，以及波兰的10个省份。即便是在居住区内，犹太人也不能随意定居，任何犹太人在农村都不能以自己或他人的名义进行一切租赁活动、经营小酒馆和旅店，也不能在那里居住。① 亚历山大三世执政时期，还对犹太人实施了残酷的“百分比定额”制度，以限制犹太孩子入学：犹太人占入学总数的百分比居住区内为10%，居住区外为5%，彼得堡和莫斯科为3%。② 这样一来，只有富裕阶层的孩子才能获得入学的可能，导致犹太中小学生数量急剧减少。除了限制居住权与受教育权，俄国政府对犹太人的财政政策也遵循实用主义的原则，犹太居民与其他人一样要交纳国税以满足国库的需求，但却不能享有由政府资金提供的任何社会福利，教育、医疗、救济、慈善和宗教活动等支出均由犹太居民自己负担。

---

① 徐新、凌继尧主编：《犹太百科全书》，上海人民出版社1993年版，第540页。

② ［美］沃尔特·拉克著，徐方、阎瑞松译：《犹太复国主义史》，上海三联书店1992年版，第69页。

2. 日俄战争和国内危机导致的反犹狂潮

1905 年沙俄在日俄战争中的失败，进一步加剧了俄国国内的社会危机，并最终爆发 1905 年革命。为推卸战争责任，沙皇政府煽动反犹情绪，将战败原因归结为美国犹太银行家雅各布·希夫对日本人的经济支持，从而引发了国内新一轮的反犹浪潮。俄国的反犹分子还伪造了《锡安贤达议事录》[1]，其中虚构了一个犹太人欲消灭基督教，由犹太人统治世界的秘密计划。受此谣言蛊惑，俄国境内数百个城市都发生了迫害乃至屠杀犹太人的暴行，数万犹太人被无辜杀害。随后在波兰、匈牙利、捷克等东欧国家也发生了类似的反犹排犹活动。1905 年 10 月，基什尼奥夫市发生反犹事件，虽然犹太自卫组织竭力抵抗暴徒的袭击，仍有 19 名犹太人被打死，56 名犹太人受伤。[2] 同时，在俄国西部和南部各地发生的暴乱中，有 810 名犹太人被杀死。[3] 至此，暴乱达到了顶点。数以万计的犹太人被赶出莫斯科和基辅，许多人被处以绞刑或被流放。

3. 俄犹之间的宗教冲突

俄国统治者对犹太人的宗教偏见是根深蒂固的，这也是 19 世纪俄国政府对犹太人制定权利限制法的最主要原因。沙俄政府为了能使犹太人归顺统治，采取了引诱和逼迫犹太人改信东正教的政策。沙皇亚历山大一世曾设立以色列基督教协会，对于肯接受洗礼的犹太人给予经济优惠和法律宽恕，鼓励或强迫犹太人将子女送到公学去学俄语，随后又颁布了兵役法，规定 12 至 18 岁的犹太青少年必须在义务兵役营服预备役，企图利用兵营这一封闭环境来迫使犹太青少年改信基督教。1881 年后，沙皇政府开始推行俄语一体化政策，关闭了大量犹太学校，强迫犹太人将孩子送入东正教会学校，学习东正教教义，企图

---

① 也称锡安长老议事录，是由反犹分子蓄意炮制的文件，其中称犹太人制定了一项统治世界的秘密行动计划。

② 徐新、凌继尧主编：《犹太百科全书》，上海人民出版社 1993 年版，第 585 页。

③ ［美］沃尔特·拉克著，徐方、阎瑞松译：《犹太复国主义史》，上海三联书店 1992 年版，第 72 页。

从根源上改变犹太人的宗教信仰。[1]

4. 锡安主义思想的感召

1881 年因沙皇亚历山大二世被暗杀而掀起的反犹浪潮，彻底毁灭了俄犹知识分子同化的幻想，犹太人开始思考民族的未来。一些犹太政论家和社会活动家认为，没有国家的少数民族是不可能与其他民族共同生活在一起的，犹太人在所有散居国都是异族要素，只有在祖先居住的巴勒斯坦才能实现犹太民族的复兴。早在 19 世纪 80 年代，俄国犹太人就掀起了“锡安热爱运动”（也称“热爱圣山运动”），在俄国各大城市，包括莫斯科和彼得堡，已经组成了若干锡安山热爱者小组。[2] 他们把自己的目标确定为：从政治和民族精神上在巴勒斯坦复兴犹太民族，并在巴勒斯坦建立农耕居民点。起初，这些小组之间几乎没有任何形式的协作，他们都各派使者去巴勒斯坦调查环境。1881 年哈尔科夫大学生和中学生建立了一个称作“比卢”[3] 的协会，大力宣传犹太人移居巴勒斯坦的思想。为促进犹太人的迁移活动，他们还与著名犹太慈善家联系，希望获得资金帮助。很快，哈尔科夫和俄国其他城市的“比卢”成员发展到 500 多名。为了进一步实现该运动的最终目标——向巴勒斯坦移民，协会还将活动中心由哈尔科夫迁到了南俄的港口敖德萨。1882 年 7 月，第一批 14 名“比卢”成员移居雅法，由此掀起了俄国犹太人移居巴勒斯坦的第一次高潮，史称“第一次阿利亚”运动。从此，一批又一批俄裔犹太人怀着献身于以色列土地建设以及为犹太民族建立一个家园的美好愿望，开启了移居巴勒斯坦的重要旅程。

5. 十月革命后的屠犹事件和取缔锡安主义

1917 年俄国爆发十月革命，大批俄国贵族、资产阶级和白俄军人逃离俄国。各种苏俄敌对势力需要寻找替罪羊来掩盖反共目的，因此犹太人又一次被看作是一切社会弊端和灾难的源头。受此影响，从

---

① 潘光主编：《犹太研究在中国，三十年回顾：1978—2008》，上海社会科学院出版社 2008 年版，第 141 页。

② 徐新、凌继尧主编：《犹太百科全书》，第 657 页。

③ 该词是圣经《旧约》中的一句诗：“雅各家啊，来吧，我们在耶和华的光明中行走”的前四个词首的缩写。

1918年起反犹风暴又一次在俄罗斯大地上肆虐，在乌克兰、西伯利亚、白俄罗斯和远东等地，犹太人遭到外国干涉军和白匪肆无忌惮的侮辱、侵扰，甚至血腥屠杀。仅在乌克兰一地，从1919年6月至1920年3月就发生了300余次针对犹太人的掠夺和屠杀，许多地方因此变得荒无人烟。[①] 据考证，俄国国内战争期间针对犹太人的有组织杀戮超过1500次，近20万犹太人丧生。同时，苏维埃政权也决定取缔锡安主义。1919年，苏维埃政府通过秘密决议，要求锡安主义者停止一切活动。1920年4月23日，全俄锡安主义大会召开，莫斯科肃反委员会逮捕了109名参会者，并指控他们勾结国外敌对势力，进行反苏维埃宣传，其中19人被分别判处半年至5年不等的劳役。苏维埃政权建立后，对资产较多的犹太人采取剥夺政策，也使富有的犹太人外逃。

二、俄裔犹太移民潮与以色列农业定居点的创建

俄裔犹太移民在1882—1903年期间首先掀起了移居巴勒斯坦的浪潮。数据显示：1882年至1903年约有2万—3万犹太人移居巴勒斯坦。[②] 第一批俄裔移民在1882—1884年间来到巴勒斯坦，并于1890—1891年间建立了一批定居点，在这些定居点大约居住着1万名俄裔犹太人，其中约有3000人居住在雅法。[③] 第一批俄裔犹太移民由来自俄国的16户人家组成，由俄国克列门楚格城的银行职员扎尔曼·莱冯廷带队，他们中既有专业人员，也有商人和手工艺者。[④] 这些移民大部分经济条件良好，有足够的资金在巴勒斯坦买地、建房和耕作。1882年7月，移民们在雅法东南12公里处买下一块地，用以耕田播种，并将其命名为里顺·锡安（意为“锡安山圣地中的第一个”）。

最初，移民们由于缺乏农业开拓经验，导致收成欠佳，一度生活条件十分艰苦，因此相互之间经常发生分歧和纷争。直到19世纪80

① 傅明静主编：《哈尔滨与世界犹太人》，黑龙江人民出版社2007年版，第262页。

② 徐新、凌继尧主编：《犹太百科全书》，第723页。

③ 同上书，第600页。

④ Chaim Gvati, *A Hundred Years of Settlements*, Tel Aviv, 1981, p. 30.

年代末，移民们弄清楚这里的土地适于葡萄栽培后，开始引进优质的葡萄品种进行大面积种植，并建起一个大葡萄酒加工厂，此后经济逐渐好转。与此同时，一批批俄国移民纷至沓来，他们种葡萄、盖房子，到19世纪末，这个农业社区已增至50户人家。这批俄裔犹太移民绝大多数是受回归圣地的思想影响的中产阶级犹太人，他们先后创建了里顺·锡安、叶苏德·哈马拉、艾克隆移民定居点。这一批俄裔犹太移民具有一个共同的特点：缺乏务农的经验，缺乏干体力活、吃苦的思想准备；缺乏规划移民新村、制定预算的合适人才，几乎所有的移民定居点都面临生存危机。他们要接受严峻生活环境的挑战：缺水，缺少卫生设施，以及遭受偷窃与抢掠的危险。其中也有部分人因忍受不了这份苦，又返回了俄国。

俄国1903年和1905年爆发大规模反犹暴行之后，俄裔犹太人开始了第二次迁徙浪潮。大部分犹太人选择了美国，还有一部分人来到巴勒斯坦，从而掀起了移居巴勒斯坦的第二次高潮，史称“第二次阿利亚”运动。在“第二次阿利亚”期间（1904—1914年），约120万犹太人离开俄国、加利西亚和罗马西亚，其中约有4万人移居巴勒斯坦，以色列国第二任总统本—茨维就是在此期间来到巴勒斯坦的。“第二次阿利亚”运动倡导移民自己从事耕地、种菜、种树、沼泽地的排水、修筑铁路公路等体力劳动，把巴勒斯坦真正建设成为犹太人的巴勒斯坦。伴随着移民浪潮，第一个基布兹于1909年在约旦河东岸建立，起名为德加尼亚（希伯来语意为“粮食产地”）。1911年，又一个基布兹梅尔哈维亚建立，到1914年基布兹总数已达11个。1918年，巴勒斯坦全境已有29个基布兹，其中2/3为俄裔犹太人所建。在这种新型集体农庄里，成员们过着集体生活，实行公有制，土地、房屋、农用机械等均为集体所有，幼儿园、小学、医院、文化设施等费用完全由集体承担，用餐也在集体食堂。

随第二次移民潮到来的俄裔犹太人大多是未婚青年，主要来自白俄罗斯、波兰东部和立陶宛。① 他们的特点是：在传统的犹太人环境

① ［美］沃尔特·拉克著，徐方、阎瑞松译：《犹太复国主义史》，上海三联书店1992年版，第344页。

中长大，略懂希伯来语，其中一些人是俄国自卫团和社会主义锡安主义运动的成员，受过武装训练，知道如何使用武器，受俄国社会主义思想的影响，带有浓重的社会主义色彩。1908年冬，在敖德萨热爱圣山运动委员会的援助下，俄裔犹太移民在佩塔蒂克瓦附近费佳的土地上，开辟了第一批自留地农场，此处被命名为戈尼姆泉村。1912年，俄裔犹太移民在里顺·锡安附近的纳哈拉特·耶胡达创建了农场，并以列奥·平斯克命名。

1919年到1923年期间，俄裔犹太人开始了第三次大规模的移民潮，到1923年约有1.7万—2万俄裔犹太人合法地移居巴勒斯坦。此次移民主要来自于俄国和波兰，从某种程度上说，它是第二次移民潮的延续。二月革命后，俄国取消了限制犹太人的反犹法令，犹太人享有了与国民平等的权利。于是，原来进行秘密活动的犹太锡安主义各党派便公开组党，其中锡安山青年党、锡安主义先锋青年运动世界联合会最引人注目。该联合会在波兰、立陶宛、拉脱维亚、罗马尼亚和德国都设有支部。该组织通过其网络，成功地组织大量的欧洲各国犹太青年移居巴勒斯坦。据统计，从1919年到1923年，有3.5万犹太人移居巴勒斯坦。1919年大约2000人迁入，以后几年平均每年有8000人左右迁入。① 1920年冬，650名来自俄国的新移民乘坐拉斯兰号到达雅法港，这是到达巴勒斯坦的第一个大型移民团体，其中有一队黑哈卢茨②的先锋青年曾在敖德萨接受过农业培训。这批移民在耶路撒冷附近的迪尔勃扎下根，一边开垦土地，一边植树造林，在那里建立起一个名叫“阿纳维姆”的小型农业社区。此时，基布兹已达到成熟阶段，1922年基布兹成员只有200人，到1927年成员已增至4000人。而第一个莫沙夫—纳哈拉莫沙夫，也于1921年9月在巴勒斯坦北部的杰兹瑞尔山谷建成。基布兹和莫沙夫80%的成员主要是来自俄国及东欧的犹太移民。

此后的移民潮在来源国组成上发生了巨大变化，移民的主要来源

---

① Chaim Gvati, *A Hundred Years of Settlements*, Tel Aviv, 1981, p. 174.

② 黑哈卢茨是一个犹太青年创业者的组织，培养了散居各国的整整一代犹太人，使他们为适应巴勒斯坦的体力劳动有所准备，该组织由特鲁姆佩尔多创建，成员主要为俄国人。

地是波兰，俄国移民的数量大幅缩减。1924—1926 年，第四次犹太移民潮使 6 万多人迁入巴勒斯坦，其中 80% 都定居在以特拉维夫为主的城市里，并继续从事原来的老行业。从 1932 年到 1939 年第二次世界大战爆发，第五次移民潮期间又迁入了 22.5 万人，主要来自中欧和德国。1948 年以色列建国后，大批原苏联犹太人又掀起了新一轮移民以色列的高潮，在此不予赘述。

三、俄裔犹太人在以色列农业发展中的历史地位与作用

在一代人的时间内，俄裔犹太移民们成功地实施了一场社会及文化革命。通过艰苦奋斗，他们填平了自己与以色列现代社会之间的历史鸿沟。在这些新移民中，涌现出一批土生土长的年轻领袖和一代有知识的农民，他们为以色列的农业发展做出了卓越贡献。俄裔犹太移民莫尔杰哈伊·约瑟弗维奇·奥尔默特①，在回归以色列后主要从事组建"贝塔"② 的农业定居点，他是以色列阿米卡姆莫沙夫"贝塔"居民点的创立者，该居民点位于以色列济赫龙·雅各布和宾亚敏纳之间。此外，他还建立了"海鲁特"和"贝塔"运动农业部，协助以色列移民部门推进创建新移民定居点的工作。直至今天，以色列阿米卡姆莫沙夫成立的纪念日里，莫尔杰哈伊这个名字仍被人不断提及。

俄裔犹太移民是以色列最早的定居者和开拓先锋，是以色列国家农业的缔造者，是这块土地上现代农业耕种模式的创造者和传播者。他们最初普遍缺乏农业知识和务农经验，经过近一个世纪的艰苦奋斗，他们在调整自己适应新环境的过程中，克服了语言障碍以及迥异的风俗习惯，为以色列建立起数以百计的农业社区并获得巨大成功。今天，这些农业社区提供着以色列全国 50% 的农产品。以色列也正将其先进

---

① 莫尔杰哈伊·约瑟弗维奇·奥尔默特：俄文名字为 Мордехай Иосифович Ольмерт，出生于 1911 年，卒于 1998 年 3 月 30 日，享年 87 岁，是著名的"贝塔"运动先驱、俄裔犹太社会活动家，曾当选为以色列国会议员。其三子埃胡德·奥尔默特曾历任以色列耶路撒冷市市长、以色列副总理、总理。

② "贝塔"是锡安主义右翼修正派的青年组织。

的农业种植技术传授给全世界，仅在中国就创办了三个农业示范园区，以高科技提升农业发展的质量。

现存的由俄裔犹太人建立的以色列移民定居点，大多分布在以色列特拉维夫市郊的赫茨利亚（Herzliyya）、纳坦亚（Natanya）、宾亚敏纳（Binyamina）地区附近，俄语仍是他们日常用语之一。以阿米卡姆莫沙夫为例，该莫沙夫位于宾亚敏纳地区，创建于 20 世纪 30 年代，最初由 60—80 户俄裔农户组成，人口约 150 人。如今，阿米卡姆莫沙夫的俄裔犹太人及其后裔约有 20—30 户，人口约 50—60 人，莫沙夫内建有各种服务设施——幼儿园、犹太会堂、文化学校、超市、医疗中心等，成员大多从事农产品或食品加工业，并进行灌装蜂蜜和罐头食品的出口等。而纳塔尼亚俄裔移民定居点最初建于 1928 年，主要以柑桔种植为主，以色列建国后逐渐发展为以色列重要的创汇工业——钻石打磨和加工业的中心。俄裔犹太人在这里兴建工业区，建立纺织厂、橡胶塑料制品厂，生产精密仪器和药物原料等。

从 19 世纪末至 1948 年以色列建国前，近 50 万俄裔犹太人移居巴勒斯坦，占当时犹太移民总人数的 78% 左右，[①] 他们在巴勒斯坦地区创建基布兹与莫沙夫集体定居点，从事农业、畜牧业，兴办工业。他们将社会主义思想、犹太锡安主义思想带到巴勒斯坦，对基布兹运动产生了深远影响。这些俄裔犹太人不仅在日常生活中影响着生活在移民定居点的拓荒者们，还在意识形态上影响着移民的道德观念和价值取向。以色列建国前，在巴勒斯坦的 291 个犹太移民定居点中有近 150 个是由俄裔移民建立的。他们居住在帐篷或者简陋的木屋里，在非常艰苦的条件下辛苦劳作。在移民巴勒斯坦之前，他们的职业角色大多是小商贩、经纪人或银匠，没有从事农业生产的经验，因此来到巴勒斯坦地区后，被迫放弃以前的职业去适应新的农业生产与生活。即便这样，他们仍然乐观互助，在沙漠中建起了属于自己的一片绿洲，为以色列国家的建立奠定了坚实基础。俄裔犹太移民在农业生产上实行多种经营，大力发展果蔬业和畜牧业，出口柑桔、葡萄以赚取外汇，也为促进国家的经济发展，特别是外贸发展做出了卓越贡献。

---

① Chaim Gvati, *A Hundred Years of Settlements*, Tel Aviv, 1981, p. 115.

四、结论

通过上述考察与分析可以看出，俄裔犹太移民是以色列国家开拓与建设的先驱者，是以色列国家建立的基石。从某种意义上说，没有来自俄国的犹太移民，就没有今天的以色列国。在几十年的时间内，俄裔犹太移民将一片不毛之地改造成一块滴蜜流奶的绿洲，并快速实现了国家农业的现代化。更为重要的是，他们在艰苦奋斗中创造了独特的农业定居点，屯垦戍边，开发荒原，使农村成为国家的安定之源，堪称移民定居的典范。这种振兴民族的经历与艰苦创业的精神，值得后人认真研究和学习。

（作者：肖洪，黑龙江省社科院犹太研究中心研究人员）

命名政治：以色列地名与话语霸权

王　炎　WANG Yan

[内容提要] 围绕以色列地名变迁展开的政治与文化博弈，揭示出地名虽然只是一种象征符号，但是通过它，不同的人对生活环境可以赋予不同的意义。地名从来不是客观的、自然的，它是共同体生活价值的载体。在犹太复国主义文化与意识形态的框架内，以色列政府通过让国民不经意地阅读地标、地图，使复国与复兴犹太文化的意识形态印刻在地理标志上，并将其自然化。地标有意识形态的潜文本，不经意地阅读，就会将意识形态内化。本文将揭开地图、地标的潜文本，剖析地理文本背后的权力博弈。

[Abstract] This paper deals with the symbolic role of place-names as expressions of ideological values. It examines the practice of naming and renaming landscapes in Israel, and analyses how such a practice articulated Zionist discourses. As a national project, the Hebraization of the landscape has structured and naturalized the way that the Israeli citizens understand the national geography of Israel. Mapping the "Occupied Territories" as a hegemonic discourse of power embodies ideological significance and redistributes the rights of ethnical groups in Israel.

一、地名疑云

2010 年 1 月我到耶路撒冷希伯来大学访问，一次开车自驾游览以色列。一路上看到许多耳熟能详的地名，在《圣经》上出现频率很高。每过高速公路一个出口，绿色交通指示牌上醒目标着“希伯伦”

(Hebron)、“撒玛利亚”（Samaria)、“犹地亚”（Judea)、“别是巴”(Beer Sheba)、“拿撒勒”（Nazareth）等，如雷贯耳，让我想起《旧约》讲述的古希伯来民族开疆拓土的悲壮故事。一路开下来，我越来越确信这里乃犹太民族发祥之地，但一个小小的技术故障，使我意识到事情并没有那么简单。开到耶路撒冷时，我找“大卫王路“（King David Road）去入住饭店，反复在 GPS 上输入这个英文地名，仪器却不识别，只好问路。一位热心人告诉我，这条路原本不叫这个名字，是阿拉伯地名，与大卫王毫无关系。当输入她写给我的地名时，GPS 才顺利接受。

这件小事让我难以释怀，请教了希伯来大学一位历史教授，他说以色列建国后，政府曾成立地名委员会，把大部分阿拉伯地名改为圣经或犹太法典上的名字，还用锡安主义色彩的称谓命名了不少地方。以色列政府通过重修国家地理，强化犹太复国与土地的联系，给以色列建国提供合法性，让国民世代缅怀犹太祖先悲壮的历史，也迫使阿拉伯人接受犹太人占领的事实。这显然是个有意思的课题。地名与文化价值、意识形态都密切相关，世界各国在历史转折关头，常在地名上大做文章，北京、上海的地名也在几十年前随政治运动风云变幻，有几次大变迁。所以，研究地名的变化，可以揭示背后更深层的权力博弈，如民族国家的认同、价值观的重塑、历史再书写、以及政治话语的合法性等。因此，我一直没有放下这个题目，继续收集资料，细致梳理以色列地图更名与命名的历史脉络，揭示现代以色列史上的诸多问题。

二、英国托管时期的地名博弈

所谓“以色列地名希伯来化”，并非肇始于以色列建国，早在英国托管巴勒斯坦时期（1923—1948 年），这一计划已经初露端倪。19 世纪赫茨尔领导的锡安运动风起云涌，他号召欧洲离散的犹太人返回巴勒斯坦，重建失去的家园。离散犹太人对“以色列地”（这里采用《旧约》“和合本”的译法，Eretz Israel，或 the Land of Israel）的想象，主要来自犹太《圣经》和犹太教仪式，但现实中巴勒斯坦的犹太人定居点（Jewish Settlements）与经书文本记述的象征性家园相去甚远。理想与现实的差距，给满怀热情移民巴勒斯坦的犹太人当头泼了冷水。这给锡安运动提出一个迫切任务：必须将犹太历史和记忆与巴勒斯坦地理联系起来，把犹太复国与复兴犹太文化的意识形态印刻在地图上。[①] 也就是说，用希伯来地名唤起犹太移民的民族情绪、认同巴勒斯坦为“上帝应许之地”，让命名建立起身份与空间的联系，让记忆穿越漫长的时间阻隔，通向当下对巴勒斯坦的文化殖民。实现这个目标谈何容易，《圣经》和犹太史料只提到过 174 个地名，而巴勒斯坦的山川河流、村镇城市大多是阿拉伯地名，一百多个希伯来名字无法满足更名的需要；于是，推动重修巴勒斯坦地理的“希伯来文化纯粹主义者”称，尚有大量希伯来地名不为人知，需要进一步考古发现。[②]

从 19 世纪下半叶开始，许多欧洲机构、团体对巴勒斯坦进行地理考察，目的是将《圣经》地名与当代巴勒斯坦地貌联系起来。这一时期渐渐形成一种理论，认为虽然朝代更迭，历史沧海桑田，巴勒斯坦阿拉伯地名中仍保留了古代闪族名称的形式，即使拼写变化较大，也还可以回溯到《圣经》时代；拼写变化系公元 7 世纪以来阿拉伯人占领巴勒斯坦的后果，古代希伯来地名被阿拉伯人扭曲了；这一假说为以色列地图的希伯来化奠定了理论基础。[③]

在 1925 年，定居在巴勒斯坦的犹太人，自发组织了一个特别委员会，规划给犹太人定居点命名，命名原则有两个：一是“恢复”《圣经》或犹太法典上的地名；二是以锡安主义历史人物或政治领袖命名，纪念他们的丰功伟绩。[④] 这一组织到 1951 年 3 月才解散，一共存在了 26 年。这 26 年中，特别委员会一共命名 415 个新定居点，其中，“恢复”古代希伯来地名 108 个，为纪念历史人物命名了 120 个地方，还有 187 个命名属象征的，即以象征犹太历史或犹太文化的名字命名

---

① Maoz Azaryahu and Arnon Golan, “(Re) naming the landscape: The formation of the Hebrew map of Israel 1949 – 1960”, *Journal of Historical Geography*, Vol. 27, No. 2, 2001. p. 183.

② Ibid., p. 184

③ Ibid.

④ Ibid., p. 183.

土地。[1] 应当指出的是，1931 年的希伯来语复兴运动与地名希伯来化运动一起，构建起锡安主义意识形态的核心内容。希伯来语复兴，绝不止于恢复希伯来语为日常语言，它有更重要的使命，即将锡安主义者从托管巴勒斯坦地区族群混杂的现状中提升出来，使其成为一个鹤立鸡群的文化共同体。

英国托管当局从 1922 年起，已经承认希伯来语与阿拉伯语、英语一道，共同充作巴勒斯坦官方语言，但对官方出版物上标出希伯来地名却十分谨慎。锡安主义者常年游说英国人接纳希伯来地名，试图使之与阿拉伯和英语地名并列印制在地图上，至少也要出现在官方文件的索引上，促使官方事实上认可巴勒斯坦为犹太家园，[2] 但结果不如人意。20 世纪 40 年代英国当局出版的“圣地 1:100000 地图”上，绝大部分地方仍为阿拉伯和基督教传统地名，具体数字为：3700 个阿拉伯地名，200 多个希伯来地名（在犹太人定居点范围内），还有以英语形式拼写的《圣经》地名，比如 Jerusalem（阿拉伯语：Al-Quds，希伯来语：Yerushalaim），Hebron（阿拉伯：Al-Halil，希伯来：Hevron）。[3] 显然，地名以不同形式标识，不仅是语言的差异，它可以唤起不同族群的情感与记忆，也可操纵政治环境。[4]

三、内盖夫沙漠地名的希伯来化（1949—1950）

1948 年以色列建国，地图希伯来化成为一场国家推动的、旨在以希伯来语命名整个以色列的运动。[5] 这是现代以色列空间史上的一场革命，它始于 1949 年对内盖夫沙漠地区的命名计划。透过这场运动可

① Maoz Azaryahu and Arnon Golan, “(Re) naming the landscape: The formation of the Hebrew map of Israel 1949 - 1960”, *Journal of Historical Geography*, Vol. 27, No. 2, 2001. p. 183.

② Ibid.

③ Ibid., p. 178.

④ Saul B. Cohen and Nurit Kliot, “Place-Names in Israel's Ideological Struggle over the Administered Territories”, *Annals of the Association of American Geographers*, Vol. 82, No. 4, December, 1992. p. 655.

⑤ Azaryahu and Golan, p. 178.

以看出，立国后的以政府，努力把锡安主义在意识形态上两个不同的层面结合起来，一个是锡安主义的地缘基础——“以色列地”（Eretz Israel），另一个是犹太文化复兴政策——即恢复希伯来语和犹太传统为以色列的核心文化，两者的结合便转化成声势浩大的地名希伯来化运动。

内盖夫沙漠占以色列领土近一半，为宣示主权，以色列总理本·古里安亲自主抓内盖夫地理计划。[①] 1949年6月，他以总理身份第一次视察内盖夫沙漠，做出指示：

> 内盖夫地区有大量阿拉伯地名是扭曲的、混乱的和无意义的，有些甚至有负面影响或属冒犯性质，体现了外国文化精神。当以色列国旗在内盖夫沙漠升起时，更改地名就成为一项紧迫的任务。去掉外国地名，改为希伯来名称，才能贴近内盖夫保卫者和定居者的心。[②]

古里安任命一个委员会，任务是勘定内盖夫沙漠各地方、山脉、河流、道路的希伯来名称。[③] 地名勘定工作分两个步骤，第一步由委员会下属的“地理分会”（geographical sub-committees）根据英当局出版的1:250000地图收集地名，把阿拉伯地名翻译成希伯来语。第二步再由“历史分会”（historical sub-committee）整理收集来的地名，在圣经、犹太法典、埃及或亚述碑文上、或希腊、罗马文学中寻找历史材料，创造希伯来地名。[④] 最后，由委员会制定命名规则，按规则落实命名工作。规则大致可归纳为如下几类：第一，尽量使用圣经名称，即使不是地名也可以用；第二，以犹太历史人物命名，例如，马萨达（Masada）附近不少地名就以反抗古罗马起义的犹太英雄命名；第三，反映地标和地貌的阿拉伯地名，直接翻译成希伯来语；第四，实在找不到历史渊源的阿拉伯地名，就音译成希伯来名。[⑤]

---

① Azaryahu and Golan，p. 186.

② Ibid.

③ Ibid.，p. 184.

④ Ibid.，p. 186.

⑤ Ibid.

当然，恢复圣经或犹太法典传统地名是最佳选择，既可以表达“以色列地”与古代文献之间的“连续性”与“一贯性”，又可以见证古代犹大和以色列王国与现代以色列之间的历史联系，是一种复国意识形态的“本质主义”（essentialism）愿望与诉求。① 但是，因历史材料缺乏，实际操作起来很不容易。在内盖夫范围内，《圣经》只提供了大约40个地名。委员会只好去搜集一些非犹太史料，坚信现存地名的背后一定隐藏了希伯来名；于是东拼西凑，勉强恢复了一些希伯来经卷地名；但头疼的是，一些古代文献中出现过的地名，无法确定其地理方位，只好命名了些无关紧要的干河；这样算下来，内盖夫沙漠一共才恢复70个古希伯来地名，包括河流、水井、定居点和废弃的阿拉伯村。② 内盖夫地名希伯来化工程仅用8个月就胜利完成，一共命名了560个地名（大部分是翻译阿拉伯地名和以历史人物命名），地域覆盖从埃拉特（Eilat）、加沙至英该地（Ein Gedi）一线，幅员近以色列国土的一半。这一计划意义重大，标志着以官方支持的地名工程启动，具备了向全国推广的条件。内盖夫地名勘定工作一结束，本·古里安就给地名委员会写了一封热情洋溢的信，盛赞他们的成就：

> “你们勘定了内盖夫沙漠地区的山川、河流、道路、泉井等地名，让以色列一半领土洗刷了外国语言带来的耻辱。这项工作首先由以色列国防军开启，他们把内盖夫从外国人的统治中解放出来。我希望你们继续他们的工作，把以色列全境从外国语言的统治中救赎出来。”③

四、全境推广更改地名计划（1950—1960）

1951年3月，以色列政府正式组建“政府地名委员会”（Government Names Commission），由当时最著名的考古学家、历史学家、地理学家和文学家组成，将希伯来化向以色列全境推广（但不包括地方政

① Cohen and Kliot, p. 662.

② Azaryahu and Golan, p. 187.

③ Ibid., p. 187.

府管辖的街道名称)。[①] 紧接着，政府又于 1952 年成立“希伯来语言学院”（Academy of Hebrew Language），希伯来化名称已经扩大到动植物学名。不久，语言学院与地名委员会合并一家，同心协力清除以色列境内所有外国名称。[②] 当年改名的情形很极端，本·古里安甚至强迫政府高官改从希伯来姓氏。以色列国民来自世界各地，很多人的姓氏按所居国习俗归化，本·古里安命令军队高官和外交官改姓，给许多家庭带来不便和尴尬，这一政策到 1995 年 9 月才废止。[③] 当然，还有很多来以色列定居的犹太移民主动改姓名，比如一个名叫大卫·格鲁恩（David Gruen）的波兰移民，到以色列后就改名为大卫·本·古里安（David Ben-Gurion），另一个本来叫戈尔达·迈耶森（Golda Meyerson）的姑娘，改随以色列铁娘子总理的名氏——戈尔达·梅厄（Gold Meir）。[④] 以色列人要彻底弃绝老欧洲犹太人的一切，塑造“萨布拉”（sabra）——新犹太人的形象。欧洲犹太人没有土地、苍白怯懦，而萨布拉则是有家园的、全副武装且皮肤古铜色、有能力保卫家园的犹太人。命名占领的土地象征一种文化裂变，也即民族精神的超越与升华。

从 1950 至 1960 年这十年间，以色列全境地名希伯来化政策全面铺开。国家地名委员会吸取内盖夫经验，给第二阶段地名勘定工作制定了严格、明确的实施细则，[⑤] 规定：把所有阿拉伯地名更改为希伯来地名，给无名地方命名；凡以阿拉伯人名或诨名命名的地方，一律彻底更换名称；凡属描述地貌或自然现象的阿拉伯地名，一律翻译为希伯来语；阿拉伯地名发音与希伯来语相近者音译；[⑥] 阿拉伯聚居村

---

① Azaryahu and Golan, p. 187.

② Ibid. .

③ Ibid. , pp. 182 – 190

④ Julie Peteet, “Words as interventions: naming in the Palestine-Israel conflict”, *Third World Quaterly*, Vol. 26, No. 1 (2005) . p. 160.

⑤ Azaryahu and Golan, p. 187.

⑥ 阿拉伯语与希伯来语属同一个语系，发音接近，音译很方便。但有些地名的词源是希腊语、拉丁语或亚述语，这些地名进入阿拉伯语时，阿拉伯人发音有困难，因此地名往往以讹诈传讹，从阿拉伯地名上已经难以确认出处，再翻译成希伯来语，则更面目全非了。

地名不宜希伯来化者，又有对应的古希伯来名称，则建议更改。从1950年到1958年，国家地名委员会共勘定地名3000个，取得阶段性成果，官方出版了1:100000希伯来化的国家地图。① 到20世纪60年代初，委员会已经勘定地名5000个。② 在这些数字和成果背后，以色列境内阿拉伯人的日常经验被改写或取消了。阿拉伯地名对本地阿拉伯人来说，乃日常生活中最基本、最自然而然的事情，即使对犹太老住户来说也是如此。国家地名委员会推行希伯来化工程，完全漠视当地居民日常使用的地名，使以地名为载体积淀下来的民间经验与记忆丧失殆尽。为此，阿拉伯世界谴责以色列不仅在空间上隔离巴勒斯坦人，也在语言上囚禁他们。③

国家地名委员会顺利完成命名工作，地图上已大多更改为希伯来地名，但新地名是否能深入人心、畅行无阻还是个问题。百姓的习惯很顽固，国家地名委员会要宣传和推行新地名，任重道远。总理本·古里安首先带头贯彻落实，他利用军队纪律严明，命令国防军系统内全部使用新地名，军方最高指挥部要逐级下发新地名到各军事单位，并立即投入使用。④ 地名委员会发现路标是个有效手段，可以让人不知不觉地接受新地名。于是，他们动员交通部门修改路标和交通牌，同时下文到教育部，要求学校老师和学生把宣传新地名作为一项光荣任务，从已做起，剔除外国地名，牢记希伯来地名。以色列地方政府也行动起来，号召出版社、邮局、劳工部门、教育机构、公司、电台一起宣传、使用新地名。据以色列国家地名委员会一份报告称，截止到1992年，勘定希伯来地名7000个。⑤ 不断更新的国家地图，让犹太文化与以色列土地紧密相联，有效地强化了公民的国家认同感。这项工程循序渐进地将新地名融入公民的日常生活和语言中，今天的以色列人完全内化了希伯来地名，对大规模的更名运动浑然不觉。

---

① Azaryahu and Golan，p. 188.

② Ibid.

③ Peteet，p. 161.

④ Ibid.

⑤ Ibid.，p. 192.

五、“六日战争”与“被占领土”地名（1967—1992）

1967 年“六日战争“结束后，“被占领土”（Occupied Territories）也被纳入国家地名工程。所谓“被占领土”，要追溯到 1949 年第一次中东战争。当时，阿、以在联合国斡旋下划定了一条“绿线”（Green Line）作为停火线。以色列国建国的版图即划定在绿线范围内，也就是所谓“老以色列”（Old Israel），耶路撒冷被一分为二。“六日战争”中以色列大获全胜，约旦河西岸、戈兰高地、加沙地带等被囊括入以色列版图，即所谓“被占领土”，耶路撒冷东区也被并入“大以色列”（Greater Israel）。从此，“绿线”就在以色列官方地图上消失了，以色列儿童再也不知道它的存在。地名委员会职权范围也随战争扩大，政府要求新领地上的地名要与国内地名相一致，要有连续性。这样，约旦河西岸、戈兰高地等地区也同样实施地名希伯来化。1977 年利库德集团上台后，约旦河西岸立即更名为“犹地亚”（Judea）和“撒玛利亚”（Samaria），因为“约旦河西岸”（West Bank）或者“被占领土”这样的名称无法表达与《圣经》的历史联系，更没有实现《圣经》救赎的涵义。[①] 启用“犹地亚”和“撒玛利亚”等《圣经》意象，可以吸引犹太人到约旦河西岸移民或定居。犹太人从小就饱读各种《圣经》读物，尽人皆知撒玛利亚为古以色列王国首都，又是现代以色列的心脏，也知道古犹大国王约西亚如何复兴犹太教。这些故事吸引着世界犹太人回到上帝应许之地。

圆顶清真寺（The Dome of the Rock）的金顶一直标志着耶路撒冷圣城的天际线，它坐落在摩利亚山顶（Mt Moriah），传说亚伯拉罕曾在此祭子，穆罕默德夜行登霄，从麦加到耶路撒冷于此落脚。千百年来，这里一直叫“崇高圣所”（Haram al-Sherif）。但从“六日战争”后，此处更名为“圣殿山”（the Temple Mount），以凸显第二圣殿被毁以及残留的“哭墙”（Wailing Wall）地位。从此，英语导游图上只提“圣殿山”而无“崇高圣所”，因为基督徒更喜欢这个名字，特别是美

---

① Cohen and Kliot，p. 671.

国原教旨的基督徒，坚信犹太人回到以色列重建家园、重修圣殿之后，耶稣就会再次降临。[①]

以色列政府在“六日战争”后，不仅把约旦河西岸地区更名为“犹地亚”和“撒玛利亚”，而且还禁止官方使用“巴勒斯坦人”这一称谓，生活在西岸和被占领土的巴勒斯坦人，被统称为阿拉伯人。总理梅厄宣称：根本就没有巴勒斯坦人。[②] 自古希腊时代就已存在数千年的古名称，竟被以色列政府矢口否认了。

六、巴勒斯坦人的抵抗

早在 1946 年，巴勒斯坦人就不断向英国托管当局提出抗议，指责犹太人企图以希伯来地名替换阿拉伯地名。巴勒斯坦人从来不承认犹太人重返家园，而指认其为殖民者。[③] 他们用犹太人的逻辑对抗以色列政府，如出版《巴勒斯坦百科全书》，称经过大量考古调查，认定巴勒斯坦大部分地名源自古代迦南，而闭口不谈古代以色列史。[④] 就像 19 世纪欧洲犹太人一样，巴勒斯坦人也制作自己的地图，地图上标明 1948 年前巴境内只有阿拉伯人居住，而故意抹掉犹太定居点；甚至不在地图上注明乃是 19 世纪巴勒斯坦的人口分布状况。[⑤]

被驱赶的阿拉伯人，在加沙或西岸给自己的定居点命名时，仍会沿用原住地的名字，而且原来一个村子的难民也还会住在一起；甚至到第三代难民儿童的身份文件上，仍填写第一次中东战争前祖辈的住址。这些阿拉伯村或许早已不复存在，或被犹太移民占据，而巴人却拒绝接受新地名。他们希望保留阿拉伯人乡村居住的模式，保有祖籍的名称，通过代代相传，建立穿越时间与空间的延续，让当下悲惨的生活仍连接着过去的记忆。[⑥] 巴勒斯坦人抱怨自己是“地图的牺牲品”

---

① Peteet, p. 165.

② Quoted from Peteet, p. 161.

③ Cohen and Kliot, p. 659.

④ Ibid., p. 673.

⑤ Ibid.

⑥ Peteet, pp. 159 – 160.

（victim of the map）、失去家园的人，地图在他们心目中已不是指涉地理、地貌的工具，而转化成一种信念，一种呼唤报复的行动。①

七、结论

命名总是指向行动的，它是话语权力中的重要元素。它既可以激活行动，又为行动提供合法性，让行动客观化，同时确保在权力主体中不断生产和复制知识话语。南希·邓肯（Nancy Duncan）认为："地标是有形的、熟悉的和不容置疑的，所以，在一个特定的文化与意识形态框架内，不经意地阅读地标，可以让印刻在地理标志和地图上的社会关系不自觉地进入意识，起到将其自然化的效果。任何地标都有意识形态潜文本，不经意地阅读，就会将意识形态内化。"② 以色列政府深谙地名、地标对思维和习惯的塑造作用，花大力气更改地名、重修国家地理。但追根溯源，犹太人修改地名的历史源远流长，古代希伯来经典中就有许多以改地名宣示征服的事例。《旧约》"士师记"中记载："犹大和他哥哥西缅同去，击杀了住洗法（Zepphath）的迦南人，将城尽行毁灭，那城的名便叫何珥玛（Hormah）"（《旧约》和合本《士师记》1：17）。公元前2世纪哈斯蒙尼（Hasmoneans）王朝对统治地域内的希腊地名，也曾悉数更改为希伯来名。③ 给征服土地易名的先例，在犹太民族史中比比皆是，它象征文化上再次占领这片领土。因此，以色列的爱国主义自有其民族血脉里的悠远传统，对地名的象征意义也异常执着，"锡安主义"（Zionism）本身就从地名而来，因为大卫王时期锡安山与圣城或圣地同义。现代锡安主义藉地名表达三个核心概念：上帝、选民和土地，政治意识形态与宗教信仰在地名上融合了。笃信宗教的犹太人与强硬的锡安主义者同样坚信，这三者相互关联，是犹太精神的永恒品质，只有犹太人生活在上帝应许之地，才能遵从上帝的法律，"以色列地"与《圣经》"法律书"（Torah）两者密不可分。

① Cohen and Kliot, p. 673.

② Azaryahu and Golan, p. 182.

③ Ibid., pp. 189 – 190.

在以色列，现代与古代之间的边界是模糊的，传统宗教信仰与现代民族主义相互重叠，信仰生活与政治斗争犬牙交错。哭墙（Wailing Wall）、圣殿山（Temple Mount）虽为宗教圣地，也恰是民族主义升华的场所。犹太人在宗教朝圣中激发出的民族认同，把政治斗争换来的独立国家想象成遵上帝召唤重返的“应许之地”，并给现代国家搭起重返历史的虹桥。结果是，以色列国变成古犹大和古以色列王国的现代化身，一个“万世一系”的神话就这样形成了。

地名只是一种象征符号，通过它，不同的人们对生活环境赋予不同的意义。符号作为信息源，规定着不同人群彼此间交流的内容与意义。所以，地名从来不是客观的、自然的，它是共同体生活价值的载体。

（作者：王炎，北京外国语大学外国文学研究所副教授）

土耳其与以色列关系的演进

刘 军 LIU Jun

[**内容提要**] 土耳其与以色列都是总体上亲西方的中东非阿拉伯国家。本文试图探讨六十年来土耳其与以色列关系的演进、背景、影响因素并展望其未来。本文认为，以巴以冲突为核心的中东政策、土美关系是影响土以关系的重要外因，而土耳其国内政治中世俗势力和宗教势力之间的力量对比变化，以及土耳其军方势力的兴衰，是影响土以关系的重要内因。

[**Abstract**] Turkey and Israel are both pro-Western countries in the Arab World. This paper attempts to explore the background, evolution and future of relations between Turkey and Israel. External causes including the Palestinian-Israeli conflict and the Turkish-American relations, and internal causes like religious and military forces, are the top reasons lie behind the ups and downs in Turkish- Israeli relations.

2010年5月31日凌晨，以色列海军拦截位于国际公海上的为加沙运送物资的国际人道主义救援船队，强行登上其中一艘土耳其籍船只"马维·马尔马拉"号，并与国际救援人员发生冲突，造成数十人伤亡。国际社会哗然，土以关系濒临崩溃。本文试图探析半个世纪以来两国关系的历史演进及其未来发展。

一、冷战阴影下的土以关系

作为曾经盛极一时的奥斯曼帝国的主要继承者，当代土耳其人常常是在历史的荣耀和现实的屈辱之间徘徊，这种独特的历史记忆对于当代土耳其的外交政策有着深厚的影响。一方面，奥斯曼帝国的“光辉历史”使得土耳其人具有某种荣誉感、自豪感和优越感。土耳其共和国“新建立的西方民族国家体制，几乎立即使它与独裁的中东穆斯林邻国疏远。无数的土耳其人有着优越感，对那些他们的祖先曾经是奥斯曼帝国臣民的（阿拉伯）人有着优越感”。① 此外，一战期间，受到大英帝国怂恿和支持的阿拉伯大起义是导致奥斯曼帝国崩溃的重要原因。这一事件被当代土耳其人解读为阿拉伯人背信弃义、从背后捅刀子的经典事例，也给战后土阿关系蒙上了历史阴影。“甚至在今天，土耳其人也以此为证，认为阿拉伯人不值得信任。”② 而曾经被奥斯曼帝国长期统治的阿拉伯人，也对民族主义色彩强烈、民族优越感明显、亲西方的土耳其毫不“感冒”：“土耳其因而被阿拉伯国家所厌恶。……在此后的几十年里，土耳其一直没被阿拉伯世界看作一个真正的穆斯林国家。”③ 另一方面，欧洲列强的趁火打劫，《色佛尔条约》的丧权辱国，外国武装的入侵，都令今日土耳其人记忆犹新，“色佛尔恐惧症”不时发作。因而，自从建国以来，土耳其对外政策的根本目标一直都是维护其国家安全和领土完整，一切对外活动均围绕这一中心展开。

二战时期，交战双方对土耳其威逼利诱，尤其是苏联在战争中后期，对土耳其的所谓“中立政策”嫌恨甚深。战争刚结束，苏联就对土耳其进行赤裸裸的恫吓，要求其归还部分领土和对黑海海峡实行共管。苏联还向苏土边境调集十多万军队，进行直接武力威胁。土耳其深感威胁，被迫投向西方阵营以求得安全保障。诚如汉斯·摩根索所言：“有利于帝国主义政策的另一种典型形势，就是对强国有吸引力，且易侵占的弱国或政治真空地带的存在。”④ 二战后中东的混乱局势，

---

① Joshua Walker, "Turkey's Role in The Middle East", *International Affairs Review*, Vol. 14, No. 1, Spring 2005, p. 122.

② Ibid., p. 123.

③ Philip Robins, *Turkey and the Middle East*, London, 1991, p. 76.

④ ［美］汉斯·摩根索著，卢明华、时殷弘译：《国际纵横策论》，上海译文出版社 1995 年版，第 82 页。

对奉行全球扩张主义的美国产生了强烈的吸引力。鉴于土耳其在中东地区所具有的特殊战略地位，“杜鲁门主义”指导下的美国政府，通过马歇尔计划向土耳其提供援助，大力拉拢土耳其，“使土耳其完全投靠美国，执行了一条彻头彻尾的亲美、亲西方外交路线”。[①] 1952年2月，土耳其正式加入北约，成为北约唯一的伊斯兰国家。1955年11月，土耳其参加了巴格达条约组织，成为美国在中东地区的“马前卒”。在中东地区民族解放运动蓬勃发展的过程中，在以美国为首的西方国家的怂恿下，土耳其往往表示要用武力干涉中东各国人民的反抗斗争，从而使它的对外政策偏离了凯末尔制订的“国内繁荣，国外和平”的原则。[②]

同时，边界问题、库尔德人问题、水资源问题、海峡通行权问题、塞浦路斯问题也使得土耳其与一些邻国的关系时常陷入困境。由此，土耳其与其阿拉伯邻国之间的关系在相当长时期内较为紧张。因以色列长期与伊拉克对抗，土耳其担心它支持伊拉克北部的库尔德人“造反”，从而影响自己国内的库尔德分裂势力，于是主动与以色列保持良好关系。此外，“犹太人统治着美国”的宣传给土耳其人留下了深刻印象。美国犹太人通过直接参政、游说活动、控制媒体和智库等方式影响白宫的决策。[③] 土耳其人深信以色列对美国的巨大影响力，在申请加入北约时也曾试图利用以色列对美国的影响力。土耳其人还深信发展同以色列的外交关系会使土耳其得到美国犹太人支持，从而得到美国更多的援助和更强有力的支持。[④] 此外，土耳其需要美国犹太人强大的影响力来制衡希腊裔美国人和亚美尼亚裔美国人的反土游说活动。[⑤] 因而，整个20世纪50年代和20世纪60年代前期，土耳其都希望与以色列建立友好关系，认为这对巩固土美关系从而保障美国对

---

① 黄维民：《中东国家通史·土耳其卷》，商务印书馆2002年版，第302页。

② 同上书，第306页。

③ 刘军：《美国犹太人：从边缘到主流的少数族群》，云南大学出版社2009年版，第136－145页。

④ Amikam Nachmani, *Israel, Turkey and Greece: Uneasy Relations in the Eastern Mediterranean*, London, 1987, pp. 43－84.

⑤ Mustafa Aydın, Çağrı Erhan, ed., *Turkish-American Relations: Past, Present and Future*, Routledge, 2004, p. 206.

土耳其的政治、经济、军事和战略支持有着重要意义。

从以色列方面来看，建国后30年里，以色列所处的地区环境、国际环境极其险恶，阿拉伯国家仍然想将犹太人赶入地中海去。在对外关系上，以色列更是长期处于孤立之中，阿拉伯国家长期对它实行"三不"政策，并利用联合国等国际讲坛谴责以色列。① 第一次中东战争结束后，以色列渴望与中东的非阿拉伯国家（如土耳其、伊朗）建立外交关系，以打破自己在这一地区的完全孤立状态。相较而言，这一时期的以色列更渴望与土耳其建立友好关系，希望土耳其这个伊斯兰国家能成为它与敌对的阿拉伯世界之间的桥梁。此外，奥斯曼帝国时期，帝国境内的犹太人得到了有效的庇护。20世纪30年代纳粹德国疯狂迫害犹太人之际，奥斯曼帝国的继承者土耳其共和国不顾纳粹德国的压力，收容了数以千计的欧洲犹太难民，其中不乏著名学者和富豪。② 二战结束后，土耳其犹太人先后前往以色列定居。如今，这批土耳其裔犹太人总数达到12万以上，大多集中居住在海边城市巴特亚姆（Bat Yam）。在土耳其认同的驱使之下，他们在以色列的重要政治活动之一就是进行亲土耳其游说并推动土以关系的发展。③ 在美国的支持下，土、以两国的战略盟友关系直到1967年第三次中东战争之后才最终确立，但并不是以条约、盟约等法理依据的形式固定下来，而是基于双方在战略利益上的契合和彼此的认同。④

尽管双方都有建交愿望及合作诉求，土以关系并非一帆风顺。1947年，联合国就巴勒斯坦分治问题进行表决时，担心自己南北两个方向都是共产主义国家的土耳其投了反对票。⑤ 1949年3月28日，土

---

① 刘军："以色列与联合国关系浅析"，《亚非纵横》2007年第6期，第47－52页。

② Sedat Laçiner, Mehmet Özcan, and İhsan Bal, *European Union with Turkey: the Possible Impact of Turkey's Membership on the European Union*, Ankara, 2005, pp. 53－54.

③ Dietrich Jung, Wolfango Piccoli, *Turkey at the crossroads: Ottoman Legacies and a Greater Middle East*, London, 2001, p. 157.

④ 刘军、张雪鹏："美国对以色列的援助初探"，《西亚非洲》2007年第4期，第30页。

⑤ 锡安主义在相当长时期内具有较为浓厚的社会主义色彩。可参见：沃尔特·拉克：《犹太复国主义史》。

耳其宣布承认以色列，成为第一个正式承认以色列的伊斯兰国家。①土耳其之所以很快承认了以色列这个受到阿拉伯和伊斯兰世界抵制的犹太国家并与之建立外交关系，应该归功于其亲西方的外交立场以及受到美国对以政策的影响。当时的土领导人艾德南·曼德列斯认为土应该积极参与国际事务，改善与周边国家的关系并且认为土以关系具有战略意义。② 1950 年 3 月 9 日，土以两国正式建立大使级外交关系。同年 7 月，土以两国间的贸易协议开始生效。1951 年 2 月，两国间开通航线。1952 年，两国互派大使。1953 年，两国签署了一项文化合作协议，并在驻对方使馆中互派武官。此外，以色列的海军编队还访问了伊斯坦布尔。

土以关系的建立，对于土耳其来说，仅仅是它迈向西方世界的一小步。土以关系中的一个重要外在影响因素就是美国。在土耳其看来，土以关系的改善能够促进土美关系的发展。在美国看来，三方在中东地区的利益有很多契合点。美国犹太人在美国国会参众两院势力强大，再加上亲犹、亲以游说势力无孔不入的影响，使得美国国会对于土以关系予以密切关注并做出相应举动。作为西方世界在中东地区不可或缺的政治和战略盟友，以色列的存在和安危具有极为重要的战略意义。土耳其自建国以来便开始实行“欧化”战略，“北约成员国”和“美国战略盟友”的身份使土耳其在对以政策上不得不考虑西方世界的战略利益。

土耳其在承认以色列并与以色列建交的同时，又害怕这一行为会伤及其阿拉伯和伊斯兰邻国的国家利益、民族感情和宗教感情，因此在被接纳为北约成员国、与美国等西方国家的关系得到巩固后，当时的土耳其领导人曼德列斯转而认为加强与阿拉伯国家的关系应该更加符合西方国家的利益，从而服务于土美关系并最终惠及土耳其的国家利益。在这一思维的指导下，土耳其于 1955 年 11 月牵头组织了服务于美英中东利益的巴格达条约组织。巴格达条约组织是一个西方大国

---

① Bulent Aras, *Palestain and Israel Peace Process and Turkey*, New York, 1998, p. 115.

② Robert Owen Freedman, *The Middle East Enters the 21st Century*, Gainesville, 2002, p. 85.

主导的、以双边条约为基础的组织，其目的是维护西方势力在中东地区的利益，抵制苏联共产主义势力的渗透。害怕阿拉伯世界团结的以色列对此条约表示坚决反对，土美关系因而受到严重挑战。与此同时，亲西方的土耳其很快就发现，参加这一为虎作伥的组织得不偿失。"土耳其误判了马格里布国家（阿尔及利亚和埃及）阿拉伯人民的呼声，没有意识到它与英国的结盟被认为是英国殖民统治的延伸。"[①] 1956年10月29日，苏伊士运河战争爆发，以色列"先发制人"攻打埃及。战后的以色列渴望与土耳其建立盟友关系以打破其在地区国际事务中的孤立状态，并希望加强与西方国家的联系。而土耳其的外交目标之一就是与西方国家建立战略盟友关系，两国于是开始秘密接触。1957年2月16日，联合国大会就塞浦路斯问题进行表决时，同为巴格达条约组织成员国的邻国伊拉克投了反对票；1958年2月1日，埃及和叙利亚组建阿拉伯联合共和国，阿拉伯世界的团结运动取得重大进展，使土耳其和以色列同时感觉到巨大的安全压力；1958年7月14日，伊拉克王国政府在政变中覆亡，新政权随即退出了巴格达条约组织。土耳其开始担心伊拉克新政权不遵守巴格达条约，从而使自己南北受敌。[②] 伊拉克新政权采取措施驱赶伊拉克国内的犹太人。在土耳其的帮助下，大部分伊拉克犹太人迁往以色列。[③] 1958年8月29日，本-古里安与艾德南·曼德列斯举行了秘密会晤，达成"外围协定"（Peripheral Pact），规定共同培养两国民众相互间的友好情绪，进行情报交换和军事技术合作。该协定的签署成为两国关系的历史性转折点[④]，标志着土以关系达到第一个高峰。

好景不长。1960年4月27日，曼德列斯政府被土军方推翻，土以关系下滑。1961年，阿拉伯联合共和国解体，来自外部的安全压力减缓，土以关系的战略价值下跌。1963年，美国按照苏联的要求撤除了

---

① Joshua Walker, "Turkey's Role in The Middle East", p. 125.

② Ofra Bengio, *The Turkish-Israeli Relationship: Changing Ties of Middle Eastern Outsiders*, New York, 2004, p. 39.

③ Dietrich Jung, Wolfango Piccoli, *Turkey at the crossroads*, p. 157.

④ Ofra Bengio, *The Turkish-Israeli Relationship: Changing Ties of Middle Eastern Outsiders*, New York, 2004, pp. 40 – 42.

部署在土境内的“朱比特”（Jupiter）核导弹，土耳其成为了美国解决古巴导弹危机的牺牲品。1964年塞浦路斯危机爆发后，以美国为首的西方国家对土耳其采取强硬立场，称如果土耳其入侵塞浦路斯，美国将撤销对土耳其的军事援助。同年6月，又发生了著名的“约翰逊信件”事件。[①] 对于土耳其来说，上述事件表明，美国对土耳其在塞浦路斯问题上的安全关注并不在意，美国在意的是阻止土希两国因塞浦路斯问题爆发战争，从而阻止苏联的介入。这两件事情，使得土耳其认识到自己只不过是美国中东战略中的“棋子”，其安全利益并未得到充分保障，并对美土战略同盟产生了深刻的怀疑。此后，土耳其开始寻求土以关系的改善以对抗来自苏联的压力并减轻其对美国的安全、军事和经济依赖。此外，在联合国关于塞浦路斯问题表决时的孤立，促使土耳其开始重新考虑它与阿拉伯和伊斯兰世界的关系。[②] 土耳其主动向埃及、叙利亚、伊拉克等阿拉伯国家派出“友好代表团”，力图修补土阿关系。1967年6月的第三次中东战争是推动土耳其发展与阿拉伯国家关系的另一重大动力。战争结束后，土耳其公开要求以色列从所占领的阿拉伯领土上撤军，这一立场极大地改善了它在阿拉伯世界的形象。不过，土耳其并未签署阿盟关于谴责以色列是侵略者的声明，并拒绝了伊斯兰会议组织有关建议土以断交的呼吁。

20世纪70年代，随着国内伊斯兰政治势力的复兴，土耳其开始在巴以冲突问题上明确站在阿拉伯世界一方。1973年，土耳其承认巴解组织为代表巴勒斯坦人民的唯一机构。1975年11月，联合国大会通过3379号决议，认为“锡安主义是种族主义”，土耳其投了赞成票。由于这一决议从根本上否定了以色列作为犹太国家的合法性基础，以色列对此一直耿耿于怀。1979年10月，土耳其允许巴解组织在伊斯坦布尔设立办公室。土耳其对阿以冲突的立场转变，主要是出于两个方面的原因：首先，1973年的石油危机使土耳其认识到，对于像它这样

---

① 塞浦路斯危机期间，美国总统约翰逊写信给土耳其总理伊努诺，警告后者不得使用美制武器进攻塞浦路斯。信件经媒体披露后引发了土朝野强烈反美情绪，土美关系大幅下跌。

② Bulent Aras, *Palestain and Israel Peace Process and Turkey*, New York, 1998, p. 118.

一个油气严重短缺的国家来说，最好不要得罪盛产石油的阿拉伯国家。其次，土耳其意识到，与迅速富裕起来的产油国家搞好关系，还可吸引产油国家的“石油美元”投资和为自己的工农业产品开拓可观的市场。

20世纪80年代初，土耳其为获得众多阿拉伯/伊斯兰国家在塞浦路斯问题上的支持和能源安全的保障，不得不进一步调整其中东政策。与此同时，在整个80年代，军队基本上控制了土耳其政坛。由于土耳其国民基本上都是穆斯林，为了建立其政权的合法性和权威性，土耳其军政府不得不考虑其广大国民的宗教感情。当以色列议会于1980年8月20日通过基本法，规定耶路撒冷为以色列永久首都时，土耳其对此提出了抗议。1983年11月，祖国党在土大选中获胜，图尔古特·厄扎尔出任总理。厄扎尔认为，凯末尔主义的传统外交路线过于保守。随着苏联内部问题和矛盾的加剧，他敏感地意识到，加强与阿拉伯国家和穆斯林国家的关系，将有利于土耳其更好地发挥它在东西方之间的桥梁作用，并巩固其在西方战略中的价值，加强它在中东的战略地位。不过，土以共同敌人叙利亚的存在，以及苏联对叙利亚的支持，使得两国关系不至于走向崩溃。在80年代初期，土以两国已开始进行反恐情报合作。① 到80年代中后期，随着美苏关系的缓和及冷战终结的临近，土耳其不再满足于仅仅发挥西方战略“棋子”的作用，开始谋求自己在中东地区事务中的主导地位，发展与阿拉伯国家的关系日益成为土外交政策的主要倾向。基于这一认识，土耳其与海湾国家、伊拉克、伊朗和利比亚等积极发展关系。1988年11月，巴勒斯坦自治政府成立，土立即予以承认。以色列提出抗议后，土耳其未赋予巴勒斯坦驻土外交官完全地位。为使双边关系免于破裂，土耳其既谴责以色列的某些行径，又强调阿以均有和平共处的权利。

总之，在冷战时期，受制于土－以－美关系以及土－以－阿关系这两组三角关系的土以关系始终起伏跌宕。

---

① Nasuh Uslu, *The Turkish-American Relationship between 1947 and 2003: The History of a Distinctive Alliance*, New York, 2003, p. 261.

二、20 世纪 90 年代土以战略关系的发展

冷战结束后，土耳其从美国和西方世界的战略“棋子”转化为国际政治舞台上重要的战略“棋手”，在欧亚安全、中东和平进程和国际能源安全等问题上扮演着举足轻重的角色。土耳其对外政策中的美国和西方因素影响力下降，土以关系得到进一步发展。1989 年，挣脱了苏联枷锁的东欧国家和基本摆脱了冷战威胁的西欧国家，纷纷与土耳其建立外交关系，其中包括土耳其的传统“对手”希腊和保加利亚。在这一国际气候的影响下，土耳其开始着手改善与以色列的关系。土以关系由此在后冷战时期取得突破性进展。菲利普 · 鲁宾斯博士在其专著《冷战以来的土耳其外交政策》中是这样描述两国关系的：20 世纪 50 年代，土耳其将以色列视为“情人”；1993 年，两国“订婚”了；1996 年，它们“结婚”了。①

20 世纪 80 年代叙利亚对于库尔德工人党（PKK）的庇护以及海湾战争之后伊拉克北部（库尔德人地区）禁飞区的划分，使得 PKK 获得了良好的生存空间，土耳其的安全和领土完整受到严重威胁。因而，这一时期土耳其的中东政策极大地受制于其安全考虑。此外，土耳其对于 PKK 的打击活动受到来自欧美人权势力的严厉指责，土也希望获得以色列的情报和军事技术援助以减轻这方面的压力。② 土以两国与伊拉克、伊朗和叙利亚的矛盾，是推动这一时期双边关系发展的最大外在动力。1991 年海湾战争后，土耳其官方宣称库尔德分裂主义运动和伊斯兰原教旨主义运动是它的最大威胁来源。③ 大马士革长期为 PKK 领导人厄贾兰提供政治避难；PKK 利用贝卡谷地和伊拉克北部基地不断对土耳其发动袭击；土耳其—伊拉克关系持续紧张；塞浦路斯问题悬而未决；爱琴海岛屿之争几乎使得土耳其与希腊兵戎相见；土

① Philip Robins, *Suits and Uniforms: Turkish Foreign Policy since the Cold War*, Seattle, 2003, pp. 249 – 269.

② Mesut Özcan, *Harmonizing Foreign Policy: Turkey, the EU and the Middle East*, Aldershot, Burlington, 2008, p. 124.

③ William Hale, *Turkish Foreign Policy: 1774 – 2000*, London, 2002, p. 199.

欧关系长期停滞不前，入盟进程一再受挫；而在美国，希腊裔和亚美尼亚裔移民对华盛顿大力进行反土游说。所有这些因素使土耳其面临着复杂的国内外形势和巨大的安全、政治、经济和外交压力，军队再一次成为土耳其政治舞台上的重要角色。土耳其军方高层认为，加强与以色列的关系，将为土赢得巨大的战略利益。一方面，土以关系的加强，将获得美国犹太人势力和亲以势力的好感和支持，从而削弱、抵消希腊裔和亚美尼亚裔的反土游说；另一方面，军方人士认为，土军可望从骁勇善战的以色列国防军那里学到许多土军极需具备的战略、战术，如防暴战术、反恐战术等。

萨达姆进攻科威特和随后的海湾战争，也给土耳其带来了诸多不利因素。战争结束之后，美英以保护库尔德人为由，在伊拉克北部地区划定"禁飞区"。"禁飞区"的划定，使得许多库尔德人认为这是"库尔德斯坦"自治甚至走向独立的曙光，不仅直接导致库尔德人久未平息的民族主义和分裂主义情绪高涨，还为土耳其东南的库尔德人分裂势力提供了良好的根据地或避难所。土军频繁越界追剿 PKK 游击队，导致土伊关系高度紧张和国际社会的高度关注。此外，美国和欧盟屡屡指责土以非人道手段对付库尔德少数民族，严重侵犯人权，并以此为由对土实行武器禁运，在其入盟问题上设置障碍。总之，从后果来看，海湾战争在客观上触发了 20 世纪 90 年代高涨的土耳其库尔德分裂势力运动，不仅仅直接威胁土国内安全、领土完整，还导致它与叙利亚、伊拉克、伊朗的关系恶化。通过建立土以军事同盟来威慑某些阿拉伯邻国如叙利亚，并迫使其就范，是推动这一时期土以军事同盟关系建立的重要动力之一。1998 年，土耳其使出外交压力和武力威胁这两个杀手锏，迫使叙利亚对厄贾兰下"逐客令"，最终导致了厄贾兰的被捕和 PKK 势力的极大削弱，厄贾兰的被捕得到了以色列的情报支持。①

此外，1993 年《奥斯陆协议》的签署，巴以双方的公开接触，更

---

① Mustafa Aydın, Çağrı Erhan, ed., *Turkish-American Relations: Past, Present and Future*, p. 226.

是扫除了土耳其加强与以色列关系考量中仅存的疑虑。①

1991 年 12 月，土以两国恢复了大使级外交关系。1992 年 6 月，土旅游部长艾茨（Abdulkadir Ates）访问耶路撒冷，成为 27 年来首位访以的土部长级高官。② 此后，土以两国间的高层互访大幅度增加，在整个 90 年代达到近 20 次之多。1993 年 3 月，土以商业委员会建立，4 月以色列外长佩雷斯赴土参加土总统厄扎尔的葬礼，11 月两国根据 1993 年的备忘录建立了高级官员联合委员会，共同应对恐怖主义和原教旨主义等地区威胁。此后，土外长塞廷（Hikmet Cetin）访问以色列，两国领导人达成一系列协议，内容涉及针对叙利亚、伊朗、伊拉克的军事情报分享，以色列国防军对土军进行训练，提高其应对恐怖主义袭击的能力，两国分享米格—29 飞机（叙利亚空军的主要战斗机）的秘密数据等。③ 在 1996 年 5 月的总理直选中，“鹰派”人物内塔尼亚胡成为以色列总理。他当选之后立即推行“三不政策”，即不允许巴勒斯坦建国、不从戈兰高地撤军、不谈耶路撒冷地位问题，中东和平进程由此陷入倒退和停滞之中。④ 内塔尼亚胡积极推动与土耳其的关系，意欲通过两国间的一项综合性军事合作协定来构建中东地区军事框架。美国则将土以关系的密切视为其中东主要盟友间罕见的亲密合作，因而加以鼓励和推动。“一直到 90 年代晚期，土耳其的中东政策总体上与美国和以色列保持一致。”⑤ 不过，土耳其也不能无视阿拉伯国家的感受，因而采取了谨慎的积极态度。

实际上，冷战结束之后，安全考虑在土耳其的中东政策中占据了日益重要的地位。第三次世界性民族主义浪潮的兴起和大批国家的分裂，再加上国内库尔德问题的愈演愈烈，使土耳其对于其国内安全问

① Robert Owen Freedman, ed., *The Middle East and The Peace Process: The Impact of The Oslo Accords*, Gainesville, 1998, p. 169.

② Barry M. Rubin, Kemal Kirişçi, ed., *Turkey in World Politics: an Emerging Multiregional Power*, Boulder, CO, 2001, p. 115.

③ The Washington Institute for Near East Policy, “A Window on Turkish-Israeli Relations”, http://www.washingtoninstitute.org/documents/42cec7d328673.pdf.

④ 肖宪：《中东国家通史 · 以色列卷》，商务印书馆 2001 年版，第 282 页。

⑤ Mesut Özcan, *Harmonizing Foreign Policy: Turkey, the EU and the Middle East*, Aldershot & Burlington, 2008, p. 75.

题尤为担忧。因而，虽然土以两国在政治领域的合作并不顺利，但在安全问题这一共同要素基础之上的合作得以深化。1996 年土以关系达到新的高峰。1 月，中东地区军事实力最为强大的土耳其和以色列两国达成《五年军事训练合作协定》，标志着土以军事同盟关系的初步形成；2 月，以色列国防军对部署在土耳其与伊拉克、叙利亚和伊朗边境的土安全部队提出了建议并协助其更新装备；3 月，两国签署自由贸易协定，土总统苏莱曼·德米雷尔（Suleyman Demirel）访问以色列并且签署了一批经济合作协议；4 月，以色列的 F－16 战斗机编队在土进行训练；6 月，以色列总统魏茨曼访问土耳其，12 架土空军飞机在以色列进行训练；8 月 28 日，两国签署《军事合作协定》，决定联合生产 Popeye I 型空对地导弹；12 月，以色列航空公司与土政府签署价值 6.325 亿美元的合同，为土升级 54 架 F－4 型幻影战斗机。此后，两国高层访问不断，双边关系日趋走向成熟。1998 年 1 月 7 日，土、以、美在地中海举行了联合海、空军事演习，加强了土以战略联盟。当然，土以军事同盟关系对中东地区格局产生了重大影响，使叙利亚、伊拉克和伊朗感受到了直接威胁，阿拉伯国家对这一新“军事前线”的形成感到愤怒。①

在土以两国军事关系日益亲密的同时，两国间的经济合作也迅速发展。1987 年，土以贸易额仅为 5400 万美元，1991、1995、1997 和 1998 年分别为 1 亿美元、4.4 亿美元、7.5 亿美元和 8.5 亿美元。据土耳其当时驻以色列大使厄泽内尔（Barlas Özener）估计，若加上军事贸易、旅游和博彩等，1998 年两国间的总贸易额估计为 15 亿美元。②以色列巴伊兰大学贝京—萨达特战略研究中心主任埃佛雷姆·因巴教授指出：“在 20 世纪 90 年代，以土关系极大地扩展并达到前所未有的亲密程度。以土协约关系已经成为中东和东地中海地区政治中的重要

① Philip Robins, *Suits and Uniforms: Turkish Foreign Policy since the Cold War*, Seattle, 2003, p. 130.

② Barry M. Rubin, Kemal Kirişçi, ed., *Turkey in World Politics: an Emerging Multiregional Power*, Boulder, pp. 115－116.

因子。”①

不过，在土以关系迅速发展的20世纪90年代，伊斯兰势力的复兴及其对土耳其政治的干预，为此后两国关系的起伏跌宕埋下了伏笔。土耳其的政治伊斯兰复兴运动发轫于20世纪70年代，在90年代随伊斯兰政党的上台执政达到高潮，在全球化背景下逐渐呈现异化趋势，在坚守伊斯兰传统的同时趋于务实开放。1983年7月，具有浓厚宗教色彩的土耳其繁荣党成立。该党领导人埃尔巴坎在讲话中频繁地从《古兰经》等伊斯兰教经典中的“寻章摘句”。繁荣党公开反对世俗化，主张按照伊斯兰教教义治国，要求建立公正的生产和分配体制；对外政策上，主张维护土耳其的民族利益和民族独立，联合伊斯兰教国家与美国和西方对抗。1995年12月大选中，繁荣党取得158个议席，成为土耳其议会第一大党。1996年6月，繁荣党与正确道路党组成联合政府，繁荣党党魁埃尔巴坎出任总理。繁荣党的获胜引起土耳其世俗主义者的哗然。最终，土耳其军方在1997年6月通过一纸备忘录迫使繁荣党下台。在解散重组后，繁荣党以新的面貌出现在世人面前，这就是目前执政的“正义与发展党”（AKP）。由于繁荣党的前车之鉴，具有浓厚伊斯兰背景的AKP在改头换面后表现得相对温和，其领导人总是在公开场合强调尊重现代主义和世俗主义的原则，尊重民主和自由的政治规则，支持土耳其加入欧盟，力图在伊斯兰与世俗主义之间进行调和。AKP能得到多数土耳其穆斯林的支持，除了其能够以宗教吸引选票之外，还在于该党懂得深入群众，在人民底层广泛建立了帮贫助困的组织，不时地给城市贫民和农民以恩惠。

三、新世纪土以关系面临考验

进入新世纪以来，土以关系经受了一系列严峻的考验。

2002年11月，AKP在土耳其大选中获胜。作为一个具有浓厚伊斯兰色彩的政党，AKP带领土耳其“向东转”，重新修好与伊朗、叙

① Efraim Inbar, “Regional Implications of The Israeli-Turkish Strategic Partnership”, *Middle East Review of International Affairs*, Vol. 5, No. 2, Summer 2001, p. 48.

利亚等中东国家的关系，在巴以冲突中公开支持巴勒斯坦并抨击以色列，努力加强自己在中东地区的地位。2003 年 2 月 9 日，伊朗前总统哈塔米发表电视讲话，宣布伊朗已在雅兹德地区发现铀矿并已成功提炼出铀，将开采铀矿并建设铀转换和铀浓缩设施，以便建立一个完整的核燃料循环系统。美国对伊朗核能开发计划提出“严重质疑”，声称伊朗拥有浓缩铀就意味着可能拥有核武器，并多次警告伊朗停止与铀浓缩相关的活动，伊朗核争端由此形成。土耳其认识到，如土以关系过于密切，土耳其就很难改善它与其他中东邻国如叙利亚和伊朗的关系。[①] 因此，在伊朗核问题上，土耳其采取了明显区别于美国和以色列的“接触战略”。

在伊拉克问题上，土耳其与美国和以色列的分歧逐渐暴露。对于美国和以色列来说，一个脆弱的伊拉克是它们中东利益得以保障的有利先决条件；而对于土耳其来说，脆弱的伊拉克极有可能导致其库尔德问题恶化。由此，土以两国在是否支持美国攻打伊拉克问题上分歧严重。2003 年 3 月 1 日，土耳其议会拒绝美军使用其军事基地，美国南北夹攻伊拉克的计划破产。美国占领伊拉克之后，以色列同库尔德人打得火热，希望通过库尔德人来制衡伊拉克逊尼派穆斯林和什叶派穆斯林，同时渗入库尔德地区以便开展针对叙利亚和伊朗的情报工作。[②] 土耳其则多次指责以色列支持伊拉克北部的库尔德人，危及其国内安全和领土完整。伊拉克战争推翻了萨达姆政权，改变了中东的地缘政治局势，埃及和叙利亚等传统地区大国的影响力相对衰落，而土耳其和伊朗等非阿拉伯北层国家迅速崛起。

2006 年 1 月，巴勒斯坦极端民族主义组织哈马斯通过民主选举上台，掌舵巴勒斯坦。埃尔多安政府一直寻求与巴勒斯坦新政府建立更密切的联系。哈马斯当选之后不久，哈马斯高级领导人哈立德·马沙尔（Khaled Mashaal）便率团访问土耳其。以色列和美国认为，这次事先未与它们沟通的访问直接削弱了孤立哈马斯的努力，旨在展示土耳

---

① Lenore G. Martin, Dimitris Keridis, ed., *The Future of Turkish Foreign Policy*, Cambridge MA & London, 2004, p. 185.

② Gary Younge, “Israelis ‘using Kurds to build power base’”, *The Guardian*, June 21, 2004.

其在中东事务中可以发挥更大的作用。此后，土耳其参与了联合国的黎巴嫩维和行动，在巴勒斯坦建设了工业园区，在以色列与叙利亚之间扮演起主要协调者的角色。在此前后，曾经担任宗教职务的埃尔多安就任土总理，来自 AKP 的候选人居尔又成功当选为土耳其总统，这标志着土耳其世俗主义者在国家的政治舞台上日趋失势。

自 2007 年 6 月哈马斯控制加沙以来，以色列和埃及一直对加沙实施封锁，导致拥有 150 多万人口的加沙人道主义局势不断恶化。2008 年 12 月，以色列对加沙地带发动“铸铅”军事行动，导致 1300 多名巴勒斯坦人丧生。土耳其总理埃尔多安数次公开指责以色列，双方关系趋于恶化。“土耳其之声”（TRT）第一频道播放了有关以色列在加沙发动军事行动中袭击巴勒斯坦人的画面，使土以关系更为紧张。2010 年 1 月 11 日，以色列外交部副部长丹尼·阿亚隆召见土耳其驻以大使奥乌兹·切利克科，抗议土耳其播出歪曲以色列形象的电视剧。阿亚隆当时以一张较矮沙发“待客”，自己则坐高椅，故意贬低土大使，两国随即为此爆发外交“口水战”。在随后召开的加沙问题紧急会议上，埃尔多安抨击以色列，称以军炸毁联合国驻加沙办公区，应当被驱逐出联合国的大门。2010 年 1 月 29 日，在瑞士达沃斯参加世界经济论坛年会关于加沙的中东和平分论坛上，土耳其总理埃尔多安与以色列总统佩雷斯就加沙问题进行辩论时发生激烈争辩，埃尔多安愤怒地退场。在以色列学者看来，埃尔多安“退场事件”标志着土耳其国内宗教势力在与世俗力量的争夺中占据优势地位。① 此后，尽管土以双方都试图挽救两国关系，但“埃尔多安的爆发破坏了土耳其的声誉，并在许多以色列官员心中提出了对土耳其作为合作伙伴可靠性的问题”。② 土主流媒体《自由报》亦断定：“土耳其与以色列之间的‘战略盟友关系’可能已经以一种最广为人知的方式消亡了。达沃斯

① Gil Feiler & Edo Harel, “The Political Logic of Turkish Prime Minister Erdogan's Attacks on Israel”, Perspectives Paper No. 65, Begin-Sadat Center for Strategic Studies, Israel, February 4, 2009, http://www.biu.ac.il/SOC/besa/perspectives65.html.

② F. Stephen Larrabee, *Troubled Partnership: U. S. -Turkish Relations in an Era of Global Geopolitical Change*, RAND, 2010, p. 43.

峰会期间，数以百万计的观众目睹了这一消亡的现场直播。”① 2010年5月17日，土耳其、伊朗和巴西三国外长在德黑兰签署了交换浓缩铀的协议。土耳其在签字仪式后呼吁西方大国放弃寻求制裁伊朗，而以色列认为该协议将导致世界强国约束伊朗核计划的制裁努力被“极度复杂化”。

2010年5月底“袭船事件”发生后，土耳其总理埃尔多安立即中断访问回国，在土议会高调抨击以色列，认为以实施“国家恐怖主义”，“袭船事件”是两国关系的转折点。② 同时，土耳其宣布将召回驻以色列大使，并要求以方释放被扣押船只和人员。在土耳其的呼吁下，欧盟、阿拉伯联盟、联合国安理会以及以阿拉伯国家为首的世界许多国家均对以色列进行了严厉抨击。6月4日，土耳其副总理比伦特·阿林奇（Bulent Arinc）通过电视讲话表示，土耳其将全面削减与以色列的合作，将经济、国防方面的合作“降至最低程度”。总之，“本次事件对土耳其与以色列关系造成了难以弥补的伤害。…… 到目前为止，一直从外部进行干预的土耳其，在经过上述事件后，与巴勒斯坦完全融为了一体。总之，我们可以说，对平民船只发动的袭击，除了进一步加剧土耳其与以色列间的紧张关系外，也使两国关系进入一个难以修复的时期。”③ 实际上，埃尔多安这一切大胆的外交运作背后是土耳其政府的精明盘算。对于AKP来说，抨击以色列可以有力地团结土耳其国内的世俗力量和军方势力，并赢得所有社会层面的支持。“通过这种方式，他正在转变土耳其数十年来的权力结构并实现宗教在该国地位的根本转变。”④

战后半个世纪以来，土耳其由于采取亲西方的外交路线，导致其

---

① Barçin Yinanç, “Secret Turkish-Israeli military alliance launches relations”, *Hürriyet Daily News*, January 4, 2010.

② James Joyner, “NATO & Israel”, *The National Interest*, June 3, 2010.

③ “评估极度紧张的土耳其与以色列关系”，土耳其之声（TRT）中文网站，2010年6月4日。

④ Gil Feiler & Edo Harel, “The Political Logic of Turkish Prime Minister Erdogan's Attacks on Israel”, Perspectives Paper No. 65, Begin-Sadat Center for Strategic Studies, Israel, February 4, 2009, http://www.biu.ac.il/SOC/besa/perspectives65.html.

与主要伊斯兰国家和中东邻国的关系长期处于动荡之中。[①] 同时，土耳其对以色列政策的“摇摆”特点在土以关系史上是比较明显的。实际上，“袭船事件”背后隐藏的是两个雄心勃勃的地区大国深刻的无奈。在土以关系恶化的表象之下，冷战结束以来土以关系的多元化继续发展，为两国关系的未来提供了更大的空间和回旋余地。就在以色列发动“铸铅”行动前夕，土以签署了一项高达1.65亿美元的机载图像情报合作协定。土耳其与美国、以色列在2009年8月举行了代号为“自力更生的美人鱼”的联合军事演习。[②] 2010年1月17日，以色列国防部长埃胡德·巴拉克到访土耳其，会见土耳其外交部长、国防部长等官员。巴拉克此行的重要目的是“敲定”以色列向土耳其出售10架“苍鹭”型无人侦察机的合同。防务专家估计，军售在2007年以土双边贸易额中占69%。[③] 同时，2008年土以贸易额达到33亿美元，远远超出2002年AKP开始执政时的14亿美元。[④] 2009年，土以贸易额为26亿美元，仅占土耳其外贸总额的1%。[⑤] 对于以色列而言，涉及到政治、经济、军事和战略等重要领域的土以关系无疑是最为重要的。当然，美国与土以的特殊关系，也是维系土以双边关系不至于崩溃的一个有力牵制因素。

可以预言，尽管目前的土以关系处于危机之中，但经历了半个多世纪的曲曲折折后，土以关系已经迈入了一个较为成熟的阶段，并具有克服障碍的可持续发展能力，因而在未来仍有光明的前景。

（作者：刘 军，云南大学国际关系研究院讲师）

---

① Joshua Walker, “Turkey's Role in The Middle East”, p. 120.

② Yaavov Katz, “Navy to Partake in Turkish Exercise”, *Jerusalem Post*, August 11, 2009.

③ “以色列防长访问土耳其和解与军售两不误”，新华网，2010年1月19日。

④ “Turkey-Israel trade volume rises by 135 pct under AKP government”, *Hürriyet Daily News*, October 31, 2009.

⑤ Saban Kardas, “Economic and Defense Ties Between Turkey and Israel in Crisis”, *Eurasia Daily Monitor*, Vol. 7 Issue: 109, June 7, 2010, http://www.jamestown.org/single/?no_cache=1&tx_ttnews%5Btt_news%5D=36463&tx_ttnews%5BbackPid%5D=390&cHash=33a9ff33c2.

从道义外交到现实外交

——印度与以色列关系的演变和发展

罗爱玲　LUO Ailing

[内容提要] 20 世纪 90 年代以来，印以关系迅速升温。2003 年以色列前总理沙龙率领庞大队伍访问印度后，两国关系更是获得了跨越性发展。而在美国默许下两国军事领域的密切合作，则可能会形成以印度、以色列、美国为轴心的政治军事联盟。

[**Abstract**] Since the 1990s, relations between India and Israel have developed rapidly. After the former Israeli Prime Minister Ariel Sharon led a large team to visit India in 2003, the bilateral relations leaped forward enormously. The two States' close cooperation in military field under the US acquiescence may form a new political and military group under the axis of India, Israel & US.

冷战结束后，印度与以色列的双边关系发展迅猛。尤其 2003 年 9 月 8 日，以色列前总理沙龙作为 50 多年来第一次访问印度的以色列在任总理，率领 150 多名随行人员对印度进行访问，将两国关系推至高潮。

一、道义外交下的印以关系

印度是最后一个与以色列建交的非阿拉伯国家。尽管 20 世纪 30 年代双方就已经进行了长期接触，而且以色列多年来一直主动向印度暗送秋波，但当时印度在尼赫鲁不结盟政策的指导下，采取亲近第三世界国家的立场，想借此树立一个不偏不倚的大国形象，加之国内民族、宗教等因素制约，导致印度40多年里一直未与以色列正式建立外交关系。

1. 从若即若离到拒绝建交。20世纪20年代初，印度民族主义者选择了强烈支持巴勒斯坦阿拉伯人的立场，坚决主张未经全体阿拉伯人的一致同意，国际社会绝不能在巴勒斯坦这块土地上做出任何决定。在1947年联合国关于巴勒斯坦分治会议上，印度同伊朗和南斯拉夫一道，支持少数原则计划，即建立一个联邦型的巴勒斯坦政府，给予犹太人充分的内部自治。当1947年11月29日联合国全体大会采纳多数原则计划后，印度又马上加入阿拉伯和伊斯兰国家阵营，反对巴勒斯坦分治计划。不过在1950年9月17日，印度还是承认了以色列国。① 此后不久，以色列开始在孟买设立移民办事处，帮助二战期间居留在印度的犹太难民移民以色列。移民工作结束后，该办事处随即变成以色列驻印商务处。这一时期，印巴克什米尔争端成为印度外交政策的一大阻力。巴基斯坦建国后，印度为确立自己在海湾地区的地位，不得不小心处理与海湾国家的外交关系，并不时对美国的中东政策提出批评，以换取巴勒斯坦人尤其是中东阿拉伯国家在克什米尔问题上的支持。当时，印度国内3000万穆斯林人口也是阻碍印以关系发展的一个因素，印度不愿冒引起内部动荡的风险而与以色列接近。所以从1948年起，印度政府不断向以色列方面暗示，一旦克什米尔问题得到解决，印度就会与以色列建立关系。1956年苏伊士运河危机发生后，印度对以色列政策发生显著转变，尼赫鲁立即宣布以色列对埃及的侵略行径使印度和以色列已经不可能再建立任何外交关系。此后，印度总以时机不成熟为借口，拒不与以色列建交。当时印度方面对以色列的态度主要受以下因素制约：（1）鉴于巴基斯坦独立事件，印度反对把宗教作为民族国家的建国依据；（2）1969年伊斯兰会议组织正式成立，亚非国家在反对殖民主义问题上空前团结一致；（3）尼赫鲁总理与埃及总统纳赛尔的个人友谊日益加深；（4）印度对中东石油日益依

---

① P. R. Kumaraswamy, "India's Recognition of Israel, September 1950", *Middle Eastern Studies*, Vol. 31, No. 1, January 1995, pp. 124 – 138.

赖，印度前往海湾国家的务工人员也不断增加。① 巴勒斯坦解放组织成立后，印度更是疏远以色列，1975 年 1 月印度承认巴解组织是“巴勒斯坦人民完全合法的代表”。在此期间，印度拒绝向前往印度参加国际会议和体育比赛的以色列代表团发放签证，以至于美国反诽谤联盟在 1987 年的报告中呼吁国际社会一起努力，促使印度放弃将反以政策应用于旨在促进国际合作的各项文化活动中，否则就剥夺印度的东道主地位。②

2. 从试探性接触到关系正常化。1984 年拉吉夫·甘地当选印度总理后，开始试探性地实行新的对以政策，并采取了有利于两国关系正常化的一系列举措，如公开接见以色列政府官员和亲以色列的美国领导人。印以关系正常化开始成为甘地总理与美国官员进行交谈的重要话题③；在 1985 年联合国第 40 届年会上，拉吉夫·甘地会见了以色列总理西蒙·佩雷斯；1987 年 7 月印度同意在新德里举办印度—以色列戴维斯杯网球公开赛；1988 年 6 月 8 日，甘地在纽约与美国亲以色列组织举行会谈；1989 年 1 月，由美国反诽谤联盟三名成员组成的代表团访问印度，与印度当时的外交部长拉奥等高级官员进行会谈；放松和简化以色列公民前往印度的签证程序。④ 但 1987 年巴勒斯坦起义的爆发和随后以色列在国际社会的孤立状态，加之国大党在全国大选中的失利，使得甘地政府在对以政策上无法进一步采取措施。1991 年前外交部长拉奥当选总理后，开始正式调整印度对外战略，进一步修正对以政策。1991 年 12 月 16 日，印度在联合国全体大会上坚决要求废除将锡安主义等同于种族主义的决议。1992 年 1 月 29 日，印度正式宣布与以色列建交。

拉奥政府改变了坚持 40 多年的以意识形态为基础的道义外交，转而走向为国家政治、经济利益服务的现实外交，乃是出于一系列国内

---

① Richard Edmund Ward, *India's Pro-Arab Policy : A Study in Continuity*, Westport, Co：praeger, 1992, pp. 132 – 45.

② “India's Campaign Against Israel”, *ADL International Report*, NY：ADL, 1987, p. 7.

③ P. R. Kumaraswamy, “India and Israel：Prelude to Normalization”, *Journal of South-Asian and Middle Eastern Studies*, Vol. 19, No. 2, Winter 1995, pp. 53 – 73.

④ *India Today*, September 30, 1988, p. 155.

国际形势变化。首先，冷战的结束、苏联的解体起了极大的推动作用。此前，印度对以政策受制于美苏争霸两极格局，以色列与西方国家的结盟又给印度的亲阿拉伯立场提供了意识形态基础，使得支持巴勒斯坦人民的解放事业、反对以色列国成为印度国大党进步事业的一部分。其次，意识形态对立的消除也标志着不结盟运动影响力的削弱。自从以色列1955年被拒绝参加万隆会议后，不结盟运动就成为第三世界亚非国家力图孤立以色列的重要场所。随着不结盟运动的声音日益减弱，它对以色列发动有组织的抵抗活动也开始减少，这大大有助于印度重新审视其对以政策。第三，拉奥领导下的印度政府实行的经济自由化政策也有利于印以关系的正常化发展。为进一步对外开放印度经济，拉奥政府开始将西方国家作为推动印度经济发展的主要合作伙伴。由于以色列与美国众所周知的特殊关系，印度把发展与以色列的经济联系视作打开与西方国家经济合作之门的金钥匙。第四，1991年10月马德里中东和平进程的启动打破了以色列在国际上的政治与外交孤立状态，使以色列的外交活动空间得到拓展。此后，一些国家开始改变从前的对以政策，转而加强与以色列的联系。中国也抛弃了对以色列的长期敌对与意识形态桎梏，于1992年1月24日正式与以建交。在这种环境下，印度若想在中东立足，就必须与巴以冲突各方建立正常外交关系。① 第五，与以色列建交也是印度政府采取亲阿拉伯立场但在克什米尔问题上没有得到任何回报的回应。阿拉伯国家在克什米尔问题上常常站在巴基斯坦一边。印度与以色列建交不久，印度外交部长J. N. 迪克斯特就公开质问："阿拉伯人民又给了我们印度什么呢？在克什米尔问题上他们支持过我们吗？在1971年的东巴基斯坦危机中他们支持过我们吗？"②

① P. R. Kumaraswamy, "South Asia and People's Republic of China-Israel Diplomatic Relations", Janathan Goldstein, ed., *China and Israel, 1948 - 1998: A Fifty Years Retrospective*, Westport, Conn.: Praeger, 1999, pp. 131 - 152.

② *The Week*, February 9, 1992, p. 37.

二、现实外交下迅速升温的印以关系

印以建交后，在现实利益的驱动下，两国关系迅速驶入全面合作的快车道。

首先表现为两国政府和私人代表团之间的互访十分频繁。1993年5月以色列外长佩雷斯首次出访印度。1996年末1997年初，以色列总统魏茨曼率领庞大的商业代表团访问印度。2000年6月，印度内政部长阿德瓦尼和外交部长辛格对以色列进行官方访问，以加强双方在政治、经济、文化及战略方面的合作。1999年印度议会中期选举期间，印度总理瓦杰帕伊派出国家安全顾问米斯拉前往以色列，与以总理巴拉克交换意见，充分显示出印度要贯彻新中东政策的决心。2002年7月就任印度总统的著名核武器专家卡拉姆博士在印度核试验前后也曾多次访以。2001年8月南非德班举行的联合国反种族歧视大会上，印度坚决反对将锡安主义等同于殖民主义，而此前在冷战僵持最酣的1975年，印度曾经和阿拉伯国家一起，在联合国大会上投票赞同阿拉伯国家提出的将锡安主义等同于种族主义的决议。可见，印度对以色列的态度已经发生了颠覆性的转变。

其次，双边贸易额以年均30%的速度增长。1992年只有2亿美元，2002年达到13亿美元。2003年双边贸易增长幅度达30%，印度已经超过中国和日本，成为以色列最大的亚洲贸易伙伴。① 2006年两国贸易额又增加一倍，高达27亿美元。2007年仅上半年双边的贸易额就已达16亿美元，其中以色列对印度出口7.53亿美元，同比增长8.6%，自印度进口8.33亿美元，同比下降4.4%。② 双方在农业、灌溉、水资源管理、软件、电子等高科技领域的合作不断加强。2003年7月，印度电信公司代表团前往以色列同以方签订了22项合作协议。③ 1992年两国关系正常化前，以色列在印度基本没有投资。1995年12

① "India spins on its own axis", http://www.atimes.com, September 6, 2003.

② "Industry and Trade Minister of India Visits Israel", *The Jerusalem Post*, August 9, 2007.

③ "India spins on its own axis", http://www.atimes.com, September 6, 2003.

月以色列的 Bezeq 电信公司和印度喜马偕尔邦未来派电信公司合营移动电话，仅此一项投资额就达 414 亿卢比（合 11.8 亿美元）。[①] 1999 年印度对以色列出口，宝石占 60%，其他产品为纺织品、棉纱有机化工产品和机械等。[②] 为进一步促进印度对以色列的出口，2000 年印度在以色列举行了第一届印度贸易展。1993 年 5 月两国签订促进经贸发展的谅解备忘录，1995 年 11 月又签订经贸合作协定，相互给予最惠国待遇。此外，双方还在工业标准、研究与开发、避免双重征税、投资保护与海关合作、金融财政等领域签署了合作备忘录。两国还建立了印度—以色列贸易经济合作联合委员会。1993 年 11 月以农业部长访印期间双方签订了在农业领域合作的双边协定，仅在灌溉、温室技术、花卉园艺方面签订的协定就近 170 多项。1993 年双方签署文化合作协定。1993 年 5 月签订双边科技合作协定，印度政府于 1997 年 8 月在特拉维夫设立印度旅游代表处，以促进双边旅游。2006 年，新增 53 家以色列企业在印度开展商业活动，使在印的以色列企业增加到 982 家，较 2005 年增加了 6%。[③]

再次，两国在反恐与军事方面的合作突飞猛进，并成为双边关系发展的重中之重。目前，印以已建立国防秘书级定期磋商会议、部长级反恐联委会、印以战略对话会议等不同级别的联合委员会。1998 年，以色列空军司令和印度空军总参谋长进行了互访。由于日益频繁的恐怖主义活动和跨国界渗透，印度急需以色列在情报收集、反恐政策措施、边界地区电子侦察等方面提供帮助。[④] 2008 年孟买爆炸案发生后，印度对以色列方面在反恐信息上的合作需求更加迫切。现在两国已共享反恐情报，并组建了一个“联合反恐工作小组”，以色列是印度在联合工作组框架下经常进行反恐磋商的几个国家之一。印度特种部队还到以色列接受反恐技术训练。最近几年，印以反恐情报合作

① 孙培均、华碧云：《印度国情与综合国力》，中国城市出版社 2001 年版，第 164 页。

② 赵伯乐：《当代南亚国际关系》，中国社会科学出版社 2003 年版，第 288 页。

③ “Industry and Trade Minister of India Visits Israel”, *The Jerusalem Post*, August 9, 2007.

④ Thomas Withington, “Israel and India Partener Up”, *Bulletin of the Atomic Scientists*, Vol. 57, No. 2, Jan-Feb 2001, pp. 18 – 19.

层次不断提升，合作范围及涉及领域越来越广，双方已充分共享反恐领域的情报信息，以色列也能获得印度军用卫星提供的图像情报。两国还达成协议，由印度极轨卫星运载火箭（PSLV）发射以色列合成孔径雷达成像间谍卫星 TechSAR（以色列研制的真正意义上的全天候新一代军用侦察间谍卫星），以全面提高以色列的空间军事侦察监控能力。

自 2003 年以来，双方在军事领域的合作势头尤其迅猛，印度在向以色列购买导弹、无人机、预警机、雷达等高技术武器装备方面不断取得实质性进展。以色列向印度出售了多套电子对抗战系统及先进的雷达设备。印度在与巴基斯坦的边境线上安装的一系列监控设备中，大部分都是以色列的产品。印度每年基本上都要向以色列购买 15 亿—20 亿美元的军事技术和设备。美国在 2003 年初表示不再反对以色列向印度出售"费尔康"预警机系统后，印以马上就达成了 10 亿美元左右的买卖协议。2003 年 9 月，印度内阁安全委员会批准印度购买价值 9700 万美元的以色列舰艇电子战综合系统。2006 年，以色列抢下了印度 16 亿美元的军火订单，成为仅次于俄罗斯的印度第二大军火供应商，印度同时也成为以色列最大的军火市场，以色列一半的武器出口都流向了印度。2002—2007 年，印度从以色列买入的武器总值超过了 50 亿美元。2008 年总理辛格领导下的印度安全内阁委员会正式批准与以色列合作，共同开发和生产导弹，项目将由印度国防研究与发展组织（DRDO）、印度空军和以色列航空工业公司（IAI）合作，两国共同研发的新一代中程地对空导弹 Barak－8 具有打击 70 公里内空中目标的能力，整个项目预计耗资 1000 亿卢比（25 亿美元）。①

由于以色列擅长改进俄罗斯装备，将印度已经落后的苏联设计制造的米格飞机升级换代成为印以安全合作的主要内容之一。目前仍在印度服役的苏－30、"美洲虎"和米格战斗机，均使用了以色列的航电设备。以色列飞机工业公司与印度印度斯坦航空公司共同研制开发的新型直升飞机也已经打入国际飞机制造业市场。该飞机可运用于军

---

① "印度拥抱美国以色列武器 争做世界军事强国"，星岛环球网，2007 年 8 月 3 日，http：//www. stnn. cc/glb_ military/200708/t20070803_ 589680. html。

事、警察和民间等多种领域，在 2003 年班加罗尔举行的印度航空展上，这项印以联合开发的直升机很受欢迎。

三、印以合作加强的推动因素

印以关系的迅速发展与变化，是在经济、战略与地缘政治等多重因素的推动下发生的。

首先，这是印度政府从道义外交走向现实主义平衡外交的结果。冷战后，世界格局和各种国际关系都进入一个大动荡、大调整时期。不结盟运动失去旧日的依托，苏（俄）印特殊关系也逐渐趋于淡化，把这一关系作为外交战略基石的印度政府，此时也不得不改变对外政策，努力争取同美国等西方国家发展关系。于是，印度政府的外交安全观便由尼赫鲁时期奉行的以意识形态为原则的道义外交，向为国家现实政治与经济利益服务的现实外交转变。2003 年印度政府邀请以色列总理沙龙访问新德里，标志印度正式结束其长期奉行的一面倒支持巴勒斯坦的政策，开始在中东问题上实行更加灵活的现实外交。虽然印度政府仍然表示支持阿拉法特领导下的巴勒斯坦解放事业，但这种支持仅是象征性的，它和以色列的双边关系却在实质性地发展着。

其次，20 世纪 90 年代以后印以两国大多数时期都是右翼执政，政治理念比较接近。以色列 1948 年建国之后至今，有近 30 年是左派工党执政。但 1977 年右翼的利库德集团势力上升，并在贝京领导下首次组阁，打破了工党长期主导以色列政局的态势。2003 年巴以冲突日益加剧、工党政府对阿拉法特的温和政策遭遇失败，利库德集团在大选中获胜，沙龙成为以色列第 30 任总理，整个以色列的政治倾向开始向右转，政策的鹰派色彩日益浓厚，不断对巴控区采取定点清除政策。印度比以色列早一年建国，也在随后半个多世纪中，由尼赫鲁家族领导的左派政党“国大党”执政了近 40 年。巧合的是，1977 年右翼的印度人民党也开始涉足印度政坛，时任印度政府外交部长的瓦杰帕伊开始执行一种非尼赫鲁主义的广泛外交政策。以印度教徒为群众基础的印度人民党具有浓厚的民族主义和印度教派色彩，外交上突出现实主义，特别强调维护印度国家安全和利益，对国大党的外交和安全战略基本持否定态度。该党认为传统的国大党对以政策冷战遗风过浓，没有看到印以在政治、安全和经济等方面的共同利益。1996 年该党在印度人民院第 11 次大选中获 161 席，成为人民院第一大党并组建了政府。（1998 年第 12 次大选和 1999 年第 13 次大选中该党分获 179 席、182 席，再次成为人民院席位最多政党。）① 1998 年瓦杰帕伊就任总理后，继续将这一政策融入其外交政策思路中。印度 10 亿人口中，印度教徒占 80%，穆斯林有 1.3 亿。由于现在印度和以色列执政的都是右翼政党，双方在对付伊斯兰原教旨主义运动方面，不仅在理念上，而且在政策和操作等层面上，都更有共同语言。

第三，印度对先进技术的需求和以色列现实经济与军事战略利益的需要互为补充。以色列在 1973 年的第三次中东战争中取得的决定性胜利，使印度对苏联武器的质量问题产生疑问。印度军队 70% 的装备来自苏联，相比之下，美国武器系统具有明显优越性，这成为印度从 20 世纪 80 年代起对获得西方军事技术重生兴趣的一个重要原因。② 人民党上台之后，印度实行强大国防、建构军力的防御政策。但是依当时的印度国力，没有他国帮助，很难完成军事技术的更新与进步，因而以色列的高科技武器、强大精锐的军事力量、应对恐怖主义的经验等，都成了印度谋求的目标。军事与反恐，把两国的纽带拉紧。虽然 "9 · 11" 事件后，美国和印度的军事关系大幅发展，但由于 1998 年印度不顾美国等西方国家反对连续进行了几次核试验，导致美国等国家对印度实施制裁，包括限制向印度出售高级武器等。在此空档下，通过与以色列的合作来间接跟美国武器市场建立联系，减少对俄罗斯武器供应的依赖，对印度来说，不失为一条捷径。

对长期与周边阿拉伯国家处于敌对状态的以色列来说，加强与世界第二人口大国以及在第三世界具有重要影响的印度的合作关系，是其自独立以来维护国家生存与安全的对外政策的一部分，可借此在周边营造一个良好的安全环境。以色列希望在现有的以色列—土耳其—美国战略同盟基础上，再构建一个以色列—印度—美国新的 "民主"

---

① 孙培钧、华碧云：《印度国情与综合国力》，第 239 页。

② ［美］斯蒂芬 · 科亨：《大象和孔雀：解读印度大战略》，新华出版社 2002 年版，第 146 页。

战略轴心，进一步改善其地缘安全环境；同时利用印度与阿拉伯国家的传统友好关系，希望印度在中东和平问题上发挥一定的积极作用，至少使印度能够扮演中立的角色。另外，这既是一个向外拓展经济空间的好机会，又能为国内庞大的军工企业寻找出路，维护国家安全。截至2002年，以色列已成为继美、俄之后的世界第三大武器出口国，并且在赚取大把钞票的同时，借机同买家拉近关系。2003年以色列武器出口总额大约为30亿美元（2001年和2002年分别为26亿、41亿美元），在其武器买家中，印度和土耳其占了很大比重。以色列海法大学亚洲问题专家伊扎克·希霍尔认为，与印度、土耳其等国的交易有着深远的战略意义，军事方面的贸易有助于以色列和一些国家的关系。①“以色列在航空研究方面也需要印度帮助，而且美以印三方合作还可为美国节省一大笔资金。”美国民主党众议员、国会印度和印度美国人核心小组发起人弗兰克·帕罗尼曾这样对印度驻以大使拉迈德尔S. 贾萨尔说。②

第四，两国都面临着伊斯兰原教旨主义运动的威胁，具有共同的战略利益。印、巴两国都有一亿多穆斯林，由于历史原因以及克什米尔地区的领土纷争，两国一直处于敌对状态。“9·11”事件后，伊斯兰极端主义运动对印度的威胁显得尤为突出。以色列则一直处于充满敌意的阿拉伯国家包围之中，21世纪以来则进一步面临以自杀性爆炸为代表的伊斯兰极端主义的威胁。在这种情况下，双方都认识到联合反恐的必要性，印度需要以色列的情报，而以色列需要印度的外交支持。2000年6月印度内政部长阿德瓦尼访问以色列时说过这样一句话：“印度和以色列都将恐怖主义视为重要的安全威胁，两国都面临宗教极端主义的冲击。两国在反恐问题上的一致立场是共同合作的重要基石，而且以色列具有丰富的反恐经验。”③ 以色列驻印度大使馆发言人亚龙·马特在接受《纽约时报》采访时也表示，“恐怖主义是印度和

---

① “以色列成为军火买卖黑马”，《新闻晚报》（沪），2003年11月20日。

② “Pallone Discusses Tripartite Activities with US, Indian & Israel”, http://www.house.gov/apps/list/press, August 4, 2003.

③ *India Today*, June 26, 2000.

以色列这两个国家面临的主要挑战，我们互相理解，懂得对方的处境。”① 印度国家安全顾问布拉杰什·米什拉2003年5月8日在参加华盛顿第97届“美国犹太人委员会”年会时也公开呼吁，“印度、以色列和美国应该联合起来，协力打击恐怖主义这个共同的威胁”。②“9·11”事件后，以色列与印度的利益不谋而合，以至于这位印度政府安全顾问说，美国、以色列和印度构成了“一个拥有政治意愿和道德权威的联盟，可以在恐怖分子挑衅的极端情况下，作出大胆的决定”。③

第五，印度和以色列在美国内部都有强大的游说势力。众所周知，美国国内强大的犹太院外集团对美国中东政策具有很大影响。近年来，印度人在美国的游说势力也越来越大。印度在海外生活的后裔和侨民，总数排在中国之后，位列世界第二，其中生活在美国的印度人约为150万。印度移民在美国的经济和社会地位以及日益增长的政治影响，是任何一个新移民群所无法比拟的。在美国的计算机、工程学、高新技术研究等领域中，印度美国人的人才远远超过印度本国所拥有的人才，硅谷40%的新启动项目归印裔美国人所有，大约300名印裔美国企业家的个人净资产超过了500万美元。在其他领域，印裔美国人也很快上升至管理阶层，超过5万美元的人均收入使得其居于美国各移民群之首。④ 印裔美国人在取得经济成就后，开始介入政治，并成为参众两院竞选资金的重要来源。由于他们的游说，美国政府放松了自1998年后对印度的制裁。克林顿当政期间，印裔社团定期访问白宫。在美国2000年大选中，他们首次从幕后走向前台，发挥了不可忽视的作用。随着印裔美国人社团的发展壮大，印度政府试图利用他们来影响美国国会和政府。印度驻美大使馆在1998年甚至聘用了公关公司来协助其影响美国对印政策。⑤ 值得一提的是，美籍印度人和犹太人在美国的游说势力一直很抱团，而且越来越有联手运作的趋势。2003年

① *New York Times*, September 7, 2003.

② “Alliance with Israel, US tops Indian agenda”, *The Times of India*, September 3, 2003.

③ *The Guardian*, September 9, 2003.

④ ［美］斯蒂芬·科亨：《大象和孔雀：解读印度大战略》，第119、311页。

⑤ 同上书，第313页。

7 月，“美国印度政治行动委员会”、“美国犹太人委员会”、“美国以色列公共事务委员会”三家在华盛顿共同举办了一个国会招待会。白宫最后同意以色列向印度出售空中预警机，与这种游说有着相当的关系。“美国犹太人委员会”华盛顿办事处负责人贾森·艾萨克森把印度和以色列描绘成“被很多装备精良的敌对邻国”包围的民主国家，两国在一些拥有共同利益的问题上进行合作是必要的。在美国同意以色列向印度出售预警机这件事上，美国的印度人和犹太人院外集团也功不可没，他们在同布什和美国国会接触时常常不失时机地提及这一问题。“美以公共事务委员会”经常和美国的各种印度人组织一起，致力于加强美籍印度人和美国犹太社团的联系。

第六，印以关系改善具有很深的美国背景。印以关系发展很大程度上得益于美印关系改善。冷战后，美国将其南亚政策调整为在印巴间奉行等距离外交。美国支持印以发展战略关系既可大大改善以色列的外部环境，减轻美国单方面承担义务的压力，又可通过以色列出面武装印度，使美在处理与印度外交关系时占有更多回旋余地。早在2000 年 3 月，美国和印度的关系就开始解冻，克林顿总统当时正式访问了新德里。“9·11”事件后，美印关系更趋紧密，尤其是在军事方面，美国参谋长联席会议主席在两年内就三次访问印度，被称为鹰派的印度国防部长费尔南德斯也到美国访问，双方就军事合作和武器交易达成多项协议。美国由于对印度 1998 年核试验做出的制裁没有完全取消，以及出于反恐需要要拉拢巴基斯坦，因而不便直接向印度提供高级武器，所以由以色列来间接提供，扮演转手的角色，从而更促进了以色列和印度的关系发展。鉴于美以特殊关系，实际上以色列和印度的军事发展，体现的是美印的军事联手，因为像空中预警机、“箭”式导弹拦截系统等，没有五角大楼的同意，以色列是无法出售给印度人的。以色列已故总理拉宾生前在接受印度《印度斯坦时报》采访时就曾明确表示：“印以军事合作要受以色列对美国所负义务的约束。”①

美国倾向与印度及以色列联手建立联盟关系，和其全球反恐的新

① P. R. Kumaraswamy, “India and Israel Envolving Strategic Partnership”, *Mideast Security and Policy Studies*, No. 40, September, 1998.

战略格局有关。2003 年初美国小布什政府发动伊拉克战争，受到法、德、俄三国的反对，尤其是法德形成的“旧欧洲”势力，明显对美国推行全球反恐战略形成牵制。在这种背景下，美国越来越倾向联合其他国家，形成另外形式的联盟，来推展自己的战略目标，同时也是对法德的“旧欧洲”势力的抗衡。伊拉克战争前后，美国就曾努力与科威特、沙特阿拉伯、阿拉伯酋长国、巴林等海湾国家形成了一个中东地区的小联盟。这次美国致力于联合以色列、印度形成“民主轴心”，则是建立一个更大的军事区域集团，因为以色列有高科技军力，并长期经历战争，具有相当丰富的军事经验和能力；印度则是亚洲军事大国，近年来一直致力于发展国防，军费开支以两位数的速度增长，其海军力量已抵达南中国海等水域，发展态势引人注目。因此这个“民主轴心”联盟的打造，对美国实现打击全球恐怖主义的长远目标更具战略意义。拉笼印度制约俄罗斯与中国是美国力促建立美印以三角联盟的另一个目的。代表共和党右翼保守势力的前小布什政府非常强调美国在全球的霸权利益，把防止任何大国，尤其俄罗斯和中国崛起挑战美国独超地位作为其核心战略目标。因此小布什和现任总统奥巴马都十分青睐印度在牵制中国方面的作用，极力拉拢印度疏远俄罗斯，大力提升印在美对外战略中的地位，减少印度对发展中俄印三边合作的兴趣，使印为美国的欧亚战略服务。布热津斯基在其《大棋局》一书中就把印度和法国、德国、俄罗斯、中国一起并列为欧亚大陆五个关键的地缘战略旗手，认为应重视印度平衡地区力量的作用，与印度建立真正的伙伴关系。① 2002 年 9 月 20 日，美国五角大楼专门出台一份长达 153 页、题名“印以关系：展望与回顾”的报告，指出印度在美国全球战略中具有非常重要的位置，印度的军事能力能够对美国的亚洲对手展开有效行动仍旧是维持美印双边安全关系的重要目标。”②

（作者：罗爱玲，上海犹太研究中心副研究员）

① ［美］布热津斯基：《大棋局：美国的首要地位及其地缘战略》，上海人民出版社 1998 年版，第 55 页。

② “India spins on its own axis”, http://www.atimes.com, September 6, 2003.

伊朗犹太社团和伊朗—以色列关系

张忆南 ZHANG Yinan

[内容提要] 巴列维时期，伊朗犹太社团曾一度繁荣壮大，达到黄金巅峰状态。1979 年伊斯兰革命使伊朗社会发生剧变，伊朗犹太社团在革命前后的境况也出现较大变化，导致了伊朗犹太人移民以色列的首次高潮。霍梅尼对待国内犹太人问题所实行的“两面性”政策，使犹太社团的发展陷入停滞。而在目前伊朗—以色列由于核问题而形成的僵局下，伊朗犹太社团的身份认同和终极移民问题则显得尤为敏感与尴尬。

[**Abstract**] The Jewish community of Persia, modern-day Iran, is one of the oldest in the Diaspora. Under the Phalevi Dynasty, established in 1925, the country was secularized and oriented toward the West. This greatly benefited the Jews, who were emancipated and played an important role in the economy and in cultural life. The Islamization of the country has brought about strict control over Jewish educational institutions, and just as it radically transformed Muslim society, the revolution changed the Jews. However, under the tension of Iran-Israel conflict, some problems exist such as the identity or “Aliyah” are still remain to be a tricky balancing action for the whole community.

在现代伊朗社会之前，犹太人仍旧被与穆斯林严格区分开来，长期居住在“隔都”里：隔都内道路非常狭窄，基本不超过 5 英尺宽。与之形成强烈对比的是道路两边 12 英尺左右的高墙，墙头的石材中被浇筑进锯齿状的玻璃碎片。住房统一安装了橡木门，在入口处以金属钉加固。由于当地的歧视性规定，犹太人自建的房屋必须低于周边穆斯林住宅的高度，因此犹太人不得不弯腰进入自家门户。犹太人的宗教生活也和日常生活一样受到限制，犹太会堂外部不得设有明显标志，因此难以从外表识别。社会上对于犹太人的谬误观念更是延续了近千年：犹太人被描绘成在肉体和精神上不洁净的“异端”，甚至被看作传染病的携带者。在伊朗民间传说和大多数文学作品里，犹太人往往扮演吸血鬼一类的角色而遭到痛恨。穆斯林家庭经常警告儿童不要去犹太人区，以免遭到绑架。犹太人若上门拜访穆斯林，则必须坐在一小块特殊的地毯上与其他客人隔开，也不能接受主人家里诸如茶、食物或水烟的招待，因为什叶派穆斯林深信，被犹太人碰过的东西是不洁的。犹太人若与穆斯林商人进行交易，则要通过特殊中介机构以免污染到对方。犹太人还不得靠近水源，下雨时必须闭门不出，因为接触到他们的雨水会污染土壤。在遭到迫害时，犹太人区的水源往往第一时间被切断。① 在此种深刻歧视性观念的影响下，社会上犹太人与穆斯林之间的暴力事件时有发生。而这些苛刻的歧视性规定，长久损害了犹太人的社会行动、宗教信仰和法律地位。

一、西方世俗化下的黄金时代

1907 年的伊朗立宪运动对于伊朗犹太社团的生活境遇来说，无疑是一个具有重要意义的转折点。早在 1905 年，犹太人、基督教徒和拜火教徒就共同建立了一个多种族秘密组织，积极推动立宪思想。革命爆发之初，伊朗犹太人联合其他国内少数民族一起投入到立宪运动中去，最终成功建立全国协商议会，以此替代当时由宗教领导层限定的纯伊斯兰议会。1907 年宪法为穆斯林和非穆斯林男性公民提供了在宗教身份意义之外的全新、明确的民族平等概念。根据 1907 年颁布的宪法条文，这些曾经不被伊朗社会承认的少数宗教群体获得了合法、平等的法律地位。伊朗犹太社团无疑是这场革命的受益者，他们从旧的

① Aryeh Levin，“The Jews of Iran：The Fragile Subsistence of an Ancient Community”，*Policy Study*，No. 1，2007，p. 9.

枷锁中被解放出来，犹太教与伊朗官方宗教——伊斯兰教和平共处的权利得到正式认可。新宪法规定，犹太人、基督徒和拜火教徒都有权每年向议会推选出一名代表，但他们无权参加议会其他代表的选举，新宪法还禁止非什叶派穆斯林成为政府人员。①

立宪运动带来的变革并没有立即消除伊朗社会长久以来对犹太人的歧视性做法和态度。历史上代表种族隔离的“隔都”虽然不再具有实质性的意义，但在20世纪初，马什哈德、德黑兰和大不里士的犹太人居住区仍然会常常遭遇宗教极端人士的攻击与劫掠。直到礼萨·汗即位后，犹太人才得以进一步摆脱隔离与宗教歧视，融入更广阔的伊朗社会。礼萨·汗在伊朗推行政教分离、西方化和世俗化政策，取消伊斯兰教什叶派国教地位，并进一步废除了对少数民族的歧视性法律。礼萨·汗本人高度推崇传统波斯文化，出于犹太人和波斯人在历史上的友好关系，他尊重国内的犹太社团，不仅在穆斯林中澄清“犹太人不洁”的谬误观念，还在访问伊斯法罕的犹太社团时向《圣经》文本鞠躬致敬，并宣布伊朗议会将为犹太人永久保留一个席位。犹太人对于礼萨·汗的慷慨也报以积极的回应，赞美其为自居鲁士大帝之后第二位最伟大的伊朗领袖。二战爆发后，礼萨·汗在奉行亲德政策的同时，仍关注本国犹太人的安危。为了保护国内犹太社团免遭纳粹毒手，礼萨·汗向德国宣称本国犹太人已经完全同化。② 二战期间的伊朗不仅庇护本国犹太人，还暗中帮助欧洲犹太人开辟逃往巴勒斯坦的通道。可以说，在整个战争时期，伊朗一直对犹太人加以保护，未曾让反犹主义兴风作浪。

在这一时期，伊朗犹太社团有了前所未有的发展和壮大，人数稳定上升，在德黑兰等大中城市形成了多个高密度犹太社区。例如在1948年的库尔德斯坦，就分布着大约15个犹太人定居点，人数达到12000人左右。在社团生活的不断完善中，犹太政治组织和团体也不断得到催生，国内第一个犹太青年组织成立于1938年，以萨姆斯·罕

① 此法律在礼萨·汗时期即被废除，巴列维王朝先后有多位非穆斯林担任政府高级官员职位。

② 伊朗对德国称本国犹太人为“kalimis”，此名称起源于古兰经中对摩西的称谓。

迈特夫人为首的第一个伊朗犹太妇女组织（Sazman Banovan Yahud）也于 1947 年建立。萨姆斯·罕迈特夫人还积极活动，在很多城镇设立了分支机构。在她的努力下，伊朗第一家犹太医院于 1958 年在德黑兰成立。①

以色列建国后，受锡安主义影响，伊朗境内有不少犹太人移居以色列，这一举动激怒了伊朗穆斯林宗教极端分子。1950 年 3 月，库尔德斯坦地区的 12 个犹太人被暴徒杀害。暴行促使更多的犹太家庭集中到德黑兰，并公开要求伊朗政府出面保护。在犹太人问题上，巴列维政府延续了与前任一致的宽容立场，答应确保移民家庭的安全通行。到 1951 年 3 月，约有 8000 名伊朗犹太人移民以色列，这也是 20 世纪伊朗犹太人移民以色列的第一股潮流。由于以色列建国后与周边阿拉伯国家和穆斯林世界迅速交恶，中东地区除伊朗以外的所有穆斯林国家都将本国犹太人口驱逐出境。相对于如此大环境，伊朗犹太社团的移民骚动反而渐渐消退，大部分伊朗犹太人在巴列维政府实行的宽容政策下，选择继续留在德黑兰、伊斯法罕等城市发展。② 他们兴建了很多犹太会堂、犹太学校和独立的社区文体活动中心。许多犹太人进入伊朗主流社会，成为商界精英，在石油工业与法律事务中最为成功，并将传统集市经营得十分红火。③ 无论从何种角度来看，在伊斯兰革命前的这一时期，可称得上是伊朗犹太人发展史上一个真正的“黄金时代”，此时伊朗犹太社团的规模达到了 8 万人左右。

二、孤立中的安稳与矛盾

1979 年爆发的伊斯兰革命，推翻了亲西方的巴列维政权，新政府不仅与以色列断交，与美国的关系也急剧恶化。严格的伊斯兰法再次居支配地位，反以情绪席卷整个伊朗，对当时国内的 8 万名犹太人构成了极大冲击。很多犹太人，尤其是犹太富商巨贾们不得不选择离开

---

① Habib Levy, *The Jews In Iran*, Costa Mesa, CA, p. 484.

② 章波：“巴列维时期伊朗和以色列战略关系的成因”，《西亚非洲》2007 年第 2 期，第 27 页。

③ “Many Jews Choose to Stay in Iran”, Associated Press, 2006.

伊朗移居美国，并被迫留下了大批财产，其余的犹太人则生活在恐慌中。

在处理犹太人问题上，霍梅尼政权具有复杂的两面性。

在对以政策上，霍梅尼一方面高调反美反以，另一方面在暗地里重新发展与同样对阿拉伯国家抱有戒心的以色列的“外围联盟”关系，因为以色列同伊朗既没有宗教的、领土的矛盾，也没有历史遗留问题和民族矛盾。伊斯兰革命后，伊朗公开与美苏交恶，同时其输出伊斯兰革命的作法也使得周边阿拉伯国家对伊朗采取防范立场甚至敌视态度。两伊战争爆发后，伊朗原本由美国支持的军队由于革命清洗而显得十分虚弱，因此对以色列采取“公开言论指责，暗地武器交易”的政策。这种两面性政策的主要内容是：以色列向伊朗提供武器弹药，作为交易，伊朗帮助释放真主党扣押的西方人质。[①] 以色列与伊朗的暗地接触也让霍梅尼承继了对当时伊朗国内犹太社团的保护。霍梅尼虽然强烈反对锡安主义，但对待国内犹太社团却持相对宽容的态度。早在从巴黎回国之初，他就约见了国内犹太社团代表，重申会延续 1907 年宪法中赋予犹太人的永久议会席位的规定。他也明确表示：会把锡安主义和伊朗犹太人区分开来对待；只要伊朗犹太社团不与美国和以色列接触，且不发表支持美、以的言论，伊朗政府便会保护他们的人身安全。霍梅尼不仅在言论上做出如上许诺，在行动上也的确帮助犹太社团。比如，在革命后的犹太移民浪潮中，他允许愿意离开伊朗的犹太人取道巴基斯坦前往美国、澳大利亚和以色列等国家。

尽管生命财产不受侵害，伊斯兰革命后的伊朗犹太社团在社会生活中仍然遇到很多问题与困难。在伊斯兰共和国各方面严格限制下，伊朗犹太人基本处于与外部犹太社团隔离的境地，只能在政治、经济、宗教等各方面的警戒线内，固守着自己摇摇欲坠的生存空间，与穆斯林的交往也远不如革命以前自由。政治上，他们被禁止谈论一切与“锡安主义”、“以色列国”等有关的敏感话题，一旦犹太人被证实参与锡安组织，或者与美国有亲密接触，都会被监禁。犹太人申请护照出国旅游必须接受特别监视局的监控，并且一个犹太家庭的全部成员

① *New York Times*, November 22, 1986.

不允许在同一时间到国外旅游，尤其是家庭里的年轻人必须留在伊朗国内，犹太家庭收到警告电话更是常事。教育上，政府加强了对国内犹太教育机构的监管。伊斯兰革命前，伊朗有 20 所犹太学校。革命后，伊朗外交部借口教育经费不足，关闭了其中的大多数。在德黑兰的公立学校中，只有 3 所是犹太学生占多数，而且开设的都是伊斯兰教课程，只有每周五才有由犹太教正统派机构开设的希伯来语和犹太教课程。犹太学生在结束本科教学后，也很难再进入研究生阶段继续深造。宗教生活上，犹太人更不敢在会堂里明确用祈祷词表露对耶路撒冷的向往。经济上，犹太人在就业、住房等方面也受到不同程度的限制。① 虽然霍梅尼时期并没有从法律上再次禁止犹太人进入政府部门工作，但实质上政府部门只聘用穆斯林，犹太人和其他少数族群再次被阻挡在政府大门外。在国有企业部门工作的犹太人也不太可能上升到最高层。从商者的自由现金流被政府密切监控，以确保没有资金流往国外。在这个时期的伊朗，社会上的反犹活动虽偶有发生，但程度远不如历史上欧洲的反犹恶浪那般反复和强烈。伊朗国内至今一共出现过两次反犹风波，一次是那份伪造的《锡安长老议定书》在国内的传播，还有一次即 1999 年的“以色列间谍”风波。② 据统计，伊斯兰革命后约有 50% 的犹太人离开，剩余的犹太社团人数在 4 万左右。

三、伊朗核危机阴影里的走与留

随着“9 · 11”事件后美国全球反恐战争的展开，伊朗被美国列为“邪恶轴心国”，并处于支持国际恐怖主义国家的黑名单之首。在阿富汗战争和伊拉克战争后，美国已经形成了对伊朗的全方位包围态势。随着伊朗安全环境的恶化，伊朗国内保守派势力进一步得到加强，

---

① 内容来源自网站 http：//www. jewishvirtuallibrary. org。

② 1999 年逾越节前夕，13 名犹太人被伊朗政府逮捕并被指控为以色列和美国从事间谍活动，引起国际社会强烈反响。2000 年 9 月，伊朗法庭在非公开审判中判决其中 10 名犯有间谍罪，其余 3 名被无罪释放。2001 年 3 月、2002 年 1 月，两名刑满人员先后被释放，其余 8 名于 2002 年 10 月被释放。这 8 名犹太人中，有 3 名是被伊朗最高领袖哈梅内伊所特赦，而另 5 名释放后至今仍然处于伊朗特工的长期监视之下。

因此加大了对以色列的指责。两伊战争后，伊朗重新启动巴列维时期停滞的核计划。以色列强烈反对伊朗重启核计划，指责伊朗意在寻求核武器。伊朗核问题上升为核危机后，以色列与伊朗的敌对关系也进一步加深。伊朗强硬保守派新总统内贾德上台后，不仅高调质疑二战中纳粹大屠杀的真实性，称“德国纳粹二战时屠杀犹太人完全是一个编造的神话”，并且在一个名为“世界无锡安主义”的会议上语出惊人地声称：“必须要把以色列从地图上抹去”，以色列“正在走向毁灭”，整个中东地区“很快将会得以解放”。[①] 面对以色列的指责和整个国际社会的批评，内贾德多次辩称有关以色列应该被彻底消灭的言论是正确合理的，反映了全体伊朗人民的心声。

在核危机的阴影下，内贾德政府实行的对犹太人政策是：“区别对待”、“希望同化”。尽管内贾德延续了霍梅尼的对犹政策，依然将犹太人与以色列国区别对待，称犹太人也是伊朗国民，和穆斯林一样应当被尊重，伊朗反对的是锡安主义和以色列国而非犹太人。在此宣言下，内贾德总统办公室还亲自带头为国内规模最大的犹太萨皮尔医院捐款 23800 里亚尔。[②] 甚至在伊以关系紧张的时候，内贾德仍然表现出对国内犹太人的亲善。伊朗犹太社团的生活境遇成为内贾德标榜国内民族平等的一面旗帜。在他看来，既然伊朗的犹太人可以很正常地生活，以色列国还有什么存在的必要呢！

与霍梅尼时期相比，近年来伊朗国内的犹太会堂和犹太公墓在数量上有所减少。现存的犹太公墓基本处于满员状态，其中位于苏萨附近的著名犹太先知丹尼尔的公墓深受穆斯林的尊敬，因为穆斯林什叶派相信他预言了安拉的降临，同样受伊朗国民尊敬的还有位于哈马丹的以斯帖王后陵墓。犹太会堂数目也进一步减少，原来在伊斯法罕、设拉子等城市的很多会堂如今已关闭，但不少较大的会堂在安息日时仍然人满为患。在社团生活上，如今的伊朗犹太社团有着完整的组织结构，其社团主席每四年选举一次，并继续拥有自己的妇女组织，出版自己的季刊。伊朗政府也不定期地给予社团少量资金帮助。

---

① 何志龙：“伊朗视野中的以色列”，《国际论坛》2006 年第 6 期，第 32 页。

② Aryeh Levin，“The Jews of Iran：The Fragile Subsistence of an Ancient Community”，*Policy Study*，No. 1，2007，p. 9.

伊朗犹太社团对于伊朗政府的限制政策和内贾德的反以言论似乎并无强烈反应。面对内贾德"大屠杀是个神话"的言论，伊朗犹太议员毛瑞斯·穆塔迈德甚至站在政府立场上为内贾德辩解："我必须为内贾德做出澄清，在大屠杀事件上，最大的灾难在于那数以千计的影片和记录资料，这对伊朗犹太人和整个世界来说是巨大的侮辱。"① 毛瑞斯·穆塔迈德意图说明，事实上伊朗犹太人并不希望自己的犹太身份引起国际社会的关注。他不仅在大屠杀事件上为内贾德的过激言论做出辩护，在伊朗对外政策上，甚至伊朗核问题上也完全支持内贾德。在身份认同问题上，很多伊朗犹太人和毛瑞斯持相同态度，认为国籍的认同要先于宗教的认同，自己在身份认同上首先是伊朗人，其次才是犹太人。虽然他们也承认伊朗犹太社团现在面临很多问题，但认为伊朗绝不存在类似于欧洲历史上的那种反犹主义。至于内贾德的惊人言论，他们认为这完全是出于稳定国内政治和引起全世界关注的考虑——内贾德之前的伊朗甚至还算不上二流国家，而现在却能够成为一个勇敢对抗美国和以色列的伊斯兰卫士。

随着伊朗核问题的加剧，美伊、伊以之间的关系日渐扑朔迷离。以色列迟迟未对伊朗做出武力攻击的选择，其中很大的顾虑是目前伊朗境内犹太社团的安全。实际上，以色列当局早已意识到这一问题，并责令情报机关摩萨德制定营救计划。据俄罗斯《谍报网》披露，以色列摩萨德高官近来多次秘密出访毗邻伊朗的高加索国家，试图说服伊朗邻国向以军提供飞机着陆点和加油服务，以便能够顺利转运在伊朗境内的犹太人。② 另一方面，以色列在国内设立的专项基金给每个愿意移民到以色列的伊朗犹太人提供一万美元经济资助，全家移民以色列还会另外得到数千美元补贴。同时，以色列试图通过建立"现金激励移民机制"来进一步鼓励伊朗犹太人大规模向以色列移民。根据"伊斯兰在线"的报道，伊朗的犹太人对此现金诱惑断然拒绝接受，这无疑给以色列的不懈努力泼了一盆冷水。

除了以色列方面的撤侨努力行动外，美国希伯来移民援助协会

---

① Rachel Safier, "How Jew-Friendly Persia Became Anti-Semitic Iran", *Moment*, December, 2006.

② 资料来源于 http://gb.cri.cn/8606/2006/05/22/1905@1054389_1.htm。

(HAIS)和一些美国犹太人组织也大力呼吁伊朗犹太社团撤离。但据HAIS的统计数字，2003年共有183名伊朗犹太人离开伊朗，2004年有297名，而2005年只有183名。据调查，这一小部分犹太人离开伊朗主要是出于经济和家庭原因，并非HAIS原来设想的政治因素。面对总统内贾德的强烈反以立场和愈演愈烈的伊朗核危机，大部分伊朗犹太人仍然选择留居国内，对是否移民以色列的态度并不明朗。走上伊朗街头，随处可见不戴面纱的犹太妇女，德黑兰仍有部分犹太会堂处于开放状态，伊朗犹太人的日常生活照旧且安稳。伊朗犹太社团还对美国试图干预伊朗内部移民问题提出指责："任何外国试图干涉伊朗犹太人内部事务都是对伊朗人民和伊朗内部团结的摧毁。和平是伊朗犹太人在这片国土上生活的明证。"①

从客观角度上分析，伊朗犹太人之所以在核危机的强大压力下选择留居伊朗，原因在于：其一，虽然伊朗犹太人的生活面对种种限制，但只要在政治上闭口不谈以色列和西方，犹太人还是可以享有宗教信仰和稳定的犹太式生活的。他们认为，伊朗现在的保守和限制对每个国民都是平等的，某些政策也并非完全针对犹太人。相反，犹太人还拥有一些穆斯林所不能拥有的权利，比如犹太人可以保留在家庭酿制葡萄酒的习惯与饮酒的特权，在男女同校的希伯来学校里男女生可以共舞，等等。这些都是在伊朗社会中穆斯林所不能享有的权利。其二，伊朗政府的反以立场并不等同于反犹。虽然有些媒体关于反锡安主义的宣传有时也会挑起针对犹太人的暴力事件，但政府基本能够坚持其承诺，出面保障国内犹太人的安全。核危机爆发后，伊朗政府曾多次表示，以色列与伊朗犹太人是两个概念，不会因为以色列而伤害本国犹太人。如2006年夏天，伊朗某报纸拍下一组照片，照片上一些拿着以色列国旗的人们在犹太会堂里聚集，庆祝以色列国庆日。该报纸宣称此犹太会堂位于伊朗。对此，现任伊朗犹太议员发表声明澄清，后经过伊朗安全机构调查，此事纯属捏造。② 其三，经过多年的流散与融合，伊朗国内的犹太群体已经深深扎根于他们所处的社会。即便与

① *Washington Jewish Week*, October 31, 2008.

② Aryeh Levin, "The Jews of Iran: The Fragile Subsistence of an Ancient Community", *Policy Study*, No. 1, 2007, p. 11.

政府之间依然存留不少问题，但这并非主要由于文化、宗教、历史的差异，而是现实、权益等因素综合作用的结果。其四，出于现实经济利益考虑，他们选择留在伊朗是因为有自己的工作和生活，有部分移民到美国也是为了更多的工作机会。并且，现今留居伊朗的犹太人大部分年事已高，不会说希伯来语、英语，只会说波斯语，并不适合移民。如果移民以色列，他们在经济利益上会损失更多，这远远不是以色列设立单纯的现金激励机制可以弥补的。1998 年，伊朗前任犹太议员马努赫尔 · 伊利萨在接受美国记者采访时，曾解释自己为什么不离开伊朗，他泪流满面地说："这是我出生的地方，我喜欢我家乡的味道。"

（作者：张忆南，上海犹太研究中心研究人员）

艾兰·佩普与《现代巴勒斯坦史:一块土地,两个国家》

——兼论以色列历史编纂中的“新历史学家”

王 健 WANG Jian

[内容提要] 艾兰·佩普是以色列“新历史学家”学派代表之一,其撰写的《现代巴勒斯坦史:一块土地,两个国家》,一改以往巴勒斯坦史存在的单一民族叙事主导倾向,力求以“双重民族主义化”,甚至“去民族主义化”的视角来阐述两个民族的交往过程。其次,他力求改变以往史著中以现代化发展这一单向线形历史演进模式来套用阐释巴勒斯坦近现代历史进程的研究范式,更加注重“过去”的延续性。第三,在写作对象方面,他努力改变以往史著中占主导地位的高政治、“精英”人物标准模式,有意识地将目光向下,关注庶民和底层社会。最后,他在书中提出或采纳了一些“新历史学家”学派的观点。

[**Abstract**] Ilan Pappe is one of the representatives of New Historians school in Israel. In his new book *A History of Modern Palestine, One Land, Two Peoples*, he attempted a new approach of “dual nationalism”, or “de- nationalism” in place of dominant tendency of single national narrative on two peoples communication process. Secondly, he sought to change the previous modernization paradigm, with more emphasis on the continuity of the “past”. Thirdly, he tried to change the previous history in high political and elites, and pay attention to subaltern society. Finally, he made or adopted some viewpoints of the New Historians school.

一

艾兰 · 佩普（Ilan Pappe）在以色列是个争议颇大的犹太历史学家，属于“新历史学家”学派（New Historians）的极左翼，曾因公开号召对以色列学术界进行抵制而遭到国内右翼势力的威胁，并最终被迫辞去海法大学的教职，背井离乡到英国埃克塞特大学担任历史学教授。

他 1954 年生于海法一个 20 世纪 30 年代逃离纳粹迫害来到巴勒斯坦定居的德国犹太家庭，18 岁时加入以色列国防军，1973 年赎罪日战争时在戈兰高地服役。退役后，他于 1978 年毕业于耶路撒冷希伯来大学，1984 年获牛津大学历史学博士学位，导师为阿拉伯历史学家艾伯特 · 豪瑞理（Albert Hourani）和罗杰 · 欧文（Roger Owen）。博士毕业论文后经修改出版，成为其第一部学术专著《英国和阿以冲突》。1984—2007 年，他任以色列海法大学政治学高级讲师，同时兼任海法埃米尔 · 多马巴勒斯坦和以色列研究所所长（2000—2008 年）。

也许是受其博士导师学术观点的影响，加之从 1970 年底开始，以色列国内长期占据绝对主导的锡安主义意识形态受到后锡安主义思潮的挑战（这种思潮在史学界、社会学界甚至诗歌、小说、电影、戏剧等艺术领域都有表现），艾兰 · 佩普与本尼 · 莫里斯（Benny Morris），艾米 · 斯拉姆（Avi Shlaim）、汤姆 · 塞格夫（Tom Segev）、希勒 · 柯亨（Hillel Cohen）① 等一批犹太历史学家形成了“新历史学家”学派，成为后锡安主义在史学界中的代表性人物，而且以更为激进的论述成为其中的极左翼代表。他根据当时逐渐开始解密的英国和以色列政府相关文件，对 1948 年以色列诞生及同年 70 万巴勒斯坦人被驱逐或逃离的历史进行修正性的重新编纂，出版了许多专著，如《巴勒斯坦种族清洗》、《阿以冲突的形成：1947—1951》、《现代中东》、《以色列/

① 本尼 · 莫里斯系以色列本-古里安大学中东研究系教授，艾米 · 斯拉姆系英国牛津大学国际关系教授，汤姆 · 塞格夫系以色列历史学家、作者和记者，希勒 · 柯亨系以色列耶路撒冷希伯来大学杜鲁门和平与发展研究所研究员。

巴勒斯坦问题》等，其中包括笔者翻译的这本《现代巴勒斯坦史：一块土地，两个民族》。

他在学术上主张要客观公正地阐释巴勒斯坦历史中的阿拉伯群体的历史情景，如他认为驱逐并不如其他历史学家所言是由于当时的特定环境，而是根据1947年由以色列未来领导人制定的所谓D计划实行的有组织的种族清洗。此外，他也是一个身体力行的行动主义者。1999年，佩普作为极左翼以以色列共产党为主的哈达什阵线参加了克奈塞特（议会）选举，始终坚持一个国家方案（即在巴勒斯坦犹太人和阿拉伯人建立一个国家和平共处），强调以色列在建国过程中由于忽视当地巴勒斯坦阿拉伯人的利益而导致了旷日持久的中东和平的缺失，甚至指出锡安主义比伊斯兰更危险，呼吁全世界对以色列的经济、政治，甚至对以色列的学术界进行抵制。他相信对学术界的抵制是正当合理的，因为以色列的占领是一个不断强化的过程，从而使巴勒斯坦人的生存状况一天比一天更糟糕，大学教师协会要么选择袖手旁观、无所事事，要么成为类似南非反对白人至上主义政权的反种族隔离运动的以色列历史运动的一个组成部分。他认为："选择后者，将推动我们沿着唯一可行和非暴力道路向前，从迫在眉睫的大灾难中拯救巴勒斯坦人和以色列人。"①

佩普的历史著作和社会行动遭到了以色列主流历史学家、甚至"新历史学家"学派部分历史学家的批判，遭到了以色列右翼的不断攻击。历史学界的批判主要集中在认为佩普的著作为了突出和强化自己同情巴勒斯坦人的论点而不惜虚构史实，以色列社会对他的攻击则认为他对以色列的国家安全利益造成了损害，这种攻击在2000年9月巴以冲突加剧的背景下显得更加激烈。以色列议会的某些议员多次谴责他，教育部长呼吁海法大学将其解雇，他甚至还受到一些死亡威胁。

2007年，佩普在以色列海法大学校长阿哈龙·本-茨维要求下主动提出了辞职。虽然本-茨维校长强调佩普不应遭到孤立，因为这将有损于学术自由，但他还是希望佩普能自动离开。就在同一年，佩普创立了一年一度的以色列《回归法》会议，要求给予1948年被驱逐的巴勒

① Ilan Pappe, "Back the Boycott", *The Guardian*, May 24, 2005.

斯坦难民以无条件的回归权。

离开海法大学，佩普来到英国埃塞克特大学历史系担任教授，从事20世纪民族政治研究。在接受卡塔尔一家报纸采访时，他谈了自己决定离开以色列的考虑，因为他发现由于其观点和信念不受欢迎，在那里越来越困难。“我在我的大学遭到抵制，校方一直试图赶我走。我每天受到威胁。我不仅被视为对以色列社会的威胁，而且我的人民认为我是个精神病人，我的观点文不对题。许多以色列人甚至相信我是为阿拉伯人工作的雇佣军。”①

二

以色列历史编纂中的“新历史学家”学派的出现与后锡安主义思潮的形成密切相关。

1973 年赎罪日战争后，以色列国内一些民众，特别是部分知识分子开始更加理性地重新审视和反思阿以冲突问题，特别是积极寻找更加合理与可行的与巴勒斯坦人和阿拉伯人和平共处的途径。到了20世纪80年代和90年代，随着冷战后世界格局和中东政局发生巨大变化，以色列内部政治经济结构出现新的变动，特别是奥斯陆和平进程的启动，这股反思的社会思潮在以色列越来越强烈，最后汇聚标示为“后锡安主义”（Post-Zionism）。

后锡安主义其实是一个交集着不同认知和立场的政治文化术语，总体上并没有形成完整的思想理论体系，一些观点和主张也还没有最终定型，但其共同点是对锡安主义核心信念的批判。在一些以色列人和散居世界各地的犹太人，特别是其中的一批知识精英看来，锡安主义已完成了在1948年建立现代以色列国的意识形态使命，因此其意识形态功能也应该就此结束，以色列应该形成一种公民身份，形成一种旨在适应自由民主普遍价值的制度框架，任何民族在实质上及制度上不能凌驾于其他少数民族之上。他们提出了许多有关锡安主义和以色

① Mohammed Iqbal, “Academic slams Israel for land grab”, *The Peninsula Online: Qatar's leading English Daily*, March 29, 2007.

列国的问题，如：以色列国确实是犹太民族的安全住所吗？从历史的角度看，世界上有没有其他地方能让犹太人生活得更好一些（例如北美）？一个兼具犹太性和民主性的以色列国是否可行？以色列是否应该成为所有公民的国家？是否以巴冲突完全是一场非黑即白的冲突？以色列是否以最大的努力去争取和平？是否阿拉伯方面单独承担对冲突持续的责任？从而对以色列现今构成的国家合法性提出了质疑，并坚信以色列必须在民主性或犹太性两者之间作出选择，必须把以色列变成所有居民的国家而不是以牺牲其他族群来强化犹太单一族群的认同。需要指出的是，“后锡安主义”这个词也被右翼犹太人使用，按照对奥斯陆协定的立场来指称以色列左翼政治。

后锡安主义思潮的出现，在以色列掀起了轩然大波，遭到了传统锡安主义和极右翼的新锡安主义的谴责、抨击和攻讦。他们认为后锡安主义是一种“迦南主义”或“泛闪族主义”运动，越轨偏差，严重地超越了锡安主义界限。特别是后锡安主义将锡安主义运动视为一种殖民计划而非一场民族主义运动，这对以色列国作为犹太民族国家的合法性及存在合理性造成了很大的危害，并削弱了犹太民族精神。他们还抨击后锡安主义有意歪曲历史去迎合反锡安主义思潮，有批评者干脆将后锡安主义者等同于旧的反锡安主义者。[①] 还有一些反对者对后锡安主义关于以色列“和平意愿”的增长取决于内部因素的判断表示抵制，强调和平进程是外力强加的，犹太人仍然要以对所占领土的“以色列化”为任。

在后锡安主义思潮中出现的“新历史学家”史学学派既从后锡安主义那里获得了灵感、汲取了动力，又通过对大量解密文件和档案的深层研究提出一系列批评性观点，为后锡安主义思潮提供了学术支撑。需要指出的是，后现代主义对“新历史学家”学派的产生也有一定的影响，推动他们去努力从当今阿以冲突的现实文本中解读 1948 年战争及其后果，并解构和重构那段历史。

总的来说，“新历史学家”是一批对以色列历史，特别是以色列建国、巴勒斯坦人逃离和阿拉伯国家和平意愿的传统假说提出实证挑

① Shlomo Avineri, “Post-Zionism doesn't exist”, *Haaretz*, July 8, 2007.

战的历史学家。他们认为占据主流地位的旧历史学家无法将实证主义与意识形态统一起来，为了意识形态的缘故对史料进行削足适履，从而忽视了方法论和理论问题，同时将研究的重心始终放在社会精英身上，从而忽视了草根民众。如本尼·莫里斯就指出："旧史学家们作为成年人参与了1948年史诗般光荣的犹太国家的重生。他们无法将自己的生命与这样一个历史事件分离，因此也就无法客观公正地对待他们写入史书的那些事实和进程。旧史学家们的写作大都依靠访谈和回忆录，最多使用了一些有选择的文献，其中许多被删减了。"①

虽然以色列没有正式的所谓官方史学，新历史学家也不是一个观点同一的学术群体。如在如何看待所谓的"D计划"时，本尼·莫里斯等认为这是为了让新生的犹太国家免遭入侵的权宜之计；而艾兰·佩普等则将其视为企图占领更多的巴勒斯坦土地，驱逐更多的巴勒斯坦人。但他们通过大量新发掘和解密的政府文件、档案（主要是以色列的，阿拉伯方面的很难获得）和其他相关资料，对诸如锡安主义运动，以色列国家的建立、性质和未来发展趋向，阿以冲突及和平的可能性，特别是对以色列的巴勒斯坦人的权益等问题进行了重新的批评性研究，提出了一些修正的史学阐释，力图还历史以真实。此外，以色列对国家历史的理解也在过去的几年里有所改变，其中的部分变化也纳入了"新历史学家"的视野。

"新历史学家"与以色列主流历史编纂的观点差异，根据艾米·斯拉姆的归纳，主要表现在五个方面：第一，主流观点认为英国试图阻止犹太国的建立，而"新历史学家"则表示英国试图阻止的是巴勒斯坦国的建立；第二，主流观点认为是巴勒斯坦人自愿逃离家乡，而"新历史学家"认为难民是被赶走或被驱逐的；第三，主流观点认为当时巴勒斯坦地区的权力平衡有利于阿拉伯人，而"新历史学家"则指出，以色列无论在人力还是武器方面都占有优势；第四，主流观点认为，阿拉伯人有一个摧毁以色列的协作计划，而"新历史学家"则强调，阿拉伯世界是分裂的，没有统一的计划；第五，主流观点认为，阿拉伯人的不妥协阻碍了和平的实现，而"新历史学家"则认为以色

① Benny Morris, ed., *Making Israel*, Michigan, 2008, pp. 14–15.

列对和平困境应负主要责任。[①]

“新历史学家”的研究主要集中于1948年战争前后，特别关注巴勒斯坦人的命运。他们的著作动摇了传统主流史学关于1948年战争前夕巴勒斯坦犹太社团处于灭绝危险的观点，指出当时碎片化的阿拉伯世界无法支持低劣的巴勒斯坦准武装力量赢得后委任时期的巴勒斯坦地区，1948年战争爆发时，巴勒斯坦准武装力量的人数、训练和作战能力都低于以色列部队。他们特别指出，犹太人能够在战争中获胜的原因是犹太代办处与外约旦哈希姆王朝达成了默契，作为承诺不进攻犹太国的回报，外约旦不发一枪地占据了西岸地区。此外，总体说来，锡安主义者成功地说服了大部分国际舆论，将锡安主义事业与大屠杀联系在了一起。“新历史学家”对1948年战争期间巴勒斯坦人自愿出走的神话和有关战后和平谈判问题也提出了挑战，认为许多巴勒斯坦人是被有计划地驱逐的，战后大多数阿拉伯国家有诚意进行和谈，但以色列不愿意妥协，甚至放弃了和平的机会。

“新历史学家”的这些观点受到了来自以色列传统主流历史学家和阿拉伯或亲阿拉伯学者的批判。前者指责他们编造了锡安主义者的不当行为，而后者则指责他们粉饰锡安主义者的罪行。对“新历史学家”提出的最严肃的指责是他们忽视了阿拉伯方面的史料来源，使用了很少的阿拉伯史料，而且大多数参考引用的还是阿拉伯史料的英文译本。“新历史学家”与传统的主流历史学家和阿拉伯或亲阿拉伯历史学家为此进行了多场大论战。一些颇具知名度和拥有极高学术地位，并一直坚持远离“非学术问题”的主流历史学家和社会学家也被卷入到大论战中。这些知名专家教授虽不否认后锡安主义者所披露的“事实”与“发现”，但却质疑后锡安主义学者的“专业性”，攻击其研究理论与思想背景的“缺陷”。[②] 其中，本尼·莫里斯和艾米·斯拉姆与萨巴塔·特夫特（Shabtai Teveth）[③] 围绕其撰写的《大卫·本-古里安传》进行了争论；在《巴勒斯坦研究杂志》1991年秋季第1号上，本

① Miron Rapaport, “No Peaceful Solution”, *Ha'aretz Friday Supplement*, November 8, 2005.

② 王铁铮:“后犹太复国主义评析”,《西亚非洲》2006年第2期，第26页。

③ 萨巴塔·特夫特系以色列著名记者和本-古里安的传记作者。

尼·莫里斯与诺曼·芬克尔斯坦（Norman Finkelstein）及努尔·马沙拉（Nur Masalha）[①] 展开辩论，后者指责本尼·莫里斯提供了大量鲜为人知的档案资料的同时，构建了相对原来一些史著来说具有“中立性”的新神话，而他所举的证据不能支持他温和的结论，即阿拉伯难民问题产生于战争而非设计，而其证据则显示巴勒斯坦阿拉伯人遭到了系统的和有预谋的驱逐。在回应中，本尼·莫里斯指责批评者陈旧的偏见和歧视，重申了他对阿拉伯人逃离的多方面解释的支持；本尼·莫里斯和艾米·斯拉姆与埃夫拉伊姆·卡什（Efraim Karsh）[②] 在《中东季刊》上也展开了争论，后者在1996年6月号上刊文，声称“新历史学家”系统地扭曲档案证据以按照他们自己制造的形象来编造以色列的历史。艾米·斯拉姆则在同年9月号上为“新历史学家”作整体无罪辩护，并对锡安主义者与哈希姆王朝在1948年战争前的勾结做了进一步阐述。本尼·莫里斯刊文表示不值得回应，指责埃夫拉伊姆·卡什的文章是“曲解、半真半假和十足谎言的大杂烩”。特别需要指出的是，相关争论甚至还越出了学术界。1998年，海法大学学生泰迪·卡茨（Teddy Katz）在硕士论文中声称根据调查采访，以色列国防军第三旅在1948年战争期间在阿拉伯村庄坦图拉犯下了大屠杀罪行。为此，该旅的老兵起诉卡茨诽谤。在法庭听证时，卡茨表示要发表一份声明撤回自己的文章。后来他又试图收回撤回，向最高法院提起申诉，但最高法院拒绝干预。同时，海法大学宣称发现其论文有严重问题，包括“引用”与卡茨的访谈记录不符，决定暂缓授予学位并要求他重新提交论文。由于艾兰·佩普等历史学家提出对坦图拉大屠杀的指控，因此这一问题迄今仍然是争论焦点之一。2001年，以色列教育部长利摩尔·利维奈特认为以色列中学使用的九年级历史教科书《变化的世界》具有后锡安主义性质，便断然发出禁令，并责成各学

---

① 诺曼·芬克尔斯坦系美国犹太学者、德国纳粹集中营犹太幸存者的后代。他提出“种族大屠杀产业（Holocaust Industry）”这一概念，即通过无穷无尽地反复渲染纳粹德国对犹太人的种族大屠杀，无条件地支持以色列的生存权，从而制止世人对以色列压迫阿拉伯人劣行的任何批评。为此，美国德保罗大学2007年拒绝授予他终身教职，迫使他黯然退出学术界。努尔·马沙拉系英国萨里大学阿拉伯裔宗教和政治学教授。

② 埃夫拉伊姆·卡什系英国伦敦大学国王学院犹太裔中东和地中海研究教授。

校将所有该书的副本都用碎纸机销毁。[①]

"新历史学家"学派虽然存在着这样或那样的问题，如对阿拉伯方面的史料很少进行挖掘（当然这有阿拉伯方面资料开放不足的原因），有些观点过于激进，有矫枉过正之嫌，同时对历史审视与反思的宽度不够，过于集中于1948年战争及巴勒斯坦难民问题，对以色列历史的其他方面涉及不多，但是，他们毕竟结合最新解密的以色列政府文件和档案，对巴勒斯坦/以色列历史中的许多问题进行了批评性的研究，不仅打破了以色列学术界的长期禁忌，扩展了以色列历史的讨论话题和公共话语，对以色列犹太社会的"话语霸权"产生了冲击与挑战，而且激发了以色列人对以色列官方的"历史即记忆"和有关历史与现状的主流历史编纂著作真实性和客观性的怀疑与思考，从而必将对以色列未来国家的发展，特别是巴以关系的重新解读和理解产生积极的影响。当然，由于犹太正统派在以色列主流社会中仍然占据主导地位，"新历史学家"的历史叙述与阿拉伯或亲阿拉伯的历史叙述之间仍然存在距离，因此，"新历史学家"学派在未来相当长的一段时期内还会处于边缘地位和尴尬处境，如著名东方主义学者萨伊德所言，充满"非常严重的，近乎精神分裂症的矛盾"。[②]

三

艾兰·佩普有许多著作，其中最有名的就是《现代巴勒斯坦史：一块土地，两个民族》。该书于2004年由剑桥大学出版社初版，2006年再版。再版增加了第八章《后锡安主义的繁荣时代》和第九章《自杀之路：奥斯陆协议寿终正寝与毁灭之路》，并以新后记《后阿拉法特及新沙龙时代》取代了初版后记《后奥斯陆的巴勒斯坦和以色列》。

作为"新历史学家"学派的代表作，艾兰·佩普在此书的编纂中首先试图从叙述结构上加以突破，一改以往巴勒斯坦史存在的单一民族叙事主导倾向，正如本书的副标题所言，写出一块土地上两个民族

① Limor Livnat, "A World of Falsehood", *Jerusalem Post*, March 19, 2001, p. 8.

② Ephraim Nimni, *The Challenge of Post-Zionism*, London, 2003, p. 8.

共同交往发展的历史，通过对这段历史“双重民族主义化”，甚至“去民族主义化”来放松民族主义对历史编纂的钳制。他在序言中写道：“批判性地运用现代性概念，就有可能不带歧视地解构两种叙事，……需要应对、甚至要推倒的障碍正是深深植根于多数民众心中的两种截然不同版本的国家历史。目前存在着彼此对立的以色列和巴勒斯坦民族历史编纂学，在双方不同的教科书中对自己国家的历史自然有更好的叙述。现在这两种历史观出现在同一本书里，有时就会因其自负、种族中心论和精英论调受到排斥与批评，有时在民族史诗篇章得到尊重的同时，其中的荒诞也会遭到奚落。”①

在以往的阿以双方有关这段历史的叙述中，绝大部分是以 1918 年第一次世界大战后英国在这块土地上开始委任统治作为将这一地区历史分流的起点，并划分成巴勒斯坦人和锡安主义者两个截然不同的部分。至于 1948 年之后的历史，除了在阿以冲突的特定章节里把这两个民族历史当作同一主题来进行论述外，同时叙述这一土地上两个民族平行发展历史的书籍屈指可数。这种单一民族主导的叙事模式不仅是一种学术上的缺失，更多地是受到了民族主义和意识形态的影响和约束，这里存在着民族主义与作为一门现代学科的历史学发展之间的纠缠与叠覆。双方的民族主义史学著作都假定这片土地的历史等同于其民族主义的历史，他们对土地和民族并不做区分，土地和民族同为一体并在同一历史中具有同一本质。正如佩普所指出的：“民族叙事隐匿之手书写了巴勒斯坦/以色列土地的历史。……由于以色列史学家与西方人有着更密切的认同感，对他们来说有幸的是，其民族历史编纂直至最近一直更被尊为学术研究，更加忠于‘史实’而非意识形态。相形之下，巴勒斯坦研究者就没有那么幸运了。尽管他们的著作也遵守同样的西方学术规范，但由于没有自己的国家又缺乏合适的学术机构，因此通常被当作宣传人员。不过，这种学术评价方式最近已被颠覆：这一改变不仅归因于人文科学中所发生的转变，也归因于政治。然而到目前为止，关于该地区的历史一直分为要么亲以、要么亲巴。

① Ilan Pappe, *A History of Modern Palestine: One Land, Two People*, London, 2006, p. 2.

历史学家或许希望做到中立客观，但他们事实上属于冲突双方中的一方，或者对其中一方有着强烈的认同感。”①

因此，要完成这一似乎不可能的学术使命，遇到的挑战是可想而知的，即便是寻求最大可能的客观公正，仍然无法逃脱来自传统历史学家的抨击和批评，甚至人身攻击。虽然约翰·理查德·皮尔格（John Richard Pilger）、瓦立德·卡利迪（Walid Khalidi）、理查德·安德森·福尔克（Richard Anderson Falk）、埃拉·哈比巴·索赫特（Ella Habiba Shohat）②、努尔·马沙拉等予以充分肯定，但埃夫拉伊姆·卡什在《中东季刊》评论该书时，开头就将艾兰·佩普说成是“所谓‘新历史学家’中古怪的人。与他的那些以最新解密的英国委任统治时期和以色列独立初期的文件为基础撰写反以色列文章的同事不同，佩普是一个不知羞耻的‘相对论’者，他的史学研究不顾事实地对政治态度和议程作反向推测”。③ 即使在“新历史学家”学派内部，本尼·莫里斯也提出了批评，指出书中有许多史实是完全虚构的，错误百出。“每页上的错误是佩普历史方法论与政治倾向相结合的产物。”④

其次，佩普在此书中力求改变以往史著中以现代化发展这一单向线形历史演进模式来套用阐释巴勒斯坦的近现代历史进程的研究范式，更加注重“过去”的延续性。他指出，“这一叙事展现了从原始状态到现代巴勒斯坦的现代化线性历史。锡安主义者的叙事中，锡安主义是这一进程的一部分，而在巴勒斯坦人的叙事中，巴勒斯坦民族主义则是现代性的信使和结果。这种冲突大多被视为相互冲突的两种现代

---

① Ilan Pappe, *A History of Modern Palestine: One Land, Two People*, London, 2006, pp. 6 - 7.

② 约翰·理查德·皮尔格系澳大利亚著名记者和纪录片制作人。瓦立德·卡利迪系英国牛津大学毕业，生于巴勒斯坦的阿拉伯裔历史学家，现在美国哈佛大学国际事务中心担任研究员。理查德·安德森·福尔克系美国普林斯顿大学国际法终身教授。埃拉·哈比巴·索赫特系以色列犹太作家、活动家、演说家和美国纽约大学文化研究和妇女研究教授。

③ Efraim Karsh, “Review on *A History of Modern Palestine: One Land, Two People*”, *Middle East Quarterly*, Winter 2006, p. 82.

④ Benny Morris, “Politics by Other Means”, *The New Republic Online*, March 22, 2004, http://www.ee.bgu.ac.il/~censor/katz-directory/04-03-22benny-morris-The%20New%20Republic-1.pdf.

化逻辑所导致的产物，既不可避免，又是暂时的，不甚重要的，必将随着现代化进程的完成而结束。”① 他同时认为：“现代化理论假定历史中存在着社会传统中断、过去生活方式停止的明确时刻，就本书而言，这个时刻是1799年。依照这种观点，巴勒斯坦在西方帮助下告别了过去。经过欧洲的神奇点拨，巴勒斯坦迎来了启蒙和进步。但是如同其他西方化的例子一样，所带来的究竟是成功还是失败仍无定论。”②

在传统的历史叙事中，披着传统和宗教外衣的“过去”往往被描绘成西方带给巴勒斯坦进步时所遇到的障碍。它的存在很好地解释了巴勒斯坦和以色列部分地区现代化遇阻或中断的原因。这种带有负面干扰因素的“过去”普遍存在于巴勒斯坦地区或巴勒斯坦人中，而在以色列或犹太人方面较少，主要是那些来自阿拉伯国家，而非来自西方国家的犹太人生活特征。此外，“过去”对妇女、农民和工人的影响要比对男人、地主和雇主的影响更强烈。在本书中，佩普希望重新引入“过去”这一概念，并说明它曾是，并仍然是民众生活中一个重要的因素。“过去”并不总是意味着倒退，而“现在”也并不总是等同于进步。与中东其他地方一样，在巴勒斯坦，“过去”曾有今天业已消失的平等行为模式。同样，与西方的接触并非总能改善妇女地位或削弱家族权力。事实上，尽管殖民主义、锡安主义以及后来的巴勒斯坦民族主义带来了剧烈的政治变化，基本社会关系却得以维持原状，这充分证明了“过去”还是具有适应性和恢复力的。

正因如此，本书并没有将世俗化描述成与西方接触后不可避免的结果。书中的宗教也表现出了灵活性，它成功地适应了技术甚至政治变革的世界。传统也不再是阻止实现“现代化”的最后障碍，而是那些在变动现实混乱中茫然失措者的防卫和适应机制。宗教和传统成为了影响政治、社会和文化的强大力量，并且保持了下去。佩普指出：“‘过去’发挥了这样的作用，也影响到我们对变化的理解。书中的变化是非线性的，而且也绝不是协调的，与西方遭遇时强化了传统行为

---

① Ilan Pappe, *A History of Modern Palestine: One Land, Two People*, London, p. 5.

② Ibid., pp. 5 – 6.

方式的同时又打破了传统模式。对一些人来说，变化很快，对另一些人来说，变化是温和的，其余的人则几乎感觉不到变化。也许我们应该重新思考‘延续’，甚至‘变化’等术语。”①

第三，佩普在此书的写作对象方面，努力改变以往史著中占主导地位的高政治、“精英”人物标准模式，有意识地将目光向下，关注庶民和底层社会。其实，这种“庶民历史”写作模式在本书出版之前已逐渐引起了历史学家们的注意。例如，亚历山大·舒尔赫（Alexander Scholch）的《变化中的巴勒斯坦 1856—1882：社会、经济和政治发展研究》、巴鲁克·齐默琳（Baruch Kimmerling）和乔尔·密格达尔（Joel Migdal）的《人民的形成》以及沙米·法尔松（Samih Farsoun）和克里斯蒂娜·扎卡里亚（Christina Zakaria）的《巴勒斯坦和巴勒斯坦人》等都对居住在这块土地上活生生的人从人文学科角度进行了剖析与理解。但佩普较之他们更为大胆的努力是不仅从底层社会的“庶民”，而且改变了以往单一民族视角，从一块土地上两个民族的“庶民”角度来进行历史叙事。② 佩普认为：“现代巴勒斯坦/以色列历史应该是底层社会和精英集团共同的历史，是期待改变和安于现状的人的历史，是关于外部和内部变化动力的历史。这一历史寻求将剥削者和被剥削者、入侵者和被入侵者、压迫者和被压迫者的叙事结合起来。它的主题是巴勒斯坦和以色列的民众，以及他们从各自熟悉的生活模式中脱离出来的历史起点；而这些历史起点集合起来就是巴勒斯坦和以色列这块土地现代历史的开端。”③

佩普关注底层社会是与前面谈到的其“去现代化”模式努力相一致的，正是在“去现代化”的历史叙事中，一个新的重要角色，即底层社会出现了，它指的是通常生活在政治和权力域外，同时在生活的某些而非全部方面愿意依赖政府和精英的阶层。在现代化主义者看来，

① Ilan Pappe, *A History of Modern Palestine: One Land, Two People*, London, 2006, p. 10.

② Rashid Khalidi, Review on *A History of Modern Palestine: One Land, Two People*, *Journal of Palestine Studies*, Vol. 35, No. 1, Autumn, 2005, pp. 107 – 108.

③ Ilan Pappe, *A History of Modern Palestine: One Land, Two People*, London, 2006, p. 12.

对于历史学家来说，巴勒斯坦当地人及底层社会在现代化之前并不是有效主题，而巴勒斯坦地区的精英们碰巧成功地西化，这就使巴勒斯坦现代化的叙事更像精英们的历史，而非“一个民族”的历史。精英们留下了有关他们的成文史据，帮助历史学家们将精英历史当作巴勒斯坦的历史进行了重构。换言之，巴勒斯坦和以色列的传统历史是一种从政治档案中推导出来的精英历史。而佩普努力将那些在现代化主义者的研究方法中缺失或完全边缘化的角色，如妇女、儿童、农民、工人等引入了历史舞台。

第四，佩普在书中提出或采纳了一些“新历史学家”学派的观点，这些观点在以往主流传统历史学派中是不存在的，甚至被认为是反锡安主义的，或者是反以色列的。虽然有些观点不是佩普首先提出的，但他在书中予以了强化，甚至以一些未被世人所公认或接受的二手，甚至三手资料加以佐证。这也是他遭到以色列主流史学家，甚至“新历史学家”同行攻击和诟病的原因所在。

例如，佩普在书中将锡安主义在巴勒斯坦地区开展的民族复兴运动等同于西方殖民主义，指出“没有什么能与锡安主义者带来的殖民主义力量相比，这一点在现代化早期已经十分明显。虽然人数不多，但事后看来那就是殖民移民。由于巴勒斯坦没有被某个欧洲列强占领，因此不是真正的殖民。但是像其他地方的殖民主义一样，这也是一种欧洲运动，是欧洲人为了自身利益而不是当地的利益进入巴勒斯坦的运动。殖民者为了自己的利益把当地人看作可以利用的商品或资产，或是要铲除的障碍。”① “直到一战前夕，锡安主义一直是个民族情感激昂的殖民计划。”②

又如，许多学者都已承认 1948 年战争前后犹太人和以色列政府对巴勒斯坦难民的驱逐行动，但一般都认为是战时的权益之计，但佩普认为这些行动是早有预谋、系统性的计划，甚至在这些行动中存在对巴勒斯坦居民的大屠杀行为和种族清洗行径。他在书中写道：“D 计划更为重要的目标是尽可能清除未来犹太人国家的巴勒斯坦人。犹太人

① Ilan Pappe, *A History of Modern Palestine: One Land, Two People*, London, 2006, pp. 41–42.

② Ibid., p. 52.

的主要军事力量是拥有几个旅兵力的哈加纳，每个旅都接到要占领的村庄名单，其中多数村子注定要遭毁灭，下令保持完整的村庄只是个别。5 月中旬英国人离开时 1/3 的巴勒斯坦人已经被驱赶。清除行动早期英国负责维护巴勒斯坦法律和秩序。至 1948 年 1 月第一波清除就已迫使 7 万巴勒斯坦社会精英离开。城区精英的离开诠释了战争早期阿犹混居区和西耶路撒冷的驱赶政策如此奏效的原因。”① 他为了向读者解释所发生的一切，以编年方式集中扼要介绍了 370 个被以色列消灭的村庄中的 64 个村庄的情况，以便于更清楚地认识当时几乎完全消失的巴勒斯坦乡村的基本情况。

由于佩普力图凭借一己之力在书中完成一块土地上两个民族上至精英下至庶民的宏大历史叙事，任务的艰巨和难度是可想而知的。它要求作者不仅熟悉两个民族的语言、史料和基本史实，而且还要深刻理解犹太人、锡安主义、以色列、伊斯兰、奥斯曼帝国、阿拉伯、巴勒斯坦人的历史。因此，每个专业领域中的专家肯定能在这一宏大历史叙事中发现各种各样的问题和错误，特别是由于以色列和阿拉伯或亲阿拉伯的学者由于价值立场的不同，对书中提出的一些观点存在不同看法也在情理之中。但所有这些都不能否定本书的基本价值，即一种试图用全新视角来理解和重构一段熟悉历史的努力，也就是作者本人在书中所言：“就巴勒斯坦和以色列而言，更多围绕的是民族内部冲突的历史，这一冲突成了该地区历史和巴以历史的本质。那么，这一历史能否以其他方式加以重构呢？对此，我在书中尝试了一种新的研究路径。我希望能在不将西方、政治精英、民族主义和民族内部冲突的重要性边缘化，也不忽略现代化理论家所记载的某些主要变化的重要性的情况下从事这项研究。这些进程包括了我称之为与西方接触后‘非西方社会’所经历的工业化、城市化、卫生化、世俗化、集权化和政治化等诸多发展。”②

---

① Ilan Pappe, *A History of Modern Palestine: One Land, Two People*, London, 2006, pp. 129 – 130.

② Ibid., p. 7.

四

尽管中国的犹太研究早在19世纪末、20世纪初即已起步，但其发展却屡屡遭挫，特别是受到数十年战乱、极左思潮和十年文革的冲击。因此，从一个多世纪的历史长时段看，中国犹太研究真正获得大发展和达到空前繁荣是在1978年中国走上改革开放之路以后。对于犹太/以色列通史研究而言，除了中国学者写的几本专著，如潘光、余建华和王健的《犹太民族复兴之路》、徐向群、余崇健的《第三圣殿——以色列的崛起》、肖宪的《中东国家通史：以色列卷》、张倩红的《以色列史》、孙正达、张暄、蒋加明的《以色列国》、徐焕忱的《以色列百年风云（上、下）》等外，以色列学者撰写的巴勒斯坦/以色列通史专著，如阿巴·埃班的《犹太史》、丹·巴哈特、拉姆·本-沙洛姆的《以色列3000年》、哈伊姆·格瓦蒂的《以色列移民与开发百年史：1880—1980年》、诺亚·卢卡斯的《以色列现代史》等还被翻译介绍到国内，对中国学术界和广大民众了解和认识犹太民族、锡安主义和以色列国的历史产生了较大的影响。

但是，在翻译介绍国外有关巴勒斯坦/以色列通史方面也还存在着一些问题和不足，如大多介绍以色列主流历史学家的著作和观点，这当然是需要的，也是完全应该的，但如果对阿拉伯学者和以色列非主流历史学家，如"新历史学家"学派学者的著作和观点全然忽视，不做介绍，这同样也不利于中国学术界和广大民众全面理解和认识巴勒斯坦/以色列史。

艾兰·佩普是以色列"新历史学家"学派比较有影响力、也是比较极端的学者。他在《现代巴勒斯坦史：一块土地，两个民族》等代表作中的许多观点，正如前文所述，在以色列"新历史学家"学派中也遭到许多质疑与反对之声，我对他在书中的许多叙述和论断也有不同看法。例如，我不同意他将锡安主义看作是一场殖民主义运动，而更多地将锡安主义视为特殊的民族主义运动。这种特殊性表现在它是一个没有国土家园的复兴运动，必然要获取土地来实现自己的目标，同时，由于它长期处在反犹主义和其他敌对势力的包围摧残之下，因此对自身的安全具有超乎寻常的敏感意识，常会不由自主地采取先发制人的手段去打击对自身的威胁。又如，在有关 1948 年战争所造成的巴勒斯坦难民问题上，我觉得要讲两个方面：一方面，确实存在艾兰·佩普所说的驱逐行为和可能的驱逐计划；另一方面，也必须承认，战时阿拉伯领导人的呼吁、惧怕战争或因对未来在犹太人管理下生活的不确定性而逃离，也是巴勒斯坦难民问题形成的一个原因。

但是，我始终心怀这样一个信念，即“史学成立的经过，当在求真；其存在的理由，则为致用”[①]。只有通过各种论据和观点的交锋对撞，从而在对立统一中加以研究，历史才能接近于真实，也只有在历史真实的基础上，才能对现实问题找到有效的解决之道。阿以冲突是当今世上延续时间最久和最复杂的地区冲突，要最终得到公正合理的解决，实现地区和平繁荣发展，我以为也只能从真实的历史中寻求答案。

（作者：王健，上海犹太研究中心研究员）

① 《周谷城学术精华录》，北京师范学院出版社 1988 年版，第 300 页。

三、来华犹太人研究

天津犹太人的社团组织及其经济、政治活动

潘 光 王 健 PAN Guang & WANG Jian

［**内容提要**］本文比较系统地考察了天津犹太社团半个多世纪的历史，特别对天津犹太人的社团组织、社会生活、经济活动和政治活动进行了深入研究，提出了一系列独到的见解。

［**Abstract**］This Paper makes researches on history of Jewish community in Tianjin (Tientsin), China, especially on community's organizational structure, social life, economic and political activities.

从19世纪80年代起在俄国和东欧掀起的反犹狂潮①，导致几百万俄国犹太人逃往北美，但也有几万俄国犹太人穿过西伯利亚来到中国东北和内蒙，再辗转到达天津、青岛、上海等地。其间，中国东方铁路（The Chinese Eastern Railway，以下简称中东铁路）的修筑②、俄国在华势力的扩大、日俄战争、以及俄国1905年和1917年两次革命，又成了推动俄国犹太人持续不断来华的动因。当然，在这股俄犹来华的潮流中，也有些俄犹商人主要是来华经商做实业的，但他们来华发展的原因也是在俄国的反犹环境中根本无法生存，更谈不上在经济上有所进取。正是在这样一个大背景下，天津犹太社团逐步形成和发展

① 1881年3月，俄国沙皇亚历山大二世遇刺身亡。因涉嫌被捕者中有一名犹太人，俄国统治集团乘机在全俄掀起反犹狂潮，后扩至东欧，一直延续到上世纪初叶。

② 1896年，中俄签订《合办东省铁路（即中东铁路—作者）公司合同章程》，规定中国允许俄国修建从西伯利亚经由中国黑龙江、吉林两省，通往海参崴的铁路。

了起来。

一、天津犹太社团的形成、发展和终结

第二次鸦片战争后，清政府于 1860 年被迫将天津列为通商口岸。有记载称，最早到天津的犹太人是一位叫亚伯拉罕的塞法迪犹太人，他于 1866 年在天津去世，享年 70 多岁。[①] 1901 年，天津设立了俄租界，此后来津俄国犹太人迅速增加。1904 年，犹太人在天津置地建公墓。1906 年，吉利舍维奇拉比在天津建立犹太宗教公会（也称“犹太宗教会”），并租房作为临时犹太会堂，供宗教活动用。[②] 同年（一说 1911 年），犹太人又建立了天津希伯来协会（Hebrew Association of Tientsin，也称天津犹太公会）和慈善协会，募集资金救助贫困犹太人。[③] 此时天津犹太人估计已有数百人，但无准确统计资料。犹太宗教公会、犹太会堂和犹太人自办社会救济组织的出现，表明天津犹太社团已经形成，这是中国土地上继香港、上海、哈尔滨之后出现的第四个犹太社团，也是继哈尔滨之后又一个以阿什肯纳兹（俄国）犹太人为主的犹太社团。当时天津犹太社团人数虽然不多，但社团组织严密，经济、政治活动十分活跃。

1917 年俄国革命后，天津犹太社团迅速扩大，到 20 世纪 20 年代初已达千人，到 1931 年日本侵占东三省后因哈尔滨等地犹太人南迁而进一步扩大。不过，关于天津犹太人数量的统计和说法差异极大：最高的统计称 1935 年天津有犹太人 3500 左右，[④] 较低的统计说 1935 年

---

① M. W. Beckelman, “The Jewish Community of Tientsin”, *The Jewish Center*, June 1946.

② 天津市档案馆藏，天津市社会局《犹太宗教会请备案》档案之一，犹太宗教会呈天津市政府社会局报告。

③ 潘光主编：《犹太研究在中国：三十年回顾 1978—2008》，上海社会科学院出版社 2008 年版，第 266 页。

④ 房建昌：“近代天津的犹太人”，《天津文史资料选辑》1996 年第 2 期，第 52 页。

天津犹太人大约为1500—1700人,[①] 还有的学者则认为天津犹太人从未超过2500人。[②] 1933年后欧洲出现反犹狂潮，也有欧洲犹太人来津避难。据天津犹太人代表向远东犹太社团第三次代表大会提交的《天津避难民问题》报告称，截至1939年12月8日，已有169名欧洲犹太难民申请者获准来津居住，尚有128名待定，按许可证抵达者已有56名。[③]

天津的犹太人虽不如上海、香港的英籍塞法迪犹太人那么富裕，但在经营皮毛生意上十分成功。他们在东北和西北购得毛皮后在天津加工制作，然后远销欧美市场，盈利颇为丰厚。到1929年世界经济危机爆发后，皮毛出口遭受打击，一些天津犹商不得不改做其他生意。著名皮毛商格尔谢维奇（Leo Gershevich）长期担任慈善协会等组织的负责人，成为天津犹太社团的主要领袖。除前已提到的公墓和临时会堂外，天津犹太社团还陆续建立了自己的医院、俱乐部、学校、养老院、图书馆等公共集体机构。1940年，天津犹太人建立了一座宏伟的犹太会堂，以取代旧的临时会堂和祈祷所，由莱文拉比主持。著名的天津犹太学校（Tientsin Jewish School）建于1925年，不但为天津，也为华北和其他地方的犹太青少年提供就学机会。该校以英语授课，不但讲授犹太宗教文化历史，还开设了各种社会科学和自然科学的基础课程，教学质量较高，其毕业生大多能进入欧美大学继续深造。天津犹太俱乐部创办于1928年，是天津犹太社团的文化活动中心，拥有图书馆、剧场、餐厅、棋室、台球室等各种文化、娱乐、休育设施。关于这些情况，下面还要详述。

1946年末，天津犹太宗教公会向天津市社会局申请立案登记时，呈报的在津各国犹太人数为1600人左右。[④] 此后十多年，犹太人陆续

---

① M. W. Beckelman, "The Jewish Community of Tientsin", *The Jewish Center*, June 1946.

② Irene Eber, *China and the Jews*, Cambridge, 1992, p. 40.

③ 房建昌："近代天津的犹太人"，载《天津文史资料选辑》1996年第2期，第56页。

④ 天津市档案馆藏，天津市社会局档案之《犹太宗教会请备案》（全宗号25，类别号2，目录号2，案卷号3726）。案卷第一册，总卷第一号，团体第236号，《犹太宗教会请备案》档案之二，天津市社会局团体科报告，民国35年11月23日。

离开天津，主要原因有以下六点：其一，二战结束后，欧洲犹太难民陆续离开天津移居新的家园或与亲人团聚，个别犹太难民直至20世纪60年代初才离去。其二，冷战在全球范围愈演愈烈，特别是朝鲜战争爆发后新中国与西方资本主义大国处于激烈对抗态势，使部分对社会主义、共产主义存有偏见或疑虑的犹太人出于政治意识形态考虑离去。其三，新中国推出一系列向社会主义过渡的经济政策，特别是开始对私营工商业实行改造，这使外国人在中国经商办实业日趋困难，导致少数留下来观望的犹商逐步离去。其四，中苏关系两次恶化使一些持苏联护照的俄国犹太人不得不离去，第一次是1947年后国民党政府与苏联关系的恶化，第二次是1959年后新中国与苏联关系的恶化。其五，到"三年自然灾害"时期，国内经济形势恶化，各类物资短缺，也是促使一些犹太人离去的原因。最后，1966年"文革"爆发，在当时的特殊历史条件下，包括犹太人在内的外侨几乎全部被迫离去。

到1958年1月，天津犹太社团仅余32人。① 在这种情况下，天津希伯来协会已无存在之必要。1957年9月，协会开始对自己的财产进行清理，举办了一些公开拍卖会以拍卖不再需要的物品。天津犹太会堂的经卷由离去的犹太移民带往以色列，一些档案被送往上海犹太社团保存。② 当年，天津市有关当局批准了关闭天津希伯来协会的申请，并在犹太报纸上刊登了关闭广告。所有清理工作于1958年1月结束，存在了半个世纪的天津希伯来协会就此结束。③ 20世纪60年代初，剩余的少数在津犹太人也陆续离去。到1966年"文革"爆发，在天津的户籍登记册上已找不到犹太人或他们的后裔了。至此，天津犹太社团的历史已经终结。当然，到文革结束、中国走

① 王立新："天津近现代史上的犹太人及其经济社会生活"，张国刚编《中国社会历史评论》（第五辑），商务印书馆2007年版。

② Leora Shluger Forman, Monica Morris Schwartz, "The Russian Jews of Tientsin, China, 1900－1950". 两位作者是当年居住在天津的俄国犹太人，这是她们1975年5月1日在美国芝加哥大学的讲演稿，感谢美国马文·托克耶拉比将此稿赠与我们参阅。

③ Leora Shluger Forman, Monica Morris Schwartz, "The Russian Jews of Tientsin, China, 1900－1950".

上改革开放之路后，又有犹太人回到天津发展，这是后话了，不在本文讨论的范围之内。

二、天津犹太人的社团组织和社会生活

天津犹太宗教公会主要组织犹太社团的日常宗教活动，根据犹太教规处理在津犹太人的出生、婚配、离异、死亡诸事宜。前面已提到，最初天津并无犹太会堂，犹太宗教公会只能租房作为临时的宗教活动场所。后来由于在津犹太人越来越多，临时场所已难以容纳这么多人，犹太宗教公会便开始筹建正式的犹太会堂。1937 年，犹太宗教公会筹集到了足够的资金，开始兴建新的犹太会堂。到 1940 年 9 月，宏伟华丽的新犹太会堂落成，此后便成为天津犹太人的宗教活动中心。由于设计师来自北欧，该会堂具有独特的北欧风格。从宗教层面衡量，天津犹太社团总的说来算不上正统。如按照美国犹太教三派划分，社团内的大多数人是改革派或保守派，正统派犹太教徒不多。不过，天津城里有一家犹太屠宰厂和一个犹太熟食店是严格遵循犹太教规的，还有一个烹调犹太正统饮食的厨房。天津犹太人中年长的一代会说意第绪语，并沿袭了一些正统派的传统，但第二代主要说俄语，更年轻一些的则积极学习英语。犹太人的婚礼一般在犹太会堂举行，犹太人与非犹太人结婚的事也时有发生，但与中国人结婚的极少。①

天津希伯来协会是一个世俗性组织，前面提到的格尔谢维奇被选为第一任主席。该协会下属的慈善协会在格尔谢维奇等人领导下积极工作，为救济来津的犹太难民和贫困的犹太人做了大量工作：建立无息贷款项目，为无法得到银行贷款的犹太商人、艺术家和教职人员提供无息贷款；设立专门的奖学金，帮助那些没钱上学的孩子们；集中一部分募捐得来的钱，给予犹太社团的孤、寡、老、弱、病残者一定的资助。② 此外，希伯来协会还管理犹太医院、犹太学校、犹太养老院、犹太丧葬协会和犹太公墓等。据记载，当时犹太医院的医术高超，

---

① Leora Shluger Forman, Monica Morris Schwartz, "The Russian Jews of Tientsin, China, 1900 – 1950".

② Ibid.

是天津最好的西式医院之一。该院大多数医生是犹太人，有 30 张病床，收治的病人中有很多都不是犹太人，其中也包括中国人。[①] 犹太养老院照料在天津没有亲属的年迈的犹太人，据 1946 年的记载，当时有 10 位犹太老人住在那里。[②] 此外，希伯来协会还有一个公共餐厅，为社团中生活拮据的家庭提供午餐，每天来这里就餐的人大约有 60 人，经费完全由希伯来协会补贴。

天津犹太学校影响最大。该校的第一任校长为格林费尔德（L. D. Greenfield），第二任校长是蒙乔瑟（P. P. Montrose）。1934 年，来自哈尔滨的伊兹古尔（A. S. Izgur）成为校长，后长期担任这一职务。[③] 伊兹古尔自 1937 年开始编写《天津犹太人学校年鉴》。关于 1938 年的情况，他写道："上课的语言是英语。教习的课程有犹太史，犹太宗教习俗等。我们有 13 位老师，130 名学生。有一个图书馆供老师和学生使用，图书馆藏书 2000 多本。女孩子要学习缝纫，男孩子要学习手工艺课。四年级开始学习俄语。毕业的学生采用剑桥大学的入学考试卷，一般都能通过。"[④] 四年后（1942 年）的记载显示：是年该校学生仍为 130 人，男女分别为 67 人和 63 人；当时学校设初等、中等和高等三科，并附设有幼稚园；教职员的数量也无变化，仍为 13 人，男性 6 人，女性 7 人，其中俄籍 9 人，法籍 2 人，意籍 1 人，英籍 1 人；校图书馆拥有的藏书有所增加，已达 2400 册；课程也有增加，包括犹太史、犹太文学、俄语、英语、地理、博物、图画、算术、代数、几何、物理、手工、音乐、体操甚至打字；学制为三年，前期学费为 30—60 元。[⑤] 有意思的是，该校的许多学生不是犹太人，在校学

---

① M. W. Beckelman, "The Jewish Community of Tientsin", *The Jewish Center*, June 1946. 也可参见宋安娜：《神圣的渡口——犹太人在天津》，天津人民出版社 2007 年版，第 246 - 247 页。

② M. W. Beckelman, "The Jewish Community of Tientsin", *The Jewish Center*, June 1946.

③ "Report: Tientsin Jewish School, Fifteen Years of Progress 1925 - 1940", New York, 1941.

④ Ibid.

⑤ 王立新："天津近现代史上的犹太人及其经济社会生活"，载张国刚编《中国社会历史评论》（第五辑），商务印书馆 2007 年版。

生来自16个国家，非犹太学生占学生总数比例最高时达到1/3，最低时也有1/4。同样，除天津犹太学校外，有些犹太家庭也把孩子送到美国人办的天津美国学校、英国人开办的天津文法学校或法国人办的天主教学校去受教育。不过，1941年12月珍珠港事变后，日本人关闭了所有英国人和美国人的学校，犹太学校就成了唯一能够给在津外国孩子提供英式教育的外国学校了，那些中立国（如瑞士、葡萄牙、瑞典等）侨民家庭纷纷把孩子送到天津犹太学校来上学，使犹太学校的非犹裔学生数量上升。①

1928年创立的天津犹太俱乐部是天津犹太人主要的娱乐与社交中心。俱乐部取名为昆斯特（KUNST），该词来自德语，意为"艺术"。起初，俱乐部十分狭小。后来，在一个美国银行家的建议下，犹太社团筹集了14万块大洋以购买土地和扩建俱乐部。1937年，全新的俱乐部落成。新俱乐部内有一个拥有500个座位的剧院，经常举办音乐会和各类演出，孩子们也来这里排练芭蕾和练习钢琴。新俱乐部内还有一个藏有5000册意第绪语和俄语书籍的图书馆，读者可以在那里的阅览室读到世界各地的报纸。新俱乐部有餐厅、咖啡馆和小酒吧，还提供扑克、台球、棋牌等娱乐设施。俱乐部有600名左右会员，开始时大多是年轻人，后来老人们也纷纷来这里活动。大多数会员每周至少去俱乐部一次，主要目的是会会老朋友，通过聊天了解各种新闻。犹太社团内许多家庭在俱乐部创办的时候购买了股份，后来俱乐部盈利，他们也都拿到了红利。②

如前所述，天津也有欧洲来的犹太难民，他们在天津犹太社团中形成了一个特殊的小群体。欧洲犹太难民通常是通过两个途径来津的。1940年7月以前，欧洲和上海的海上交通还没有完全割断，许多犹太人先到上海然后再北上来到天津。他们之所以离开上海来到天津，原因是上海当时已经有太多难民，谋生比较困难。同时，1937年以后，日本人占领了半个上海，犹太人可以从日本占领当局那里获得离开上

① M. W. Beckelman, "The Jewish Community of Tientsin", *The Jewish Center*, June 1946.

② Leora Shluger Forman, Monica Morris Schwartz, "The Russian Jews of Tientsin, China, 1900 – 1950".

海的许可。另外一个途径是：在犹太难民直接进入上海变得越来越困难的情况下，一些犹太难民获得了前往某些国家的临时签证或中转签证，然后持这样的签证经由苏联和“满洲国”来到日本人控制下的中国北方，如天津、青岛等地。本来，持这些签证的犹太难民只被允许短期居住，后来其中有些人设法使签证获得延期，才得以长期居住。1941 年 12 月珍珠港事变后，日本当局对持证旅行控制得更加严格，此后几乎再没有犹太难民进入天津了。来津的约 200 名中欧犹太难民虽然都参加了天津希伯来协会，但也建立了他们自己的组织——欧洲犹太移民协会，该协会吸收了几乎所有为逃离纳粹暴政而来到天津的犹太人。①

日军占领天津后，天津犹太人的数量开始下降。据一份资料提供的数据，到 1939 年，天津犹太社团约有 1800 人、600 户。其中无国籍者（多为俄国犹太人）800 人、苏联国籍 250 人、美国籍 200 人、德国籍 150 人、英国籍 100 人，其他国籍 300 人。② 二战结束后，应天津市社会局要求，天津市警察局于 1946 年派外籍警员对在津犹太社团情况进行了调查。根据调查报告的记载，天津希伯来协会和天津犹太俱乐部的情况如下：天津希伯来协会（即“犹太公会”），主席皮阿斯图诺维奇（L. G. Piastunovich）、副主席富里盖尔（J. S. Fligel）、秘书别洛卡曼（Z. A. Belokamen）、司库格富列维齐（M. I. Gvrevich），当时有“永久会员七百五十人，皆为犹太教信徒”；天津犹太俱乐部，主席皮阿斯图诺维奇（L. G. Piastunovich）、副主席洛多夫斯基（M. I. Rodovsky）、秘书迪瓦沃德维齐（G. I. Divaodvitch）、司库谢宁（S. P. Sheinin）。天津希伯来协会拥有诸多下属机构，包括：犹太人会，由犹太人会委员会管理，主席勒曼（F. J. Lerman）；犹太学校，委员会主席皮阿斯图诺维奇（L. J. Piastunovitch），校长伊兹古尔（A. S. Izgur）；犹太食堂，委员会主席伯曼（P. K. Berman）；犹太养老院，委员会主席古瑞维齐（M. I. Gurevich）；犹太医院，委员会主席哈

① M. W. Beckelman, “The Jewish Community of Tientsin”, *The Jewish Center*, June 1946.

② 王立新：“天津近现代史上的犹太人及其经济社会生活”，载张国刚编《中国社会历史评论》（第五辑），商务印书馆 2007 年版。

宾斯基（D. E. Habinsky），首席外科医生沙德勒（Dr. S. Sandler）；犹太公墓，委员会主席富里盖尔（I. S. Fligil），经理人阿迪阿斯（Attias）。①

三、天津犹太人的经济活动

20世纪初叶，天津犹太人的经济活动日趋活跃，皮毛和皮毛制品生意是他们最为拿手也最为成功的行业。经营皮毛生意的天津犹太商人大多从中国东北和西北地区购进皮毛，在津加工制作，再销往欧美市场。当时在津从事该行业的犹太商号多达百余家。其中实力比较强的有：比霍夫斯基兄弟和史克公司，最早在津从事皮毛及相关制品进出口贸易，总公司在哈尔滨，除天津分公司外，还在纽约、沈阳、乌鲁木齐等地设有分公司；格尔谢维奇兄弟公司，创建人就是前面多次提到的天津犹太社团领袖利奥·格尔谢维奇，他将做皮毛生意赚的钱用于犹太社团的建设，在天津犹太人中威望很高；佐多维奇父子皮毛公司，该公司的业务一度具有相当规模；伯恩斯坦父子公司，主要向欧美出口中国皮毛，中国雇员有十多人；奥尔伦兄弟公司，专门经营狗皮生意，后来也做马毛和肠衣生意；陶别尔兄弟皮毛公司，总经理陶别尔是俄国犹太人，在津经营皮毛出口成为巨富，曾被选为俄国商会副会长；等等。②

收购皮毛是做皮毛生意的基础，在当时兵荒马乱的中国，这并非易事。为此，各公司均雇佣了年轻力壮的犹太人带着中国伙计出去收购皮毛。这些年轻人为了能够弄到皮毛，不远万里前往蒙古和新疆，穿越茫茫戈壁寻找羊羔、旱獭、狐狸、狼、獾、西伯利亚貂等。一个当年从事收购皮毛生意的犹太人回忆道："我经常出去打猎，开始很困难。我不会说中文，没法给人描述猎物的样子，甚至不知道盐可以

① 天津市社会局《犹太宗教会请备案》档案之四，天津市警察局外籍警员柏理司基民国35年12月13日上报调查报告译文。该报告由警察局转社会局。天津市警察局公函外二字第9070号。

② 宋安娜：《神圣的渡口——犹太人在天津》，天津人民出版社2007年版，第49-50页。

换取食物。我记得有时我非常饥饿，因为我不知道如何用中文向当地人讨要食品。当时我绝望得哭了。但是，后来我慢慢学会了边用手势边用中文给当地人描述我想要的猎物。我逐渐喜欢上了这一行当。后来我们和一家中国公司以买办的方式进行合作，他们分成2%。"①

当时在天津有许多皮毛制品工厂。有一位当年在天津某皮箱厂当监工的犹太人回忆道：他所在的工厂是中国北方最大的皮箱厂，总部设在芝加哥；该厂在天津郊外，他每天骑自行车上班，中途要经过一条河，必须乘渡船才能过河；厂里还有一个中国监工，他俩一共管理大约90名工人，70个男工，20个女工；厂里生产的羊皮和猪皮箱包都要经过一系列的生产工序，选皮、打磨、丈量、打包、装运等等；中国买办充当代理人的角色，把这些皮箱卖到内地去，同时到内地的屠宰场去物色最好的供货商。②

1929年世界性的经济大萧条使皮毛出口业受到沉重打击。此后几年，不少从事皮毛贸易的天津犹太商人纷纷转营其他生意。到1939年，一份不完全统计资料显示，当时在津成年犹太人的职业状况为：雇员250人，皮毛商150人，经纪人100人，工人100人，自由职业者100人，经营其他商店、公司者50人。③ 从中可以看出，即使从事皮毛贸易的犹太商人减少了，皮毛生意仍是天津犹太商界的主要行当。不过，除皮毛生意外，天津犹太商人在其他许多商品的进出口贸易方面也做得很红火。他们经营的出口货物主要有：茶叶、花生、蛋制品、大麻、芝麻、胡桃、杏仁、肠衣、地毯、丝织品和手工编织品等。他们进口的物品包括：煤油、石油、面粉、西服面料、牙科器械、西药、化工产品等。美国的银行如大通—曼哈顿银行、花旗银行等在天津都开设了分支机构。

同时，天津犹太商人还经营钟表、珠宝、钻石、西药、服装、地

① Leora Shluger Forman, Monica Morris Schwartz, "The Russian Jews of Tientsin, China, 1900 – 1950".

② Leora Shluger Forman, Monica Morris Schwartz, "The Russian Jews of Tientsin, China, 1900 – 1950".

③ 王立新："天津近现代史上的犹太人及其经济社会生活"，载张国刚编《中国社会历史评论》（第五辑），商务印书馆2007年版。

毯、餐饮、房地产公司、百货公司、出租车公司等行业。天津的犹太实业家也经营过化工厂、金矿等工矿产业，还办过银行和保险业，但数量不多。瑞士犹太人李亚溥（Marcel Leopold）创办的利华洋行位于他自己造的十一层利华大楼内，该楼建成时是天津最高建筑，一度成为天津犹太商人发财致富的标志。李亚溥长期经营钟表、珠宝、钻石生意，暴富后又开办利华房地产公司和利华储蓄人寿保险公司，还在北京设立分号。后来，他又在河北省迁安县经营太平金矿，并接办了在天津外国人中很有影响的回力球场，从事博彩业。[①] 德盛洋行总经理为俄国犹太人特立古波夫，专营进口西服毛料。1941 年该洋行失火被毁，但因此前他买了火灾保险，所以得到一笔不菲的补偿金。特立古波夫用这些钱在英租界马场道建起一片楼房出租，又在英租界维多利亚道开专卖皮衣、皮靴、皮箱等皮制品的西伯利亚商店。英籍犹太人马克来开设了太隆洋行，也经营房地产。[②] 敦记洋行和大成洋行均为美商洋行，从事地毯出口生意，前者经理为古纪干，后者经理为马卡宗。[③] 在从事金融业的天津犹太人中，俄国犹太人兹洛特尼阔夫是比较突出的一个。他开办了合通银行，还曾担任过天津希伯来协会的名誉书记。亨华洋行经营皮毛出口和牙科器械进口生意，经理为艾泼斯坦（L. Epstein）。金山洋行经理为罗古文（M. Rogovin），主要经营西药业，也做五金机械进口和农产品、皮毛、丝织品和手工编织品出口，总部在上海，另在哈尔滨和大连设有分支机构。[④] 义顺和餐厅（后改名为维多利亚餐厅），由俄籍犹太人普列西（Bresler）与中国人齐如山、郝如久合伙创办，在今小白楼地区建起四层楼房，装潢考究，是天津当时唯一的一家大型西餐厅。涉卫饭店也小有名气，为俄籍犹太人布朗夫曼开设，专营俄式西餐。还有一些中等规模的商行，如普

---

① 刘文清：“利华大楼与骗子手李亚溥”，《天津文史资料选辑》第三辑，天津人民出版社，第 115－129 页。

② 宋安娜：《神圣的渡口——犹太人在天津》，天津人民出版社 2007 年版，第 69 页。

③ 芮允之：“天津地毯工业的兴起和发展”，《天津文史资料选辑》第一辑，天津人民出版社 1978 年版，第 71、73 页。

④ 宋安娜：《神圣的渡口——犹太人在天津》，天津人民出版社 2007 年版，第 71—72 页。

纶洋行，经理为英国籍的韦恩斯坦（L. S. Weinstein），雅各布森公司，经理是雅各布森（Lev. S. Jacobsen），等等。

需要指出的是，巨商富豪在天津犹太人中毕竟是少数，天津犹太人中的大多数是工薪阶层、零售商和手艺人，还有从事文艺、教育、新闻等领域工作的专业技术人员。对这些行业，这里不再赘述。

四、天津犹太社团的政治活动

一位在天津犹太学校的教师写道："天津犹太社团不参与当地或外国的政治组织。这里的犹太人大多数是从事工商活动的，认为自己无权干预中国的内部事务。在远东的犹太人多数具有民主主义思想，希望与在中国的各国人士和平相处。他们对当地人和地方当局很感激，因为相互间的关系都很好。"① 另一个天津犹太人认为："中国人从来不知道什么叫反犹，也从来不曾反犹。他们把所有的外国人统统称为'大鼻子'，犹太人正好也是大鼻子。"② 确实，天津犹太社团在半个多世纪的历史中采取的就是这样一种寻求共处、避免摩擦的态度，因此与租界当局、中国地方当局和普通民众均维持着友好关系，而中国老百姓中不存在欧洲的那种反犹主义也为此创造了有利的氛围。

虽然犹太人不参与当地的政治活动，但天津犹太社团内部却有着十分活跃的政治活动。例如，锡安主义思想在天津犹太人中就很有影响，他们成立了综合锡安主义、锡安主义修正派、妇女锡安主义、青年锡安主义等各类锡安主义组织，其成员积极宣传复国主义思想，为锡安主义运动募集经费，全力支持1917年后稳步发展的巴勒斯坦犹太民族家园及1948年成立的以色列国。1946年，天津希伯来协会主席皮阿斯图诺维奇在为犹太宗教公会申请备案时明确申明：该会因亟待谋求犹太之独立、巴勒斯坦之解放，故对此项政治问题不时予以研究商

① Leora Shluger Forman, Monica Morris Schwartz, "The Russian Jews of Tientsin, China, 1900 - 1950".

② Ibid.

讨，此外，对其他政治问题绝不涉及。① 天津犹太人中最活跃、最有影响的是两个青年锡安主义组织——贝塔和马卡比。天津贝塔组织与哈尔滨、上海的贝塔组织一样，积极组织文体活动和准军事训练，讲授犹太和以色列历史，对犹太青年灌输锡安主义思想，培养他们的认同感和团队意识，还组织犹太青年移民巴勒斯坦。1930 年，天津贝塔首次组织了 10 位犹太青年去巴勒斯坦。② 马卡比是一个犹太青年体育组织，带有增强体质、振兴民族、复兴国家的锡安主义色彩，在世界各地包括哈尔滨、上海等地都有该组织的分支。天津马卡比的成员们特别热衷于滑冰、冰球、游泳和乒乓球运动，这与天津的气候条件有关。经过多年的体育锻炼，天津马卡比组织中出现了一些优秀的运动员。该组织还有一个非常好的足球队，在天津小有名气。③

在某些特殊历史条件下，国际形势的发展也使天津犹太人不得不卷入政治之中。欧洲犹太难民来津、日本占领天津及苏联对侨民的政策均使天津犹太人面临这样一种状况。

欧洲犹太难民来津后，天津犹太社团积极救助他们，并开展了抗议纳粹暴行的活动。1943 年，七个犹太难民家庭接受德国驻天津领馆资金的事使难民组织内部，乃至整个天津犹太社团产生了矛盾。这些家庭声称，德国驻天津领事是反纳粹的，他给犹太人援助是因为他同情犹太难民。④ 而大多数欧洲犹太移民协会成员则认为德国领事的用意险恶，收受德国人的钱是错误的。经过激烈的争论，那七个犹太家庭先是被开除出了该协会，后来又被天津希伯来协会开除。直到 1945 年，那七个犹太家庭保证不再接受德国官方的援助后，才又被协会所

---

① 天津市社会局《犹太宗教会请备案》档案之二，社会局团体科报告，民国 35 年 11 月 23 日。

② Leora Shluger Forman, Monica Morris Schwartz, "The Russian Jews of Tientsin, China, 1900 - 1950".

③ Leora Shluger Forman, Monica Morris Schwartz, "The Russian Jews of Tientsin, China, 1900 - 1950".

④ 有文章称当时德国驻天津领事是反纳粹分子，但也有一些著述否定这一说法。

接纳。其中两个家庭未能实现承诺，后来再一次被开除出去。[①] 在天津犹太社团的历史上，这是唯一的一次因政治问题将若干家庭开除出社团组织的事件。

日军占领除租界外的天津部分地区后，天津犹太社团努力与日本占领当局保持友好关系，以维护自身的生存和权益。在日本当局默许下，从1937年开始，远东犹太理事会连续三年在哈尔滨召开远东犹太人大会，天津犹太社团派代表参加了三次会议。在1939年举行的第三次大会上选出的13个远东犹太人大会议员中，天津代表有三人当选。天津代表还向大会提交了《天津避难民问题》的报告，其中称赞日本奉行的“保护”犹太人的政策。1941年12月太平洋战争爆发后，日军随即进入天津英、法租界。当时天津犹太社团的领导人别洛卡曼等一直与日本占领当局周旋，以保护在津犹太人的利益。1944年，日本高官要求天津犹太人向美国犹太人发表广播讲话，宣传日本当局善待犹太人。别洛卡曼巧妙地回应道，如果这样做，美国犹太人会认为日本已经衰败了，以至要求助于天津犹太人，这对你们反而不利。结果，日本官员没有再提此事。[②] 到日本投降、中国政府收回租界后，天津犹太社团领袖皮阿斯图诺维奇立刻代表天津犹太宗教公会向天津市社会局申请备案，并称天津犹太人“于敌伪时代亦曾受日人之压迫”[③]。

日本占领时期天津犹太人生活相对稳定的另外一个原因是苏联因素。天津犹太人大多数来自俄国，在天津被视为俄裔侨民。包括俄国犹太人在内的所有无国籍俄裔侨民都可以向天津的苏联领事馆申请苏联国籍，不少在津犹太人便提出了这一申请。虽然战争期间这些申请没有正式办理，但是苏联领事馆给每一位申请人发了一张证明，证明他们已经向苏联申请了国籍，苏联政府将考虑给予申请人苏联国籍，实际上把这些犹太人置于苏联的保护之下。由于当时苏日之间签订了

① M. W. Beckelman, “The Jewish Community of Tientsin”, *The Jewish Center*, June 1946.

② 宋安娜：《神圣的渡口——犹太人在天津》，天津人民出版社2007年版，第98－100页。

③ 天津市社会局《犹太宗教会请备案》档案之二，社会局团体科报告，民国35年11月23日。

《苏日中立条约》[1]，日本当局对这些在苏联保护之下的犹太人便不能采取任何不利行动。后来，特别是战争结束后，其中有一些申请被批准，部分在津犹太人便拥有了苏联国籍。此后，犹太俱乐部常常被犹太人中的苏侨用来作为讨论有关政治问题的场所，以致引起南京国民党政府的警觉。南京中央政府社会部接到天津市社会局有关情况的请示报告后，在发给天津市社会局的密电中明确指示："经核该会俱乐部会堂常被苏侨利用作为政治会场一节，如有违反现行法令，当可加以取缔或封闭。"[2] 可见，苏联因素不时将天津犹太人卷入政治之中，有时也许对他们是有利的，但有时也会对他们形成威胁。

需要指出的是，由于受到中国革命和苏联的影响，天津犹太人中也有一些十分活跃的左翼人士。除了俄国犹太人中一些人倾向苏联或为苏联工作外，也有一些人直接参加了中国抗日斗争和中国革命。如伊斯雷尔·爱泼斯坦（Isreal Epstein），自幼随父母移居中国，在天津长大。1933 年，他结识了埃德加·斯诺，深受其进步思想影响，开始投身于中国的民族民主运动和革命事业。抗日战争爆发后，他与斯诺一起帮助周恩来夫人邓颖超避居天津，又安排她离津赴上海。[3] 此后，他参加保卫中国同盟中央委员会，直接协助宋庆龄、廖承志等领导人工作。1944 年，他首次访问延安，见到了毛泽东、周恩来、朱德等中共领导人。新中国成立后，他加入中国国籍并参加了中国共产党，出任《中国建设》总编辑，担任中国福利会和宋庆龄基金会的领导人，还被选为全国政协常委。1985 年、1995 年、2005 年他七十、八十、九十诞辰之时，中国领导人邓小平、江泽民、胡锦涛曾亲自向他祝贺。

---

① 1941 年 4 月，日本与苏联签订了《苏日中立条约》。条约规定：缔约双方保证维持两国之间的和平友好关系，并互相尊重缔约另一方的领土完整与不可侵犯；如缔约一方成为第三方的一国或数国的军事行动的对象时，缔约另一方在整个冲突过程中将保持中立。

② 天津市社会局《犹太宗教会请备案》档案之四，天津市警察局外籍警员柏理司基上报调查报告；档案之八，"社会部电"，中华民国 36 年 10 月 29 日星期三，都机字第二六二九号。

③ 爱泼斯坦：《见证中国——爱泼斯坦回忆录》，新世界出版社 2004 年版。

他于 2005 年九十诞辰后不久去世。[①] 爱泼斯坦及其他参加中国革命和建设的犹太友人，在天津犹太社团的历史上留下了光辉的一页。

（作者：潘光，上海犹太研究中心主任，研究员；王健，上海犹太研究中心副主任，研究员）

① 晓姜："爱泼斯坦：从集中营到延安"（《国际人才交流》1995 年 8 期）；《见证中国——爱泼斯坦回忆录》。

哈尔滨锡安主义运动述评

韩天艳 HAN Tianyan

[**内容提要**] 锡安主义思想在哈尔滨的传播几乎是与犹太人移居哈尔滨共生的。随着来自俄国的犹太医生、锡安主义运动积极组织者 A. И. 考夫曼迁居哈尔滨，哈尔滨的锡安主义组织及其活动得到了迅速发展，哈尔滨成为中国乃至远东地区锡安主义运动的中心。哈尔滨锡安主义运动是世界锡安主义运动的重要组成部分。以 A. И. 考夫曼为领导的哈尔滨锡安主义组织为实现锡安主义理想、组织犹太人移居巴勒斯坦、复兴民族国家做了许多工作。

[**Abstract**] The spread of Zionism in Harbin almost symbiosis with the Jews moving to Harbin. With the immigrating to Harbin of Mr. A. I. Kaufman, the organization and activities of Zionism in Harbin has been developed rapidly, and Harbin became the center of Zionism movement of China and even the Far East region. Zionism movement of Harbin is an important part of the world Zionism. Under the leading of Mr. A. I. Kaufman, the Zionism organization of Harbin contributed a lot to the realization of Zionism, the emigration of Jews to Palestine, and even the revival of Jewish State and Nation.

19 世纪末，政治锡安主义运动兴起。1897 年瑞士巴塞尔大会的召开标志着锡安主义运动已由一个分散、自发和地区性的群众运动，发展成为一个有纲领、有组织、有统一领导的世界性政治运动。随着俄国及东欧犹太人为躲避反犹排犹浪潮而迁居哈尔滨，锡安主义思想也传播到了远离世界犹太中心舞台的哈尔滨犹太社区。哈尔滨较为宽松的政治环境为犹太人从事政治活动提供了有利条件。哈尔滨犹太人和世界其他地区的犹太人一样，成立了各种政治团体，开展了复兴民族、重建国家的锡安主义运动。

一、哈尔滨锡安主义组织的历史沿革

1905 年日俄战争结束后，哈尔滨犹太人口已增至 3000 多人。一些锡安主义者开始散发谢克尔①和售卖犹太民族基金券，宣传散居世界各地的犹太人应返回其民族家园——巴勒斯坦的主张。И. В. 格舍林、С. Л. 拉比诺维奇、С. Г. 亚布罗夫、В. Х. 索斯金等人是其中的积极分子。后来成为以色列著名断臂民族英雄的约瑟夫·特鲁姆佩尔道②在日俄战争中被日军所俘，获释后在哈尔滨创办了“巴勒斯坦农业合作社”，以其言论和行动宣传锡安主义思想。1909 年，俄国犹太人 В. Х. 索斯金医生在哈尔滨成立了锡安主义小组并任组长，但该组织没有合法地位阻碍了其工作的开展。1912 年 1 月，哈尔滨的一些锡安主义活动家倡议建立“犹太人移居巴勒斯坦促进协会”（简称“巴勒斯坦协会”），由 С. Г. 亚布罗夫起草协会章程。1912 年 2 月，协会章程呈送至中东铁路管理局民政部审批。此时，积极的锡安主义运动组织者亚伯拉罕·约瑟福维奇·考夫曼医生也从俄国乌拉尔地区的彼尔姆市迁居哈尔滨。当时，因在瑞士伯尔尼大学和在乌拉尔地区从事锡安主义活动，他在锡安主义分子中已小有名气。他的到来为哈尔滨锡安主义运动注入了新的活力。

在考夫曼来哈之前，锡安主义者在哈尔滨犹太社区不占多数，占多数的是“崩得”③、犹太人民党和宗教党派人士。“崩得”坚决反对锡安主义和宗教党派，主张犹太人问题应该在犹太人居住的国家和地区中解决，认为犹太人应融合到他们所出生的国家中去。“崩得”还

① 古希伯来王国和当代以色列国的官方货币。

② 约瑟夫·特鲁姆佩尔道：1880 年生于俄国，犹太政治家和社会活动家，早期锡安主义运动最著名的积极分子之一。

③ “崩得”：意第绪语是“联盟”的意思，全称为“立陶宛、波兰和俄国犹太工人总联盟”。

强烈抵制希伯来的语言和文化，视意第绪语为犹太人的民族语言，并要求将《圣经》从学校的课程中删除掉。犹太人民党则主张，只要是有犹太社区存在的地方，都要建立犹太文化自治，只在以色列和巴勒斯坦地区实行这一举措是不够的。当时，“崩得”和犹太人民党掌控着社区机构，锡安主义者在哈尔滨的活动不多，影响力不大。考夫曼来哈后，领导锡安主义者开展了反对“崩得”和犹太人民党的斗争，并努力宣传锡安主义运动，使越来越多的在哈犹太人转而支持锡安主义，直接推动了哈尔滨锡安主义运动的发展。这样，锡安主义思想在哈尔滨犹太社区逐渐占据主导地位。1912 年 5 月，巴勒斯坦协会的章程获批。当年 6 月 10 日，哈尔滨锡安主义组织的前身——哈尔滨犹太人移居巴勒斯坦促进协会成立，考夫曼当选为主席。

1917 年俄国二月革命后，巴勒斯坦协会改称为哈尔滨锡安主义组织。1917 年 4 月 8 日，在哈尔滨犹太小学举行了哈尔滨锡安主义者第一次大会，考夫曼当选为主席，会上有 150 人加入了锡安主义组织。1919 年 3 月 25—29 日，由世界锡安主义组织远东局发起，在哈尔滨召开了远东锡安主义者代表大会。会议规模很大，来自哈尔滨、满洲里、符拉迪沃斯托克、上海及其他城市的 19 名锡安主义者代表出席了会议。锡安青年党、格霍卢茨①、精神中心党和“塔尔布特”协会②等组织也派代表出席了会议。大会不仅通过了关于地区组织、犹太民族基金、文化工作等一系列重要决议，而且通过了反对反犹排犹浪潮、反对在波兰、乌克兰等地迫害犹太人的抗议书，选举 А. И. 考夫曼、Л. Б. 卡奇科、А. С. 伊兹古尔、Б. Г. 埃林森（来自满洲里）、Б. Л. 拉多梅舍利斯基（来自符拉迪沃斯托克）以及锡安青年党、精神中心党的各一名代表领导远东局的工作。这标志着哈尔滨成为了中国乃至远东地区锡安主义运动的中心。

---

① 格霍卢茨：意为“劳动先锋”，即把熟练工人和技术力量派往巴勒斯坦进行加倍的工作。

② “塔尔布特”协会：世俗的犹太文化教育组织。在彼得格勒第七次全俄锡安主义者代表大会上，决定各地锡安主义组织的所有文化工作都由“塔尔布特”协会的分支机构进行。哈尔滨的“塔尔布特”协会于 1917 年成立，主要传播希伯来语，并通过多种形式促进广大犹太民众参加各个领域的犹太文化建设和创造。

哈尔滨锡安主义组织市委员会承担起了远东局委员会的作用，指导其他城市的组织在当地开展锡安主义活动。作为哈尔滨及远东锡安主义运动的领袖和哈尔滨犹太社区的领导人①，А. И. 考夫曼积极支持哈尔滨犹太青年和妇女所进行的锡安主义活动。早在1916年末，在哈尔滨就成立了锡安主义青年小组“以色列希望”，成员为中学高年级学生和17—18岁的青年，1917年其成员增至120人，该小组倡导自学，但1917年革命后开始从事民族政治问题研究。1917年1月，在哈尔滨成立了犹太语言爱好者协会，它是彼得格勒犹太语言爱好者协会的分支。А. И. 考夫曼任协会委员会主席。不久，协会开办了希伯来语幼儿园和希伯来语业余培训班，还成立了犹太青年联合会，目的是学习犹太语言、历史、文学等，成员为中学高年级学生。А. И. 考夫曼每周都在该组织中做关于锡安主义、犹太文学、历史等主题的讲座。当时，在哈尔滨还有“锡安青年”小组和锡安青年党等组织。

1918年，在哈尔滨成立了锡安主义大学生组织“格霍韦尔”（Геховер），目的是培养青年人到巴勒斯坦从事劳动和自卫。它把整个远东地区具有锡安主义思想的青年协会和小组都联合起来了。该组织与远东的许多城市都有联系，在布拉格维申斯克、符拉迪沃斯托克、满洲里等城市设有分部。1918年末，上述青年组织与哈尔滨锡安主义组织合并，在哈尔滨锡安主义组织市委员会里成立了青年部。犹太青年积极开展锡安主义活动，教育青年学习民族文化、掌握犹太语言、历史和锡安主义思想。

1921年6月，根据锡安主义者达维德·拉斯科夫的倡议，哈尔滨锡安主义各派别与“格霍韦尔”共同着手组建犹太青年体育组织“马卡比”。该组织提倡从事民族文化和体育运动，发扬自强不息的精神。首任主席为Л. И. 希斯多·戈利德贝尔格。到30年代，锡安主义修正派②的组织“贝塔”成为哈尔滨主要的犹太青年组织，该组织反对综合锡安主义派领导人魏茨曼及其拥护者，而А. И. 考夫曼是支持魏茨

---

① А. И. 考夫曼两次当选为哈尔滨犹太社区主席，在此任上长达20多年。1921年2月哈尔滨犹太宗教公会选举理事会，А. И. 考夫曼当选为会长。

② 锡安主义修正派领导人弗拉基米尔·扎博京斯基主张以暴力手段强行推动向巴勒斯坦移民，最终在约旦河两岸建立一个犹太国。

曼的。1939 年，鉴于近半数的哈尔滨犹太青年没有参加犹太组织，在传统锡安主义者的支持下，А. И. 考夫曼提议重新组建“马卡比”，伊萨克·亚诺维奇当选为新任主席，“马卡比”当时的成员有 150 名。1922 年 4 月，哈尔滨锡安主义妇女组织“维佐”成立，А. И. 考夫曼医生的夫人贝尔塔·伊萨耶芙娜·施瓦尔茨－考夫曼担任主席。继她之后，先后担任主席的是 Н. Ф. 弗里泽尔、Л. И. 宗多维奇、Р. Г. 格罗斯曼、Э. Б. 叶利金娜。该组织与世界锡安主义妇女组织“维佐”保持着经常性的联系。

1927 年夏，在法尼娅·拉斯科娃和达维德·拉斯科夫的倡议下，在哈尔滨建立了“加绍麦尔·加察伊尔”锡安主义青少年组织，其纲领和思想与世界锡安主义修正派青年组织“贝塔”相似，主要致力于文化体育活动和童子军训练。格拉·莫尔杜霍维奇当选为领导。后来成立了由教练员组成的总部，格拉·莫尔杜霍维奇为总部首领，其他教练有 Л. 科托维奇、Л. 拉维科维奇、М. 奥尔默特、Р. 列维娜等，他们多数是大学生。А. И. 考夫曼和其他犹太社区的代表参加了该组织的考试委员会，经常出席该组织的会议和重要集会。1929 年 4 月，“加绍麦尔·加察伊尔”的成员已超过 100 人。在与世界锡安主义修正派青年组织“贝塔”中央取得联系后，1929 年 5 月 18 日该组织召开了全体大会，决定加入“贝塔”，选举列夫·约瑟福维奇·皮亚斯图诺维奇为哈尔滨“贝塔”总部首领，其他总部成员有 М. 奥尔默特、Н. 利夫希茨、П. 平斯基、Р. 列维娜、А. 因弗良德、Л. 科托维奇和格拉·莫尔杜霍维奇。在 Л. И. 皮亚斯图诺维奇的领导下，哈尔滨“贝塔”得到了迅速发展，人数达到 150 人，其工作受到了修正派领导人扎博京斯基的高度评价。

1931 年，由来自巴勒斯坦的 А. Я. 古尔维奇发起，哈尔滨锡安主义修正派联盟成立。1932 年 6 月 15 日，联盟全体大会选出了委员会。该联盟最初的工作主要在青年人中进行并取得了很大成绩。后来，其工作开展得更加广泛，在哈尔滨犹太人中宣传锡安主义修正派的思想。1935 年，哈尔滨锡安主义修正派组织和“贝塔”青年组织在哈尔滨犹太人中就脱离原锡安主义组织、成立新锡安主义组织问题进行了征集签名和公决。①

1945 年 8 月，苏联红军进入哈尔滨，逮捕了哈尔滨犹太社区领袖 A. И. 考夫曼医生，同时取缔了所有锡安主义组织。

二、哈尔滨锡安主义运动的主要活动

1. 积极开展宣传工作

A. И. 考夫曼主编的《犹太生活》周刊是哈尔滨历史上最重要、出版时间最长的反映哈尔滨及中国、远东犹太社区生活的俄文杂志，其前身为 1920 年 10 月 1 日在上海创办的《西伯利亚——巴勒斯坦》周刊。1920 年 12 月 3 日，随着上海的巴勒斯坦远东情报局迁至哈尔滨，该杂志开始在哈尔滨出版。1924 年 1 月 17 日，该杂志由锡安主义远东局机关刊物转变为社会文化周刊，从 1925 年 1 月起更名为《犹太生活》。1937 年起该杂志开始发行英文附刊，1939 年起开始发行青年附刊《马卡比专页》。1943 年 6 月，在德国驻东京大使的压力下，日本当局封闭了该杂志。

该杂志刊登反映符拉迪沃斯托克、哈巴罗夫斯克、伊尔库茨克、鄂木斯克、布拉戈维申斯克、上乌金斯克、赤塔以及俄罗斯西伯利亚、滨海地区犹太人生活和锡安主义活动的报告。在 20 世纪 20 年代的苏维埃俄国，虽然形式上没有任何禁止锡安主义的法律条文，但实际上锡安主义运动是受到限制的，锡安主义者有被逮捕和流放的危险，锡安主义报刊被禁止发行，所以《犹太生活》杂志是人们获取有关巴勒斯坦、锡安主义运动以及整个犹太世界信息的唯一途径。该杂志也反映了满洲里、海拉尔、齐齐哈尔、横道河子、沈阳、大连、天津、上海、汉口、青岛等地的中国犹太社区生活。当时该杂志的 20% 发往国外，其中约有上百份杂志发往巴勒斯坦，此外还发往世界各国重要的图书馆和档案馆；其余 80% 发给哈尔滨和中国其他城市的订户。当时，巴勒斯坦的许多记者、政论家以及锡安主义运动领袖经常与该杂

---

① 李述笑：“哈尔滨犹太复国主义组织述略”，《哈尔滨与世界犹太人》，黑龙江人民出版社 2007 年版，第 60 页。

志合作。

1932 年 6 月 13 日，由锡安主义修正派组织和“贝塔”共同创办的俄文杂志《加捷凯尔》双周刊创刊，成为哈尔滨锡安主义修正派运动的重要舆论阵地，Я. 古尔维奇为杂志主编。现任以色列－中国友好协会和以色列原居中国犹太人协会副会长约西·克莱因的父亲 С. А. 克莱因也曾任该杂志主编。1942 年 6 月，该杂志被日本当局停刊。

除了办刊，哈尔滨锡安主义组织还通过举办讲座、报告会、集会等形式，宣传锡安主义思想。例如：1912 年 6 月 24 日，巴勒斯坦协会与哈尔滨犹太宗教公会在哈尔滨犹太总会堂联合举办追悼会，纪念西奥多·赫茨尔逝世八周年；1917 年，哈尔滨锡安主义组织每周六晚都举办关于锡安主义的报告会，报告厅里经常是座无虚席；1918 年 11 月 23 日，哈尔滨锡安主义组织隆重纪念《贝尔福宣言》发表一周年，А. И. 考夫曼和 А. Д. 拉维科维奇做了关于《贝尔福宣言》内容及意义的报告；当年 11 月 26 日，哈尔滨所有犹太工厂、商店关闭，悬挂蓝白色民族旗帜，纪念民族的节日，晚上数千人参加了在马迭尔剧场和铁路工厂俱乐部举办的纪念活动。这一系列的宣传活动极大地激发了哈尔滨犹太人的锡安主义理想和热情，为回归巴勒斯坦做了思想上的准备。

2. 救助一战、二战时期的犹太难民

第一次世界大战给俄国犹太人带来了灾难。由于犹太人居住的“栅栏区”位于与波兰等国接壤的边境地带，俄国政府怀疑他们的忠诚，害怕这些讲意第绪语[①]的犹太人向德国人投降，所以把他们从那里赶了出来。这些犹太人被迫四处逃散，其中许多人来到了哈尔滨。大量难民的到来使哈尔滨犹太社区投入到了援助犹太难民的行列。1914 年 11 月 9 日，由 А. И. 考夫曼等人发起，哈尔滨犹太人开会讨论救助欧战难民问题，选举组织委员会，开展捐款救助活动。哈尔滨犹太社团的成员每周需捐出一天的薪水，作为救助欧战难民的基金。当年 12 月 31 日，巴勒斯坦协会在商务俱乐部举办义演音乐会，为欧战

① 意第绪语属于一种混合语言，采用希伯来字母拼写，语法结构由日耳曼方言演变而来。

难民捐款。1915 年 10 月中旬，部分犹太难民到哈。考夫曼等人成立救助欧战犹太难民委员会，先后在商务街（现上游街）、药铺街（现中医街）和沙曼街（现霞曼街）开办难民救济所。1917 年 7 月 3 日，由考夫曼和 Г. Б. 德里金发起，哈尔滨救助欧战犹太难民委员会开办免费食堂，成立免费食堂管理委员会。1921 年 5 月 8 日，哈尔滨犹太贫病救济会施诊所在犹太免费食堂和犹太养老院楼内开办。

二战期间，哈尔滨锡安主义组织也为接纳来到哈尔滨的德奥犹太难民做了大量工作。当时，日本人宣布整个东北为禁区，犹太人进入哈尔滨需要持有特别许可证，特别许可证只发给那些被认为是哈尔滨急需的专业人才。在考夫曼及犹太社区的帮助下，150 名逃离纳粹魔掌的德国犹太人于 1939 年来到哈尔滨，他们是医生、工程师、音乐家、外语教师、律师、商人等。1942 年 6 月，纳粹德国盖世太保驻日本首席代表约瑟夫·梅辛格上校抵达上海，向日本当局提出了“最后解决上海犹太人”的计划，即所谓的“梅辛格计划”。在上海犹太人处于水深火热之时，考夫曼竭尽全力，通过各种关系对东京施加影响，为使数以万计的德籍犹太人免遭屠戮付出了努力。1943 年 2 月，在德国的压力下，日本人在上海虹口针对欧洲犹太难民设立了“隔离区”。那里的日常生活物质条件极其恶劣，卫生状况很差，缺乏医疗保障，犹太人经常遭受侮辱。在考夫曼的领导下，哈尔滨犹太社区经常为上海的犹太难民提供帮助。

3. 募集资金

1918 年 12 月，考夫曼收到世界锡安主义组织从伦敦发来的电报，要求哈尔滨锡安主义组织为将巴勒斯坦问题提交巴黎和会努力筹集组织基金。哈尔滨锡安主义组织积极响应号召，考夫曼医生和 Л. С. 齐宾还专门访问了符拉迪沃斯托克，并发表演说。在他俩的号召下，远东犹太人纷纷慷慨解囊，共为出席凡尔赛和会的犹太代表团捐献了几十万卢布。

哈尔滨锡安主义组织重视支持犹太民族基金会的工作，为此建立了专门的犹太民族基金委员会。在 Г. З. 爱泼斯坦和 И. Л. 卡巴克尔的领导下，该委员会开展了积极有效的工作：散发锡安主义组织远东局和民族基金会的信、小册子和传单，募集资金、发放基金券等。哈尔滨锡安主义组织还帮助巴勒斯坦拓殖基金会募集了资金。1920 年，世界锡安主义组织特使伊兹拉埃尔·库恩访问哈尔滨。在锡安主义组织和 И. Х. 索斯金、А. И. 卡甘、Г. Б. 德里金等人的帮助下，库恩在哈尔滨为巴勒斯坦拓殖基金会成功募集到了超过 7000 英镑的资金。为了给巴勒斯坦拓殖基金会和犹太民族基金会募集资金，考夫曼曾于 1926 年底访问天津和上海，开展募捐活动。在天津，他所领导的募捐活动获得了超过 6000 美元的捐助。1928 年 5—8 月，巴勒斯坦拓殖基金会和世界锡安主义组织代表、巴勒斯坦领导机构成员格罗·克利切夫斯基访问哈尔滨。在哈尔滨锡安主义组织的协助下，他也为巴勒斯坦拓殖基金会募集了 6000 日元的资金。

4. 组织犹太人移居巴勒斯坦

哈尔滨锡安主义组织多次组织远东地区犹太人移居巴勒斯坦，成为巴勒斯坦“最初的开拓者”。1919 年，哈尔滨犹太社区成立了巴勒斯坦委员会，为自愿移居巴勒斯坦的犹太人提供帮助，同时还建立了移民基金，对迁移到巴勒斯坦的犹太人进行资助，并提供安置费用。1919 年 5 月，哈尔滨犹太人丹尼尔·格拉兹曼等人首批移居巴勒斯坦。1921 年 4 月、5 月和 7 月，又有三批锡安主义者 100 多人从远东移居巴勒斯坦，在第一批 47 人中有 21 人来自哈尔滨。20 世纪 30 年代，哈尔滨“贝塔”多次组织成员移居巴勒斯坦。根据现有资料，当时有 50 多名青年男女离开哈尔滨。1931 年 3 月 8 日，第一批“贝塔”青年获准前往巴勒斯坦，他们是 Я. 兰金、Р. 列维娜、Р. 利夫希茨、И. 索洛维和 Г. 莫尔多霍维奇。[①] 1933 年，“贝塔”总部成员莫尔杰哈伊·奥尔默特（以色列前总理埃胡德·奥尔默特的父亲）在荷兰学习两年农业知识后回到巴勒斯坦，他是第一个“贝塔”农业居民点——“纳哈拉特—扎博京斯基”莫沙夫的创建者之一，也是阿米卡姆哈尔滨“贝塔”组织居民点的创立者，该居民点位于济赫龙雅各布和比尼亚米那之间。[②] 后来莫尔杰哈伊·奥尔默特当选为第二、第三届以色列国会议员。值得一提的是，当时犹太人移居巴勒斯坦的许可证是由英

① Бетар в Китае（1929－1949）. Тель-Авив. 1969：25.

② Бюллетень. Игуд Иоцей Син. Тель-Авив. №354. 1998.：80.

国政府发给世界锡安主义组织，世界锡安主义组织再通过其代表分发到各个地区。A. И. 考夫曼作为远东地区世界锡安主义组织的代表，虽然为争取更多的移民许可证不断努力，但哈尔滨犹太人获得许可证的数量并不多，只占其申请总额的五分之一。其原因有二：一是英国人不希望有更多的犹太人回归巴勒斯坦，担心当地的阿拉伯人反抗；二是英国政府认为，哈尔滨犹太人生活得不错，应该把签证发给德国、奥地利、匈牙利等国遭受迫害的犹太人。

5. 开展文化教育活动

哈尔滨犹太社团特别重视民族教育问题，社区领袖“希望犹太儿童不仅能在公共学校里学习，还能从犹太民族的智慧和文化宝库中汲取知识”，“他们愿意培养孩子们走向生活，把知识武器，即为生活而进行斗争的武器交到他们手中。他们的口号是进行健康和合理的教育，把儿童培养成热爱和保护犹太民族、犹太历史、语言和文化教育的完人”。[①] 可见，一方面，他们把培养高素质人才看作是关系到民族生存的根本问题，认为只有掌握知识和技能，犹太人才能适应主流社会，求得更好的生存与发展；另一方面，他们把继承和发扬犹太民族优秀的传统文化遗产，维持犹太民族认同感作为开展民族教育的主要任务。因此，他们致力于在哈尔滨传播锡安主义思想，使这一思想在当地犹太人心中深深扎根。

哈尔滨犹太社区建立了从幼儿园到小学、初中、高中阶段的较完善的学校教育体系。斯基德尔斯基塔木德—托拉学校是在哈尔滨存在时间最长的犹太民族学校，在对犹太儿童进行启蒙教育中发挥了极为重要的作用。学校于 1918 年创办，共有从幼儿园至六年级的 7 个年级。学校的教学大纲内容丰富，既包括权威性著作、犹太教基本信条及犹太传统，也有基础课程如数学、历史、地理、俄语和其他科目。[②] 1918 年 12 月，犹太中学落成开学，这是西伯利亚和远东地区第一所犹太中学，也是当时哈尔滨最好的中学之一。学校分为小学、初中和高

---

① A. И. 考夫曼回忆录：《哈尔滨犹太人》，社会科学文献出版社 2004 年版，第 326 页。

② ［以］西奥多（特迪）· 考夫曼：《我心中的哈尔滨犹太人》，黑龙江人民出版社 2007 年版，第 25 页。

中三个阶段，从高中开始，分为古典中学、实科中学和商业中学。基础课的教学大纲与其他普通中学一致。犹太课程包括希伯来语、圣经、历史、文学等。А. И. 考夫曼曾担任犹太中学校务委员会主席。1924年，犹太中学财务出现赤字，不得不停止办学。此后大多数犹太学生都到哈尔滨俄侨第一商业学校接受中等教育，也有学生到哈尔滨基督教青年会学校等学校就读。1924 年 12 月，哈尔滨犹太青年发起成立了哈尔滨犹太民族大学①，聘吉谢廖夫拉比讲授宗教学、宗教史及哲学、古犹太文字学，维特林讲授塔木德及律法，伊兹古尔讲授犹太历史，А. И. 考夫曼讲授犹太文学及民族运动，拉维科维奇讲授锡安主义。

哈尔滨犹太社区开办的民族学校使远离世界犹太中心的哈尔滨成为犹太宗教、语言、历史、文化和犹太教育的基地。在这些学校里，学生不仅学习基础课程，而且用近一半的时间学习希伯来语、圣经、犹太历史等课程，使犹太孩子接受系统的民族教育，这对于保存和继承犹太民族的宗教信仰、语言文化、思想观念、伦理道德、生活习俗等博大精深的犹太文化具有重要意义。此外，由于锡安主义者在哈尔滨犹太宗教公会中占据主导地位，因此社区开展了较多的锡安主义教育，这使锡安主义思想在哈尔滨犹太人心灵深处扎下了根。大多数哈尔滨犹太人或早或迟都怀着满腔热情回到了犹太人心目中的故土——以色列地（巴勒斯坦）。由于哈尔滨犹太社区的儿童和青少年得到了良好的教育，所以他们中的许多人后来成为以色列国家建设的栋梁之材。

哈尔滨锡安主义组织还开展了多种途径的社会教育。А. И. 考夫曼来哈后，加入了“伊玛尔达戈”俱乐部②，还当选为新一届主任委员会主席，而大部分委员都是锡安主义者。他们积极开展文化活动，使俱乐部成为犹太文化的中心。俱乐部每周三举行文学座谈会，每周

---

① 哈尔滨犹太民族大学属自发办学性质，是未经教育行政部门核准的普通高等学校，2005 年 1 月开学，位于犹太中学楼内。

② “伊玛尔达戈”俱乐部，即犹太音乐—文学—戏剧协会，1908 年开办，以传播、发展犹太民族文化为宗旨，坐落在商铺街（现花圃街），有可容纳 350 人的大厅、图书馆和阅览室。其图书馆是哈尔滨第一座和唯一一座犹太图书馆，藏有大量希伯来语和俄语书籍。俱乐部设有文化委员会和图书馆委员会。

日举行关于犹太主题的报告会，上演犹太戏剧，举行音乐会和庆祝犹太节日、历史事件的晚会。由于委员们全都是锡安主义者，因此“伊玛尔达戈”的文化活动开展得更加活跃：他们充实了图书馆的图书，使读者数量大为增加；在原有的文化活动基础上，他们在每周六又增加了关于锡安主义问题以及犹太文学、历史等主题的讲座和报告会。A. И. 考夫曼不仅是一位医术精湛的医生，而且是一位在历史、哲学和文学领域具有渊博知识的犹太知识分子。他经常在俱乐部做关于犹太文学等犹太主题的讲座，讲座不仅受到了犹太社会团体、知识分子和锡安主义者的普遍欢迎，同时也为俱乐部开展文化活动奠定了基础。1934—1945 年间，A. И. 考夫曼还亲自到哈尔滨俄侨第一商业学校教授犹太历史。需要补充的是，早在 1912 年 12 月，巴勒斯坦协会便创办了协会图书馆，俄国十月革命后改称锡安主义组织图书馆。1933 年 12 月，它与原“伊玛尔达戈”图书馆合并，成立了哈尔滨犹太公共图书馆。

哈尔滨锡安主义青年组织“贝塔”和“马卡比”在开展教育方面也发挥了重要作用，它们团结了哈尔滨约 90% 的犹太青年，经常组织文化教育和体育活动，在培养民族精神、增强民族体魄，加强民族凝聚力等方面做出了卓越的成绩。

6. 与俄国法西斯党和反犹势力做斗争

由于俄国国内战争，几万名原白匪军及其家属逃到了中东铁路地区，尤其是哈尔滨。在他们中间有不少反犹主义分子，他们创建的亲法西斯政党和协会对苏联公民和犹太居民采取暴力行动。俄国法西斯党党纲中明确地写有反犹条款。以 K. 罗扎耶夫斯基（K. Родзаевский）为主编的俄罗斯法西斯党机关报《我们的道路》从 30 年代初起就刊登反犹言论，大肆宣传反犹主义。流氓袭击和为获得赎金而进行绑架的事件频繁发生。

为此，哈尔滨犹太社区和 A. И. 考夫曼本人多次向日本当局抗议，要求禁止流氓行为。当某些苏联媒体刊登攻击犹太人的言论时，考夫曼也在报刊上发表文章进行反驳。日伪统治时期，俄国法西斯党与日本宪兵队相勾结，大肆进行绑架暗杀活动，其主要对象就是富有的犹太人。1933 年发生了令人震惊的“卡斯普绑架案”。A. И. 考夫曼在卡斯普的葬礼上，强烈谴责凶手和幕后指使者，要求暴徒偿还血债。被其言辞激怒的黑帮分子在刊物上写道：“这里不欢迎考夫曼医生，让他像摩西带领犹太人出埃及一样，带领自己的兄弟离开‘满洲国’回到巴勒斯坦去吧。”① 为了自卫，“贝塔”和“马卡比”成员经常奋起反抗，给反犹分子以反击。1933 年德国纳粹上台后掀起了排犹狂潮。消息传来，哈尔滨犹太人无比愤慨。4 月 23 日，在哈尔滨锡安主义组织的领导下，大约有 2500 人在犹太总会堂举行集会，抗议纳粹分子对德国犹太人的迫害暴行。

综上所述，锡安主义思想在哈尔滨的传播几乎是与犹太人移居哈尔滨共生的。随着 А. И. 考夫曼等锡安主义领导人来到哈尔滨，哈尔滨的锡安主义组织及其活动得到了迅速发展，哈尔滨一度成为中国乃至远东地区锡安主义运动的中心，在世界锡安主义运动发展史上也具有重要影响。

（作者：韩天艳，黑龙江省社会科学院哈尔滨犹太研究中心副研究员）

① Кауфман А. И. Посёлок Харбин // БИИС. Тель-Авив. 1997. №349. с. 33.

"犹太人宋咸平元年定居开封说"再思考

曹寅 CAO Yin

[**内容提要**] 对开封犹太人来华时间的调查一直属于古代中国犹太人研究的基本范畴，近年来一些中国学者根据对《宋史·真宗纪》中相关内容的解读，将犹太人定居开封的时间考订为宋真宗咸平元年。该论点尽管新颖，但却存在着不少值得商榷之处，而通过对《佛祖统纪》中一段相似记载的分析，前述学者所谓"犹太人自真宗咸平年间定居开封"的论点便显得有些失之偏颇了。

[**Abstract**] The research on the coming age of Kaifeng Jews is always a hot issue among scholars, and recently some Chinese experts claimed that they had found the exact year when Jews came to Kaifeng from the "Biography of Zhenzong" in *Song History*. Although this finding is of some original value, by referring a book about the history of Buddhism in China, *Fo Zu Tong Ji*, we found that the claim of those Chinese experts is unconvincing.

一、"犹太人宋咸平元年定居开封说"

尽管目前学术界对于古代犹太人何时来到中国这一问题尚存较大

争议,[①] 但犹太人定居开封的时间却似乎已经为一些中国犹太学者所接受,[②] 即在宋真宗咸平元年(公元998年),一群犹太人在其领教"列微"的带领下来到了当时的北宋都城开封。这一论断的最主要证据便是《宋史·真宗纪》中的一段记载:"咸平元年春正月……辛巳,僧你尾尼等自西天来朝,称七年始达。"[③] 陈长琦和魏千志将宋史中的这段史料与明弘治二年刻于开封犹太会堂《重建清真寺记》的碑文内容"出自天竺,奉命而来,有李,俺,艾,高……七十姓等,进贡西洋布于宋,帝曰:'归我中夏,遵守祖风,留遗汴梁'。"[④] 相比照,进而认为宋真宗咸平元年来到开封的僧你尾尼等就是最初来到开封的犹太人。

首先发现《宋史·真宗纪》中存在着疑似开封犹太人来华信息的是陈长琦,他在一篇名为《中国犹太人入华定居考》[⑤] 的文章中提出了四个论点用以证明宋真宗咸平元年来到开封的僧你尾尼一行就是之后定居在该城的犹太人:

1. 陈长琦认为在《宋史》的诸帝纪中对于外国人来华朝贡事件的记述有着固定的格式,"记述顺序先后为时间,地区,使者姓名,所贡方物等,而记述来朝僧人则一般称其法号,不直书其名"。但是,我们在《宋史·真宗纪》有关"僧你尾尼"的记述中却没有发现他来自什么地区,所贡了何种方物,而"你尾尼"也不是法号而只是姓名而已。据此,陈长琦推断"僧你尾尼"一行并非是来自印度的佛教僧侣。

2. 关于"你尾尼"名前"僧"的称号,陈长琦也怀疑这是否是

---

① 关于犹太人何时来到中国的不同观点,潘光旦将其分为三类,即"周代说"、"汉代说"和"唐代说",参见潘光旦:《潘光旦文集》第七卷,北京大学出版社2000年版,第144-148页。目前大多数中国学者都认为在唐代,犹太人肯定已经来到了中国,如陈垣、潘光旦、高望之、殷罡、龚方震、潘光等;但是,陈垣和潘光旦认为唐代来到中国的犹太人与开封犹太人之间并无直接联系,犹太人实际是在宋代定居开封的。

② 张倩红,刘百陆:"从遗存碑文看开封犹太社团的社会生活",《河南大学学报(社会科学版)》,2006年第6期,第97页。

③ 《宋史·真宗纪》,中华书局1977年版,第106页。

④ 陈垣:《陈垣集》,中国社会科学出版社2000年版,第70页。

⑤ 陈长琦:"佛僧还是犹太拉比",载于沙博理:《中国古代犹太人》,新世界出版社2008年版,第150-153页。

指真正的佛僧。在古代中国，“僧”一词并非总是用来专指佛教人士，有时也被用来形容其他宗教信徒，例如在《唐会要》中就曾记载，“波斯僧阿罗本远将经教，来献上京，详其教旨，玄妙无为，生成立要，济物利人，宣行天下”。[①] 这里的“波斯僧阿罗本”就不是佛教徒，而是将基督教聂斯托利派传入中国的始祖。[②] 因此，陈长琦断言“僧你尾尼”既非来自印度，亦非佛教徒。

3. 通过对中国南方语言发音方面的分析，陈长琦认为《宋史·真宗纪》中的“你尾尼”与《重建清真寺记》中的“列微”[③] 都是由犹太姓名“利未”（Levy）转读而来，而且由于“利未”姓（之后汉化了改姓李）在开封犹太社团中一直承担着掌教的角色，因此《宋史》中称“僧你尾尼等自西天来朝”就是说一群犹太人在他们的掌教“利未”的带领下来到了开封。

4. 《宋史·真宗纪》记载“僧你尾尼等自西天来朝，七年始达”。陈长琦称其中的“七年始达”也可以证明“僧你尾尼等”是犹太人。因为在宋代，中印之间的海路交通已经十分发达，只需几个月便可以完成一次航行，根本不用七年时间。但是，“七”在犹太文化中却是一个十分特殊的数字，犹太人经常使用七来代表数目之多，“意第绪语中有一短语 Ziben iss a ligen，意即‘七为谎’，表示一种夸张”。[④] 所以僧你尾尼等自称“七年始达”就更加表明了他们的犹太身份。

魏千志在陈长琦研究的基础上发现，《宋史·真宗纪》有关“僧你尾尼”的记载与明弘治二年《重建清真寺记》中有关犹太人初来中国的文字有五点相似：[⑤]

---

① 《唐会要》卷四九，京都：中文出版社 1978 年版，第 864 页。

② 有关景教（即基督教聂斯托利派）传入中国的史实，可参见杨共乐：“《大秦景教流行中国碑》若干史实考证”，载于《史学史研究》，2009 年第 2 期。

③ 《重建清真寺记》中记载“宋孝隆兴元年癸未，列微五思达，领掌其教。”关于“列微”即“Levy”之转音的考证，可参见（西）管宜穆：“开封府犹太人碑题”，载于［法］荣振华：《中国的犹太人》，郑州：大象出版社 2005 年版，第 225 页。

④ 陈长琦：“佛僧还是犹太拉比”。

⑤ 魏千志：“中国犹太人定居开封时间考”，载于《史学月刊》1993 年第 5 期，第 36－41 页。

1. "僧你尾尼"一行与开封犹太人的出发地点相同。开封犹太人自称"出自天竺",而"僧你尾尼"等"自西天来朝";在中国古代文献中,"西天"和"天竺"实际指代同一个地理范围,即现代的印度半岛。①

2. 两者来到中国的目的相同。开封犹太人称他们来到中国是为了"进贡西洋布于宋",而"僧你尾尼"等则是"来朝"。魏千志将"进贡"与"来朝"等同起来,认为"都是来中国进行朝贡贸易的"。

3. 两者来华的朝贡对象相同,都是宋王朝的皇帝。

4. 这两段文献记录的朝贡者的身份地位相同,"都是以私人身份出现的,而不是官方的代表"。

5. "僧你尾尼"等人与开封犹太人的首领姓氏相同。"僧你尾尼"自然是宋真宗咸平元年来朝者的首领,而根据开封犹太人以"列微"姓(后为"李"姓)族人为掌教的史实来看,他们在初来开封时很可能也是以"列微"姓为他们的领袖的。与陈长琦一样,魏千志也认为"你尾尼"与"列微"都是由犹太姓名"利未"(Levy)转读而来,所以"你尾尼"与"列微"实指同一姓氏。

此外,魏千志还发现耶稣会来华会士宋君荣在1723年8月18日致其同僚的一封信中写道:"利玛窦神父发现他从开封犹太人《五经》中看到的内容都与他掌握的希伯来文《五经》完全一致。……犹太教寺的掌教声称这部《圣经》收藏在开封府已有六百年的历史了。"② 由于利玛窦是在1608年(明万历三十六年)派人去开封犹太会堂调查的,按此年代上溯六百年正好是宋真宗时期(1008年为宋真宗大中祥符元年),魏千志据此推断宋真宗咸平元年来到开封朝贡的"僧你尾

① 该观点与陈长琦不同,陈长琦认为"自西天来朝"一句并不能表示犹太人是从印度而来的。笔者同意魏氏的说法,即宋代以降"西天"与"天竺"的概念已经同质化,均指代现今的印度半岛。关于以"西天"代替"天竺"指代印度的用法,以周去非在《岭外代答》中用之最甚,参见张星烺编注:《中西交通史料汇编》,中华书局2003年版,第2199-2201页。

② 关于利玛窦神父的话,可参见 Matteo Ricci, Nicolas Trigault, *De Christiana Expeditione apoud Sinas*, Paris, 1978, pp. 175-179. 宋君荣所写信笺的内容,则可参见[法]荣振华,[澳]李渡男编:"中国的犹太人——18世纪入华耶稣会士未刊书简",载于[法]荣振华:《中国的犹太人》,第158页。

尼”一行其实就是犹太教徒，而《宋史·真宗纪》与《重建清真寺记》实际上是记录了同一个事件。

二、对“犹太人咸平元年定居开封说”的一些质疑

尽管上述两位学者对于犹太人在宋真宗咸平元年（公元998年）来到开封的论证已经显得十分充分，但经过一番斟酌，笔者还是发现了不少可疑之处。

首先，尽管《宋史》在记载外国来华朝贡僧人时大多只书其法号而不称其名，但在其他的一些文献中我们却发现也有直接记录僧人姓名而不记法号的例子。例如在宋人释志磐所撰的《佛祖统纪》一书中就有如下记述：“宋太祖开宝元年……西天竺沙门苏葛陀来贡舍利，文殊华，赐紫服金币”；“（宋太祖开宝）三年，中天竺沙门钵纳摩来献佛舍利塔，犛牛尾拂”；“淳化二年，中天竺那烂陀寺沙门补陀吃多来朝……”；“至道元年，中天竺沙门迦罗扇帝来朝……”。[①] 很显然，我们不能将上面看到的“苏葛陀”、“钵纳摩”等人都认定为是印度之外的佛教僧徒，《佛祖统纪》不提他们的法号而只说姓名只能被解释为作者本身并不知道他们法号为何。而在《宋史·真宗纪》中用“僧你尾尼”的姓名代替他的法号的原因也很可能与《佛祖统纪》的做法相同，即《宋史》的作者并不知道“僧你尾尼”的法号，而不是“僧你尾尼”本人没有法号。除此之外，《宋史·真宗纪》确实记录了“僧你尾尼”等的出发地，即“自西天来朝”中的“西天”。通过查阅中国古籍我们可以发现，自宋以来中国的作家越来越倾向于将“西天”与“天竺”这两个地理概念等同起来，正如赵汝适所说：“西天诸国，大率冠以西天之名，凡数百国。最著名者王舍城，天竺国中印度，该佛氏所生，故其名重也。”[②] 因此，“僧你尾尼”等应当确实是

① （宋）释志磐：《佛祖统纪》卷四三—四八，载于《频伽精舍大藏经·传记部·致九》，吉林出版集团有限责任公司2007年版，第103－133页。

② （宋）周去非：《岭外代答》卷三，中华书局1985年版，第27页。“西天诸国”东则吐番，交趾；西则大食；南则锡兰，由此可知“西天诸国”就是“天竺诸国”，周去非以“西天”代“天竺”为宋代以降中国人之通常用法。

从印度来到中国的，而且很可能就是佛僧，只不过其法号被中国史官所不知或遗漏了而已。

其次，陈长琦引用《宋史·真宗纪》中"僧你尾尼等自西天来朝，称七年始达"这段内容中的"七年始达"一句来支持"僧你尾尼等"是犹太人的观点。他的论据是犹太人从"西天"到开封肯定用不了七年的时间，所以"七年"只可能是一个概数，而在犹太教中数字"七"也同样有着一些特殊意义，因而"僧你尾尼等"称自己"七年始达"从侧面证明了他们的犹太身份。但是，我们也应当注意到数字"七"在其他文化中也有着一定的特别含义，例如在汉文化中就有"七者，天地四时人之始也"① 的解释，希腊人则认为世界是由七种元素组成的（风、水、火、土、父亲、母亲、孩子），而在佛教中也有着"七宝"、"七苦"、"七佛"和"七地"之说。由此看来，"七"字的特殊含义并非犹太教所独有，因此我们便不能因为"七年始达"一句就推断"僧你尾尼等"是犹太人。

第三，魏千志将《宋史·真宗纪》和《重建清真寺记》中的内容加以对比，发现了开封犹太人与"僧你尾尼"一行的出发地、目的、朝贡对象、朝贡身份以及首领姓名均相同，因此他断定"僧你尾尼等"就是"出自天竺，奉命而来"的开封犹太人。然而，除了首领姓名可能相同之外，我们发现"僧你尾尼等"与开封犹太人的相似之处并不能说明什么问题。首先，"僧你尾尼等"来自于"西天"②，但是在宋代几乎所有来到中国的佛教僧徒都是出自"西天"或"天竺"的，③ 因此这一相似之处并不具有说服力。其次，自古以来，外国来华者无论是政府使节、商人还是传教上，在中国史书中都被称为某国的朝贡者。例如："元封三年，大秦国贡花蹄牛"④，"永宁元年，掸国王雍由调复遣使者诣阙朝贺，献乐及幻人"⑤，"至桓帝延熹九年，大

① 《汉书·律历志第一上》，中华书局 1962 年版，第 972 页。

② 此处"西天"即指"天竺"，其论证已见上文。

③ 释志磐：《佛祖统纪》卷四三—四八，第 103－133 页。

④ （东汉）郭宪："汉武帝别国洞冥记"，载于张星烺编注：《中西交通史料汇编》，第 118 页。

⑤ 《后汉书》卷八十六，中华书局 1965 年版，第 2851 页。

秦王安敦遣使自日南徼外献象牙，犀角，瑇瑁，始乃一通焉”①。到了宋代，以朝贡为名来到中国的外国人就更多了，而宋代来华的佛僧则无一例外地采纳了“朝贡”的形式：“宋太祖开宝五年，西天竺沙门可智，法见，真理三人来朝，赐紫方袍。西天竺沙门苏葛陀来贡舍利，文殊华……西天竺沙门弥罗等十四人来朝，并赐紫服”；“宋太宗太平兴国二年，西天竺沙门吉祥来进贝叶梵经”；“淳化二年，中天竺那烂陀寺沙门补陀吃多来朝，进佛舍利，梵经”；“景德元年，西天三藏法护来进佛舍利，贝叶梵经”；“大中祥符元年，西天沙门众德来朝，进舍利，梵经，菩提印”；“皇佑五年，西天沙门智吉祥等来朝，进梵经”②。由此可见，“僧你尾尼等”和开封犹太人都以朝贡为名来到中国并非是某种巧合，而是当时大部分来华商人、僧侣都采取的一种方式。再次，既然是朝贡，那么朝贡的对象自然是当时的皇帝及其代表的政府，所有的来华朝贡者的朝贡对象都是相同的，因而说“僧你尾尼等”和开封犹太人的朝贡对象相同也没有太大意义。最后，“僧你尾尼等”和开封犹太人都以私人而非官方的身份来到开封也不能说明他们二者就是等同的，因为在古代中国，大多数来华朝贡者其实都是以私人身份出现的，甚至一些自称有官方背景的来华使节也不过是由私人冒充而已，最典型的例子莫过于汉桓帝延熹九年的大秦王安敦遣使来贡的事件，现在大多数学者都认为这次朝贡是由罗马商人私自完成的，而没有任何罗马的官方背景。③ 由此可见，“僧你尾尼等”和开封犹太人的身份地位相同并不能说明他们的来华是同一事件。

第四，魏千志引用18世纪耶稣会来华会士宋君荣所提到的时间，推断开封犹太人应当是在宋真宗时代来华的。但如果我们仔细研读一下宋君荣于1723年8月18日所写的那封信的内容，就会发现魏千志的推理之中存在着颇多值得商榷之处。首先，魏氏所引用的这段话只

---

① 《后汉书》卷八十八，中华书局1965年版，第2920页。

② 释志磐：《佛祖统纪》卷四三—四八，第103–133页。

③ F. Hirth, *China and the Roman Orient*, Leipzig, 1885, pp. 73–78. 亦可参见张绪山：“罗马帝国沿海路向东方的探索”，载于《史学月刊》2001年第1期，第90页。

能说明在1608年，这部《圣经》收藏在开封府已有六百年的历史了，而那位掌教并没有称他们的族人来到开封府也有六百年的历史，因此我们不能将那部《圣经》的历史与犹太人来到开封的历史等同起来。犹太人很有可能在很早之前就来到了开封，但在宋真宗年间才获得了他们于1608年所提到的那部《圣经》。其次，宋君荣在同一封信中又写道："他们（开封犹太人）告诉我说，犹太人进入中国已有1650年了。他们来自西域。"① 如果按照宋君荣写这封信时的1723年减去1650年则应当是在公元73年，即东汉明帝永平十六年，这也就表明开封犹太人自称他们是在东汉明帝时期就来到了中国，而不是北宋真宗时。

综上所述，以往对于犹太人于宋真宗咸平元年来到开封的诸多论据之中，仅仅只有两个尚有价值，即"僧你尾尼"中的"僧"字并非一定指佛僧，而"你尾尼"与犹太教掌教之族姓"列微"也称得上是读音相似。但是，由于缺乏除《宋史·真宗纪》以外的其他对照材料，学术界很难就这一问题进行深入的探讨。

三、《佛祖统纪》的记载

宋人释志磐所撰的《佛祖统纪》② 卷四四中有着这样一段记载："真宗咸平元年……中天竺沙门你尾抳等来朝，进佛舍利，梵经，菩提树叶，菩提子数珠。赐紫衣。"③ 如果我们将这条记录与《宋史·真宗纪》中"咸平元年春正月……辛已，僧你尾尼等自西天来朝，称七年始达"作一比较，便会发现这两段文献很可能指向同一事件。首先，它们时间相同。《佛祖统纪》记载的是"真宗咸平元年"，而《宋史·真宗纪》则说是"咸平元年春正月"。第二，两者姓名相同。《佛

① F. Hirth, *China and the Roman Orient*, Leipzig, 1885, pp. 73－78. 亦可参见张绪山："罗马帝国沿海路向东方的探索"，《史学月刊》2001年第1期，第159页。

② 《佛祖统纪》一书由南宋天台宗僧人释志磐于1258－1269年间编成，该书是一本记载了上起周代，下至南宋咸淳五年，横跨2200多年佛教历史的巨著，也是中国历史上遗留至今最大最完整的佛教通史类著作，"在中国佛教史上有着很高的史料和思想价值"。

③ 释志磐：《佛祖统纪》卷四四，第110页。

祖统纪》中称“你尾抳”，《宋史·真宗纪》中称“你尾尼”。“抳”与“尼”的差异应当只不过是音译时所取的字不同而已。第三，两者身份相同。《佛祖统纪》中称“沙门你尾抳”，而《宋史·真宗纪》中称“僧你尾尼”，“沙门”和“僧”都是中国人对于佛门和尚的一种称呼，二者相同应无疑问。第四，两者来历相同。《佛祖统纪》中称“中天竺”，《宋史·真宗纪》中称“西天”，根据我们前面的论证，在宋代“西天”与“天竺”是两个等同的概念，因此我们可以说他们都是由印度而来。第五，两者来华目的相同。《佛祖统纪》中称“来朝”，《宋史·真宗纪》中也称“来朝”。而在《佛祖统纪》一书中所记载的宋真宗咸平元年来华朝贡僧人的记载只有两例，其一便是“你尾抳等来朝”，其二则是“西天竺沙门佛护来朝，进梵经。赐紫衣”①。《宋史·真宗纪》中有关咸平元年来华朝贡事件的记载也只有两起，一则是“春正月你尾尼等来朝”。另一则是“十一月丙辰……溪峒、吐蕃诸族、勒浪十六府大首领、甘州回鹘、西南蕃黎州山后蛮来贡”②。由此可见，“僧你尾尼等自西天来朝”和“中天竺沙门你尾抳等来朝”可能是同一事件，所不同的是《佛祖统纪》较《宋史·真宗纪》记录此事更为详细，不仅写出了“你尾抳”一行所属的国籍，还描述了他们的贡物。那么，如果我们从《佛祖统纪》的记录入手，能否进一步证明“你尾抳（尼）等”的犹太身份呢？

《佛祖统纪》中称“你尾抳”一行来自于“中天竺”。“中天竺”一词最早见于中国史书是在《梁书》中，其描述如下：“中天竺国在大月支东南数千里，地方三万里，一名身毒。汉世张骞使大夏，见邛竹杖，蜀布。国人云，市之身毒。身毒即天竺，盖传译音字不同，其实一也。从月支，高附以西，南至西海，东至槃越，列国数十，每国置王，其名虽异，皆身毒也。……其西与大秦，安息交市海中。”③其后在《南史》中对“中天竺”也出现了相似的记载，“中天竺国在大月支东南数千里，地方三万里，一名身毒。汉世张骞使大夏，见邛竹杖，蜀布。国人云，市之身毒，即天竺也。从月支，高附以西，南至

---

① 释志磐：《佛祖统纪》卷四四，第110页。

② 《宋史·真宗纪》，第108页。

③ 《梁书》卷五四，中华书局1973年版，第797页。

西海，东至盘越，列国数十"。[①] 可见在南北朝时期，中天竺的地理范围包括了现在印度半岛的绝大部分。但到了唐代，"中天竺"的概念发生了很大变化，根据《旧唐书》记载，天竺国"分为五天竺：其一曰中天竺，二曰东天竺，三曰南天竺，四曰西天竺，五曰北天竺。地各数千里，城邑数百。南天竺际大海。北天竺拒雪山，四周有山为壁，南面一谷，通为国门。东天竺东际大海，与扶南，林邑邻接。西天竺与罽宾，波斯相接。中天竺据四天竺之会，其都城周迴七十余里，北邻禅连河"[②]。《新唐书》上则认为天竺国"居葱岭南，幅圆三万里，分东，西，南，北，中五天竺，皆城邑数百。南天竺濒海……北天竺距雪山，圜抱如壁，南有谷，通为国门。东天竺际海，与扶南，林邑接。西天竺与罽宾，波斯相接。中天竺在四天竺之会，都城曰茶镈和罗城，滨迦毗黎河"[③]。

张星烺将中天竺的都城考证为今天印度东北部的巴德那城（Patna)[④]，又根据唐人慧立所撰《大慈恩寺三藏法师传》中玄奘巡游五天竺的记载，玄奘共游历了四座中天竺的城市，即羯朱嗢祇罗国（即现今印度的 Rajmahal 地区）、奔那伐弹那国（即现今印度的 Pabna）、南侨萨罗国（即现今印度的 Kosala 地区）以及摩醯湿伐罗补罗国（即现今印度的 Cwalior 城)[⑤]，而这些地区又都位于现在印度的中北部和东北部地区，因而"中印度"这一概念也就是现在的印度中东北部。至此，我们现在可以确认的是"你尾瓈等"是从印度中北部靠近尼泊尔或者东北部靠近孟加拉国的地区来到开封的。尽管在公元前 2 世纪就已经有犹太人来到印度半岛定居，并将他们的定居点逐渐扩大，但在 19 世纪一小批巴格达塞法迪犹太人移居印度东部加尔各答海岸之前，几乎所有的印度犹太人都集中生活在印度半岛西海岸的克拉拉（Kera-

---

① 《南史》卷七八，中华书局 1975 年版，第 1961 页。

② 《旧唐书》卷一九八，中华书局 1975 年版，第 5306 页。

③ 《新唐书》卷一二一上，中华书局 1975 年版，第 6326 页。

④ 张星烺:《中西交通史料汇编》，第 1883 页。

⑤ （唐）慧立:《大慈恩寺三藏法师传》，载于张星烺:《中西交通史料汇编》，第 2101 – 2106 页。

la）和马哈拉施特拉（Maharashtra）两个地区[①]，并以从事商业为生。因此，“你尾抳等”称他们自中天竺而来本身就可能说明他们并不是犹太人。

其次，在《佛祖统纪》中“你尾抳等”被冠以了“沙门”的称号而不是《宋史》中笼统的“僧你尾尼等”。“沙门”一词来源于梵语“Samana”，其有两层含义：第一种含义是指古印度时期，与婆罗门教相对立的一种宗教思潮，“主张一种修持与体悟，一种思考精神”[②]；第二意就是为出家修道者的通称。而“沙门你尾抳等”中的“沙门”必然是取第二种意思，即佛教出家修道者的统称。但是据此，我们还不能断定“你尾抳等”就是佛教僧人，因为在古代，中国人经常混淆各种外来宗教，甚至出现了将犹太人和伊斯兰教徒统称为“回回”以及将袄教徒和摩尼教徒误认作佛僧的情况，[③] 所以我们必须讨论中国人有无可能把“沙门”这一称谓套用在了其他宗教信徒身上这一问题。纵观宋及其之前传入中国的宗教，以佛教、景教、袄教、摩尼教以及回回教为最。中国人在史籍文献中常常将

---

① 有关 Maharashtra 地区犹太人的历史，可参见 H. S. Kehimkar, *The History of the Bene Israel of India*, Tel Aviv, 1937, p. 12；Shalva Weil, ed., *India's Jewish Heritage: Ritual Art and Life Cycle*, Mumbai, 2002, pp. 3 – 8；Shirley B. Isenberg, *India's Bene Israel: A Comprehensive Inquiry and Sourcebook*, Berkeley, 1989, pp. 45 – 49；Nissim Moses, Jeffrey Malka, *The Bene Israel of India*, New Delhi, 2003, pp. 28 – 31. Kerala 地区印度犹太人的历史则可参见 Asha Bhende, Ralphy E. Jhirad, *Demographic and Socio-Economic Characteristics of Jews in India*, Mumbai, 1997, pp. 9 – 39；Joan Roland, “The Remnant Remains: Jews in India Today”，载潘光主编：《犹太人在亚洲：比较研究》，上海三联书店 2006 年版，第 44 页。尽管在印度东部 Calcutta 附近等地也有一些犹太人定居，但这些犹太人多为 18 – 19 世纪从巴格达移民而来，并且人数极少，因此本文不将此类犹太人考虑在内。

② 方汉文：“萨满，羡门与沙门：佛教入华时间新释”，载于《中国文化研究》2004 年春季卷，第 128 页。

③ 例如，张鷟《朝野佥载》记有“河南府立德坊及南市西坊皆有僧妖神庙。每岁商胡祈福，烹猪羊，琵琶鼓笛，酣歌醉舞。酬神之后，募一僧为袄主”。其中的“僧”便是袄教教徒，而中国人在记录时却误记成了僧人，参见张星烺：《中西交通史料汇编》，第 1098 页。《会昌一品集》卷五《赐回鹘可汗书意》记载到“摩尼教天宝以前，中国禁断…朕深念异国远僧，欲其安堵”。在这里，“僧”又被用来形容摩尼教徒，参见张星烺：《中西交通史料汇编》，第 1116 页。

佛教僧侣记为"僧"、"沙门"、"三藏"，而对于"景"、"袄"、"摩尼"、"回回"四教，亦有称呼其宗教人士为"僧"的记载[①]，但是我们始终没有发现以"沙门"称呼除佛教之外其他外来宗教的记录。这主要是因为"沙门"为专业化程度很深的佛教用语，故只会被史料作者用来专门形容佛教僧人，因而没有导致该词被误用。由于在中国的各种史籍资料中我们都找不到以"沙门"形容外来宗教人士（佛教除外）的事例，所以将"沙门你尾抳等"推断为犹太教徒是不合适的。

第三，从"沙门你尾抳等"所献给宋真宗的朝贡物品来看，他们也更像是一般佛僧而非犹太人。《宋史·真宗纪》中并未提及"僧你尾尼等自西天来朝"时所带的贡物，但《佛祖统纪》却对"你尾抳等"带到开封来的进贡物品进行了详细描述，即"进佛舍利，梵经，菩提树叶，菩提子数珠。"[②] 佛舍利、梵经、菩提树叶、菩提子都是宋代来华僧人所最常进献的贡物。根据《佛祖统纪》中的记载，有宋一代外国佛僧来华朝贡计有 31 次，其中有贡佛舍利、梵经、菩提树叶、菩提子者如下表所示：

由此表可见，"你尾抳等"所贡之佛舍利和梵经均为外国佛僧至中国者所常贡物品，而至于菩提树叶和菩提子，尽管贡献者不多，但二者也不能说明"你尾抳等"具有某种特殊身份，一是因为菩提树叶和菩提子都属于常见的佛教用品，且其他宗教中没有与其相对应者，因此贡献此二物应能说明朝贡者的佛教僧徒身份；其二，朝贡品中包含不常见贡物并非"你尾抳等"所独有，例如"（宋太宗太平兴国）二年，中天竺沙门钵纳摩来献佛舍利塔，犛牛尾拂"，[③] 其中的"犛牛尾拂"为其他的朝贡僧侣所没有。又如"大中祥符三年西天沙门众

① 称景教徒为"僧"者，可参见《唐会要》卷四九，"贞观十二年七月诏曰：'道无常名，圣无常体。随方设教，密济群生。波斯僧阿罗本远将经教，来献上京'"。见《唐会要》卷四九，中文出版社 1978 年版，第 864 页。称摩尼教徒和袄教徒为"僧"例已见上文。中国史书中记"回回"为"僧"者较少，但是在《回回原来》一书中有此一例，"回王接旨大喜，遣其国中高僧该思，吴歪斯，噶心三人，来华报聘"。见张星烺：《中西交通史料汇编》，第 742 页。

② 释志磐：《佛祖统纪》卷四四，第 110 页。

③ 释志磐：《佛祖统纪》卷四三，第 104 页。

德来朝，进舍利，梵经，菩提印”，① 其中的“菩提印”也在朝贡品中属罕见。所以，“你尾抳等”所贡的方物中包括了一些其他朝贡者所没有带来的宗教物品也是可以理解的。由于“你尾抳”一行所贡的方物与其他来华僧侣没有太大差别，且都属于常见佛教用品，因而将他们推断为犹太人似为不妥。

进舍利者	进梵经者	进菩提树叶者	进菩提子者
西天竺沙门苏葛陀 中天竺沙门钵纳摩 中天竺那烂陀寺沙门补陀吃多 中天竺沙门迦罗扇帝 中天竺沙门你尾抳 西天三藏法护 中天竺沙门觉戒 西天竺沙门知贤 北天竺优填曩国沙门天觉 南天竺狮子国沙门玅德 西天竺迦蹉国沙门	中天竺那烂陀寺沙门补陀吃多 西天竺沙门吉祥 中天竺沙门护罗 中天竺沙门迦罗扇帝 西天竺沙门罗护罗 中天竺沙门你尾抳 西天竺沙门佛护 北天竺沙门戒贤 迦湿弥国沙门目罗失稽 西天竺沙门达磨波 西天竺沙门波罗奈 西天三藏法护 西天沙门众德 西天竺沙门知贤 北天竺优填曩国沙门天觉 南天竺狮子国沙门玅德 西天竺迦蹉国沙门 中天竺萨缚罗国沙门童寿	中天竺沙门你尾抳 迦湿弥国沙门目罗失稽 中天竺沙门觉戒	中天竺沙门你尾抳

① 释志磬：《佛祖统纪》卷四四，第105页。

续表

进舍利者	进梵经者	进菩提树叶者	进菩提子者
	东天竺林捺国沙门 普积 西天沙门普善 南海注辇国使 西天沙门爱贤，护贤 西天沙门智吉祥		

第四，通过对《佛祖统纪》中相关内容与《重建清真寺记》碑文的对比，我们也发现二者所叙述的对象之间存在着一些差异。首先，《重建清真寺记》中说一赐乐业教人"进贡西洋布于宋"，[①] 但《佛祖统纪》中却记载"你尾抳等来朝，进佛舍利，梵经，菩提树叶，菩提子数珠"[②]。两者所述贡物完全不同，因此这两件事很可能并非先前所认为的是同一件事。其次，纵观宋时来华之印度佛僧，又没有一人以"西洋布"作为他们的贡献之物，因此开封犹太人是不太可能被宋人误当成了"僧"而记入史书之中的。第三，根据《重建清真寺记》的记载，开封犹太人在进贡结束之后宋朝皇帝赠给了他们一句话，即"帝曰：'归我中夏，遵守祖风，留遗汴夏'"[③]。而宋真宗对"你尾抳等"来朝的反馈则是"赐紫衣"。[④] 如果"你尾抳等"真的就是定居开封的犹太人，《宋史·真宗纪》、《佛祖统纪》以及《重建清真寺记》描述的是同一事件，那么我们就必须回答一个问题，即为什么《重建清真寺记》没有把皇帝赐予他们紫衣这一重要细节录入其中？尽管由于篇幅的限制，《宋史》和《佛祖统纪》有可能省去了宋帝与开封犹太人之间的对话，但在《重建清真寺记》这篇旨在为开封犹太人歌功颂德的碑文中，"宋帝赐紫衣"这一荣耀

① 陈垣：《陈垣集》，中国社会科学出版社2000版，第56页。
② 释志磐：《佛祖统纪》卷四四，第110页。
③ 陈垣：《陈垣集》，第56页。
④ 释志磐：《佛祖统纪》卷四四，第110页。

是不应该被遗漏的。[①] 然而，我们恰恰没有发现任何有关“赐紫衣”事件的信息，甚至在之后的正德碑和康熙碑中也没有对此事进行过只言片语的描述。[②] 因此，《佛祖统纪》中“你尾抳等”来朝一事与定居开封的犹太人之间应当并不存在着直接联系。

综上所述，我们发现以往中国学者所引用的《宋史·真宗纪》中有关“你尾尼”来华的记载实际上也出现在了《佛祖统纪》这部佛教史著作之中。然而，通过对《佛祖统纪》中相关内容的详细解读，我们却发现“你尾抳等”与宋代来华犹太人之间存在着诸多差异，例如“你尾抳等”自称他们来自于“中天竺”，但古代印度犹太人却集中在印度东部和南部，鲜有居住在“中天竺”者；“你尾抳等”又被冠以了“沙门”的称号，而在中国史籍中，“沙门”一词从未被用来形容过除佛教以外的宗教人士；“你尾抳等”所贡的方物又与《重建清真寺记》中所描述的不同，且多为佛教专用物品。据此，认为《宋史·真宗纪》中的“你尾尼”就是初来开封的犹太人的论断便只剩下了“你尾尼”读音与犹太姓名“Levy”相似这一个证据，而仅凭音似就

① “紫衣制度”始自隋代，据《册府元龟》卷六十记载“大业六年诏，从驾步远者，文武官等皆戎衣，贵贱异等，杂用五色。五品以上通著紫袍，六品以上兼用绯绿”。到了唐代“紫衣制度”更加规范化，《隋唐嘉话·卷中》记载“旧官人所服，唯黄紫二色而已。贞观中，始令三品以上服紫，四品以上以朱，六品七品绿，八品九品青焉”。宋承唐制，也将紫服规定为极为高贵之服装，宋人叶梦得在《石林燕语》中说道，“国朝既以绯紫为章服，故官品未应得服者，虽燕服亦不得用紫，盖自唐以来旧矣”。由此可见，宋代时若被赐以紫服，则是极尊贵之事，被赐者不可能不以此为荣而加以记录。但开封犹太人所遗三碑对此事却丝毫不提，由此可知宋帝并未赐予开封犹太人以紫服，而“你尾尼等”也不应当是定居开封的犹太人。关于紫服制度，可参见孙机：《中国古舆服论丛》，文物出版社 2001 年版，第 430 - 454 页。甚至还有学者认为，为了显示他们祖先来到中国时的荣耀，“帝曰：归我中夏，遵守祖风，留遗汴梁”。一句也是开封犹太后人自己编造出来的，因为宋代开封并不叫做“汴梁”而被称为“东京”，“汴梁”之称谓始于明代，所以宋帝绝不会说出“留遗汴梁”一句，可参见殷罡：“从布哈拉到开封——开封犹太人的波斯起源及其入华途径”，载于潘光等主编：《犹太以色列研究论丛第三辑：纳粹大屠杀的政治和文化影响》，时事出版社 2009 年版，第 277 页，以及高望之：“关于中国犹太人”，载于沙博理：《中国古代犹太人》，第 133 页。

② 陈垣：《陈垣集》，第 58 - 63 页。

得出开封犹太人在宋真宗咸平元年定居开封这个结论显然是不合理的。[①]

尽管由于《佛祖统纪》中有关“你尾抳等”一段记录的佐证，犹太人自宋真宗咸平元年定居开封的观点似乎不太具有说服力，但我们也不应该就此断言犹太人的来华时间是不可考的。目前，大多数中外学者都相信犹太人在唐代就已经来到了中国，而且在唐代海上和陆上丝绸之路中都已经发现了一些犹太人的踪迹，由于在唐宋之间的五代时期仍有许多外国人来华并逗留在中国，因此我们应当将唐代来华犹太人与宋代开封犹太人结合起来加以研究，以期更准确地判断开封犹太人的来源。

（作者：曹寅，上海犹太研究中心研究生）

① 正如芮传明所说，单凭读音近似的比照方法未必能收到令人信服的效果，有时甚至会因此而使自身的证明显得“苍白无力”。参见芮传明：《丝绸之路研究入门》，复旦大学出版社 2009 年版，第 88 页。

关于上海万国商团犹太分队的历史考察

李光 徐涛 LI Guang & XU Tao

[**内容提要**]“商团”特指旧中国在商人支持、资助下成立的一种准军事组织，源于上海之万国商团。这支由公共租界工部局直接指挥的武装部队组建于1853年，从它诞生的那一天起，就担当了维护租界当局统治的角色，严重侵犯了中国的主权。万国商团犹太分队是锡安主义的成功之作。犹太分队虽然没有参加过实战，但积极救助来沪犹太难民，在日本侵略者进攻上海时布防公共租界，事实上也是支援了反法西斯的斗争，其历史作用主要还是积极的。

[**Abstract**] “Volunteer Corps” refers to a kind of quasi-military organization supported by business circle in modern China. It was originated from the Shanghai Volunteer Corps set up in 1853 under the direct command of Shanghai International Settlement Municipal Council. After establishment, it played a role in maintaining the rule of concession authority, and seriously violated China's sovereignty. The Jewish Company of Shanghai Volunteer Corps was a successful work of Zionism. Although Jewish company did not attend actual combat, it actively helped the Jewish refugees coming to Shanghai, as well as defended the Shanghai International Settlement during Japanese invasion and international anti-fascism war. In this sense, it mainly played a positive role in history.

"商团"一词特指旧中国以商人为主体成立的一种准军事组织。传统中国历来以商为四民之末，商人较之士、农、工三个阶层地位要低，少有商人自发组织，更无商人武装。因此，"商团"实际上是近代中国封闭破除后的舶来之物，肇始于上海的万国商团（Shanghai Volunteer corps）。中国学界的商团研究还属于起步阶段，研究成果很少，基本从政治角度切入，集中于民国初期前后广州、上海、苏州、武汉等地的中国商团组织在重大事件所扮演的角色，尚属外围研究，对于其源头万国商团的研究至今阙如。①

上海公共租界所属之万国商团成立于1853年4月，解散于1942年9月，前后共计89年又5个月。万国商团，英文直译为义勇军队。成员是"名副其实之志愿服务团员"，平时于洋行中经商，"当界内发生扰乱之时，经动员以协助巡捕外，倘遇有外来侵袭之危险，并随时协同各国所供备至海陆军队，切实分任所定之防卫公共租界办法"②。类似万国商团的组织并非上海租界所独有，最初的英伦四岛，后辟的南非、印度的孟买和加尔各答、香港、新加坡、马来西亚的槟榔屿，几乎在英人聚集的地方就会有"商团"这一准军事力量的存在，以保护本国商人的安全。

较之其他英属通商口岸和殖民地，上海公共租界的万国商团有其独特之处：一是存在时间长，几乎贯穿租界历史始终；二是国际色彩重，先后共计27支分队，成员至20多个民族国家，"万国"冠之，名副其实；三是军事实力强，1900年镇压义和团后商团成员一直保持在1000人以上，装备先进，后期更有常驻守军（白俄队），渐有正规军属性；四是影响范围广，中国商人群体亦受其启发而成立商团，先是在上海南市、闸北，继而发展到广州、苏州、武汉各地，可见其有着极大影响。

上海万国商团犹太分队又是万国商团中极为特殊的一支，在世界范围的犹太历史上有其独特的地位。上海万国商团犹太分队是

---

① 关于学界商团研究的综述，详见朱英："近代中国商团研究述评"，《近代史学刊》2001年第1辑。

② 费唐：《费唐法官研究上海公共租界情形报告书》（第二卷），工部局华文处译述，第209－210页。

近代以来世界上少数合法的犹太武装之一，是锡安主义的成功之作。万国商团犹太分队虽然规模小、人数少，但其活跃的宗教文化生活及深刻的民族意识却与世界各地的犹太人是一致的，与上海的犹太人社团和世界其他犹太人活动中心之间也保持着密切的联系。毫无疑问，犹太分队铭刻着犹太人民族传统、宗教习俗的烙印，延续着犹太人的民族性与民族情神，维系着犹太人的锡安主义理想。

近年来，中国的犹太研究保持着蓬勃发展的态势。不过，国内学界并未有专著、专论对万国商团犹太分队做研究，而相关著作中也仅有概略介绍。同时，国外学界对它的研究也较薄弱①。本文试图对万国商团犹太分队的发展脉络进行梳理，并在此基础上考察其重要活动、历史作用及与其他离散犹太人武装的异同。

一、上海万国商团犹太分队的发展脉络

上海万国商团始建于 1853 年 4 月，是时太平天国起义横扫南中国，上海县城也爆发小刀会起义，上海外侨感到十分害怕。于是，各国驻沪领事召开紧急会议，以保护侨民生命财产为名，集合在沪外侨组成了这个武装自卫团体，成立之初仅 200 人左右。1870 年，工部局将其接管，万国商团由此开启了正规化之路。自 20 世纪 20 年代末起，万国商团一般保持 2000 人的规模，共 20 个分队。1941 年太平洋战争爆发，日军侵入公共租界。1942 年 2 月 26 日，万国商团奉工部局命令宣布停止训练活动，5 月解散，武器被日军收缴。

1842 年，中英南京条约签订后，世界各地的商人涌入上海经商办实业。此后数十年，来沪的犹太商人中大部分是来自巴格达和孟

① 现有研究中部分史料性著作也对万国商团犹太分队作过一些专门研究，但整体研究并未成型，如：Kounin，I. I.，*Eighty Five Years of the Shanghai Volunteer Corps*，Shanghai，1938；B. M. Frank，"The Jewish Company of the SVC compared with other Jewish Diaspora Fighting Units"，'*Jews in China*' seminar at Harvard University，1993；Martin Sugarman，"The Jewish Company of the Shanghai Volunteer Corps，1932 –42"，*Jewish Historical Studies*，Volume 41，2007，p. 189.

买的塞法迪犹太人，如有名的沙逊、哈同和嘉道理家族，大多拥有英国国籍。接着，为躲避反犹浪潮、内战和革命，又有来自俄国的阿什肯纳兹犹太人来到上海。到 20 世纪 30 年代，大批欧洲犹太难民逃离纳粹占领区，也来到了上海。① 这两批后来的犹太人虽不如塞法迪犹太人富有，但人数众多，组织良好。到 1939 年，上海已有近 3 万犹太人，1939 年发行的《北华捷报》甚至声称有 5 万犹太人在上海。②

早在 1914 年，犹太社团与万国商团就开始商谈建立一支犹太分队，理由是建立犹太分队可以加强犹太人的认同感，更多地发挥犹太人的作用，更好地保卫公共租界。但以爱兹拉（Edward I. Ezra）为代表的公共租界中的一些犹太领导人却反对建立单独的犹太分队，认为这样显得犹太人太特殊。他们主张让犹太青年加入已建立的万国商团各分队，认为这样能够使他们开阔眼界。不过，来自俄国的犹太人并不认同爱兹拉等人的观点。他们大多具有较强的锡安主义倾向，在哈尔滨等地就积极组织过文体活动和军事训练。来到上海后，他们一方面参加塞法迪犹太人创建的上海锡安主义协会的各项活动，另一方面努力创立自己的锡安主义组织，积极主张建立万国商团的犹太分队。

1932 年夏，部分来自哈尔滨的俄犹青年在静安寺路（今南京西路）722 号开会，决定正式要求在万国商团内建立犹太分队。③ 随后，他们将要求呈交给商团总司令，并获得批准，但规定犹太分队必须先作为万国商团现有分队中的一个小分队。于是，犹太小队被确定归属于由托德上尉（C. C. Todd）指挥的“H”分队。犹太小队于 1932 年 9 月 22 日正式成立。多年从事犹太童子军训练工作的雅各布斯（N. S.

① B. M. Frank, “The Jewish Company of the SVC compared with other Jewish Diaspora Fighting Units”.

② *North China Herald*, July 26, 1939, p. 166.

③ M. R. Ristaino, “White Russian and Jewish Refugees in Shanghai 1920 - 44, as recorded in the Shanghai Municipal Police files, National Archives, Washington DC”, *Republican China Journal*, XVI/1 (1990) 51 - 62.

Jacobs）被任命为少尉[①]，负责指挥犹太小队。小队的另两位军官是比特克中士（R. B. Bitker）和泰兰中士（M. Talan）。他们都是经验丰富的老队员，都分别在俄国分队和野战炮分队中服过役。2 个月后，第二支犹太小队宣告成立。比特克中士被升为少尉，并负责指挥这一新成立的小队，雅各布少尉则晋升为中尉。由于两支犹太小队的队员热情高涨，成立犹太分队的时机已经成熟。1933 年 5 月 22 日，"H" 分队中非犹太队员转入其他分队，"H" 分队便成为由清一色的犹太队员组成的犹太分队，雅各布斯中尉同时晋升一级。犹太分队成立后，在军事训练等方面取得了稳定的进展。不久，泰兰中尉离沪去香港，比特克中尉也于 1936 年 10 月去了巴勒斯坦。此时恰逢野战炮分队解散，戈德金（S. Godkin）中士和戈登堡（W. Goldenberg）中士被调到犹太分队担任军官。1938 年，随着比特克中尉重返分队，犹太分队共有 4 名军官，即队长雅各布斯上尉（1940 年提升为少校）、副队长戈德金中尉、小队长戈登堡中尉和比特克中尉。据《北华捷报》1937 年 9 月某日记载，当时犹太分队有 3 名军官和 69 名士兵休息，另外 24 人执勤，总共 96 人。[②] 全盛时期，犹太分队共有 120 人，分为三个小队。

犹太分队的大部分成员来自俄罗斯，也有一些来自波兰、罗马尼亚和英国，一些持有英国护照的成员则来自印度、新加坡、香港和伊拉克。犹太分队的军歌乃至风气和文化都是英国式的。1938 年，他们把犹太圣歌 *Adon Olam* 加入到他们的军歌中，这是由一位巴勒斯坦犹太人谱的曲子。犹太分队吃符合犹太教规要求的清洁食物，去犹太俱乐部休息、娱乐。犹太分队的牧师布朗（Reverend Mendel Brown）是

---

① 万国商团犹太分队第一位也是唯一一位指挥官是雅各布斯（1898 – 1977），卫理公会派教徒，生于英国汉普郡，在印度和香港长大，一战期间参加香港的志愿防御部队，是香港第一支童子军的创建者之一。1920 年到上海后，他就职于英美烟草公司。在上海，他遇到了俄罗斯籍犹太姑娘唐娜（Dora Bogomolsky），随后举行了传统犹太婚礼。1949 年，雅各布斯返回英国，继续就职于英美烟草公司。1967 年，以色列犹太分队的老队员们赞助他和妻子唐娜去以色列参观访问。雅各布斯于 1977 年逝世，享年 79 岁。为了纪念雅各布斯，1980 年 5 月 18 日，来自以色列和美国的 35 个犹太分队老兵和他们的家属及一些志愿者，在耶路撒冷附近的莫丁（Modi'in）小镇种下了 3500 棵树，并树立了一座石碑，石碑上雕刻着雅各布斯的名字。

② *North China Herald*, January 19, 1938, p. 95.

上海塞法迪犹太社区的精神领袖。他于20世纪30年代来到上海，成为犹太学校的校长和摩西会堂的负责人。

万国商团犹太分队是当时世界上极少数合法的犹太常备武装，①拥有自己的徽章和军旗。其徽章为“大卫王之星”，覆盖在万国商团标志SVC（即Shanghai Volunteer Corps的缩写）上面。其军旗采用世界锡安主义者组织（WZO）② 的旗帜：白色旗面，上下各有一条蓝色宽带旗面，中央是古以色列国王“大卫王之星”（或称大卫之盾）。白蓝两色源于犹太教徒祈祷时用的披肩上带有垂穗饰的长方形披巾（希伯来语称为塔利特）。自犹太分队拥有自己的分队后，上海滩上每每遇有危局，总可以看见“大卫王之星”飘扬。直至1942年5月万国商团解散，犹太分队才停止了一切活动。虽存在时间不长，但犹太分队还是获得了好评。万国商团的一位高级军官在《北华捷报》上撰文指出：“犹太分队非常好，他们十分热情，很奇怪以前为什么没有犹太分队，犹太人是一个热爱和平的民族，他们在摩西的率领下取得过辉煌的战绩，犹太分队像以往的犹太军队一样成功。”

二、上海万国商团犹太分队的装备、训练和活动

1. 犹太分队的武器装备和训练

犹太分队实行英国陆军条令，穿英国陆军军服。军官装备韦伯利左轮手枪，并有佩剑，以供检阅时使用。全部成员配备恩菲尔德式步枪和5个弹夹、刺刀和刀鞘。每个小队有一挺当时比较先进的刘易斯机枪。他们还佩戴英军一战时的头盔。军服分为冬装与夏装，夏装有遮阳帽。军鞋是英军穿的黑色长筒皮靴。犹太分队戴着万国商团青铜色的徽章，但在他们的领子上有自己的徽章——“大卫王之星”覆盖在万国商团标志SVC上面。③

参加万国商团的团员，除俄国第一、二、四队为常备（雇用）之

① 也有学者认为是当时世界上唯一的犹太合法武装。

② 亦有学者称之为“世界犹太复国主义者组织”。

③ Martin Sugarman, “The Jewish Company of the Shanghai Volunteer Corps, 1932 – 1942”, p. 189.

外，包括犹太分队的其余各队团员均为志愿（业余）性质。因商团是多兵种编成的部队，技术性较强，所以万国商团自建立之日起就非常重视部队的训练，制订了训练计划与制度，规定了训练内容、时间，提出了目的与要求，加强对训练组织工作的领导，定期进行检阅与考核。因此，虽然名曰商团，实际上其编制、装备、部队素质均与正规军队相同。如 1933 年 3 月，驻沪英军司令佛黎明旅长检阅万国商团后报告说："我认为本团团员，在防守公共租界之一部分，以抵御外来之敌侵略方面，其能胜任与正式军队相同，并能协助巡捕以维持公共租界内之秩序。"以下训练制度、内容及时间是万国商团各分队都必须执行的，犹太分队也不例外。①

（1）训练制度

检阅会操：每年由驻沪英军司令在跑马厅或斜桥总会检阅万国商团。

报告：每年由万国商团司令向工部局公董书面报告训练情况。

检阅聚餐：依照惯例于举行常年检阅会操日的晚间举行。

野营训练：野营训练地点在虹口靶子场内，所属各部队轮流进驻训练。

（2）训练年度

通常自当年 10 月 1 日起至翌年 6 月 1 日止。

（3）训练内容及时间

枪械训练 3 小时 20 分，刺刀练习 40 分，侦察及巡逻 4 小时，巷战 2 小时 40 分，驱散暴动群众 1 小时，野操（队列教练）40 分，分队攻击 40 分，分队防御（战术教练）40 分，堆筑沙袋 40 分，搭建铁丝网 1 小时 20 分，部队训练 1 小时 20 分，预备时间 1 小时，一季内教练时间，总计 18 小时 40 分。此外还要进行夜间训练，包括射击练习、沙盘讲解以及动员办法演讲等。

犹太分队的军事训练在福州路万国商团的风雨操场的巨大建筑里进行，这里有俱乐部、武器库、靶场等。他们的野外训练（实弹射击

---

① 《上海军事志》编纂委员会编：《上海军事志》，上海社会科学院出版社 1994 年版，第 261 – 262 页。

等）在虹口公园进行。在1936年5月万国商团举行的射击比赛中，犹太分队在23个分队中荣获第三名；在1937年2月的刘易斯机枪射击比赛中，犹太分队名列第四，排在3个白俄分队之后，白俄分队是职业雇佣军，所以取得优异成绩。[①] 犹太分队内也举行射击比赛，争夺嘉道理杯。[②] 上海的犹太报纸《以色列信使报》曾刊登过一幅照片：一个参加射击比赛的分队成员与嘉伯曼中尉、比特克中尉站在一起合影。[③]

2. 犹太分队的动员与执勤活动

1936年3月，犹太分队与A分队共同进行了一次军事演习，模拟公共租界多国部队的撤退准备。1937年2月，犹太分队参加了广泛的军警协同训练，以检验发生暴乱时候的战备情况。1937年"八·一三"事变前后，万国商团从8月12日起进行了为期三个月的动员，协助英军布防公共租界的B区。犹太分队与苏格兰队、轻机枪队（又叫防空队）一起，驻扎在新天安堂（Union Church）和上海划船总会。[④] 这些驻地在苏州河与黄浦江的交汇处，外白渡桥的对面。外白渡桥成了阴阳界的分界线，桥南是租界孤岛，桥北是沦陷区。英美人和日本人在这里分别设卡站岗检查往来行人，就像两个国家的边界一样。外白渡桥是上海孤岛门户的象征，一个冲突的潜在热点，把犹太分队放在这里充分显示了指挥官对犹太分队战斗力的信任。[⑤]

这期间发生了拉帕波特（Rapaport）事件。据记载，犹太分队成员拉帕波特当时在值班，没有经过允许就离开了自己的岗位，溜达进了B分队的防区。他被哨兵发现并要求离开，但他拒绝了，哨兵再次警告，他又拒绝了，于是哨兵举枪射击，拉帕波特受伤而死。事后，公共租界工部局同意给予其家人抚恤，其家人很快离沪去了美国旧金

---

① 1917年俄国十月革命后，许多白俄从北方迁来上海，上海公共租界的万国商团中又增加了一支白俄队，全部由帝俄军人组成。他们集中居住在军营里，按月领取薪饷，完全服从租界当局指挥，成为一支职业雇佣军。

② *North China Herald*, March 8, 1939, p. 426.

③ *Israel's Messenger*, July 5, 1935, p. 12.

④ H. Sergeant, *Shanghai: Collision Point of Cultures 1918 - 1939*, New York, 1990, p. 297.

⑤ National Archive, Kew, PRO 30/26/157.

山。这是犹太分队历史上唯一的成员死亡事件。①

1937 年 10 月 29 日，《上海犹太早报》刊登了一张关于外滩沙逊文化中心外犹太分队的沙袋机枪工事的照片。11 月 5 日，该报报道了日军轰炸造成的包括犹太社区在内的伤亡情况。1938 年 5 月 5 日，犹太分队举行庆祝成立五周年大会，嘉道理为在步枪和刘易斯机枪射击比赛中的获奖者颁发了奖杯。7 月，在跑马厅举行了盛大的庆典仪式，犹太分队的 85 名成员由于在 1937 年布防行动中表现出色被公共租界工部局授予奖章。1938 年 8 月 11 日，为了防范"八·一三"事变一周年可能发生的冲突，犹太分队进行了为期四天的动员，并日夜警戒。当时，日军包围了上海，英国、美国的战舰在黄浦江上游弋。万国商团和租界内的各国驻军进行了扩编。1938 年 2 月 27 日，犹太分队和 A 分队进行了武装游行。据上海媒体报道，1940 年 3 月 31 日，它们又再次进行了武装游行，游行队伍从兆丰公园出发，在英国第二皇家军乐团的引导下行进。A 分队与犹太分队还进行了射击比赛，以 964:1029 负于犹太分队。1938 年全年，万国商团与公共租界巡捕房和英美驻军一起，进行训练、巡逻、搜索，镇压骚乱和检阅。随着上海局势的恶化，要求加入万国商团的人开始增多。由于犹太难民大量涌入上海，犹太分队在这一时期也招收了更多的成员。

1939—1940 年，随着英美军队逐渐从上海撤往其他地区、欧洲战场战斗的激烈进行、日军威胁的加剧，万国商团的任务也加重，特别是外白渡桥地区，在那里他们面对的是日本的海军陆战队。万国商团还担任会审公廨的保卫，那里要审理公共租界内不同国籍侨民的案件。为此，犹太分队特意加强了夜间的街道巡逻。随着纳粹对欧洲犹太人迫害的加剧，更多的犹太难民来到上海。《上海犹太早报》报道：万国商团犹太分队是犹太难民最有力的帮助者，他们到码头迎接犹太难民，联系运输车辆，帮助安置犹太难民到河岸的临时住处，又从军事机构借来了床铺。犹太分队还为博物馆路的施粥处提供服务，鼓舞那些被绝望和灾难弄得精神崩溃的人振作起来。②

---

① Martin Sugarman, "The Jewish Company of the Shanghai Volunteer Corps, 1932 – 1942".

② *Jewish Chronicle*, March 17, 1939, p. 41.

论及犹太人，不能不提及相对应的反犹主义活动。但横向考察整个万国商团犹太分队的社会生活史，犹太分队与其他分队都相处和睦，与上海的中国人和外国人的关系也都是有友好的。没有证据显示万国商团中有反犹主义，甚至上海公共租界中也没有反犹主义。[①] 卡茨纳尔森也证实，整个上海市，包括中国人和欧洲社区（租界），都没有反犹主义的偏见。虽然各社区都有自己的俱乐部、体育运动团体、学校、医院和宗教场所，但是，无论在饭馆里，还是在更大的公共空间或者社会事件中，都没有反犹主义。[②]

三、上海万国商团犹太分队与其他离散犹太人武装的比较

近代以来，除了上海万国商团犹太分队，还有一些其他的离散犹太人武装，其中主要有以下几个：

1. 国际纵队波特文分队（the Botwin Company）

西班牙内战期间国际纵队中的波特文分队以纳夫塔利·波特文命名。[③] 波特文是一位年轻的波兰犹太共产党员，后来因为处死了一个内奸被判处死刑。波特文分队成员主要是来自法国、巴勒斯坦和波兰的犹太志愿者。波特文分队在战斗中被国际纵队的其他部队广为赞扬。国际纵队被解散后，波特文分队志愿殿后，保护西班牙共和国剩余的部队和难民逃往法国。二战中，一些波特文分队的成员参加了法国和巴尔干其他国家的抵抗运动，许多人献出了自己的生命，少数人幸存下来。波特文分队由于缺乏武器和训练，在西班牙内战中遭受了重大的伤亡，如在伊斯彻曼德战斗中，分队的一半人阵亡。在西班牙内战中，分队总计有大约 1000 人伤亡，包括 4 名指挥官。波特文分队的战

---

① B. M. Frank, ‘The Jewish Company of the SVC compared with other Jewish Diaspora Fighting Units”.

② Martin Sugarman, “ The Jewish Company of the Shanghai Volunteer Corps, 1932 – 1942”.

③ Albert Prago, “The Botwin Company in Spain, 1937 – 1939”, *Jewish Currents*, March, 1992, pp. 7 – 11.

斗是犹太人民反抗纳粹和法西斯主义武装斗争的象征。

2. 锡安骡团（the Zion Mule Corps）

在第一次世界大战时期，锡安主义修正派领导人雅勃廷斯基和犹太武装组织领导人特伦佩尔多（Joseph Trumpeldor）向英国建议，组建一支犹太人的部队，加入英军作战，帮助英国夺回作为同盟国一员的奥斯曼帝国控制的巴勒斯坦。但是，英国反对犹太人的部队参加在巴勒斯坦的作战，决定把他们派往位于土耳其的黑海出海口的加里波利作战，而且不是作为作战部队，只是作为骡马运输部队，这就是锡安骡团组建的由来。锡安骡团于 1915 年 3 月 23 日在埃及成立，共有 650 人，成员大部分是巴勒斯坦的锡安主义者，有 5 个英国军官和 8 个犹太军官指挥。锡安骡团参加了澳新军团的海莱斯半岛登陆战，作为唯一的运输部队，在敌人猛烈的炮火下运送淡水、食品和武器弹药。战争结束时，犹太骡团有 6 人阵亡、25 人受伤。1916 年 5 月 26 日，锡安骡团被解散，雅勃廷斯基和特伦佩尔多都在该团里担任过军官，并因为作战勇敢而获得勋章。

3. 犹太团（Jewish Legion）

在雅勃廷斯基和魏茨曼的一再呼吁下，英国政府于 1917 年 8 月通过法案，同意在皇家步兵部队里组建一支犹太部队。次年 2 月，皇家步兵第 38、第 39、第 40 营正式组建而成。这三营士兵主要由来自美国、英国、加拿大和巴勒斯坦的犹太人所组成。原来锡安骡团的一些老兵也参加了犹太团，另外还有 92 个土耳其犹太战俘也被批准加入犹太团。他们在英军阿伦比将军的统率下于 1918 年 10 月进入巴勒斯坦。到 1919 年时，在巴勒斯坦总共有三个犹太营，人数达五千人，占英国占领军总兵力的 1/6。1920 年，英国政府颁发复员令，解散了英国军队中的所有犹太部队，原先在犹太团中服役的犹太人中仍有 300—400 人继续留在英国军队里。这批经过第一次世界大战战火锻炼、有实战经验的犹太人为锡安主义运动建立自己的武装力量打下了坚实的基础，他们日后大都成为犹太武装的骨干。

4. 犹太旅（the Jewish Brigade）

1940 年，英国决定允许巴勒斯坦犹太人在英军中服役。到 1942 年 8 月，大约有 2 万犹太人在中东英军中参与战斗。1943 年 11 月，犹太人协会要求英国政府组织一支犹太部队，以便在进攻和解放欧洲时发挥作用。1944年9月20日，英国陆军部宣布政府已同意犹太人协会的要求，决定组织一个犹太加强旅开赴前线作战。同日，英国陆军部宣布成立犹太旅。1944年9月28日，犹太旅在埃及的沙漠中正式成立。其成员来自英国、匈牙利、罗马尼亚、奥地利、德国、捷克斯洛伐克、俄国等54个国家，包括黑皮肤的埃塞俄比亚犹太人——法拉沙人。该旅指挥官为欧内斯特·本雅明（Brigadier Ernest F. Benjamin），一个加拿大出生的职业军人，具有25年的军事经验。

犹太旅作为英国军队的一部分，也有自己的标志，军旗是白蓝条纹上绣金色大卫王星，上面写着 Chashivoh Yehudis Lohchemes（即"犹太战斗旅"）。全旅共5000人，包括从英军其他部队中转来的犹太人。在埃及沙漠中完成训练后，犹太旅于1945年3月登陆意大利参战，战争两个月后就结束了。犹太旅所到之处，积极救助犹太人，修整犹太会堂，受到当地犹太人的热烈欢迎。在犹太旅驻扎在意大利、南斯拉夫和奥地利交界地区期间，该地成为犹太人偷渡巴勒斯坦的重要通道。1945年7月，犹太旅调防到比利时和荷兰。1946年6月，犹太旅被解散。随后，犹太旅的大部分军官和士兵前往巴勒斯坦，加入了犹太武装哈加纳，后参加了以色列的独立战争（第一次中东战争），成为以色列国防军的骨干。

比较万国商团犹太分队与其他4支犹太武装，不难看出它们之间的异同。

共同点：它们都直接或间接地受到锡安主义思想的影响，积极支持复兴犹太民族和重建犹太国家；它们都努力帮助受迫害的犹太难民和其他犹太民众；除波特文分队外，它们都得到了英国的支持，并在英国军官指挥下行动，但又有自己的标志和特色；它们的成员后来均成为巴勒斯坦犹太武装组织和以色列国防军的骨干力量。

不同点：犹太分队没有在实战中开过一枪，没有经历过战争硝烟的考验，而其他4支犹太武装都参加了实际的战斗；犹太分队除了因误会死亡一人外，没有其他伤亡，其他4支犹太武装都有不同程度的伤亡；犹太分队存在的时间相对较长，达10年之久，其他4支犹太武装存在的时间都比较短；犹太分队是在没有直接战争威胁的情况下成立的，而其他 4 支犹太武装都是因直接的作战或后勤需求而建立的；犹太分队规模最小，其他 4 支犹太武装的规模都比犹太分队大。

结语

列强在上海成立万国商团，主要目的是镇压中国人民的反抗，维护自己的利益。这支由公共租界工部局直接指挥的武装部队自诞生之日起，就严重侵犯了中国的主权。[①] 万国商团参与镇压 1925 年五卅运动、1927 年北伐战争及上海工人武装起义等多次由中国人民发起的反帝反封建运动，扮演了不光彩的角色。不过，从犹太分队所处的具体历史时期（1932—1942 年）来看，其积极救助来沪犹太难民，在日本侵略者进攻上海时布防公共租界，客观上成为中国人民抗日战争和世界反法西斯斗争的组成部分，其历史作用具有一定的积极性。另外，在犹太民族大离散的历史上，像万国商团犹太分队这样拥有自己的犹太徽章和犹太军旗的合法犹太常规武装是罕见的，从而在上海乃至当时动荡不安的国际环境中增强了犹太人的认同感。

（作者：李光，河南建筑职业技术学院编辑部编辑；徐涛，上海社会科学院历史研究所助理研究员）

① 庄志龄："上海公共租界中的'多国部队'——万国商团"，《档案与史学》1997 第 4 期。

四、犹太历史文化研究

试论中世纪欧洲借贷业中的犹太妇女

张淑清　ZHANG Shuqing

[内容提要] 在中世纪的欧洲，犹太妇女不同程度地参与到借贷业当中。在当时欧洲犹太妇女所从事的各类职业中，借贷业既是她们的首选，也是她们从事最多的职业。犹太妇女对借贷业的参与，不仅为改善她们的地位及形象起到了一定的作用，而且为我们了解她们的生活提供了一个特殊的视角。

[**Abstract**] In the Medieval Europe, Jewish women took part in money-lending to a certain extent. Money-lending, as Jewish women's favorite and popular occupation, not only made a contribution to improved Jewish women's social status and image, but also made it possible for us to view the Jewish women's true life at a different angle.

众所周知，在中世纪的欧洲，由于罗马天主教会奉行反犹主义政策，犹太人的职业受到诸多限制。但是，准确地说，只是从 12 世纪末开始，各国对犹太人的经济活动范围才越来越多地加以限制，它直接导致了犹太人在职业选择上的余地越来越小，以至于犹太人只能经商，并被迫从事借贷业。比如，在 12 世纪末，"借贷业已经成为法国犹太人最重要的职业"①。而且，由于犹太人的借贷业对整个国家经济的重要性，借贷业在各国获得了法律的认可，1190 年法国的特许状承认了犹太人放贷业的合法性即是一个证明。在欧洲其他的国家中，"犹太

① James Parkes, *The Jew in the Medieval Community: A Study of His Political and Economic Situation*, London, 1938, p. 344.

人也是最重要的放贷者”，[①] 犹太放贷者因此成为许多国家中的特殊阶层。

值得一提的是，犹太妇女同样不同程度地参与到了借贷业当中，而且，在中世纪欧洲犹太妇女所从事的所有职业中，借贷业不仅是她们的首选，也是她们最经常的职业。那么，有多少犹太妇女从事借贷业？犹太妇女从事借贷业需要什么样的技巧和资源？她们放贷的规模如何？和男性借贷者比较起来，她们的法律地位如何？她们的作用体现在哪里？她们的借贷活动对于她们在犹太社团和基督教社会所发挥的作用又会产生什么样的影响？这些问题，应该是我们考察中世纪欧洲犹太妇女生活的一个独特视角。

一

从总体上说，中世纪欧洲的犹太妇女往往承担着双重角色，她们既要做家务劳动，也从事有收入的工作。犹太妇女在这两类工作中的时间和精力的分配，依据不同的年龄及其家庭的经济地位而有所不同，但一般来说，“即使不是大部分，许多妇女在白天做这两样工作”[②]。这和传统的“男养家、女持家”的性别分工模式显然有所不同。美因兹的拉比本·埃利泽·拿坦在他的“答问”[③] 中，就提及了犹太妇女所从事的有收入的职业。根据他的“答问”（Elizer Ben Natan, *Sefer Raban*, 1904, rpt. Jerusalem; R. Vasgal, 1983 - 1984, Part I, #115），在他的社团里，

---

① Yoram Barzel, “Confiscation by the Ruler: The Rise and Fall of Jewish Lending in the Middle Ages”, *Journal of Law and Economics*, Vol. 35, No. 1, April, 1992, pp. 1 - 13.

② Cheryl Tallan, “The Economic Productivity of Medieval Jewish Widows”, *Proceedings of the Eleventh World Congress of Jewish Studies*, Vol. I, Jerusalem, 1994, pp. 151 - 158.

③ 在拉比文学中，“答问”的内容主要是解答流散时期犹太人和社团提出的法律问题，几乎触及犹太生活各个方面。参见徐新、凌继尧主编：《犹太百科全书》，上海人民出版社 1998 年版，第 465 页。

> 妇女做管理者和零售店老板，她们是女生意人；她们借钱、贷款、付钱、收钱，她们抵押、收保证金。①

这则“答问”表明，当时的犹太妇女不仅经营零售业，而且还从事借贷业。事实上，在基督教欧洲，犹太妇女往往非常活跃地参与家庭经济，尤其是那些拥有财产的寡妇，她们是“独立的生意人，独自外出经商，在法庭上代表自己的利益出庭，尽管这和《塔木德》的要求是完全相悖的”。② 可见，中世纪欧洲的一部分犹太妇女的确是不同程度地走出了家庭而从事有收入的职业。而在犹太妇女所从事的所有职业中，借贷业往往是她们的首选。

从 13 世纪开始，“妇女从事借贷业的历史记录被保留了下来”③。犹太妇女从事借贷业具体的例子在拉比的一份“答问”（Isaac ben Moses, *Sefer 'Or Zarua ' Zhitomir* , 1862, part a, #762）中有所记载：

> 一个年轻人说，他把钱放到他姑姑那里保管，他姑姑告诉他，她将他钱中的 12 镑贷给了一个犹太妇女，并获得了一半的利息，还有多少钱贷给了另一个犹太妇女。④

这是犹太妇女从事借贷业的一个证据。根据已有的资料，我们发现，从事借贷业的犹太妇女数量是比较可观的。比如，在 13 世纪的法国北部，“一半的犹太贷方是犹太妇女”。⑤ 而在 13 世纪的德国，犹太妇女借贷者甚至成立了一个非正式的网络。但是，最能说明从事借贷

---

① Cheryl Tallan, “The Economic Productivity of Medieval Jewish Widows” .

② Judith R. Baskin, “Dolce of Worms: The Lives and Deaths of an Exemplary Medieval Jewish Woman and Her Daughters”, Lawrence Fine, ed. , *Judaism in Practice : From the Middle Ages Through the Early Modern Period* , Princeton, 2001, pp. 429 – 437.

③ Kenneth R. Stow, “The Jewish Family in the Rhineland in the High Middle Ages: Form and Function”, *The American Historical Review* , Vol. 92, No. 4, October. , 1987, pp. 1085 – 1100.

④ Cheryl Tallan, “The Economic Productivity of Medieval Jewish Widows” .

⑤ William Chester Jordan, “Jews on Top: Women and the Availability of Consumption Loans in Northern France in the Mid-Thirteenth Century”, *Journal of Jewish Studies* , Vol. XXIX, No. 1, Spring 1978, pp. 39 – 56.

业的犹太妇女规模的还是奥地利犹太社团，据 1235—1340 年的 180 份特许状中关于借贷业的统计，在不同的时期从事借贷业的犹太男女人数及其比例如下：

1235—1275：11 名男子 1 名妇女，妇女占十二分之一；
1276—1310：48 名男子 6 名妇女，妇女占九分之一；
1311—1325：53 名男子 7 名妇女，妇女超过九分之一；
1326—1340：68 名男子 14 名妇女，妇女占了六分之一。①

这些数字表明，从 13 世纪上半叶到 14 世纪上半叶，尽管从事借贷业的主要还是犹太男子，但是犹太妇女的数量也是很可观的，其人数呈逐年递增的趋势。

在 14 世纪，维也纳犹太社团是奥地利规模最大和最重要的犹太社团。在维也纳公布的市政档案中，同样也显示了女性借贷者的从业人数：

1239—1411 年市政档案中的特许状提及的主要的借贷者中，有 40 名犹太男子和 7 名犹太妇女，妇女占了七分之一。在另外的 7 例记载中，也提及了妇女；

1373—1419 年的财产簿和 1373—1399 年的抵押簿中，提及 199 名犹太男性借贷者和 31 名犹太妇女借贷者，妇女大约占七分之一；

1373—1388 年的债务簿中，提及 650 名犹太男性借贷者和 80 名犹太妇女借贷者，妇女占大约九分之一；

1381—1421 年的不动产登记簿中，有 1475 名犹太男性借贷者和 292 名犹太妇女借贷者，女性大约占了六分之一。②

上述数字表明，从 14 世纪上半叶到 15 世纪上半叶，犹太妇女借

① Martha Keil, "Business Success and Tax Debts: Jewish Women in Late Medieval Austrian Towns", http://web.ceu.hu/jewishstudies/pdf/02_keil.pdf.

② Martha Keil, "Business Success and Tax Debts".

贷者大约占男性借贷者的七分之一左右。可见，在两个世纪的时间里，奥地利的犹太妇女都比较活跃地参与到借贷业中。

那么，犹太妇女的借贷规模又如何呢？在中世纪的欧洲，存在两种借贷体系：一是大额贷款，包括消费贷款和投资贷款；一是小额贷款或家庭贷款。一般来说，犹太男子向基督徒男子提供的是大额贷款，而犹太妇女则“主要向基督徒妇女提供小额的贷款，后者往往用其他的物品如戒指等做抵押”，[①]《虔诚者之书》[②]中的一个记载可以证明这一点：

> 一个犹太妇女借钱给基督教妇女。在会堂祈祷仪式结束前，该妇女即离开会堂，她让她的仆人去她丈夫那里取钥匙，当她的丈夫从会堂出来的时候即问他的妻子，你为什么要钥匙？她说，异教徒妇女来换她们的抵押品。[③]

事实上，在中世纪，抵押品在借贷业中是非常必要的，因为当时的借贷利率比较高。本·萨森认为，“33%或者更高的利息是很平常的，有时甚至更高”。[④]因此，对于借贷者来说，还本金加上利息是很困难的，作为原则，需要以物作抵押。史料表明，消费贷款的借方妇女往往主要来自于社会底层。那些居无定所的人，无论男女，都很难获得没有任何抵押品的贷款。而来自于手工业背景或者小农之家的妇女，有偿还贷款的能力，她们往往可以获得直接贷款，比如在法国政府的一份关于借贷业的档案材料（*de Usuris*）记载的68件案例中，有6笔贷款是抵押贷款，69笔是直接贷款。在这69笔直接贷款中，“有1笔是贷给了一所宗教机构，有26笔（大约38%）贷给了妇女，有27笔（大约40%）贷给了男子，22笔（大约22%）贷给了合作的

---

① Jon Bloomberg, *Jewish World in the Middle Ages*, New York, 2000, p. 214.

② 《虔诚者之书》(*Sefer Hasidim*)，是记载中世纪德国虔诚的犹太教哈西德派日常宗教生活的书。

③ Ivan G. Marcus, “Mothers, Martyrs, and Moneymakers: Some Jewish Women in Medieval Europe”, *Conservative Judaism*, Vol. 38, No. 3, Spring 1986, pp. 34–45.

④ H. H. Ben-Sasson, *A History of the Jewish People*, Massachusetts, 1976, p. 471.

夫妇”。[①] 从这则史料中我们可以看到，直接将贷款贷给妇女的比例还是很高的。同一份档案材料还显示，法庭案例中三分之一的借方是犹太妇女，一般来说，“妇女从犹太人那里贷款的平均规模是男子贷款规模的四分之一到三分之一”。[②] 再看德国的情况，根据以色列历史学家米凯尔·托克对德国 41 个犹太社团的一项研究，妇女的放贷额也“占了总数的四分之一”。[③] 这样的放贷规模同样是可观的。

法国北部和德国从事借贷业的妇女，主要的放贷对象是基督教妇女，基督教妇女借钱一般是用于家用。在贷款的基督教妇女中，不仅仅有寡妇、单身妇女，还有已婚妇女。史料记载，妇女一般都是到犹太人家里去还贷，她们往往还带着自己的孩子。这可以从各国政府的文献资料中反映出来，比如前述法国政府关于借贷业的档案资料（*de Usuris*）中，记载一个妇女原告说：

> 她的父母付给哈德威迪 20 先令的高利贷，她母亲每次去哈德威迪那里贷款和还贷的时候，都是由她陪着去。[④]

在保留下来的反映当时法国北部和贷款有关的法庭案例中，“有 50% 或者高于 50% 的案例涉及到基督徒妇女状告犹太妇女榨取高额利息”。[⑤] 放贷利息不是本文探讨的内容，但是这些案例记录却从另外的角度反映了当时犹太妇女向基督教妇女放贷的事实。

少数杰出的妇女放贷者则凭借其雄厚的实力向王室、贵族放贷。比如英国著名的妇女高利贷者切拉、贝利阿和里克瑞西娅，她们不仅和封建领主及小农有经济往来，而且还向王室和教会放贷。维也纳的犹太妇女也向贵族放贷，她们同贵族家庭之间的借贷活动通常“都是通过其最后一任丈夫建立起联系的”。[⑥] 而且，奥地利维也纳的政府档

① William Chester Jordan, “Jews on Top”.

② Ibid.

③ Martha Keil, “Business Success and Tax Debts”.

④ William Chester Jordan, “Jews on Top”.

⑤ Ibid.

⑥ Martha Keil, “Business Success and Tax Debts”.

案显示，一般当地的犹太家庭尤其是在借贷业中非常有实力的犹太家庭，都有自己固定的贵族客户。而犹太妇女借贷者通过商业活动同基督教不同的社会阶层有借贷往来。

尽管犹太妇女多数从事的是小额的、短期的家庭贷款，而且其对象主要是基督教妇女，但她们所从事的借贷业依然具有重要的作用，尤其对于基督教妇女的家庭生活来说，其作用不可忽视。因为一般来说，基督徒的男子可以从任何渠道贷款，但是，基督徒妇女则专门从犹太妇女这里贷得小额的消费款项。而且，基督教妇女贷款的目的往往是满足生活的需要，而不是做生意。犹太妇女从事的借贷业活动因此也具有了重要的意义。

二

一般来说，已婚的犹太妇女往往是同丈夫一起而不是独立地从事借贷业。尽管已婚的犹太妇女能够而且确实从事借贷业，但是在成年女性当中，“寡妇是最活跃的一个团体”。[①] 事实上，在中世纪欧洲的犹太社团中，寡妇是成年女性人口中重要的组成部分，比如在 1096 年死于第一次十字军大屠杀的美因兹犹太殉道者纪念名录中，在 124 名成年女性中，“有 27 名（22.6%）是有孩子的寡妇，大约 8 名（6.5%）是没有孩子的寡妇，而且她们中的很多人依然很年轻”。[②] 在拥有财产和地位的老年组的名单中，“寡妇所占的比例也是比较高的”。[③] 因此，要全面了解中世纪欧洲犹太妇女在借贷业中的地位和作用，我们有必要研究犹太寡妇这个特殊的群体在借贷业中的作用。

史料表明，犹太寡妇在借贷业中是一支非常重要的力量。比如在 13 世纪的佩皮尼昂（Perpignan），犹太寡妇从事借贷业是很平常的事

① Richard Emery, *The Jews of Perpignan in the Thirteenth Century*, New York, 1959, p. 26.

② Kenneth R. Stow, “The Jewish Family in the Rhineland in the High Middle Ages”.

③ Cheryl Tallan, “Medieval Jewish Widows: Their Control of Resources”, *Jewish History*, Vol. 5, No. 1, Spring 1991, pp. 63 – 74.

情，“有25个犹太寡妇从事了记录在案的61笔借贷”。① 此外，在13世纪中叶法国的皮卡第（Picardy），“在75个放贷者中，有35名是妇女。尽管这些妇女没有被归类，但是很可能其中一些是寡妇”。② 而在14世纪之初法国的马诺斯克（Manosque），“4个犹太妇女垄断着犹太妇女70%的放贷活动，而其中2个肯定是寡妇”。③ 根据英格兰的档案资料，我们发现，在13世纪，犹太寡妇也是重要的借贷者。其中，最出色的犹太妇女放贷者无疑是温彻斯特的三位杰出的女商人切拉、贝利阿和里克瑞西娅，她们以其雄厚的经济实力向王室和教会放贷，从而“跻身于当时英国犹太社团最富有者的行列中”。④ 事实上，在当时犹太人的财政档案卷宗中，“还有至少38位犹太妇女的经济实力仅次于这三位妇女”。⑤ 这些既同犹太人也同非犹太人打交道的妇女放贷者，在中世纪英格兰的经济生活中非常活跃，以至于有学者认为，在借贷业方面，“一些犹太妇女甚至比男子做得更成功”。⑥

中世纪欧洲犹太寡妇从事借贷业有其自身的优势，这主要表现在两个方面：

首先，她们不仅拥有明确的财产权，而且拥有财产支配权。在中世纪的欧洲，尽管犹太妇女不能够继承丈夫的遗产，但是犹太寡妇拥有较明确的财产权，这种财产权在犹太妇女结婚时新郎交给她的婚约（ketubbah）中有明确的规定。作为法律性文件，婚约除了写明丈夫对妻子应尽的义务以外，还有一项重要的内容，就是写明妇女在与丈夫离婚或者丧夫守寡后得到的保障金数额。而且，在中世纪的欧洲，保障金的数额大大提高了，一般是100镑银。中世纪欧洲各国通过的法

---

① Richard Emery, *The Jews of Perpignan in the Thirteenth Century*, p. 11.

② William Chester Jordan, "Jews on Top".

③ Michael Adler, "The Jewish Woman in Medieval England", Idem, *Jews of Medieval England*, London, 1939, pp. 17 – 42.

④ Suzanne Bartlet, "The Jewish Businesswomen in Thirteenth-Century Winchester", *Jewish Culture and History*, Vol. 3, No. 2, Winter 2000, pp. 31 – 54.

⑤ Michael Adler, "The Jewish Woman in Medieval England".

⑥ Irving A. Agus, *The Heroic Age of Franco-German Jewry: The Jews of Germany and France of the Tenth and Eleventh Centuries, The Pioneers and Builders of Town-Life, Town-Government and Institutions*, New York, 1969, p. 347.

规条例（Taqqanot）不断地强调，要保障犹太寡妇可以最大限度地得到婚约中的保障金，并且寡妇可以独立地享用和支配这份财产。在中世纪长达几个世纪的时间里，所有国家的阿什肯纳兹犹太人不断地将婚约中的保障金换算成当地的货币，而没有改变婚约中对保障金的基本规定。这表明，保障金对于离异或者寡居妇女来说，不仅是她们最基本的生活上的重要保障，同时，它也具有很大的经济价值。这笔财产便是犹太寡妇从事借贷业最重要的资金来源。犹太寡妇从事借贷业的资金，除了来自于婚约中的保障金外，工作所得也是来源之一。有一些犹太寡妇既从事商业活动也从事借贷业。在12和13世纪法国、英国及德国的所有犹太社团里，"犹太寡妇都从事贸易"。[①] 她们往往将经商所赚的钱，再投资到借贷业中。也有犹太寡妇通过各种渠道筹集到一定数量的钱，然后再放贷取利，比如在12世纪的法国，有一份"答问"（Meir ben Barukh 1969—1970，no. 502）记载：

> 一个寡妇告诉拉比，她的丈夫只给她留下了少量的谷物，她说："我把它们卖掉了，又从其他人那里借了一些钱，然后把钱贷了出去，现在，我大约有30镑了。"[②]

其次，犹太寡妇拥有一定的家长权。犹太寡妇拥有明确的财产权，使她们在丈夫去世后可以行使家长的权威。在中世纪的欧洲犹太社团中，"拥有家长权的妇女几乎全部是寡妇"，[③] 家长的地位和权威给予已婚妇女和未婚的单身妇女所不具备的权力和自由，她们不必再屈从于父亲或者丈夫的权威。这种权威使得她们可以支配家庭的财产，这也是她们可以进行借贷业的有利条件之一。

犹太寡妇所具有的明确的财产权和一定的家长权，无疑使得她们比已婚妇女具备更有利的条件从事借贷业。作为职业放贷者，犹太妇女在每个有犹太社团的地方都非常活跃。她们的借贷活动不仅改善了

① Cheryl Tallan, "Medieval Jewish Widows".

② Cheryl Tallan, "Opportunities for Medieval Northern European Jewish Widows in the Public and Domestic Spheres", pp. 115 – 27.

③ Cheryl Tallan, "Medieval Jewish Widows".

其经济地位，也为后世学者了解中世纪欧洲犹太妇女的社会生活提供了一个特别的视角。

三

传统的妇女角色往往是单一的家庭角色，即作为母亲和妻子而存在，其承担的角色及所履行的义务都是属于家庭的，而极少有社会角色。在中世纪的欧洲，犹太妇女也不例外。但是，当我们超越个体家庭的视域局限，把妇女置于当时社会生活的背景下进行审视的时候，我们发现，中世纪欧洲犹太妇女的角色不仅仅是母亲和妻子，她们在操持家务的同时，还积极地参与到社会经济生活当中。犹太妇女对借贷业的积极的参与，即可以说明这一点。

中世纪欧洲犹太妇女之所以能够积极地参与借贷业，是因为当时犹太人生活环境的特殊性，使得犹太社会给予了妇女发挥作用的空间。首先，中世纪欧洲的犹太男子在外出经商期间，往往不仅将管理家政的职能转归妻子，而且家中的生意也完全交由妻子来打理，甚至委托妻子来管理家庭财产。这意味着犹太妇女可以临时掌管并行使“家长”的权力，她们因此有部分支配家庭财产的权利。其次，犹太社团重视学习，但是重视的是男子的学习。在中世纪的欧洲，犹太男子学习分两种情况：一种是对大多数的男子而言，他们要接受社团正规的学校教育。在结束初级教育之后，犹太男子还需要到高等《塔木德》学院研习《塔木德》，在法国和德国的犹太社团里，一些男子还需要到其他的社团或者其他国家的犹太社团里去学习，比如拉希就曾经到德国沃姆斯犹太社团研习《塔木德》达8年之久。另一种是一部分男子完全摒弃世俗事务追求专心研习与虔诚地生活。这两种情况都意味着犹太妇女要经常从事有收入的工作，支持丈夫学习，她们因而得以在经济生活中发挥作用。可见，犹太妇女的价值主要是通过支持其丈夫学习而体现出来，而这种支持的结果是她们获得了参与社会经济生活的机会，因为借贷业是当时犹太人的主流行业，犹太妇女便积极地参与到借贷业中。

从事借贷业的前提是要有资金，因此，对借贷业中犹太妇女的考察，还涉及到犹太妇女的财产权问题。在中世纪的欧洲，犹太妇女虽然没有财产继承权，但是，她们却拥有比较明确的财产权。这种财产权来源于以下渠道：

首先，是犹太妇女的嫁妆。犹太律法规定，女儿通常没有财产继承权，女儿获得父亲财产唯一的方式是对嫁妆的获取。在《塔木德》时代，父亲给出嫁的女儿提供嫁妆就已经明确化、制度化。在中世纪的欧洲，犹太继承法规定，财产要在所有男性子嗣中继承，长子可以得到双倍于其他兄弟的财产。为了弥补女孩同男孩在继承权上的不平等，德国规定，"由父亲通过遗嘱规定给女儿相当于其兄弟财产一半的财产继承权"。通常，女孩是以嫁妆的形式获得父亲 10% 的财产，嫁妆"除了房屋及偶尔是葡萄园以外，全部是动产"。① 嫁妆实际上是父母将财产转让给女儿的一个途径。一般来说，在婚约（kettubah）中写明的嫁妆托付给丈夫，丈夫即享有这笔财产的用益权。而在婚约中没有提及的嫁妆，则"只归妻子所有"。② 不在丈夫名下的财产，比如犹太妇女接受的礼物以及个人受伤害所得到的赔偿等，丈夫虽可使用，但使用权是非常有限的。如：丈夫要使用这笔财产中的现金去做生意需征得妻子的同意；丈夫不可以卖这笔财产；夫妻离婚时，丈夫私人的债权人不可以从这笔财产中收取债务；"如果妻子愿意的话，她可以将其作为礼物或者通过转卖的方式将这笔财产转给丈夫"；③ 当夫妻离婚或者丈夫去世后，妻子可以卖这笔财产。这表明，犹太妇女对以嫁妆和礼物为主的财产拥有部分支配权，这是她们从事借贷业的资金来源之一。

其次，是丈夫故后的资产。由于一些妇女在打点生意上非常熟练，因此，男子在临终前往往给予妻子全权处理其财产的权利，有史料为证：

---

① Kenneth R. Stow, "The Jewish Family in the Rhineland in the High Middle Ages: Form and Function", *The American Historical Review*, Vol. 92, No. 4, October., 1987, pp. 1085 – 1100.

② Alina Semo Kofsky, "Women's Property Rights in Jewish Law and in Anglo-American Law", *Journal of Law and Religion*, Vol. 6, No. 2 (1988), pp. 317 – 353.

③ Alina Semo Kofsky, "Women's Property Rights in Jewish Law and in Anglo-American Law".

> 一个病重的人 A 立遗嘱将他的财产分给他的三个儿子和一个女儿，然后他将写好的遗嘱给他的妻子，以使她在有生之年可以全权掌管他的全部财产，在她死后根据遗嘱将财产再分给他的儿女们。在 A 病逝以后，他的妻子一直掌管着他的财产直至去世。①

犹太妇女故去丈夫的财产构成了她们从事借贷业的另一资金来源。事实上，在法国和德国的犹太社团里，即使在男子健在的时候，“委托妻子管理他们的财产也是一种习俗”。② 犹太男子赋予自己妻子财产管理权，不仅是他外出经商的需要，也是犹太妇女出色的经商和理财能力的证明。这种管理权使得犹太妇女拥有了支配这些财产的权利，同时也是她们能够从事借贷业的条件之一。

犹太妇女对借贷业的参与，不仅使得她们的地位在依附中有所改善，而且还体现了犹太社会对妇女的宽容态度。

如前所述，在中世纪的欧洲，借贷业是犹太妇女的首选职业，犹太妇女通常同基督教社会不同的阶层有借贷往来。借贷业有很大的流动性，需要她们要么到贵族居住地交易，要么去基督徒市民的家中，甚至去妓院。史料证明，阿什肯纳兹的犹太妇女可以在没有丈夫或其他男性亲戚陪同的情况下，去其他的地方谈生意。拉比也曾讨论，已婚妇女到乡村借贷给农民或者充当中间人是否合适，因为根据犹太律法，一个妇女如果被强奸的话，就必须被其丈夫休掉。但是在中世纪的欧洲，和受穆斯林强烈影响的塞法迪犹太人所处的环境不同，阿什肯纳兹的犹太妇女被允许离开家，去其他的地方谈生意。与此同时，犹太社会甚至还对犹太律法做出了有利于妇女的修改，比如，在 13 世纪初，哈西德派认为，“如果妇女在旅途中有被强奸的危险，她们可以女扮男装”。③ 而在《圣经》中，是反对妇女身着男装的。（《申命记》22：5）此外，《密西拿》禁止妇女单独和异教徒的男子在一起，

① Irving A. Agus, *The Heroic Age of Franco-German Jewry*, p. 305.

② Ibid.

③ Yehudah Hechasid, *Sefer Chasidim: The Book of the Pious*, Northvale, New Jersey, 1997, p. 352.

其主要原因是害怕妇女受到性侵犯。在中世纪，迈蒙尼德也规定，“禁止一个犹太妇女单独和异教徒的男子在一起，即使该男子的妻子和他在一起”。[①] 但是，《托塞夫塔》对此持反对意见，因为其编撰者认为，“有时不让一个犹太妇女和非犹太男子单独在一起是不可能的”。[②] 那么，为什么不让一个犹太妇女和非犹太男子单独在一起是不可能的呢？这其中最重要的原因就是犹太妇女在经济领域中的作用越来越多地被社会所认同，她们外出工作被犹太社会或者更确切地说是被犹太男子部分接受了。

犹太妇女对借贷业的参与，使得她们在支撑家庭方面也发挥着辅助作用，有助于改善其家庭地位，对她们同丈夫的关系也有一定的影响。从本质上说，婚姻包含着经济方面的因素。中世纪年轻人结婚的年龄都比较早，一般来说，“女孩往往在7、8或9岁的时候订婚，在11或12岁的时候结婚”。[③] 所以，她们在结婚之初，一般是和一方的父母住在一起，新婚夫妇的生活也往往受到父母的干预。犹太妇女对借贷业等经济领域的积极参与，使得她们虽然在家庭中依然处于附属的地位，但她们实际的地位是有所改变的。比如，在中世纪欧洲的犹太社会，出现了一批以拒绝同丈夫过性生活而要求离婚的“反抗的妻子”（rebellious wife）。此外，社团反对丈夫对妻子使用家庭暴力。从12世纪以后，在法国的犹太社团里有一项规定：一个男子打自己的妻子就相当于打其邻居，对他的处罚要比打陌生人的处罚更严厉，包括“体罚、甚至对其实施最严厉的惩罚措施即将其逐出社团”。[④] 德国的拉比在这个问题上持更严厉的态度，梅厄拉比认为，如果被打的妻子要求离婚，那么丈夫应该将婚约中妻子的嫁妆及属于妻子的那部分钱还给妇女。在法庭上，如果丈夫不同意离婚，就有被逐出社团的危险。尽管在现实生活中，社团并不一定这样严厉地惩罚对妻子使用家庭暴

---

① Avraham Grossman, *Pious and Rebellious: Jewish Women in Medieval Europe*, Waltham, Massachusetts, 2004, p. 118.

② Avraham Grossman, *Pious and Rebellious*, p. 118.

③ Irving A. Agus, *The Heroic Age of Franco-German Jewry*, p. 278.

④ Avraham Grossman, *Pious and Rebellious: Jewish Women in Medieval Europe*, p. 276.

力的男子，但这一规定却反映了社团对妇女地位的保护，至少它开始将妇女看成是独立的人，而不仅仅是附属于其丈夫或其他的某种权威。这从一个侧面体现了犹太社会对妇女的尊重，而这种尊重部分是通过犹太妇女自身的努力包括她们对借贷业的积极参与赢得的。

通过对中世纪欧洲借贷业中犹太妇女的考察，我们对当时犹太妇女的生活有了一个新的认识。虽然犹太妇女的生活中心依然是家庭，但她们在照顾家庭的同时，也不同程度地参与到社会经济生活当中，这不仅改善了她们在犹太社团中的地位，也在一定程度上改变了她们的公众形象。这种参与还得到了社会一定程度的认同，这种认同不仅通过拉比对律法和习俗的改变而体现出来，而且还通过社会舆论、社会习俗和日常交往等方式表现出来，比如拉比赞赏妇女杰出的品行，称她们是“高贵的女性”，认为她们应该和男子享受一样的权利；拉比认为，犹太男子不一定要尊重自己的同胞，但是“他们有义务尊重自己的妻子”等等，[①] 这恰恰是从文化的深层反映了犹太社会对待妇女的态度。

（作者：张淑清，鲁东大学历史文化学院教授）

① Menachem Elon, *Jewish Law: History, Sources, Principles*, Vol. II, Philadelphia, Jerusalem, 1994, p. 226.

犹太“隔都”起源考

艾仁贵 AI Rengui

[**内容提要**]“隔都”作为欧洲犹太社会从传统走向现代这一转型期的组织形式，极为形象而浓缩地反映了散居犹太人的生活方式与文化形态，因此对于整个近代以来的犹太历史而言是个绕之不开的关键概念。但在“隔都”起源问题上，现有的研究或含糊其辞，或错谬频出；本文通过对几项“隔都”法令的解读，认为真正意义上的“隔都”始自1516年的海上强国威尼斯，随后在反宗教改革中天主教会又将之加以推广，从而使欧洲犹太世界开始了“隔都化”进程。就其本质而言，“隔都”这种新型反犹形式是不同族群、宗教之间偏见与歧视的产物。

[**Abstract**] As an organization of Europe Jewish Society transformed from tradition to the modernity, “Ghetto” reflects the Diaspora Jews' life-style and cultural-pattern. In this sense, it's important for us to understand the whole modern Jewish history. But the established research about the origin of ghetto is not only obscure but also mistaken. By the study of some ghetto laws, this article holds that the first ghetto was established by sea power Venice in 1516, later the Catholic authority popularized it in the whole Europe Jewish world. In essence, ghetto, as an anti-Semitic form, was a production of prejudice and discrimination among different ethnic/religious groups.

在近代早期的欧洲，许多大城市中都分布着大小不等的犹太“隔都”（Ghetto），成为当时欧洲社会一道独特的景观。“隔都”是欧洲犹太社会从传统走向现代这个转型期的组织形式，它极为形象而浓缩地反映了散居犹太人的生活方式与文化形态，因此对于整个近代以来的犹太历史而言是个绕之不开的关键概念。尽管几乎所有近代犹太史的著作都对这一问题有所涉猎，但在其起源问题上或含糊其辞，或错谬频出。史学大师陈寅恪尝云："凡解释一字即是作一部文化史。"① 为拨开云雾、正本清源，本文拟就"隔都"一词进行一项文化史的考究。

一

在中世纪，犹太人虽然也饱受种种限制与禁令，比如要求佩戴犹太标志、不许与非犹太人通婚，1197 年的拉特兰公会甚至出台一道禁止犹太人与基督徒混居的宗教法规，但这些均没有得到真正强有力的实施。在"隔都"被发明并强制推广之前，欧洲各地的犹太区有多种不同的称呼：在法国南部被称为"犹太采石场"（*Juiverie*）、德国则被称为"犹太胡同"（*Judengasse*）或"犹太城"（*Judenstddt*）、葡萄牙为"犹太街"（*Judiaria*）、普罗旺斯为"犹太城"（*Carriera*）等等。② 尽管这些犹太区的叫法各异，但它们与后来出现的犹太"隔都"的性质是完全不同的，两者最为根本的区别就是是否具有强制性。从前者的字面意义来看，它主要是指一般意义上的"犹太区"，即犹太人由于生活、宗教的需要而往往自愿聚居一起，从而组成一定规模的犹太区，而且在这些犹太区中，居住的并非完全是犹太人，也杂居着不少基督徒，同时犹太人也并没有被强制居住在这一区域，他们可以自由地选择居所。而"隔都"的一个最根本特征就是其强制性。1516 年之前存在的犹太区都不具有强制性，因此不能被称为真正的犹太"隔都"。

有人认为"ghetto"一词起源于希伯来语词汇"get"（意为离

---

① 陈寅恪："致沈兼士"，载陈美延编：《陈寅恪集·书信集》，三联书店 2001 年版，第 172 页。

② Louis Wirth, *The Ghetto*, Chicago & London, 1956, p. 3.

婚），据此意指排斥其他的人并使有共同起源的人聚集在一起；[①] 还有学者将它与德语中的“geheckter”联系在一起，更有人试图从拉丁语、希腊语、法语甚至哥特语等中寻找其根源。[②] 这些显然是一种事后进行的附会性研究，因为在 1516 年威尼斯建立历史上第一座强制性的犹太隔都之前，并不见该词在指代犹太区上的任何使用。隔都的出现，完全是非犹太世界强加给犹太人的结果。著名历史学家格列茨[③]和贝林勒（A. Berliner）[④] 就将隔都的起源定为威尼斯的新铸炮厂，但他们并没有对威尼斯当时的状况进行细致分析。必须注意，任何离开具体历史背景（context）而去谈论某种话语文本（text）的做法都无异于缘木求鱼、水中揽月之举。通过结合威尼斯当时的社会处境来对“ghetto”这个词语进行知识社会学的推源与考古，我们就可以发现它完全是一种近代的现象，或者说是近代人借用了此前反犹的形式而赋予的一种新型的反犹强制行为，而这必须从 16 世纪之初的海上强国威尼斯去追本溯源。

二

首次将“隔都”赋予了实际意义的现象发生在 16 世纪之初的威尼斯，有着极为深刻的历史条件和社会背景。文化极其繁荣、经济十分富庶的威尼斯共和国当时是地中海世界的头号海上强国，几乎垄断了西欧与东方的贸易通道，引起法国等北部许多国家的觊觎。法国与神圣罗马帝国、教皇国、匈牙利等国结成坎比拉同盟（League of Cambrai）对威尼斯进行了长达 8 年之久的战争（1509—1516 年）。更为重

---

① David Philipson, *Old European Jewries*, Philadelphia, 1894, p. 24. 将希伯来语的“get”附会为“ghetto”的起源，实际上是在罗马隔都建立四十余年后的事情（1589 年），从而晚于威尼斯隔都出现大约一个世纪之久。

② Raffaele Giacomelli, “Ghetto”, *Archivum Romanicum*, Vol. 16, 1932, pp. 556 – 563; Cecil Roth, “The Origin of Ghetto, a Final Word”, *Romania*, Vol. 60, 1934, pp. 67 – 76; Michael Berenbaum, “Ghetto”, in *Encyclopaedia Judaica*, Second Edition, Jerusalem, 2007, Vol. 7, p. 574.

③ Heinrich Graetz, *History of the Jews*, Vol. 4, Philadelphia, 1894, p. 408.

④ Louis Wirth, *The Ghetto*, p. 2.

要的是，此前西班牙“1492 大驱逐”运动中有许多犹太人来到意大利，而经济富庶的威尼斯更是对这些难民有着难以形容的吸引力。他们散布在城市的各个角落，甚至有些犹太银行家居住在市政厅附近，他们的数量和财富很快引起当地人的恐慌。[①] 加罗拉莫·普瑞里（Girolamo Priuli）在日记中写道：“威尼斯人民极为抱怨这些新到的犹太人。”[②] 而且，当时威尼斯流传着不少关于犹太人亵渎圣饼、杀婴献祭的反犹谣言及诽谤。[③]

就在犹太人进入威尼斯定居后不久的 1509 年 5 月 14 日，威尼斯在阿格纳德罗（Agnadello）这场文艺复兴时代最为惨烈的战斗中落败，上面提及的普瑞里就认为这场战役是“上帝默许与命令威尼斯帝国走向毁灭”之证实。[④] 有人于是将这场战役的失败与犹太人的到来联系起来，更使当地人对犹太人的仇恨有增无减。此役似乎验证了他们的担心——犹太人的存在是一种灾祸。他们一直认为犹太人之所以被驱逐是由于他们带来灾祸，而驱逐犹太人的国家往往国势很盛。威尼斯参议院的一位贵族就大言不惭地认为，上帝分别把美洲和印度赐给将犹太人逐出的西班牙和葡萄牙王国；1494 年法国对于意大利的胜利也是上帝对于他们排斥犹太人的奖赏，而那不勒斯的阿方索国王（Alphonso of Naples）和米兰的索夫扎（Ludovico Sforza of Milan）公爵则由于宽容犹太人而失去了他们的统治权。[⑤] 在这种反犹舆论与谣言的鼓动下，威尼斯人将自己的军事不幸与宗教偏见结合起来，将军事失败归罪于新到的犹太人。

于是，有人提议与法国、西班牙等国一样颁布法令驱逐犹太人，以摆脱这个极为不幸而又令人生厌的“臭虫”。然而，威尼斯出于发

---

① Brian Pullan, *Rich and Poor in Renaissance Venice: The Social Institutions of a Catholic State, to 1620*, Oxford, 1971, p. 486.

② Girolamo Priuli, *I Diarii di Girolamo Priuli*, ed., Roberto Cessi, Bologna, 1938, Vol. 4, p. 96.

③ 威尼斯的反犹情绪之盛，从流传甚广的《威尼斯商人》即可见一斑，莎士比亚对犹太商人夏洛克所赋予的威尼斯籍贯，而且威尼斯被时人称为“犹太人之城”，这与当时威尼斯犹太人的颇大影响不无关系。

④ Girolamo Priuli, *I Diarii di Girolamo Priuli*, Vol. 4, p. 29.

⑤ Brian Pullan, *Rich and Poor in Renaissance Venice*, pp. 489 – 490.

展商业的需要又要维持犹太人的存在，因为他们可以给穷人提供借贷并作为重要税收来源，成为活跃当地银行业的重要支柱。简言之，威尼斯既想摆脱犹太人的影响但又不想彻底抛弃他们，这种矛盾困扰着威尼斯人。正是在这种宗教狂热和经济利益的两难选择之中，一种将犹太人强制性地集中到城市某一特定区域的措施应运而生。

1515 年 4 月 23 日，一位卓有影响的政客乔治·埃莫（Giorgio Emo）提议将犹太人集中到吉德卡岛（Giudecca）上，因为“他们遍布于城市的许多住宅与街区之中，从而为所有基督徒提供了一个不好的例子”。[①] 这标志着隔离犹太人的提议首次被正式提出，其目的一方面使犹太人得以与基督徒隔离从而减少前者的不利影响，另一方面又可以继续维持他们作为重要的经济来源。两位犹太社团的领袖亚设（Asher）与哈伊姆·梅舒拉姆（Chaim Meshullam）立即对此进行抗议，认为吉德卡岛上的雇佣军将危害犹太人的生命，在经过几番争议之后埃莫的提议由于没有得到多数的支持和响应而被暂时搁置起来。[②]

1516 年 3 月的最后几天，威尼斯与坎比拉同盟的战争接近尾声。异常艰苦的战争使人们失去了理智与正义，恐慌与偏见压倒了一切；正如当时一位威尼斯政治家所言，“在这场旷日持久的战争中，几乎所有的坏消息皆已成真”。[③] 这场战役激发起强烈的担忧与无尽的预兆，许多威尼斯人呼吁通过反对犹太人而与上帝达成和解。在当时的欧洲社会，认为上帝将给推行反犹政策的国家施以直接回报的观念十分流行，威尼斯人相信只有那样才能平息上帝的怒气与不满、重获上帝的眷顾与偏爱，这场由犹太人的到来而导致的军事失败因而也将就

---

① Robert Finlay, “The Foundation of the Ghetto: Venice, the Jews, and the War of the League of Cambrai”, *Proceedings of the American Philosophical Society*, Vol. 126, No. 2, April 8, 1982, p. 146.

② Marino Sanuto, *I Diarii di Marino Sanuto*, eds., Rinaldo Fulin and others, 58 Vols., Venice: Visentini, 1879 - 1903, Vol. 20, p. 138.

③ Robert Finlay, “The Foundation of the Ghetto: Venice, the Jews, and the War of the League of Cambrai”, *Proceedings of the American Philosophical Society*, Vol. 126, No. 2, April 8, 1982, p. 142.

此扭转。① 埃莫一年前的提议在此情况下得到了积极的呼应。3月26日，贵族扎卡利亚·德罗芬（Zacaria Dlofin）认为犹太人的存在是一种邪恶，势必导致威尼斯的混乱，据此提议将之隔离到新铸炮厂(*Geto Nuovo* /New Foundry）这个地方，因为它像一座堡垒而容易看守。② 3月29日（这一日为复活节③），威尼斯参议院在没有进行任何辩论的情况下，全体一致地通过了由德罗芬提出的将所有犹太人安置到城东北部新铸炮厂的议案，他们必须在十天之内从城市各处迁入这个区域。以下为该法案的具体内容：④

> 参议院与大议会的一些法律已规定犹太人每年只许在威尼斯最多居留十五天，而且为挫败犹太人的阴谋诡计也颁布了其他虔诚而必须的法令，由于这些措施众所皆知而无需在此进行重复。然而，考虑到当前的迫切需要，我们允许上述犹太人来到并生活在威尼斯；我们做出这一让步的主要目的在于保护控制在犹太人手中的基督徒之财产。但他们带来了我们的国家所不乐见的现象，即在他们到来后四散于城市各处，与基督徒混居杂处并不分白天黑夜地自由活动，从而犯下了各种众所周知且难以启齿的可憎行为，这是对威严之上帝的严重冒犯，也是这个秩序井然的共和国

---

① 若干年后又再次发生一个类似事件：1525年神圣罗马帝国皇帝查理五世在帕维亚反法战争胜利后，为向上帝表示感恩而下令驱逐了所有留在那不勒斯的犹太人。

② Marino Sanuto, *I Diarii di Marino Sanuto*, Vol. 22, p. 72.

③ 复活节对于耶稣受难记忆的仪式化强调，往往会导致反犹情绪的突然增加，在基督教世界这一节日特别容易为反犹者所借助。

④ "The 'Geto at San Hieronimo', 1516", David Chambers, Brian Pullan, with Jennifer Fletcher, eds., *Venice: A Documentary History, 1450 - 1630*, Toronto, 2001, pp. 338 - 339. 东欧地区也有隔都类似的设置，特别是沙俄政府在原波兰地区建立了"帕累"（Pale，也称栅栏区），始建于1771年，将俄国统治下的许多犹太人集中在这个区域，规定不许随意走出这个区域活动，更小一级的犹太单位称作"斯特透"(Shtetl)，意为犹太村镇；伊斯兰世界类似的犹太区称为"米拉赫"（Mellah）。值得强调的是，与西欧的隔都不同，"斯特透"与"米拉赫"并无强制性，它们没有固定边界、没有筑起围墙也没有大门。可以说，犹太"隔都"基本上是一个西欧的文化与社会现象。

中非同寻常的丑事恶闻。因此，十分有必要采取适当而有效的举措……

为避免严重的混乱与不当的事故之发生，我们决定采取下列措施：现在居住于城市中不同教区的所有犹太人以及可能到来的其他犹太人，都必须立即集中居住在圣何罗尼莫（San Hieronimo）铸炮厂（Geto）街区的房屋之中，那里拥有足够他们居住的大量空间。他们务必遵守这项法令，而不可进行逃避；同时应该立即准备腾空那里的所有房屋，犹太人必须向前述房屋的主人交纳高于现行房租三分之一的租金。除在铸炮厂（Geto）之外，犹太人不许在城市的任何地区拥有旅馆。房主应该爽快地让出这些房屋，为此可以免交他们获得的犹太人因居住这些房屋所付额外三分之一房租的什一税。为防止犹太人在夜间游荡，以使耶稣基督感到极大的不满及不快，我们决定，在铸炮厂一侧（此处有座小桥）和小桥的另一侧修建两扇大门，两边各一。这两扇由四位专派的基督徒卫兵把守的大门在晨钟敲响之后打开、日落黄昏之前关闭，其薪金由犹太人支付，具体数额则由参议院决定。而且，在朝向水道的两侧必须建起两堵高墙，所有与上述房屋相连的码头都必须封堵。这些守卫必须离开家人日夜住在那里，带着参议院发布的这些命令对其保持密切监视。此外，参议院还需派遣两艘船只日夜来此巡逻，所需费用仍由犹太人支付。然而，以上所有命令都须由参议院投票决定，那些获得一半以上票数的命令将享有与议会此前通过的法令同等的效力与持久性。

一旦任何犹太人在上述规定的时间之外离开铸炮厂（Geto）外出而被官员或公仆发现，他们将因其违犯行为立即被逮捕。

由此，第一座名实相符的隔都正式被“发明”出来，其中生活着大约700名犹太人。① 从以上内容可以看出，只是出于经济方面的需要，威尼斯当局才做出所谓的“让步”以允许犹太人在此定居，但又

① Christopher F. Black, *Early Modern Italy: A Social History*, London & New York, 2001, p. 155.

严格规定犹太人必须集中居住，不得在其他地区拥有房产，在其居住区外筑起围墙，由基督徒把守大门以全天候地限制犹太人出入并由其支薪，还通过水上巡逻进行立体性的监控，他们在规定外的时间外出将遭处罚等等。综合这些举措，包括迁居、筑墙、守卫、支薪、巡视、禁出等等，它们最重要的共同特征莫过于其政治强制性。这些规定成为此后所有隔都的样板，之后隔都的重要特征几乎都可以从这里找到历史源头。

不久后随着犹太人口的增加，原来狭小的新铸炮厂变得极为拥挤，于是在其附近的旧铸炮厂（*Geto Vecchio* /Old Foundry）筑起围墙、派人把守，以安置来自黎凡特的犹太人。据 1541 年 6 月 2 日威尼斯当局的一项新法令，其中规定：①

> 正如我们所看到的，绝大多数来自上、下罗马尼亚的商品都是由黎凡特的犹太行商运来这里并由他们所掌控。由于新铸炮厂极其拥挤以致他们无法找到住所，因此他们向我们的执政官阿拉·梅尔坎齐亚（alla Mercanzia）请求，希望能为他们的寄宿提供一个场所。
>
> 为此我们决定，由于他们所带来有利于威尼斯的商品，以及他们应该获得一个寄宿场所的缘故，参议院允许在新铸炮厂中的任何辖区容纳上述黎凡特犹太行商。但鉴于新铸炮厂已没有更多的空间来安置他们，故而他们有权居住在旧铸炮厂（Geto Vecchio）。为了最好地做出判断，参议院的这些命令将由地方辖区具体实施。然而，上述黎凡特犹太行商必须像新铸炮厂的犹太人一样筑墙围住并派人把守，他们不得从事银行业、二手贸易及除纯贸易活动以外的雇佣行为。对此负责的地方辖区所颁布的任何规定都应享有与议会法令同等的效力与持久性。

与前一法令相比，允许犹太人定居的原因同样是他们给威尼斯带

---

① "Levantine Jews and the Ghetto Vecchio, 1541", David Chambers, Brian Pullan, with Jennifer Fletcher, eds., *Venice: A Documentary History, 1450 - 1630*, p. 344.

来的经济好处，隔离与守卫这一强制性的根本特征也得到了延续；此外在前一法令政治强制的基础上，又增加了许多经济上的强制。这些野蛮苛刻的限制规定犹太人不得对当地人构成竞争而只能从事有利于威尼斯的远程贸易。从这个发展过程可以看出，隔都的特征正在逐渐完善。此后，新旧铸炮厂的整个地区（也即犹太区）被统称为“geto”。[①] 必须注意，此时的“geto”仍只是指称威尼斯这一地区的专属名词。

实际上，1516年威尼斯“隔都”的建立并不代表隔都时代的完全到来，犹太隔都在全欧洲范围内的普及要到16世纪中叶天主教反宗教改革运动之后。正如库帕曼等人所说：“在整个地中海地区，外国商人居住在一个隔离区的做法是件极为平常之事……当我们对威尼斯隔都进行评判时，必须注意到16世纪的威尼斯也限定了土耳其与德意志商人的居住区……威尼斯隔都一直发挥着宗教情感与商业需要的双重作用。它使威尼斯在保持其宗教纯洁性的同时能够对变化的经济状况作出反应。”[②] 宗教改革运动之后天主教对犹太人的仇恨添加了新的内容，他们认为正是犹太人教授宗教改革者们希伯来语才使他们得以提倡自由学习《圣经》，犹太人还被指控向改革者们提供了《圣经》原本，因此犹太人对这场教会的大分裂也负有不可推卸的责任。在开展针对新教的反宗教改革运动的同时，天主教也开始了对犹太人的反攻倒算，1534年成立的耶稣会就强调其会员五代以内不得有任何犹太血统。

更为猛烈的反犹措施来自于天主教会的核心——罗马。“一个可

---

① Benjamin C. I. Ravid, “From Geographical Realia to Historiographical Symbol: The Odyssey of the Word Ghetto”, David B. Ruderman, ed., *Essential Papers on Jewish Culture in Renaissance and Baroque Italy*, New York, 1992, p. 378; Ariel Toaff, “Getto-Ghetto”, *The American Sefardi*, Vol. 6, No. 1/2, 1973, p. 73. 1633年，威尼斯在新铸炮厂附近又建起了“最新隔都”（Ghetto Nuovissimo）以吸引富裕的犹太商人前来居住，这再次验证了允许犹太人定居完全是出于经济的需要。需加注意的是，这个最新隔都使用的是“ghetto”而非“geto”一词。参见 Duncan Cardillo, “The Historical Jewish Ghettos of Venice”, *The Oakland Journal*, Vol. 5, Spring 2003, p. 61.

② Roberta Curiel & Bernard Cooperman, *The Venetian Ghetto*, New York, 1990, p. 13.

怕的怪物正在罗马出现，它的形状如此可怖和它的眼睛如此吓人以至于全欧洲都为之颤抖”，撒母耳·乌斯克（Samuel Usque）1552年在意大利中部城市费拉拉这样写道。当时宗教裁判所正处在红衣主教卡拉法的恐怖统治之下，“它将吞食大量的人血，……无论它在哪里出现，那里的白天就被它的黑暗所遮蔽，大地也将变成一个不毛之地”。[①] 正是这位专制凶残的红衣主教卡拉法下令没收了罗马城所有的《塔木德》文本。在他的直接推动下，教皇朱利斯三世（Julius III）1553年发布谕令将没收来的所有“有害书籍”全部在罗马的广场焚毁。三天之后这个法令又扩大到整个意大利，各地相继焚毁了成千上万的《塔木德》著作。1554年极力反犹的红衣主教卡拉法继任为罗马教皇，是为保罗四世（Paul IV）。在其主持下，天主教会的反犹活动达到高潮。即位不久后，1555年7月14日，他发布了《教皇训令》（*Cum nimis absurdum*），以在罗马和整个教皇统治区域内限制犹太人的活动，该训令包括十五项反犹规定，其中第一、二条即是针对隔离犹太人而来，内容如下：[②]

> ……我们最近已经注意到这些犹太人给我们尊贵的城市及神圣的罗马教会治下的其他城市、领地、属地带来了粗俗无礼：他们不仅放肆地与基督徒混居杂处并靠近他们的教堂，穿着无法区别他们身份的衣服，而且甚至在极为尊贵的地带与任何他们所在城市、领地、属地的街道上建造了住所，购买并拥有不动产，拥有保姆、女仆及其他被雇的基督徒仆佣，还极为可耻地在其他许多事情上犯下罪行，并蔑视着基督的名字——考虑到在虔诚与仁慈的教皇领导下的罗马教会以犹太人作为纯正基督徒信仰与世界末日之见证而对其施以宽容，但现在应该充分意识到他们所犯的过错，为尽快回到天主教信仰的正确道路中来，因此主张：如果他们继续坚持其错误，就应承认我们的主耶稣基督使他们成为奴

---

① Werner Keller, *Diaspora: The Post-Biblical History of the Jews*, trans., Richard & Clara Winston, London, 1971, p. 297.

② “Cum nimis absurdum”, Kenneth Stow, *Catholic Thought and Papal Jewry Policy, 1555-1593*, New York, 1977, pp. 294-295.

隶而使基督徒获得自由之经历，因此自由妇女所生子女为奴仆妇女所生子女服务是件极其邪恶之事——

1. 在上帝的帮助下，为对以上问题制定尽可能严厉的规定，我们通过了这个我们认为永久有效的法令，就是这座城市以及神圣的罗马教会治下的其他城市、领地、属地上的所有犹太人，此后必须单独地居住在某个区域，如果不可能的话就居住在两三个或更多的区域，它们与基督徒住宅的毗邻之处都必须彻底地隔离开来。我们的城市以及神圣的罗马教会治下的其他城市、领地、属地上的这些区域都由我们来划定。它们只能拥有一个入口，以及一个出口。

2. 在他们所居住的城市、领地、属地，只能在其习惯地点拥有一座会堂，他们不得建造任何新的会堂。他们也不允许拥有任何房产。据此，他们必须拆除与摧毁所有其他的会堂，而只保留其中的一座。他们现在拥有的房产，必须在地方官员指定的时间内出售给基督徒。

……

该训令将威尼斯率先施行的“隔都制”推广开来，因而有着至关重要的意义。它规定不仅罗马，而且教皇治下所有城市、领地、属地上的犹太人都必须强制居住在事先划定好的某一特殊地区，严格限制犹太人的进出，不得在其他地区拥有任何房产，还勒令他们必须永远佩戴犹太标志、不得与任何基督徒结交，以免污染基督徒的生活空间与生存环境。与此前的威尼斯隔都法令相比，其突出的特点就在于增加了对犹太宗教活动的限制，规定只许在隔都之内拥有一座会堂而必须就地拆毁其他会堂。这就在此前威尼斯法令政治、经济强制的基础上，又增加了宗教强制的新内涵。至此，隔都的全部主要特征已基本成型，犹太人就此被剥夺了政治、经济、宗教等方面的自由权。值得注意的是，该训令自头至尾都没有使用此前已被用来指称威尼斯犹太隔离区的“geto”一词。据此训令，这一年的 7 月 26 日正逢犹太历的阿布月 9 日，罗马城的所有犹太人被强行迁入设在台伯河左岸的犹太隔都，该地区随后筑起了高高的围墙与城市其他地区相隔绝。

新教皇庇护四世（Pius IV）即位后继续前任的反犹措施。1562 年 2 月 27 日颁布的《教皇训令》（*Dudum a felicis*）中规定："在靠近库房的地方设立特别的隔都（*ghectum*），以隔离希伯来人。"① 这是教会官方文件中首次正式出现"隔都"（*ghectum* /ghetto）一词，从而将专属威尼斯地名的"隔都"与一般意义上的犹太区完全对等起来。最为重要的是，犹太人自己也接受了隔都的概念，成为他们对犹太区的自称。罗马当地的犹太人起初并没有像隔离他们的非犹太人那样使用"ghetto"一词，而是以"serraglio"（意为"隔离区"）一词来称呼他们的新居住区。直到 1589 年罗马隔都扩大时，当地的拉比德尔·博尔戈（Pompeo del Borgo）以希伯来词汇中的"get"（离婚）与"ghet/ghetto"对接起来，以示与外部世界的隔离。因为在犹太人看来，隔都就是与基督教社会的分裂，外部世界隔离了（divorced）犹太人。②"get"与"ghetto"的对接，使得来自外来文化的后者与犹太传统中的隔离观念不谋而合，于是不加反对地接受了这一外来词汇"ghetto"。此后在教皇的极力敦促下，"隔都"这一新式反犹手段很快流行开来，佛罗伦萨（1570 年）、锡耶纳（1571 年）、维罗纳（1599 年）等隔都相继出现，从意大利开始西欧犹太世界开始了快速的"隔都化"进程（ghettoization）。在不到几十年的时间里各地竖立的隔都高墙取代了此前的犹太区，成为以后两个多世纪西欧犹太社会的基本形式。与之相随，"ghetto"也成为对犹太区深入人心的表达，无论是非犹太人还是犹太人自身都接受了这一名称。

三

隔都的建立是对犹太人与寄居国格格不入的客民身份的极好诠释，

① Sandra Debenedetti-Stow, "The Etymology of 'Ghetto': New Evidence from Rome", *Jewish History*, Vol. 6, No. 1/2, 1992, p. 84.

② Kenneth R. Stow, "The Consciousness of Closure: Roman Jewry and Its *Ghet*", David B. Ruderman, ed., *Essential Papers on Jewish Culture in Renaissance and Baroque Italy*, p. 387; David B. Ruderman, "The Cultural Significance of the Ghetto in Jewish History", David N. Myers & William V. Rowe, eds., *From Ghetto to Emancipation: Historical and Contemporary Reconsiderations of the Jewish Community*, Scranton, 1997, p. 3.

其做法正应验了圣经中的预言：“这是独居的民，不列万民中。”（《民数记》23：9）也符合了“要为托拉筑起栅栏”的塔木德教诲。① 隔都的产生实际上是一种反犹的新形式，是一种野蛮和残酷的反犹手段。它的出现表明，反犹的痼疾顽症并不因文明的发展、社会的进步而得到根本的改善，反而在一定程度上借助社会进步而爆发出更大、更强的破坏力。当仅有一墙之隔的非犹太世界在沿着民族国家、资本主义、殖民主义、帝国主义的发展道路一路高歌猛进时，很难想象在引领世界潮流的西欧社会中还有一群人生活在完全不同的另一个世界，不能分享经济发展、政治民主、文化进步带来的任何好处。隔都无疑是人类历史上不同族群、宗教之间偏见与歧视的产物及其代表。

18 世纪末，随着法国大革命以及拿破仑战争的胜利，“自由、平等、博爱”口号的高扬，隔都逐渐在欧洲各地被推倒。解放运动首先从近代启蒙运动的中心——法国开始，1789 年法国革命后《人权宣言》的颁布，为犹太人合法公民地位提供了条件。1797 年 7 月 10 日，有着“世界征服者”之誉的拿破仑进占威尼斯，将这个隔都发源地的

---

① 实际上，隔都的建立并不意味着犹太人与非犹太人交往的完全隔绝，他们之间的社会交往仍然存在，经济交往则尤为频繁，此时遍布全欧的犹太小贩及宫廷犹太人就是例证。此外，隔都带来了一个不自觉的好处，就是以隔离代替了此前一直惯用的驱逐政策。参见 R. Po-chia Hsia & Hartmut Lehmann, eds., *In and Out of the Ghetto: Jewish-gentile Relations in Late Medieval and Early Modern Germany*, Cambridge & New York, 1995. 当前在犹太学界，对于隔都主要有两种代表性立场：一种是罗伯特·邦菲尔的主流观点，认为隔都犹太人是社会的边缘性群体，不但与主流社会绝缘，而且经常性地遭到来自外部世界的暴力排斥与文化歧视，参见 Robert Bonfil, *Jewish Life in Renaissance Italy*, Berkeley, 1994, pp. 6－7；另一种观点的代表是大卫·鲁德曼，他指出：隔都是西欧社会的有机组成部分，为基督教世界中的犹太人提供了一个被官方承认的生存区域；他们以前近似于非法性的存在借助隔都得以合法化，被驱逐与被隔离的最大不同就在于是否有权生活在基督教社会；隔都与外部世界存在着活跃的社会交往与文化互动，实际上是一个“开放性隔都”（open ghetto）。具体观点反映在其讲座《超越隔都—融合的辩证法：走向一种犹太文化史的新视角》（“Beyond the Dialectic of Ghetto Versus Integration: Towards a New Vision of Jewish Cultural History”），参见 Ruth Nattermann, “Jews in Italy from Antiquity to Present Days: Between Ghetto and Integration”, http://hsozkult.geschichte.hu-berlin.de/tagungsberichte/id=833；以及 David B. Ruderman, ed., *Preachers of the Italian Ghetto*, Berkeley, 1992, pp. 7－8. 此处蒙宋立宏副教授的提醒及指点，谨致谢忱！

大门付之一炬。之后伴随着拿破仑的横扫全欧，罗马、布拉格、柏林等地的隔都相继被拆除。① 1797 年 8 月 28 日废除帕多瓦隔都的法令中写道："自由！平等！以统一不可分离的法兰西共和国之名义。罗维戈与阿德里亚的帕多瓦三角洲行政区……决定：首先，希伯来人可以自由地居住于他们乐意居住的街区；其次，隔都是极其野蛮与毫无意义的，迄今为止其所在的街道都应以自由路（*Via Libera*）取而代之。"②

犹太人主张冲破隔都禁锢的做法早在解放之前的犹太启蒙运动（Haskalah，哈斯卡拉）中就已提出，"犹太启蒙之父"门德尔松最先在隔都中感受到了现代的阳光，但他主张在将犹太人改造成真正的欧洲人的同时保持自身民族特性。他对这种双重文化使命有一番经典的告诫："遵从你们所在国家的习俗与法律，但同时坚定地维护你们父辈的宗教与传统，尽其所能地挑起这两付担子。"③ 然而，对于急切拥抱现代的犹太人来说，"解放"（Emancipation）即是一个反对传统的过程，"走出隔都"（Out of the Ghetto!）成为解放一代犹太人的集体心声。④ 在犹太传统文化与西方现代文化的挣扎纠结中，这些犹太启蒙者（Maskilim，马斯基尔）将"隔都"犹太人斥为智能低下、体力虚弱、闭目塞责、皓首穷"经"（即《塔木德》）的"旧犹太人"，而他们所追求的目标是开放进取、充满活力、拥抱理性、紧跟潮流的"新犹太人"。主张通过积极融入主流社会成为解放后犹太人的主要趋势，海涅对此有句十分形象的名言，受洗是"进入欧洲文化的入场

---

① 拿破仑倒台后，许多隔都又重新得到恢复。一直到 1848 年，欧洲绝大多数的隔都才被推倒；然而最晚被推倒的是位于天主教中心的罗马隔都，它于 1870 年关闭，十年后才正式拆除了高墙。

② Paul R. Mendes-Flohr & Jehuda Reinharz, eds., *The Jew in the Modern World: A Documentary History*, New York, 1980, p. 122.

③ Eva Jospe, ed. and trans., *Moses Mendelssohn: Selections from His Writings*, New York, 1975, p. 104.

④ Jacob Katz, *Out of the Ghetto: The Social Background of Jewish Emancipation, 1770－1870*, Cambridge, Mass., 1973; Michael Goldfarb, *Emancipation: How Liberating Europe's Jews from the Ghetto Led to Revolution and Renaissance*, New York, 2009.

券”①。

从16世纪初到18世纪末，历时三个世纪之久的“隔都”时期，在现代犹太学术史的脉络中通常被称为介于中世纪“黄金时代”与近代“解放运动”之间的黑暗时代（Dark Ages）。这个悲惨时代以1492年犹太人被逐出西班牙为开端，最后以1789年法国革命后获得解放作结尾，隔都就如处于两座高峰之间的低谷，充满了贬义与痛苦。犹太观念及犹太学术对“解放”赋予了太多美好、浪漫甚至理想化的涵义，而作为其对立面的“隔都”自然成为消极、枯燥乃至被否定的象征。认为“隔都”犹太人就像囚笼之鸟一般，而正是“解放”使他们重获自由，这种看法可以称作“消极化隔都”（negating ghetto）。著名犹太史家萨洛·巴龙在其《隔都与解放》一文中就将这种贬低隔都、美化解放的做法称作“犹太史上的流泪观念”（lachrymose conception of Jewish History），主张重新评价“隔都”并将之视为一个鲜活的犹太民族自治机构：“通常被解放后的犹太人视为一种十足之恶的团体生活状态就是隔都。但不能忘记的是，隔都的发展是犹太人自愿进行自我管理的结果，只是在后来的发展中公共法律才对其进行干预，并使之成为针对所有犹太人必须集中居住于某个偏僻而没有基督徒居住的区域的一种法律强制。……解放对于犹太人来说既是获得也是失去……政治上的平等同时意味着自治社团组织的分解：即犹太人不再是一个国中之国；他们被认为以及自认为是通过宗教信仰进行维系的个体——具有犹太‘信仰’的法国人、德国人、英国人。这意味着犹太人在政治上、文化上与社会上被吸收到主流民族集体之中。”②

然而，隔都不仅是一种物质现象，更是一种精神状态。隔都对犹太民族及其文化带来的巨大精神创伤是难以抚平的，隔都高墙成为近代以来犹太集体记忆中苦难、迫害的具体物证与文化象征，在民族心灵之中留下了巨大、深刻的心理阴影与创伤记忆。尽管解放推倒了隔

① Paul R. Mendes-Flohr & Jehuda Reinharz, eds., *The Jew in the Modern World: A Documentary History*, p. 259.

② Salo Baron, “Ghetto and Emancipation: Shall We Revise the Traditional View?” *The Menorah Journal*, Vol. 14, No. 6, June 1928, pp. 519 - 524.

都的“物质之墙”，但横亘在犹太人与非犹太人之间的“精神之墙”仍是完好无损，许多犹太人仍然居住在“精神隔都”之中。正如赞格威尔所说：“曾在隔都中生活了几个世纪之久的人们，在隔都大门被推倒之后往往不能真正走出隔都，也无法忘记佩戴的黄肩章所烙刻在他们灵魂深处的印痕。这种违背意愿的孤立已几乎成为他们存在的法定状态。”① 在二战期间，隔都再度卷土重来，希特勒统治下的纳粹德国重新筑起了已经废除近一个世纪的隔都，连日本人也在上海占领区建立了“虹口隔都”以限制犹太人的活动，从而使隔都在犹太人的惨痛记忆中增添了一笔无法抹去的伤痕。值得注意的是，过去一直以消极形象存在的“隔都”，由于内在地契合着锡安主义的思想主张，在战时转变成了捍卫民族生存、反抗大屠杀的堡垒。1943 年的华沙隔都起义就是突出表现，从而重塑了犹太观念与犹太学术脉络中的“隔都”形象。

如今，专属犹太文化象征的“隔都”一词已被泛化为普遍性的隔离区，更多地被用来指代族群与文化的分隔。虽然全球化的步伐在不断加速，群体（特别是族群）之间的不平等反而有所加剧，隔都在今天以另一种形式得到了再现。二战后，美国的黑人区以及其他亚文化、亚族群区都被称作隔都。② 尤为值得注意的是，以色列建国后所采取的先发制人战略致使许多巴勒斯坦人被迫流离失所、散居他乡。以色列政府对被占领土上的居民实施脱离接触，特别是所谓的“隔离墙计划”，将一个民族从另一个民族中硬生生地隔离开来，这种违背被隔离者意愿的做法与当初反犹者建立犹太“隔都”的做法如出一辙。因此吊诡的是，当犹太人顺利建立国家、摆脱了隔都的屈辱身份之时，却在不经意间将另外一个民族变成了新的“隔都”之民。可见，隔都绝非只是属于过去的历史陈迹与惨痛记忆，而是犹太史以及人类史上挥之不去、时刻常在的文化景观与社会实在，许多人群、族群之间的

① Israel Zangwill, *Children of the Ghetto : A Study of a Peculiar People*, Philadelphia, 1938, p. x.

② Howard Winant, *The World Is a Ghetto : Race and Democracy since World War II*, New York, 2001; Walter Thabit, *How East New York Became a Ghetto*, New York & London, 2003.

偏见与对立、矛盾与冲突便由此而起。在告别了犹太隔都之后，必须时刻警惕新隔都的出现，必须努力防止世界的“隔都化”。

（作者：艾仁贵，南京大学历史学系研究生）

第二代大屠杀文学与犹太认同

钟志清　ZHONG Zhiqing

[内容提要] 自20世纪80年代中期以来，大屠杀成为以色列希伯来文学中一个引人注目的话题。第二代作家已经成长起来，成为大屠杀文学中不容忽视的一支力量。本文选取了其中具有代表性的利比莱赫特和格罗斯曼两位作家，探讨大屠杀记忆对以色列年轻一代的影响，以及不同身份的作家在塑造大屠杀记忆时所表现的不同特征。

[Abstract] The Holocaust experience has become one of the central subjects in Israeli fictions since the middle of the 1980s. A growing number of second-generation writers have regarded the Holocaust as a part of their experience although they didn't experience the Holocaust. This essay will deal with the writings by two representative writers——Savyon Liebrecht and David Grossman in order to show the characteristics of collective memory towards Jewish calamity by writers with different identities.

大屠杀一向是以色列社会政治中比较沉重的一个话题，20世纪80年代后，第二代大屠杀作家在以色列逐渐成长起来。这批作家多在20世纪五六十年代出生于以色列，或者是年幼时期移民到那里，但依旧是以色列教育体制的产物。他们当中相当一部分是大屠杀幸存者的后代，或者说是大屠杀“第二代”，在弥漫着大屠杀阴影的家庭中成长起来。也有父母不是幸存者的作家，但是经历了大屠杀给以色列社会和个人心理带来的冲击。这批作家中有伊塔玛·列维（Itamar Levy，1956－）、萨维扬·利比莱赫特（Savyon Lebrecht，1948－）、纳娃·塞梅尔（Nava Semel，1954－）、莉莉·佩里（Lily Perry，1953－）、大卫·舒茨（David Schutz，1941 –）、米哈尔·郭福林（Michal Govrin）、阿米尔·古特弗兰德（Amir Gutfreund，1963 –）以及大卫·格罗斯曼（David Grossman，1954 –）等。在这批作家中，除格罗斯曼外，其余都为大屠杀幸存者的后裔，他们比较倾向于从个人经历与感受出发来描写大屠杀记忆给以色列人，尤其是给大屠杀幸存者的子女们的心灵深处所蒙上的阴影，感觉细腻，表现出幸存者及其子女之间的冲突。这里我想选取利比莱赫特和格罗斯曼两位作家的创作来考察大屠杀幸存者的子女与自己和家人未亲历大屠杀的作家在描写大屠杀创伤记忆时的不同特征。

一

萨维扬·利比莱赫特1948年生于德国慕尼黑，父母均是大屠杀幸存者，1950年随父母移民以色列，曾在特拉维夫大学攻读哲学与文学。迄今为止，他已经发表《沙漠苹果》(1986)、《高速公路上的马》(1992)、《他对她说，对我来说像天书》(1992)、《关于爱情故事与其他结局》(1995)、《过夜的好地方》(2002) 等六个短篇小说集，《一个男人和一个女人和一个男人》 (1998)、《我父亲认识的女人》(2005) 等两部长篇小说、三个剧本，并曾在1987年获“阿尔特曼奖”，2005年获得“年度最佳戏剧家奖”。

萨维扬·利比莱赫特出生在一个大屠杀幸存者之家。在她看来，大屠杀幸存者的家庭大致可分两类。在一类家庭里，人们着魔似地谈论大屠杀，任何话题，不管是一根鞋带还是一块面包，都可以直接导致对犹太居住区和集中营的回忆。而另一类家庭则对大屠杀体验讳莫如深，采取完全沉默的方式。利比莱赫特的家庭属于后一种类型。①利比莱赫特的父母出生在波兰，每个人都是一个大家庭中的唯一幸存者。二战爆发时，父亲已经结婚，并且有了孩子，但在战争中失去了家人。战后父母二人在德国相遇并结婚，这也就是利比莱赫特本人出

① ［以］萨·利比莱赫特：《大屠杀对我的作品的影响》，王义国译，《世界文学》2003年第6期。

生在德国的原因。他们对大屠杀完全采取沉默的方式，从来不向子女讲述自己的过去。在这样的家庭里成长起来的孩子们被迫采取另外一些表达方式。与试图通过缓慢的精神追问而在受难者母亲与她的以色列女儿之间建立脆弱联系的一些同龄作家不同，萨维扬·利比莱赫特另辟蹊径，在短篇小说《剪发》和《哈由塔的订婚宴》里，描绘出以色列年轻一代无法接受老一辈喋喋不休地讲述大屠杀的恐惧。结果，利比莱赫特把刚刚打破沉默的生还者送回到他们自我封闭的沉默圆周内。

收于《沙漠苹果》[①] 集中的《剪发》和《哈由塔的订婚宴》均把背景置于即将举行欢快的家庭聚会之前，家庭聚会在某种程度上成了公众社会的象征。《剪发》描述的是以色列幼儿园里有些孩子的头上长了虱子，幼儿园于是发通知给家长提醒大家注意。大屠杀幸存者汉娅接到幼儿园通知后，想起集中营的不幸遭遇，于是将心爱孙女的一头漂亮的金发剪光，"残梗似的短发犹如割过的麦茬，从苍白的头皮中冒出来，娇嫩的白皮肤裸露着"。此时汉娅的儿子和儿媳正准备给孩子办生日晚会，剪发事件便将大屠杀幸存者和后代之间的潜在矛盾明显化了。

作为大屠杀幸存者的后代和一个年轻的以色列人，汉娅的儿子茨维已经对幼儿园孩子头上长虱子的现象司空见惯，"我每星期五到幼儿园接米莉时，总有这样一张条子别在她衣领上，而且内容千篇一律"。他不住地埋怨母亲，认为母亲的冲动做法简直是疯了。但与此同时，他又能够理解母亲身为大屠杀幸存者与别人看问题的方式不同，于是在母亲和媳妇之间扮演了调停者的角色，儿媳则毫不留情地断言："在那场大屠杀中，她的脑子就出了毛病。瞧她给我们带来的灾难。就为这灾难，我永远不让她再靠近我的孩子，也不想让她再到这里来。如果你想见她，就去她的家里。她疯了，你该把她关进精神病院，医生会立即同意接受她。"年仅 4 岁的小姑娘尽管为失去一头漂亮的头发伤心不已，但她早已从奶奶口中听说过虱子对集中营里的死人做了些

---

① ［以］沙维扬·里布列奇：《沙漠苹果》，林功敏等译，花城出版社 1994 年版。

什么。这无疑更令她的母亲火冒三丈。“这样的事情对这样年龄的孩子讲合适吗？我在问你。我想要我的孩子听灰姑娘的故事，而不是奥斯威辛的故事!”

利比莱赫特通过围绕剪发一事而掀起的家庭内部风波，展示出以色列社会对大屠杀幸存者的嫌弃。小说中的儿媳身上则尤其体现出年轻以色列人对过去民族创伤叙事话语的本能性反驳。对他们来说，在大屠杀期间所发生的一切已经成为历史。结果，大屠杀幸存者被重新抛进沉默的世界里，而造成这种现象的驱动力则是她个人的生存环境，即当代以色列的一个缩影。

由不同代人之间的冲突而导致的向沉默世界回归，在《哈由塔的订婚宴》中则以一个大屠杀幸存者的死亡告结。在这个短篇小说中，82岁的大屠杀幸存者门德勒·格林伯格在大屠杀后沉默了40年，记忆之门忽然打开。于是每逢安息日、节假日、喜庆宴会当家人围坐在摆好食物的桌子旁，他便开始讲述那些最为恐怖的故事。但对年轻一代来说，家宴桌只具备喜庆意义。他的儿子莫代海曾在战时跟随一个波兰农民生活4年——其身份既是幸存者，又是第二代，试图以温和的方式劝父亲别再开口，“爸爸，现在在过节。我们要庆祝，要大吃一通，不要想这样的事情。过节时应该想快乐的事情”。家人、亲友或是听众并不具备倾听幸存者讲述死亡、饥饿和腐烂的能力。

最具反叛色彩的听众依旧是儿媳妇希弗拉。如果说《剪发》中的儿媳妇抗议婆婆仅仅出于婆婆对家庭幸福存在着潜在威胁，那么希弗拉不仅抱怨公公“毁了我们的夜晚”，而且攻击以色列自建国以来建立的具有法定意义的记忆方式：

我们受够了，也听够了。我们不是有死难者纪念日、大屠杀纪念日和各种各样的纪念集会，这还不够吗？他们一刻也不让你忘却。所以我们干吗需要每顿饭上都要记起呢？我不明白，当他唠唠叨叨说化脓的伤口、污血和呕吐时，你们怎能心安理得地吃饭——但那是你们的事，我管不着。至于我，他一张口，节日就完了。

但是哈由塔的母亲，大屠杀幸存者的女儿，虽然无法破解父亲的记忆闸门为何在多年后打开这一心理秘密，但对父亲却有一种情感上的关注。幸存者第二代与本土以色列人的心理差异折射出以色列在对待大屠杀这一历史事件与大屠杀幸存者问题上的多样化特征。在谈及大屠杀对自己创作所产生的影响时，利比莱赫特坚持说塑造儿媳妇这一角色为的是表达她个人与众不同的情感，因为“大屠杀幸存者的子女是不会说上面那些话的”。① “做大屠杀幸存者的孩子乃是个沉重的负担。在某种程度上，做大屠杀幸存者们的孩子比幸存者本人还要艰难。”②

两个短篇小说中的第三代，理论上说，应该按照他们祖辈的意愿被塑造成“记忆蜡烛”。年仅4岁的小姑娘米莉的幼小心灵被镌刻了祖母对奥斯威辛的记忆，而哈由塔继承了祖母的名字，起的是保留祖母记忆的作用。按照迪娜·瓦迪的观点，像哈由塔这样的孩子生活须同时拥有双重身份，一是他们本身，二是与他们同名的亲属。③ 与老一辈的期冀相反，以色列文化本身将哈由塔塑造成了典型以色列人的孙女。由于惧怕外公讲述集中营恐惧会毁坏她的订婚宴，甚至她的婚姻生活，哈由塔让外公保证不在姻亲面前开口，并在宴会上不断用犀利的眼神向外公示意。小说在外公的死亡中结束。这一悲剧性的结局象征性地表现出，对幸存者的个人压抑实际上危害着民族集体记忆方式的形成，因为沉默本身意味着死亡，意味着民族记忆链环的断裂。

二

大卫·格罗斯曼1954年生于耶路撒冷，父亲在1936年从波兰移

① Savyon Liebrecht, “The Influence of the Holocaust on My Work”, Leon Yudkin, ed. *Hebrew Literature in the Wake of the Holocaust*, pp. 126 – 128.

② Savyon Liebrecht, “The Influence of the Holocaust on My Work”.

③ Dina Wardi, Nosei Hakhotem, *Dialog yimbnei hador hasheni lashoah* (*Memorial Candles: Children of the Holocaust*), London, 1992, pp. 63 – 65.

居巴勒斯坦，母亲是本土以色列人。格罗斯曼从 8 岁起便开始阅读犹太作家肖洛姆·阿来海姆的《莫吐尔历险记》和其他作品，开始了解迷人的东欧犹太世界，那里有领唱人、犹太学校、媒婆、小贩和非犹太人。格罗斯曼是个早慧型的孩子，从 9 岁起就为以色列广播电台做少年记者，多年为以色列电台做编辑和新闻评论员，1988 年辞职。他曾在耶路撒冷希伯来大学攻读哲学和戏剧，2008 年获意大利佛罗伦萨大学荣誉博士学位。格罗斯曼从 20 世纪 80 年代开始文学创作，主要作品有长篇小说《羔羊的微笑》（1983）、《证之于：爱》（1986）、《内在语法书》（1991）、《一起奔跑的人》（2000）、《我的身体明白》（2002）、《躲避消息的女人》（2008）等，随笔集《黄风》（1987）、《在火线上沉睡》（1992）、《死亡作为生活的一种方式》（2003）、《狮子蜜》（2005）、《在黑暗中写作》（2008），以及短篇小说、木偶剧和儿童文学作品。其作品被翻译成 25 种文字，拥有广泛的国际影响，曾在以、意、奥、英、德、法、美等国家获多种文学奖，同时获有国际新闻奖，并被诺奖提名。

大卫·格罗斯曼是 20 世纪 60 年代文学的合法继承人。其早期的短篇小说与长篇小说体现出与奥兹、约书亚一样的社会参与意识。[①] 他十分关心以色列社会和政治，将笔触探及到当代以色列社会中的某些敏感话题，比如占领地问题、巴以关系问题等。《证之于：爱》[②] 是格罗斯曼的第二部长篇小说，他采用密集而充满张力的语言，精湛地运用后现代主义文学技巧，满怀同情地再现了大屠杀幸存者及其子女的生活遭际，为现代希伯来文学奉献了一部经典之作。该书用典丰富，将不同的叙事方式和文学风格组合起来，打乱了常见的文学界限，形成极富独立性的艺术作品。[③] 格罗斯曼对大屠杀的理解与认知代表着 50 年代出生的一代以色列人的集体记忆。在格罗斯曼居住的地方，有许多大屠杀的幸存者，人们在提到大屠杀时，不说大屠杀，而是说那

---

① ［以］格尔绍恩·谢克德：《现代希伯来小说史》，钟志清译，商务印书馆 2009 年版，第 231 页。

② ［以］大卫·格罗斯曼：《证之于：爱》，张冲、张琼译，上海译文出版社 2006 年版。

③ ［以］格尔绍恩·谢克德：《现代希伯来小说史》，第 285 页。

边发生的事；人们在提到纳粹时总是使用“纳粹野兽”一词，但却不告诉孩子们“纳粹野兽”的含义；人们在夜里尖叫，在谈论战争时总是窃窃私语。

儿童时代经历的国家在塑造民族苦难历史时所采取的集体沉默，在格罗斯曼的脑海里打下了深深的烙印，也是形成他日后从事大屠杀文学创作的一个至关重要的语言。他在追忆自己这段经历时说：“我越来越意识到，直到我描写自己未曾经历过的在‘那边’，在大屠杀中的生活，我才会真正理解自己身为以色列人、犹太人、男人、父亲和作家在以色列的生活。我问自己两个问题：首先，如果我身为纳粹统治下的犹太人，一个身在集中营或死亡营中的犹太人，那么在一种人们不仅被剥光了衣服而且被剥夺了名字，变成他人眼中胳膊上符号的现实中，我会以何种方式来挽救我本人，挽救我的人格？在注定要遭到毁灭的现实中，我怎样保存自己人性的火花？其次，如果我身为德国人，像多数纳粹及其支持者那样，变成了集体屠杀的工具，我必须在自己心中保留什么，我该怎样的麻木、压抑，才可以最终和杀人者同流合污？我必须在心中扼杀什么，才可以屠杀他人或其他民族，才想毁灭其他民族?”① 这样的富有伦理道德色彩的追问涉猎了大屠杀，以及其他人与人之间相残现象相关的一个最为基本的人性底线的问题。

《证之于：爱》打破了以色列社会政治话语中形成的只有大屠杀幸存者才能描写大屠杀，尤其是描写集中营生活的禁区。大卫·格罗斯曼的家人在20世纪30年代大屠杀之前就已经移居巴勒斯坦，因此他既不属于大屠杀幸存者，也不是幸存者的子女。他是否可以借助艺术手段，把握住自己未曾经历过的题材，确实是一个重大挑战。在大卫·格罗斯曼之前，约拉姆·康尼由克已经就没有大屠杀体验的作家如何描写集中营生活的题材进行了大胆尝试。康尼由克的长篇小说《亚当，犬之子》（英文版译作《亚当复活了》）描写的是一位名叫亚当·斯泰因的马戏小丑的遭际，亚当·斯泰因曾经在欧洲名噪一时，

---

① 钟志清：“大卫·格罗斯曼：写作是了解人生的一种方式”，《中华读书报》2010年3月11日。

具有特异功能，疯疯癫癫，在战时被关进死亡营。死亡营头目让他为那些将被送进焚尸炉的受难者表演逗乐，使他在大屠杀那场浩劫中存活下来。1958年，斯泰因来到以色列，精神失常，被送到南部沙漠地区一个精神病院接受治疗，后来慢慢像普通人那样直立行走，具备了普通人的喜怒哀乐。在《亚当，犬之子》中，康尼由克使用荒诞的手法，祛除人类富有尊严的外表与装裹自己的衣装，写斯泰因含着眼泪像动物一样在自己的同胞面前强颜欢笑、苟延残喘，从而痛悼自己可怜民族的悲剧命运。小说的希伯来文题目蕴含着一种寓意，“亚当”在希伯来文中原本是人类始祖的名字，同时具有“人”的意思，而在整个犹太民族沦为囚虏与牺牲的二战期间，人物化为“犬之子”，用人的物化来象征一个民族的遭际则显得意味深长了。英文版把书名易为“亚当复活了”并非指《创世记》中的人类始祖亚当灵魂转世。亚当·斯泰因的名字在希伯来文中具有象征意义，亚当本意为人，说明主人公像人一样生活在世界上，但同时他又是斯泰因，意思是石头，这在某种意义上说明他已经丧失了爱的能力。从这个意义上，“亚当的复活”喻指主人公人性的复苏，表明他在疗治了身体和心灵的创伤后回归社会，重新开始自己的情感生活。①

《亚当，犬之子》一书在欧美很多国家非常轰动，苏珊·桑塔格将其称作过去数十年间最重要的作品，但在以色列这本书的反响甚小，究竟能否将其放在大屠杀小说之列，究竟是将其当作荒诞作品还是现实作品，评论界显得颇为审慎与保守。如果说，康尼由克真实地反映出幸存者带着破损的灵魂来到以色列，通过失去意识而形成忘记过去的假象，那么，格罗斯曼的《证之于：爱》则从多个向度来观察思索大屠杀对以色列社会政治生活和以色列人集体意识的影响。

《证之于：爱》这部作品共分“莫米克”、“布鲁诺”、“瓦泽曼”和“卡兹克生平之百科全书”四个部分，每一部分代表着一种不同的叙事方式。小说的第一部分“莫米克”采取的是现实主义的叙事方式，其背景置于50年代的以色列。其他几个部分显然出自对大屠杀及其历史事件的虚构与想象，背景分别置于80年代早期的以色列、纳粹

① 钟志清：《当代以色列作家研究》，人民文学出版社2006年版，第198页。

死亡营、第二次世界大战期间的但泽港口城市，等等。

小说中的主人公施罗莫·纽曼，即莫米克是一个大屠杀幸存者的后代，最初出现在读者面前时仅有 9 岁。在他身上，镌刻着大卫·格罗斯曼一代人对大屠杀的集体记忆。莫米克生长在大屠杀幸存者居住区，他从人们的窃窃私语和传言中了解了大屠杀，因为大屠杀幸存者不愿意提到屈辱的过去，另一些人甚至为自己失去了亲人而独自活下来感到耻辱。当时的以色列社会也成问题，以色列试图从废墟中再创造自己，试图变得强大，拥有一个光明的未来，而这些不幸的幸存者令他们想起耻辱、痛苦的过去。许多以色列人不禁发问，为什么会发生这种事？以色列的军队呢？为什么不去营救？我们的武器呢？莫米克那时就像作家自己小时候一样，把欧洲犹太人的生活当成以色列人生活的一部分。

莫米克这个孩子试图用以色列人的想法、术语和概念来理解犹太人流亡的生活。这是当时以色列儿童生存的组成部分。这些以色列儿童，在学校里接受的是锡安主义思想的教育，热爱并崇拜英雄。他希望成为新兴以色列的一名英勇的犹太人、一名战士，发奋学习希伯来语，把以色列总理大卫·本-古里安的画像挂在自己的房间。英雄崇拜与锡安主义理想赋予莫米克与土生土长的以色列人相类似的性格特征，他甚至比别的孩子对自己的要求更为严格，甚至在想象中构筑英雄主义的神话，甚至想让以色列英雄到欧洲把希特勒给杀了。看到大屠杀纪念馆林立的烟囱，他假设那是一艘轮船，满载着从"那边"过来的无人接纳的非法移民，像在英国托管时期那样，他不知怎样去营救那艘轮船。当他逐渐理解了犹太人在大屠杀中是多么无助、多么脆弱时，先是感到吃惊，无法忍受这种耻辱，而后感到了恐惧。更有甚者，莫米克运用锡安主义的理想模式来想象他的舅公，后者乃为大屠杀幸存者，在精神病患者疗养院呆了整整十年。即使舅公是从"那边"来的，大概他拒绝停止战斗，大概他是"那边"唯一不投降的人。小说正是从外祖母葬进坟墓后几个月、舅公突如其来被一辆蓝色的大卫之星救护车送到莫米克家开始，展开叙述，揭开了一个 9 岁男孩对犹太身份和记忆等问题的寻找。

莫米克成长的世界为许多大屠杀幸存者包围着，进而产生了破解家人、新到来的舅公和他的邻居那无法表达的过去的想法。

> 爸爸老在睡梦里叫喊，左、右、左、右，他用德语喊着，贝拉坚决不肯为莫米克翻译出来，直到他真的朝她嚷起来，贝拉也真的生气了，就告诉他那就是左、右、向左转、向右转的意思。莫米克暗想，真是这样吗，那她为什么不愿意把它翻出来？妈妈晚上老给爸爸的喊叫吵醒，她捅他，摇他，高声说道，咳，安静，安静点，让孩子都听见了，那边早过去了，现在是半夜，你把孩子都吵醒了，安静！于是爸爸醒了，一脸的恐惧，开始发出很响的叹息声，就像砂锅在水龙头下滋拉滋拉直响，这时候，莫米克早把笔记本塞进封套，但还是听见爸爸手捂着嘴在叹息……

父亲的痛苦原因来自其集中营经历。他在集中营里被迫将尸体从毒气室运进焚尸炉，他从来不碰自己的儿子，因为他认为自己手上沾满了鲜血。父母深受集中营经历的困扰，并且为自己的生存内疚，他们不能像普通人那样享受生活，不能同别人沟通，总是在自我封闭，和别人保持着距离。他们不仅承担着记忆的痛苦，而且承受着环境的压力，为使子女免遭不幸，他们不得不对过去所发生的一切保持沉默。每逢大屠杀纪念日来临，他们都要躲避，离开家，离开城市。与此同时，这些大屠杀幸存者所使用的语词也与当代社会脱节，他们使用的是一种把希伯来语和意第绪语混杂在一起的混合语，这种混合用语既标志着谢克德教授所说的作家所做的成功的艺术尝试，① 同时也反映出大屠杀幸存者难以摆脱对过去苦难的回忆。

心理学家的研究表明，在大屠杀幸存者及其子女这两代人之间，几乎无法开设沟通的平台。② 试图破解过去密码的莫米克从家人，尤其是从奇怪的舅公那里得到的支离破碎的讯息，让莫米克得出一个结论，那边的世界让一个名叫“纳粹野兽”的恶魔统治着，正是这个恶

---

① Gershon Shaked, “The Children of the Heart and the Monster: David Grossman: *See Under: Love.* ”, *Modern Judaism*, Vol. 9, No. 3, 1989, p. 316.

② Efraim Sicher, ed. *Breaking Crystal: Writing and Memory after Auschwitz*. Urbana, 1998, pp. 19 – 90.

魔躲在莫米克家的地下室里令他的父母无比痛苦。“从某种意义上看，也就是从那天开始，莫米克下定决心要找到那头野兽，驯服它，让它变好，说服它改变自己的举止，不再折磨人们，让它告诉他‘那边’都发生过什么，它到底对那些人都干了些什么。”①

> 他气喘吁吁地跑到那儿（贝拉的杂货店），把她拉到一个角落（要是碰巧店里有别的顾客的话），连珠炮似地向她发问，说是在低声说话但像是在吼：贝拉，死亡列车是怎么回事？他们干吗杀死小孩子？人们在给自己挖坟墓时是什么感觉？希特勒有妈妈吗？他们真的拿人做肥皂吗？他们现在在哪儿杀人？“犹太佬”是怎么回事？用活人做实验是怎么回事？什么，怎么样，为什么，为什么，怎么样，什么？

莫米克对舅公身份的寻找实际上就是对犹太人过去记忆的寻找，因为舅公代表着没人告诉他的过去的秘密。而只有他自己，才能破解舅公口中喋喋不休念叨出来的支离破碎的语词密码。因此寻找身份也就是寻找破解语词的方式。②“莫米克”一章的人物堪称以色列现实生活中人物的翻版。小说中有这样的描述，许多孩子和莫米克一样，多年做着内省。这一说法意味着，莫米克同“纳粹野兽”争斗来解释记忆并非个人现象，而是新一代人的体验。

同时，莫米克还要承担家庭“记忆蜡烛”的角色，他的全名叫做施洛莫·埃弗拉姆·纽曼，以纪念某某和某某。双重身份使得他们成了历史创伤和现实生存世界的双重受难者。他既需要想象无法想象的事情，来填充民族和家庭历史；同时在成长过程中又要承受幸存者子女所特有的恐惧、耻辱与心理压力。尽管莫米克是一个模范学生，他的希伯来语在班上同学中出类拔萃，但是他想与同龄人交友的努力总是以失败结束。交友的失败在很大程度上起源于大屠杀的语义学含义。就像作品中所描述的，莫米克在同学阿里克斯、一个土生土长的以色

---

① ［以］大卫·格罗斯曼：《证之于：爱》，第26页。

② Efraim Sicher, “The Return of the Past: The Intergenerational Transmission of Holocaust Memory in Israeli Fiction.”, *Shofer*, Vol. 19, No. 2, Winter 2001.

列后代来家里玩之前，几乎兴奋得睡不着觉。他采取各种方式，来取悦阿里克斯。

> 什么，难道朋友之间得像一对木瓜似的闷声不响？他不停地向阿里克斯打听，问关于他的情况，问他从哪里来，阿里克斯一一作了简单回答，莫米克担心对方被问烦了会因此告辞，赶紧跑进厨房，爬上一张椅子，把手伸进妈妈的秘密藏物处，掏了一根巧克力。巧克力不是为客人准备的，但现在按说情况紧急，他把巧克力递给阿里克斯的时候，他告诉他亨妮外祖母不久前死了。阿里克斯掰了一小块巧克力，接着又掰一块，说自己的父亲也死了。莫米克有点激动，因为他明白这样的事情，便问他父亲是不是被“他们”杀害的，阿里克斯不懂他说的“他们”是谁，只告诉他父亲死于意外事故。他是位拳击手，被人打晕过去了，现在阿里克斯成了全家“唯一”的男子汉。莫米克一声不响地想着，阿里克斯的生活多有意思，阿里克斯说，在“那边”，我是班上跑得最快的。

这一段话，在围绕莫米克的外祖母和阿里克斯父亲之死而展开的对话上体现出一种交流的错位，反映出大屠杀幸存者的孩子难以跨越横亘在他们和普通孩子之间的交流上的鸿沟。莫米克所说的“他们”，显然是指大屠杀幸存者圈子中人尽皆知的纳粹，但是本土以色列少年阿里克斯却搞不清楚“他们”指的究竟是谁。而在大屠杀幸存者及其后代，乃至受过大屠杀教育的本土以色列人的话语中，“那边”显然指的是大屠杀发生地。但是，阿里克斯在提到“那边”时却无动于衷，把“那边”仅仅当作一个地理位置。两个孩子虽然是同龄人，但属于不同的世界。小说通过两个孩子的对话，成功地展示了大屠杀幸存者的后裔与本土以色列孩子之间具有本质区别的心理特征。

小说的第二部分“布鲁诺”写的是波兰作家、画家布鲁诺·舒尔茨。他生于1892年，代表作《鳄鱼街》反映了让人留恋并充满梦幻与神奇色彩的童年世界，影响很大。大卫·格罗斯曼早年对布鲁诺一无所知，只是在小说《羔羊的微笑》发表后，他才从一位读者那里知道了这位作家的名字，在阅读《鳄鱼街》时了解了布鲁诺在二战期间被害的原因。在隔都里，舒尔茨有一个雇主和保护人，这个人是纳粹军官兰道，舒尔茨为兰道的家和马厩画壁画。军官有一个对手——叫君特的纳粹军官，他和兰道打牌时输了。君特在街角看到舒尔茨，开枪把他打死，以此伤害他的主人。后来两个军官见面时，杀人者说，"我杀了你的犹太人"。另一个人则回答说："很好。现在我要杀你的犹太人。"看到这一叙述后，格罗斯曼感到"人被贬低到生存的最底层，除了血和肉以外什么都不是"，这令他发疯。[①] 他想写一本书向读者讲述布鲁诺。这就是他写《证之于：爱》的原因。[②]

在"布鲁诺"这一部分中，已经长大成人的莫米克在妻子和情人之间徘徊不定。他决定写布鲁诺的故事，甚至暗示要去观看布鲁诺的出生地。在小说中，布鲁诺变成一条鱼，置身于大洋中的鲑鱼群里，进而找到了逃避邪恶现实世界的一个所在。在格罗斯曼的笔下，大海变成了一个有声有色的世界，它就像一个"伟大的母亲"，保护自己的孩子免遭自然界和人类社会中邪恶势力的侵袭。也可以说，作家在这部分描写中已经开始借助比喻与奇幻等创作技巧，想象中的海洋世界在某种程度上等同于逃离现实世界的避难所。

在小说的第三部分"沃瑟曼"中，格罗斯曼运用奇幻手法让大屠杀中的受难者与他的以色列后人在想象中的集中营见面：

> 这时，安舍尔·沃瑟曼转过身，看见了我。他只是从侧面瞥了我一眼，但是我感到自己重生了；在最近几个月的阴沉和迷雾中，他的眼神就像背后的一声霹雳，使镶嵌图案上所有看似无关的碎片都依次排列起来。安舍尔祖父认出了我，我也感受到他了。他显得很惊惧。

莫米克与外公在纳粹的眼皮底下相遇，此乃大卫·格罗斯曼所做的充满奇幻色彩的大胆想象。正如批评家托多洛夫所说，"奇幻允许

① ［以］大卫·格罗斯曼：《证之于：爱》，第 139 页。

② 大卫·格罗斯曼访谈，2010 年 3 月 17 日。

我们跨越某种无法跨越的界限”。[①] 成功地运用奇幻手法，代表着以色列小说中的一种新倾向。具体到这部作品中，运用奇幻手法可以打破只有幸存者本人具备述说那个世界资格的秘密，只有幸存者子女才有权利为受难者说话的禁忌。这一部分的描写既是第一部分内容的延伸，又为最后一部分内容留下引线。沃瑟曼既是莫米克的舅公、曾经的希伯来语作家，又象征性地代表着“永远的犹太人”，在生与死之间徘徊，大屠杀、痛苦与死亡均无法将其挫败。[②] 纳粹军官尼格尔试图找到为什么不能杀死沃瑟曼的原因，最后得出沃瑟曼是不朽的这一结论，这在某种程度上暗合了犹太人乖蹇多艰、但顽强繁衍的命运。

小说的第四部分，即最后一种叙事方式是百科全书。小说中的主人公莫米克就是百科全书的作者。莫米克是一个大屠杀幸存者的后代。他在大屠杀之后经历着痛苦，时刻准备着会发生另一场大屠杀，其生活于是就被降到了最低点。莫米克似乎没有真的活过，就像一个握紧的拳头。对于他来说，充满生命与爱的生活降低到了原始的基本的本能冲动，就像多数大屠杀幸存者一样，爱就是性，性就是爱，别的什么都不相信。但作家在写这本书时，想晓谕读者，当他读过百科全书后，知道生活是如此的丰富、充实，充满了激情，充满了爱。

小结

我们从利比莱赫特和格罗斯曼两位作家的创作中，可以看出大屠杀幸存者的子女和本土以色列作家对大屠杀所采取的不同书写方式。作为幸存者的子女，利比莱赫特在以色列大屠杀记忆的语境中具备了描写大屠杀体验的合法性，这种合法性注定了她采取现实主义的表达方式，描写出大屠杀幸存者的子女如何在大屠杀的阴影中成长起来，又如何无法接受老一代人喋喋不休地讲述大屠杀的恐惧，甚至把刚刚

---

① Tzvetan Todorov, *The Fantastic: A Structure Approach to a Literary Genre*, Ithaca, 1975, pp. 158 – 159.

② Gershon Shaked, “The Children of the Heart and the Monster: David Grossman: *See Under: Love.* ”, *Modern Judaism*, Vol. 9, No. 3, 1989, p. 318.

打破沉默的生还者送回到他们自我封闭的沉默圆周内。这类作品虽然有着不成熟之处，但是在整个大屠杀文学史上具有打破沉默的突破意义。与之相对，本人和直系亲属中没有亲历大屠杀体验的格罗斯曼却采取将荒诞主义与现实主义相结合的方式，打破只有大屠杀幸存者或其子女才有权描写大屠杀的禁区，探讨如何从更为人性的角度来描写大屠杀，创造出大屠杀文学的经典之作。这两类文学均在以色列民族的记忆历史上留下了值得回味的一笔。

（作者：钟志清，中国社会科学院外国文学研究所副研究员）

伯林、阿伦特与锡安主义

盛文沁 SHENG Wenqing

[**内容提要**] 犹太政治思想家关于锡安主义的思想，既是近现代锡安主义运动的内容之一，也在深层次上反映出现代政治的相关核心主题。本文通过考察分析两位影响深远的犹太政治思想家以赛亚·伯林与汉娜·阿伦特与锡安主义运动的渊源，以及他们对锡安主义的看法，指出：伯林基于民族归属感的考量，支持锡安主义，但是作为自由主义者，他更关心民族的自由发展，个人自由不受权力干涉；阿伦特则逐渐远离锡安主义立场，她对犹太人命运、犹太人与犹太人政治共同体关系的思考转向强调个体判断和参与公共领域。

[**Abstract**] Jewish political theorists' thoughts on Zionism, are important contents of modern Zionism, they also show some key issues of modern politics. The paper makes a discussion about Isaiah Berlin and Hannah Arendt, their relation with Zionism movements and their thoughts about Zionism. It argues that, Berlin supported Zionism for its function of national belongingness; however, as a liberal, what he really wanted was a nation's liberal development, especially everyone's liberty without any intervention by power. Arendt abandoned her earlier Zionism belief, her thought on Jews' future, on the relationship between the Jews and their political community, emphasized individual's independent judgment and one's participation in the public area.

一、前言

锡安主义是国内犹太问题研究的重要论域之一。考察已有的相关研究可以发现，国内的锡安主义研究主要集中在：1. 锡安主义运动。涉及其历史过程、锡安主义运动对以色列、巴以问题的影响。2. 锡安主义思想。涉及犹太教与锡安主义、后锡安主义、文化锡安主义；在具体人物的锡安主义思想方面，学者们主要关注锡安主义运动的先驱领袖，如魏兹曼、赫兹尔等人的思想。而现当代影响深远的犹太裔政治思想家们，如以赛亚·伯林、汉娜·阿伦特、列奥·斯特劳斯等人关于锡安主义的观点却较少为人关注。另一方面，在已成为显学的政治哲学研究领域，学者们在津津乐道于伯林、阿伦特等人的深邃思想时，也极少关注他们的犹太背景，更谈不上研究其犹太人身份与其政治思想之间的关系。实际上，他们两人都有大量关于锡安主义的论述，还曾深深卷入锡安主义运动。因此，研究这些犹太裔政治思想家们的锡安主义思想就十分必要且重要了，这有助于丰富我们对锡安主义思想之整体的了解与理解。更重要的是，这些思想家们对锡安主义思想和运动所持的立场与观点，无不与其关于现代政治问题的诊断息息相关。因而，我们的研究可沿着他们对锡安主义的论述达至对政治之根本问题的探寻。

二、以赛亚·伯林与锡安主义的渊源

以赛亚·伯林，1909 年出生于里加（今属拉脱维亚，当时是俄罗斯帝国利沃尼亚省的省会）的一个犹太木材富商家庭。他兼有三种矛盾的身份：俄国人、犹太人、英国人。犹太人身份对于幼年的伯林似乎尚未造成困扰与麻烦。当时，里加的犹太人免受沙皇治下歧视性条款的限制；伯林的父亲是商人，更享有荣誉公民权。这个家庭是当时被同化的欧洲犹太人的缩影。但是，“东欧犹太人是一块坚冰，欧洲的教化之光照到上面才开始融化，当这块坚冰融化之时，犹太世界的条条溪流——锡安主义、同蒙运动，便流入资产阶级文化的大河之中。

里加的伯林家族也被这种欧化思潮席卷”。[①] 1920 年，伯林一家从苏维埃政权下的彼得格勒出逃，几经辗转到达英国。此后，英国成为他永久的家园。流亡的经历虽然短暂，犹太人身份已经让少年伯林意识到这种身份的特殊和悲惨：“我们是犹太人，我们不是俄国人，我们也不是拉脱维亚人，我们的身份特殊，我们必须有个家。永远被人盘问 qui vive（你是谁）是毫无意义的。最重要的是，否认这个事实或是掩饰它都没有意义。这样做既有损尊严，也无济于事。”[②]

1934 年，25 岁的伯林首次去巴勒斯坦。巴勒斯坦自 1918 年起作为国际联盟的托管领土由英国殖民当局管辖。尽管从小就是锡安主义者，但伯林并非盲目地支持锡安主义。他被锡安主义者的神话所困扰，这个神话宣称，巴勒斯坦是作为一片无人居住的土地赐予没有土地的民族的。但是在这片土地上的确有一个民族，伯林在许多信件中都坚持认为犹太人应该做更多的努力，将阿拉伯人融入到巴勒斯坦经济中去。[③] 从那时起，他已经开始确立自由主义的锡安主义主张了。1939 年，伯林见到了锡安主义运动的领袖哈伊姆·魏兹曼。伯林认为魏兹曼是兼具浪漫主义与现实主义的人物：“能够从一个离散了两千多年的宗教共同体或种族的成员中想象并创立一个新的民族，这样的人必定具有浪漫主义的想象力。……魏兹曼也有深刻的现实主义思想。……他了解犹太人都不愿意永远处于各个社会的少数派成员的地位。他本能地看出人们只有在这样一个国度里才能自由地发展。”[④] 魏兹曼设想，在英国托管或在共和国之内建立一个犹太民族统一体，指望英国人承认犹太人的地位，相信在英国权力机构内部施展高明的外交手段是达成目标的最好方法。同时，本·古里安则设想建立一个完全独立自主的犹太国家，由美国犹太人带头在世界范围内向英国施压就能达到目标，还将“军事锡安主义”引入犹太建国目标。[⑤] 在两者

① ［加］伊格纳季耶夫：《伯林传》，罗妍莉译，译林出版社 2001 年版，第 17 页。

② 同上书，第 37 页。

③ 同上书，第 103 页。

④ ［伊朗］拉明·贾汉贝格鲁：《伯林谈话录》，杨祯钦译，译林出版社 2002 年版，第 181 页。

⑤ 陈天社：“魏兹曼的犹太复国主义思想”，《世界民族》2004 年第 2 期。

之间，伯林赞同魏兹曼的主张。

鉴于与魏兹曼深厚的友谊，尽管伯林在二战期间是英国情报部门职员，但他卷入锡安主义运动的程度很深。1943 年，美国驻英大使曾建议英美首脑发表联合声明，谴责锡安主义者的非法运动。伯林获知消息后，秘密将此情况通知了美国犹太组织。犹太人团体掀起大规模抗议活动，迫使英美取消发表声明的打算。可以说，“伯林一直以灵活、幽默和一点狡诈的态度应付忠于英国和忠于犹太人之间的矛盾，但真的二选一时，他将对民族的忠诚置于对英国的忠心之上”。[①] 战时在华盛顿的经历也让伯林认识到他和魏兹曼的自由改良主义的巨大局限性。1944 年，犹太地下组织暗杀了英国托管部门负责人穆因勋爵。伯林十分震惊，他对锡安主义的恐怖行为十分痛恨。他希望犹太人遵循魏兹曼道路，在幕后进行谨慎游说。但犹太人在纳粹集中营的悲惨遭遇使锡安主义事业难以压制。“以赛亚从来没有因为自己对魏兹曼的支持而后悔过，但是他却悔恨地认为自己和魏兹曼——两位‘中心人物’——以前是在‘水上写字’、‘沙上建房’。”[②]

二战结束后，伯林发现自己需要在英国人与犹太人身份之间进行选择。犹太难民涌入巴勒斯坦，与英国托管当局斗争。英国犹太人感到要同时忠于国家和民族变得困难起来。1946 年，魏兹曼推行的亲英政策破产，权力落在犹太军事组织手中，后者对英国人制造恐怖袭击。在魏兹曼于 1946 年巴塞尔锡安主义运动大会的讲话稿中，伯林写下了一段谴责犹太恐怖活动的铿锵之词：“恐怖主义玷污了我们的历史，它是对一个犹太社会必须树立的理想的嘲讽，它污染了我们的旗帜，令我们为世界的自由主义良知而发出的呼吁遭到损害。”[③] 不同的建国理念导致战后初期犹太人的政治分化十分严重，正在形成的以色列社会本能反对英国。伯林无奈地发现，锡安主义计划产生出来的是一种与他没有共同点的犹太人。他认为分裂和独立在所难免，而他属于英国。以色列国成立后遭到阿拉伯世界的围攻，魏兹曼也知道国家的存

① ［加］伊格纳季耶夫：《伯林传》，第 157 页。伯林在晚年才将此事告诉其传记作者。

② 同上书，第 165 页。

③ 同上书，第 238 页。

亡只能依靠实力。1948 年，伯林写信给魏兹曼，称自己愿意永远是锡安主义者，但不愿意将生命与新生的国家连为一体。这是他的效忠声明，也是独立宣言，独立于魏兹曼、以色列和锡安主义。

这里就不可避免谈到移民以色列的问题。这一问题的反面就是，在英国社会里一个犹太人如何生存？1950 年，作家阿瑟·库斯勒提出，散居国外的犹太人只有两种可能的选择：一是移民以色列，过一种完全的犹太人生活；一是完全被同化并抛弃自己的犹太人身份，任何中间道路都是错误的。伯林于 1951 年在《犹太纪事》上撰文《犹太人的奴役和解放》，对此予以反驳。他承认，以色列的建立使犹太人恢复了尊严和自由，但不意味着对一个犹太人而言，唯一的自由方式就是在以色列生活。犹太人应当和其他民族一样享有设计自己生活的权利，享有同化、移民或独立等任何一种能经受自由生活考验的选择的权利。伯林的锡安主义不是把以色列作为犹太人获得归属的必要条件，并不承认犹太人的生活只能有一种方式。"如果宗教和传统的要求胜过了个体按照自身愿望来设计自己生活的要求，那犹太人只是用自己加于自己头上的奴役代替了异族千年的奴役。"①

伯林最敬佩的学者，法国思想家雷蒙·阿隆也是犹太人。与伯林不同的是，阿隆不是锡安主义者，他将锡安主义视为现代意义上的民族主义，其所宣扬的历史在他眼中只不过体现了"神话在历史中的威力"。与伯林意识到犹太身份之无法否认相比，阿隆尽管也坦承自己的犹太身份，但在是否继续做犹太人这个问题上坚持个人选择："犹太人生来是犹太人，因为他们的父辈就是犹太人。但犹太人可以自由选择是否继续当犹太人。"② 这与伯林的观点相近，他们都认识到家园的重要和犹太人对家园的需要，但他们认为移居以色列是个人选择问题，反对将移居以色列这种个人选择变成对犹太纯正性的检验。

伯林选择做英国人，但即便功成名就，他在生活中仍然因身为犹太人而被歧视。如 1950 年保守党政治家奥立弗·利特尔顿向圣詹姆斯俱乐部提名伯林为其成员，结果有几位会员"坚决不愿让有犹太血统

---

① ［加］伊格纳季耶夫：《伯林传》，第 249 页。

② ［法］雷蒙·阿隆：《雷蒙·阿隆回忆录：五十年的政治反思》，新星出版社 2006 年版，第 437 页。

的人混入俱乐部”。这使他对犹太人身份的体验有一个非常有意思的看法：做一个犹太人就是做一个驼背，有人想否认，有人炫耀，有人用斗篷掩饰。这反映了伯林的内心：潜意识中把犹太人身份和身体缺陷联系起来。伯林深入地思考过如何面对犹太身份的问题。在关于迪斯雷利和马克思的文章中，他认为英国19世纪的保守党领袖迪斯雷利试图通过对英国贵族和维多利亚时代君主制度的浪漫认同来逃避自己的犹太人身份，马克思则是通过无产阶级认同来克服犹太人的异端性质。

在生命的最后20年中，伯林的锡安主义梦想遭遇的一切让他感到困惑、愤怒和沮丧。他一直相信阿犹分离是有利的，结果到临终时，他发现自己是一个“两国制锡安主义者”，既承担着对以色列国的责任，又致力于与巴勒斯坦人共享土地。1997年，伯林在去世之前写信给好友阿维赛·马格里特，信中附有一个题为“以色列与巴勒斯坦人”的声明，恳请以色列人接受与巴勒斯坦进行永久性土地分割，耶路撒冷作为以色列的首都，其中穆斯林的圣地享有治外法权，由联合国提供保障来维护。就这份声明，伯林附加了一个私人性的注释：“这是我的处方：对任何人有任何用处么？如果没有——扔进废纸篓。”① 阿维赛·玛格里特曾询问伯林是否公开发表这一声明，伯林夫人发给他的传真中写道：“以赛亚说‘是’。”阿维赛认为伯林临终前的这一举动非比寻常，因为伯林一生对表达政治意见十分慎重，而在这份最后时刻的声明中，他就是要站出来，并希望引起世人关注。

三、汉娜·阿伦特与锡安主义运动

汉娜·阿伦特出生于富有的德国犹太人家庭。与伯林的家庭一样，欧洲中上层犹太人积极追求同化。然而，被同化的德国犹太人不得不处于矛盾之中，一方面他们希望被视为正常的社会成员，另一方面他们又不能摆脱一种构成其身份、使他们与主流社会隔阂的文化。阿伦

---

① ［以色列］阿维赛·玛格里特：“民族主义的‘曲木’”，马克·里拉、罗纳德·德沃金、罗伯特·西尔维斯编：《以赛亚·伯林的遗产》，新星出版社2006年版，第141－142页。亦可参见伊格纳季耶夫：《伯林传》，第404页。

特在家里从不提“犹太”这个字眼，她的母亲没有犹太教意识，经常与非犹太人家庭交往，但他们也坦然承认自己是犹太人。阿伦特从小就与歧视犹太人的行为做斗争，“对于教师在学校里发表反犹言论，无论是针对谁，她都会做出明确的反应：马上站起来，离开课堂回家”。①

与库尔特·布鲁门菲尔德（Kurt Blumenfeld）的相识，使20岁刚出头的阿伦特开始面对所谓的“犹太人问题”。布鲁门菲尔德是20世纪30年代欧洲锡安主义运动的领袖之一，他代表的是一个同化之后的锡安主义者组织，是那些在非犹太人环境中长大、仍从属于自己民族文化的犹太人。锡安主义对于布鲁门菲尔德来说是一条重新成为自觉的犹太人、面对犹太人命运的道路。随着纳粹在德国的兴起和上台，犹太人的处境愈益艰难恶化。1933年，希特勒利用国会纵火案公布紧急法令，反犹主义倾向越来越明显。阿伦特的立场十分鲜明，“如果一个人因为是犹太人而受到攻击，那么他作为犹太人必须抗争”。布鲁门菲尔德建议收集反犹言论公之于众，唤醒不了解情况的外国人。阿伦特协助他在图书馆收集材料，这一危险的举动导致她和母亲被捕。在获释之后，她们逃亡到巴黎。

流亡巴黎期间，阿伦特先后在两个犹太组织“农业和手工业组织”、“犹太人以色列移民组织”里工作。由于工作关系，她于1935年第一次前往巴勒斯坦。那里的建设成就给她留下深刻印象。然而，当她参观一个集体农庄时，她的反应是怀疑的。后来她回忆说，“当时我就知道了……人们在这里不能生存。你统治你的邻人，这就是最终必然导致的结果”。② 她支持锡安主义，但是反对它所追求的一个独立的犹太国家目标。1939年9月法国对德宣战之后，法国境内的德国流亡者成了不受欢迎的外国人。阿伦特与丈夫海因里希·布吕歇尔被关入集中营。1941年，他们成功地逃到美国。在那里，阿伦特与布鲁门菲尔德重逢。布鲁门菲尔德在纽约作了一个以建立犹太军队为题的报告，这是当时犹太人圈子里正热衷于讨论的话题，自然也进入阿伦

① ［德］阿洛伊斯·普林茨：《爱这个世界：汉娜·阿伦特传》，社会科学文献出版社2001年版，第16页。

② 同上书，第72页。

特政治视野的中心。阿伦特呼吁建立犹太人军队："作为犹太人受到攻击者，必以犹太人身份还击。"对于阿伦特而言，这意味着犹太人不应该再相信其他人的帮助，追随某一派别以求生存。在越来越多的犹太人从欧洲迁往巴勒斯坦，当地阿拉伯居民抵抗犹太人涌入的情况日趋严重之后，英国当局决定限制迁居者数量，导致犹太难民船只无法在巴勒斯坦停靠，甚至在公海沉没的惨剧。这使阿伦特更加支持建立犹太军队的主张。

从1941年底开始，阿伦特在德国犹太移民报纸《建设》（Aufban）上开专栏撰文，直至1945年。"狂热的锡安主义者"，这是1944年伊赛亚·伯林在纽约第一次见到阿伦特时的印象，后者当时为一个设法把犹太儿童从德国运送到巴勒斯坦的组织奔走。然而，阿伦特以笔为剑，力图拨开笼罩在锡安主义运动之上的恐怖行动主张。在中东的犹太人境遇恶化之后，犹太军事组织诞生并采取暴力行动。阿伦特称这些人为'炸药庸人'，因为他们追随一种陈旧的敌我模式，会不负责任地任意胡为。她认为巴勒斯坦不是虚无缥缈之地，是被阿拉伯居民包围的，只要与阿拉伯邻居和平相处，犹太家园不必建立。她所设想的是一种'地中海联邦'的类型，或者一个更大的欧洲民族联邦，……不同的民族和政治派别将平等共存。"① 阿伦特甚至建立了一个小组，想要对美国锡安主义团体施加影响，但多数锡安主义者采取了古里安的建国主张，阿伦特也逐渐退出了锡安主义舞台。

也是从这时起，阿伦特开始深入研究国家社会主义。到底是什么样的历史潜流导致纳粹的灭绝政策？她阅读了大量有关纳粹暴政、反犹主义和帝国主义的书籍文献，不断进行思考和写作，最终于1951年完成了《极权主义的起源》这部巨作。阿伦特从研究19世纪中欧和东欧的反犹主义入手，探究反犹主义思潮中的极权主义因素及其根源。阿伦特认为：反犹主义是一种世俗的19世纪的意识形态，在民族国家允诺犹太人享有平等权利、解放犹太人之时，刻意将犹太人作为一个特殊团体保留下来；同时，犹太人也通过保持其犹太特性来达到族群生存。这种犹太人自愿隔离，以及虽掌握财富却在政治上无知，并从

① ［德］阿洛伊斯·普林茨：《爱这个世界：汉娜·阿伦特传》，第98－99页。

公共事务中退出的状态，导致了反犹主义的兴盛。从根本上说，阿伦特认为犹太人的问题是一个政治问题；从犹太人的处境中所暴露的是现代政治制度的缺陷——将一些人放逐到社会政治生活之外，取消了他们的公民参与权利。从思考犹太人命运入手，阿伦特开始构建她政治思想的核心，就是积极的公共参与机制，这也正是阿伦特与别的政治流亡者最大的不同点。背井离乡给她带来的身份失落感，主要不是来自语言、工作或社会地位等的丧失，而是来自犹太人的政治义务的被剥夺。在阿伦特心目中，政治上的孤独比什么都严重，由此出发，她才在《精神生活》等作品中格外强调思想者的政治责任。

战后，阿伦特对锡安主义可能导致的极端民族主义依旧十分警惕，激烈批评锡安军国主义（Zionist militarism）。她在 1948 年警告，不妥协的锡安主义可能赢得下一场战争，但是胜利的犹太人将生活在完全敌对的阿拉伯世界的大环境中，被围困在受到更大威胁的边界内。在 20 世纪 50 年代，她反复指出："以色列被建设成为一个犹太国家，就可能使所有政党实际上在不同的程度上成为犹太民族主义政党。"① 担忧以色列的狭隘民族主义，这在她备受争议的讨论艾希曼审判的系列文章中有所体现。1960 年，曾在纳粹大屠杀中扮演主要角色的阿道夫·艾希曼在耶路撒冷受审，阿伦特作为《纽约客》杂志的特派记者观摩了审判。1963 年 2—3 月，《纽约客》陆续发表了她的《艾希曼在耶路撒冷：一篇关于平庸的恶的报告》。尽管对审判的结果表示满意，但阿伦特对审判的性质和过程还是表达了疑问。她认为，"审判的目的是表现正义，而不是别的"，不是"复仇"及展示"耻辱"；审判不应该承载更多的政治意义，诸如为锡安主义张目或为新生的以色列"团结"做纽带。就意识形态而言，"艾赫曼审判"确实具有阿伦特所说的政治目的："试图通过这一审判使整个世界感到有责任支持地球上唯一的犹太国，确立以色列作为主权国家的合法性。……希望以色列人能够了解大屠杀真相，尤其是要教育年轻一代，让他们知道犹太

① ［美］伊丽莎白·杨·布鲁尔：《阿伦特为什么重要》，刘北成，刘小欧译，译林出版社 2009 年版，第 35 页。

人只有在自己的主权国家内，才有可能拥有真正的安全。"① 在阿伦特看来，以色列总理本-古里安或总检察长哈乌斯纳在其审判声明或起诉书中努力试图企及的政治目的，不仅仅是与审判无关，而且最终会损害审判，变得不顾事实和不顾公正。阿伦特认为，艾希曼应为他的"反人类罪"而不是"反犹太人罪"受审。

在这份报告中，阿伦特对犹太人的"无政治性"，以及犹太组织的领导在战争期间的消极行为提出了直言不讳的批评，从而遭致犹太世界的猛烈谴责。她也因此与老朋友——锡安主义者肖勒姆（Gershom Scholem）交恶。肖勒姆警告阿伦特不应该忘记她与犹太民族的一致性；而她却质疑"民族"的至高无上。她在给肖勒姆的回信中说："在我的生命中，我从未'爱过'某个民族或集体——既没有爱过德国人、法国人、美国人、也没有爱过工人阶级，以及任何别的可能存在的集体。事实在于，我只爱我的朋友。"阿伦特坚持"我的独立"，即"一方面我不属于任何组织而只以自己的名义说话，另一方面一个人必须独立思考"。②

四、比较：选择做不同的犹太人

1. 伯林：锡安主义——通往家园与自由

阿伦特认为："犹太复国主义的产生是犹太人对反犹主义所能做出的唯一政治回答。"③ 的确，经典的锡安主义将自己视为应对反犹主义的解决方法。但是，伯林思考得更为深远，他对锡安主义和以色列国命运的关切，与他对民族主义的思考有密切联系。伯林反复表达过一个观点：犹太民族缺乏家园感。他认为犹太人的共同之处是：一种

① 钟志清：《艾赫曼审判与以色列人对大屠杀的记忆》，《中国图书评论》2006年第4期，第40页。

② 阿伦特与肖勒姆的往来书信四封发表在1964年的*Encounter*（《交锋》）杂志上，见 Gershom Scholem，ed. and translated by Anthony David Skinner，*A Life in Letters，1914 – 1982*，Cambridge，MA，2002。译文见于豆瓣网 http：//www. douban. com/group/topic/4137977/。

③ ［美］汉娜·阿伦特：《极权主义的根源》，林骧华译，生活·读书·新知三联书店2008年版，第179页。

社会性的不自在感觉，没有一个地方让犹太人感到全然在家。他对锡安主义的支持恰恰在于强调其建构的归属性，与他关于民族主义的理念内核一致：民族主义情感是民族主义最重要的元素。什么样的情感激发民族主义？欲求归属。① 归属与家园感相连。家园是一个如果你属于它，它就不能拒绝你的地方。关键在于，家园是“某种你不必配得上它才能拥有的事物”。② 以色列的“回归法”确定世界上的每个犹太人都有资格无条件享有以色列公民权，正是这样一种家的观念构成了以色列作为一个锡安主义国家的法律基础。伯林不是意识形态的锡安主义者，不把以色列国视为乌托邦，而将其视为“对犹太人具体苦境的明智的解决方法”。③

进而言之，伯林认为感觉在家与自由有关联。比如，当我们的一个客人询问：“我可以用这个或那个吗?”我们时常回答“请随意（feel free）”或者“就像在自己家一样（feel at home）”——这两者是可以互换使用的。他深刻认识到，世界上每一个犹太人在一定程度上都是不安全的。因此，“必须有这样一个地方，在那里犹太人不会被迫时时意识到自我，住在那里的犹太人并不觉得必须完全被同化，不必刻意强调自己对当地文化的贡献，他们完全能够过正常的不受人注意的生活。犹太复国主义的目的就是正常化，要创造条件让犹太人能够像一个民族那样生活，和其他民族一样”。④

他支持的民族主义是一种民族自由发展的梦想。伯林认为，这是锡安主义在萌生阶段，在还没有被激进的民族主义裹挟之前的愿望：“犹太复国主义原来的内容是非常文明的……犹太人只不过是追求一种犹太人的生活方式，不一定由宗教支配，是一种由许多安全纽带维系的社会团体。在这样的组织中，他们能够作为一个共同体自由地发

---

① 伯林一向强调人们对共同体的归属感之重要，将之视为人的一种本质需要，从而推崇最早表达此观念的赫德尔。参见拉明·贾汉贝格鲁：《伯林谈话录》，第82–84页。

② ［以色列］阿维赛·玛格里特：“民族主义的‘曲木’”，马克·里拉，罗纳德·德沃金，罗伯特·西尔维斯编：《以赛亚·伯林的遗产》，新星出版社2006年版，第136页。

③ 同上书，第135页。

④ ［伊朗］拉明·贾汉贝格鲁：《伯林谈话录》，第80页。

展，赫茨尔创立犹太复国主义运动时所想建立的不过是一个像法兰西第三共和国那样的资产阶级民主政体。"[①] 伯林关切的核心不是复国，而是民族的自由发展，不是简单地掌握其民族命运的自由，而是其中的个人自由不受权力干涉。可以说，他所关心的自由"不只是犹太人的自由，也是巴勒斯坦人的自由——他们得以在这个犹太国家内外，在他们自己的国家里，自由地发展"。[②] 这种对民族和文化多样性的维护是伯林作为一位自由主义者的立场，这种特定的自由主义使伯林支持民族主义，支持"一种特定形态的民族主义——'非进攻性的'或者说'文化性的'民族主义，是赫尔德式的和平的民族主义"。[③] 他否认一个民族比另一个民族优越，相信所有民族文化都能够和平共处，每一种文化都具有价值。在解答以色列国家的建立是否解决了犹太人问题时，他指出：就单个的犹太人而言，没有解决问题；以色列深感自己不安全，关键在于寻求和解，"要努力达成积极的妥协。要理解反对自己的人"。[④] 这就是伯林信奉的自由主义：对别人得体的尊重及对反对意见的容忍要优于骄傲自得和民族使命感。

2. 阿伦特：摒弃锡安主义——个体思考与参与公共领域

在抨击战争期间的犹太恐怖主义者问题上，阿伦特驳斥了流行的"反犹主义不可避免"的观点，认为这可能导致将犹太人看作上帝的选民而处于一个敌对的世界当中。继而，阿伦特调整了自己原先的锡安主义立场并转而批评它，她对犹太人命运的思考则转向强调参与公共领域的重要性。阿伦特摒弃锡安主义，令伯林十分不满。毕竟，1942 年他们初遇之时，阿伦特还是他眼中的锡安主义者；到了 20 世纪 60 年代，他无法相信，一个人在这么根本的问题上居然改变立场。当阿伦特关于艾希曼审判的文章出来时，伯林厌恶无比。艾希曼受审时，他也在耶路撒冷，站在玻璃笼子里那个戴眼镜的被告的陈词滥调也给

---

① ［伊朗］拉明·贾汉贝格鲁：《伯林谈话录》，第 96 页。

② ［美］马克·里拉、［美］罗纳德·德沃金、［美］罗伯特·西尔维斯编：《以赛亚·伯林的遗产》，第 131 页。

③ 刘擎："伯林与自由民族主义——从观念分析向社会学视野的转换"，《社会学研究》2006 年第 2 期，第 169 页。

④ ［伊朗］拉明·贾汉贝格鲁：《伯林谈话录》，第 82 页。

他留下深刻印象。但是，伯林认为不应该谴责犹太受害者，对处于危险中的人的行为进行的任何一种道德判断都不能够脱离安全条件。

身为犹太人，应如何处理与犹太人政治共同体的关系？在1964年接受德国记者采访的时候，阿伦特明确指出："犹太人"是一种自然属性，"属于一个群体是一种自然状态。当你一出生，你就永远属于某种群体"。至于犹太人政治共同体，在她看来是一种有组织的群体，与"犹太人"完全不同。她认为："要加入或者形成一个有组织的群体，那是完全不同的事务。这样一种组织必须与这个世界有一种联系。那些有组织的人们的共同的东西，通常被称为利益。"阿伦特认为，在长期离散状态下，犹太人努力维系的犹太属性"在那些归属于其中的人之中产生了一种特别的温暖"。这种特殊的、无政治、无国家的犹太属性，在阿伦特眼中"是一种非常美好的东西，它处于所有的社会关系之外，完全的开放心态，毫无偏见"。她指出，随着犹太民族国家的建立，这样的开放性与自由不得不受制于犹太国家利益。① 在这里，阿伦特决绝地摒弃了民族立场，站在了具体的个人立场上。她总是强调，如果我们真的只能在公共空间内部与他人一起进行判断，那么，"判断"和思考就是个体的。

当然，尽管伯林与阿伦特由于观点不同而走上了不同的道路，他们对现代社会都做出了富有先见之明的判断，其核心内涵仍然源于他们作为犹太人的经历和体验。只不过，他们选择了做不同的犹太人。

（作者：盛文沁，上海犹太研究中心助理研究员）

---

① 阿伦特："还剩下什么，只剩下语言"。汉娜·阿伦特与Günter Gaus的谈话。引自"哲学在线"网站，http://philosophyol.com/pol/?action-viewnews-itemid-1643。该谈话在1964年10月28日在西德电视台播出，Günter Gaus是一个非常著名的记者，后来他成了维里·勃兰特（Willy Brandt）政府的高官。这次访谈被授予Adolf Grimme奖（Adolf Grimme Prize），并于翌年以"Was bleit? Es bleit die Muttersprache"为题发表在Günter Gaus的《人物》上（慕尼黑，1965年）。

浅论当代中东地区反犹情绪的形成与演变

王　震　WANG Zhen

［内容提要］在中世纪穆斯林帝国的统治下，犹太人曾以“迪米人”的身份拥有过一段黄金岁月。反犹并不是中东地区国家的传统，只是在近代伴随着欧洲殖民主义者的扩张而被传入。中东地区的反犹现象并非源自所谓的“文明冲突”，实际上只是由现实利益所诱发的社会矛盾，在当代被注入了大国政治和民族纠纷等因素后逐步加剧和深化，最终演变并积淀为深刻的宗教对立和民族仇恨。从20世纪70年代末开始，这种反犹情绪才开始出现意识形态化的倾向，冷战结束后这一趋势进一步加强。意识形态性反犹主义不同于作为政治工具的反犹主义，它一旦产生，就很难根除，也很难随着政治利益和政治关系的变更而发生改变。

［**Abstract**］During the middle Ages, Jews once have a golden time as Dhimmis class in the Arab Muslim Empire. Along with the European's colonial expansion, Anti-Semitism was transplanted to the Middle East area in modern times. From this sense, anti-Semitism was not Arabic Muslim's tradition, even not born naturally along with Islamic culture. In other words, the anti-Semitic phenomenon in Middle East was not caused by the clash of civilization, but by ethnic and social conflicts intertwined with political and economic interests. Since the end of 1970s, an ideological anti-Semitism rose in the Middle East, which was strengthened after the Cold War. This new kind of anti-Semitism was different from the traditional one, for it's hard to be eradicated even with the change of real political interests.

1996年，由美国反诽谤联盟进行的全球反犹主义年度调查显示了两个新趋势：一是反犹活动的主要地点开始从欧洲基督教国家向中东地区转移；二是在传统的欧美基督教国家中，反犹主义情绪最为浓厚的竟然是一些来自中东国家的新移民群体。这并不是说西方基督教世界中的传统反犹主义已经蒸发或是被彻底根除，但是它们显然已经不如中东地区反犹情绪那么强烈。然而，任何对中东地区历史发展有所了解的人都会知道，历史上中东穆斯林国家对待犹太人的友好态度远甚于基督教世界。那么，为何当代中东地区会出现反犹情绪，这种转变又是如何发生的？本文拟就这些问题进行初步探讨。

一、离散中的黄金时期——中东穆斯林帝国治下的犹太人

对于发源于欧洲的“反犹主义”，不同学者有着不同的解读。在本文的定义中，“反犹主义”主要是指以犹太人及其民族与文化特性作为迫害、排挤、敌视对象的社会现象、社会思潮或社会行为，它因时代的发展而不断发生变化，在不同的历史时期和社会环境中具有不同的表现形式与内涵。

目前学界对中东地区反犹情绪的考察有两种主要观点。一种观点认为，中东地区的反犹主义源自伊斯兰教的文化传统。持这种观点的人认为，作为伊斯兰教经典的《古兰经》中曾多次提到过关于犹太人的内容。比如《古兰经》就曾这样说道：“信道的人们啊！你们不要以犹太教徒和基督徒为盟友。……你们中谁以他们为盟友，谁就是他们的同教。”“你必定发现，对于信道者仇恨最深的是犹太人和以物配主者。”① 另一种观点认为，中东地区的反犹主义是欧洲基督教世界的“舶来品”。在这部分人看来，虽然伊斯兰教经典中存在着个别针对犹

① 《古兰经》卷六，第五章，第51、82节。

太人的负面评价，但它对穆斯林社会的现实生活影响非常有限，大流散以后中东地区广大穆斯林社会中的犹太社团与当地社会长期和谐共处的历史即可为证。因此，反犹主义在本质上是欧洲基督教世界的舶来品，是随着近代欧洲殖民主义的到来而出现的社会现象，它与伊斯兰教和穆斯林的发展历史并无多少联系。

历史上，伊斯兰教曾经将犹太人和基督徒都作为“圣书之民”（People of the Book）来看待。伊斯兰教法认为只要是“圣书之民”，都应予以尊重，而基督教徒和犹太教徒都奉有成文的启示录作为圣典，他们的宗教信仰也因此具备了合法性。同时，笃信伊斯兰教的穆斯林还认为，犹太教和基督教都歪曲了真主的本意，从而被伊斯兰教所超越，因此只有伊斯兰教才是真正的、永恒的宗教。对于穆斯林来说，这种宗教上的优越感和自信使他们比欧洲基督教世界更能容纳其他少数宗教群体。所以，在中东地区，宗教的多样性和宽容程度要远甚于欧洲。在早期穆斯林治下的哈里发帝国，被征服的异教徒可以有两种选择：改信伊斯兰教或者表示臣服。改宗者在缴纳完人丁税之后，就可以凭手中的“安全通行证”转移到战场之外的地方居住。而那些臣服者只要符合足够的标准，且不损害穆斯林的特权地位，在解除武装之后，就被允许以二等公民，即“迪米人”（Dhimmis）的身份合法地生活在穆斯林的统治之下，并受到帝国的保护。这样的宽容在当时的基督教世界是难以想象的。在穆斯林统治下，犹太人虽为二等公民，但却是社会中合法的一部分。正是在这种相对宽松的社会环境中，犹太人凭借着聪明与勤奋，很快就取得了不凡的成绩。不少犹太人跻身社会上层，成为“宫廷医生”或是宫廷贵族的经济、外交“顾问”。到十字军东征之前，犹太人甚至被允许在耶路撒冷旧址定居，太巴列、加沙等地的犹太文化和传统也都得以恢复。十字军东征期间，耶路撒冷的犹太人和阿拉伯人甚至还为了抗击十字军而并肩作战。

在公元8世纪阿拉伯人征服西班牙时，对西哥特人统治心存不满的犹太人大开城门，欢迎阿拉伯人的到来。犹太人此举使他们很快得到阿拉伯统治者的信任和重用，他们被允许自由地信仰宗教，从事各种职业，还被委以要职。在这种宽松的环境下，犹太人在宗教、哲学、医学、文学等方面都取得成就，出现了摩西·迈蒙尼德、亚伯拉罕·伊本·达乌德、所罗门·加布里埃尔等有名的哲学家和思想大师，赛法迪文化的主要成就也大多是在这一时期形成的。连犹太历史学家阿巴·埃班也这样评价："随着法蒂玛帝国和摩尔人的西班牙的崛起，越来越多的犹太人在阿拉伯人的宫廷中当顾问，甚至军事顾问。这些宫廷犹太官吏由于擅长外交和语言，很快晋升到一些高级行政职位并能够顺利地处理国务，对国家做出了重要贡献。"① 另一研究反犹主义问题的以色列学者埃弗拉姆·卡什也承认，"穆斯林世界对于犹太人的迫害确实从未达到基督教欧洲的程度"。② 犹太史上的这一"黄金时期"一直持续到15世纪末天主教开始主导西班牙时才告终。

奥斯曼帝国时期曾经实行一种"米勒特"（Millet）制度，这种制度源自伊斯兰国家的传统。所谓"米勒特"，主要是按宗教把社会划分成不同的社团，并依照各自的宗教信仰进行治理。也就是说，帝国境内的非穆斯林宗教社团可以实行宗教自治制度。按照这一规定，帝国境内的犹太社团可以享受较高程度的宗教自治权。③ 1492年，西班牙女王伊莎贝拉下令：所有住在西班牙的犹太人要么改信天主教，要么离开西班牙。为维系自己的宗教信仰，犹太人不得不背井离乡离开西班牙，其中很多人被当时穆斯林治下的奥斯曼帝国所接纳。美国学者斯坦福·肖指出："大量的犹太人从被基督徒再次占领的西班牙、受到迫害的波兰、奥地利和波希米亚迁居到了奥斯曼帝国。他们带来了商业和其他技能以及资本。犹太人很快富裕起来并赢得了16世纪晚期苏丹们相当的好感并产生了良好的影响。"④ 当时英国驻君士坦丁堡

---

① ［以］埃班·阿巴：《犹太史》，阎瑞松译，中国社会科学出版社1986年出版，第136页。

② Efraim Karsh, "The Long Trail of Islamic Anti-Semitism", *Israel Affairs*, Vol. 12, No. 1, January 2006；美国学者伯纳德·刘易斯也曾有类似的论述，可参见Bernard Lewis, *Semites and Anti-Semites: An Inquiry into Conflict and Prejudice*, London, Phoenix, 1997, pp. 122–131.

③ 王绳祖主编：《国际关系史：1648—1814》（第一卷），世界知识出版社1995年版，第5页；［美］斯坦福·肖：《奥斯曼帝国》，许序雅、张忠祥译，青海人民出版社2006年版，第195–196页。

④ ［美］斯坦福·肖：《奥斯曼帝国》，第196–197页。

大使的夫人玛丽·沃特利·蒙塔古女士在1717年曾描绘说："在这个国家（即奥斯曼帝国），犹太教徒势力惊人。他们享有所有蒙昧的土耳其人所享受不到的许多特权；他们在这里建立了一个非常大的团体，由他们自己的法律管辖；他们控制了帝国的全部贸易——这一方面是因为他们内部有着牢固的联盟，一方面是因为土耳其人生性懒惰、不够勤奋，而他们在这方面恰好相反。每个帕夏①手下都有犹太教徒，他们是帕夏的管家，参与帕夏的所有机密，经管帕夏的一切事务。不管是订立契约、接受贿赂，还是转让商品，都要经过犹太教徒之手。他们是达官贵人的医生、管家和译员。"②

当然，我们不能否认，即便是在较为宽容的穆斯林帝国，当时依然存在着一些对犹太人的歧视。比如，非穆斯林不得骑马或携带武器；必须穿独特的服装或带上特殊标志以便同真正的穆斯林区分开来；他们的住宅不可以高于穆斯林的住宅；不可以私自修缮会堂；他们要交纳额外的人头税，等等。③ 实际上，阿拉伯人的这些政策并没有被认真地执行，这些限制不能阻止犹太人和非犹太人之间的交往，穆斯林与犹太人已经被共同的商业利益和相互之间的吸引力粘合在了一起，尤其是在社会上层之间建立了联系。因此，早期穆斯林帝国境内的政策和反犹主义有着两点本质性的区别：首先，当时的这些政策并非针对犹太群体，帝国境内其他被征服的"异教徒"如印度教徒、基督教徒等也都处于二等公民的地位；其次，这些政策既不是因为犹太教或者犹太人的犹太性，更不是因为所谓的伊斯兰教"反犹因子"等"文明冲突因素"，而更多地是一种征服者对被征服者所采取的统治与管理政策。和基督教欧洲相比，中东地区当时表现出的这种宽容，应当归因于两个因素。首先是前面已经提及的宗教上的自信。实际上，在早期的穆斯林帝国，改宗伊斯兰教并不是一件很受欢迎的事情，因为这会影响到帝国本身的税收。其次是帝国实力上的自信，所谓"强者

① 古代奥斯曼帝国境内的地方最高行政长官，与其他地方的总督、省长职权类似。

② [美] 斯塔夫里阿诺斯：《全球通史——1500年以后的世界》，吴象婴、梁赤民译，上海社会科学院出版社1999年版，第53页。

③ [美] 斯塔夫里阿诺斯：《全球通史——1500年以后的世界》，第54页。

无忌”，早期的阿拉伯帝国或穆斯林帝国都拥有较大的实力和广袤的疆域。欧洲的基督教徒虽然还有“十字军东征”的冲动，但其实力并不足以对整个中东穆斯林世界造成冲击。至于中东穆斯林世界在近代以后发生内敛，走向激进化，并在当代产生强烈的反犹以及反西方情绪，则是与他们在近当代所面临的历史境遇紧密相连的。

二、阿犹关系的现代转换——从和谐到冲突

在中东地区，穆斯林与犹太人之间的关系之所以会发生“从和谐到冲突”的转换，主要是以下几个因素发挥了非常关键的作用：

1. 伴随着中东穆斯林衰落后所导致的社会内敛趋势

中东穆斯林世界在近代发生内敛，主要源于两方面原因：穆斯林帝国的衰落和西方的入侵。这些帝国的衰落使穆斯林世界原有的国际地位一落千丈，原有的文化和宗教优越感开始消散。这种对比和反差激发了中东地区穆斯林国家抵御外部世界冲击、排斥异己的动力。一般而言，愈是古老的文明，由于其强大的历史惯性，在社会转型中遇到的阻力和反弹就会愈大，出现的震荡和反复也就会愈多，同时也就会对外界表现出更多的排斥和张力。有着古老文明的中东地区在现代化转型中更是如此。

2. 西方世界的入侵。面对西方侵略者的“坚船利炮”，中东穆斯林世界开始学习西方以追求现代化的缓慢进程

他们试图模仿欧洲国家先进的军事和工业技术，包括政治文化、社会思潮等。当然，其中也包括“学习”欧洲的反犹主义。这些源自欧洲的反犹主义理论，被欧洲的商人、传教士、殖民主义者等带到了中东。早在19世纪40年代，天主教徒在一些别有用心者的支持下引发了反对中东犹太人的“血祭”指控[①]，犹太人被指控要为一名圣方济各修道士及其穆斯林佣人的失踪负责。1894年，德国人欧根·杜林的著作《塔木德犹太人》也被译为阿拉伯文，这本宣称“犹太威胁”

---

① “血祭”诽谤主要是指在历史上犹太人往往无中生有地被指责在逾越节杀害基督徒儿童，用他们的血来制作无酵饼。

的书据称是现代中东地区反犹主义思想的最早开端。操阿拉伯语的黎巴嫩等地基督徒较早地接受了反犹主义思想。

3. 中东民族主义运动的兴起

近代历史上的民族主义浪潮源自欧洲，其显著特征就是对内的同一性和对外的独立性，不可避免地会表现出一定的排外性。作为客居地民族的犹太人因为一直无法融入当地主流社会，被认为“非我族类，其心必异”，常常被莫须有地指认存在“双重忠诚”问题，所以自然也是被当地民族主义分子排挤的对象之一。在中东民族意识日渐觉醒，特别是阿拉伯民族主义运动不断高涨的情况下，当地主体民族对殖民主义者以及锡安主义者的警惕和排斥也就不难理解了。

4. 犹太人成为穆斯林世界憎恨欧洲殖民扩张的“替罪羊”

如前所述，在中东地区的穆斯林帝国内，犹太人一直是作为被征服的“迪米人”而存在。近代欧洲殖民者来到中东地区后，犹太人是较早与欧洲殖民者进行合作的群体。这些欧洲殖民者由于不信任当地的穆斯林，但又需要本土势力来协助他们维持殖民统治的运转，于是就转而向非穆斯林群体求助。犹太人很快抓住机会，摆脱了作为“迪米人”的地位。因此，与该地区其他群体相比，犹太人对欧洲殖民者的到来持欢迎的态度，而且也从欧美人开办的宗教学校、医院等现代机构中受益良多。正因为此，犹太人在该地区的民族解放和反殖运动中被当作了新的“替罪羊”。

5. 政治锡安主义运动兴起后所带来的利益冲突和现实矛盾

锡安主义运动兴起后，犹太移民开始大量迁入巴勒斯坦地区，导致阿犹双方开始发生现实利益冲突并日渐激化，最终“外溢”到宗教文化领域，加深了中东地区其他民族对犹太人的误解和仇恨。1838 年，巴勒斯坦地区的犹太人大约有一万人，“几乎全部来自地中海沿岸国家”，① 到一战爆发时即已达到 8 万人以上。一战后英国托管当局发表了“贝尔福宣言”，表示支持在巴勒斯坦地区建立一个

---

① ［美］柯克·乔治·E.：《中东简史—从伊斯兰教的兴起到现代》（上册），武汉大学《中东简史》翻译组译，第 265 页。

“犹太人的民族之家”。[①] 在此鼓舞下，犹太人很快掀起了第一波移民高潮（即“阿利亚”）。这些犹太移民在犹太垦殖基金的资助和支持下，直接从住在埃及、约旦那里的巴勒斯坦大地主手中购买大量土地，使得生活在巴勒斯坦地区的不少阿拉伯佃农流离失所。犹太人所采用的现代农业和工业生产方式，也对当地巴勒斯坦人的传统生产方式造成了极大冲击。更为严重的是，为应对大量犹太新移民的到来，犹太人开始减少使用阿拉伯劳工，这在无形中又加剧了当地的失业状况。1916 年，美国地理学家埃尔沃思·亨廷顿曾这样描述巴勒斯坦：“这里的农民把犹太人看作是最大的敌人。”[②] 1928 年，巴勒斯坦地区的犹太人口已经增至 15 万人之多，冲突也开始“外溢”至宗教领域，双方围绕“哭墙”发生打斗。次年 8 月，双方都进行了示威游行，并引发暴力冲突，犹太人中先后有 133 人被杀、339 人受伤，6 个农业村落被捣毁。犹太人随后进行报复，亵渎了耶路撒冷的一个清真寺，并杀害 116 名阿拉伯人。[③] 而当地的个别宗教领袖也往往将之冠以“宗教”的标签以动员民众，当时耶路撒冷的穆夫提阿明·胡赛尼就渲染犹太人对伊斯兰教的危害，发动普通民众进行反对锡安主义的民族斗争。1931 年，胡赛尼甚至为此在耶路撒冷组织了国际性伊斯兰会议。对于参加会议的来自印度和其他国家的穆斯林来讲，“这场冲突与其说是针对犹太人民，不如说是针对锡安主义当时的移民运动，它被认为是对穆斯林的威胁”。[④]

6. 国际政治因素

中东地处欧亚非三洲之要冲，历来都是世界大国争相逐鹿的战略

---

① 这一宣言后来引起了极大争议，因其本身就包含有不可调和的矛盾：一方面英国人承诺在巴勒斯坦为犹太人建立“民族家园”势必会和巴勒斯坦人的利益发生冲突；另一方面，这一宣言被犹太人解读为“承认巴勒斯坦为犹太人的民族家园”，并以此作为他们建国的主要依据。

② ［美］柯克·乔治·E.：《中东简史——从伊斯兰教的兴起到现代》（上册），第 266 页。

③ 潘光、余建华、王健：《犹太民族复兴之路》，上海社会科学院出版社 1998 年版，第 116 页。

④ Manfred Gerstenfeld, “The Development of Arab Anti-Semitism: Interview with Meir Litvak”, *Post-Holocaust and Anti-Semitism*, The Jerusalem Center for Public Affairs' (JCPA) Institute for Global Jewish Affairs, February, 2003.

要地。因此，近代反犹主义之所以在中东地区泛滥，也因为有一些大国在背后别有用心地推动和操纵。在二战前后，德国和意大利的纳粹分子就曾经在这里展开过宣传攻势，试图利用巴勒斯坦地区的阿犹矛盾来反对英美。他们与埃及、巴勒斯坦、伊拉克、伊朗等地一些穆斯林宗教领袖保持密切联系，鼓吹和资助反犹主义。穆夫提阿明·胡赛尼就曾会见希特勒，试图和德国、意大利建立联盟，以发动一场反对犹太人的"圣战"。

三、反犹情绪的激化——顿挫中的嬗变

一般而言，任何民族文化内部往往都存在着两种机能：排斥性和包容性。排斥性有利于传统文化的延续和稳定，是出于保护自身的本能而对外来异质文化做出的反应；包容性则有助于吸收外来文化并适应社会与时代的发展。但是这两种机能发生作用并不是同步的和均衡的，它与这种文化本身的自信程度和开放程度及其所处的社会环境等有着密切的联系。① 近代以来，中东地区由于奥斯曼的衰落而丧失了早先穆斯林强国的那种自信和宽容，外加上欧洲殖民主义势力的冲击和挤压，导致中东穆斯林群体对外部"异质文化"表现出一种强烈的排斥。1948 年以色列的建国对中东地区的非犹社团来说是一个极大的震惊，甚至被认为是一个"巨大的创伤"。因为这意味着犹太人已经抛弃他们的"迪米人"地位，开始在西方大国的支持下成为强行打入中东地区的一只楔子。这一点是拥有文化和宗教自豪感的中东穆斯林世界所无法接受的，而阿以斗争中的失利激发了他们更为强烈的民族主义情绪。"阿拉伯人的自尊心和正义感所受到的严重冲击，有力地推动了他们对西方的权威和势力的反抗，这种反抗本来就是他们争取独立的民族运动所固有的东西。"② 这种强烈的民族主义情绪正是阿拉伯世界反对西方殖民主义者和犹太人复国主义分子最初的也是最为强

① "欧洲反犹主义的历史透析与近期回潮"，《国际观察》2003 年第 5 期，第 53 页。

② ［英］乔治·柯克：《1945－1950 年的中东》，复旦大学历史系世界史教研组，上海译文出版社 1980 年版，第 534 页。

大的动力。

与此同时，在冷战的大背景下，出于政治斗争需要，反犹主义开始成为该地区一些民族主义分子不断使用的一种有效的政治工具。20世纪50年代，在少数中东政权的资助下，一些反犹作品被译成阿拉伯文，并在阿拉伯世界出版和流传。反犹主义作品《锡安长老议事录》①在五六十年代就出现了9种不同的版本，在一些中东国家广为流传。1970年3月，黎巴嫩报纸将之列在非小说性畅销书排行榜首位。当时，中东地区的反犹情绪无论在内容上还是形式上，都带有明显的欧洲印记。从20世纪70年代开始，中东反犹主义开始呈现出新的发展趋向：

1. 国际化趋势，即反犹情绪和话语已不再限于国内的意识形态说教，而是开始渐趋超越国界。这种变化可以归因为四个因素：一是阿拉伯人在历次中东战争中的失利所引发的仇以情绪。从1945年到1973年，阿以双方总共进行了四次中东战争，以色列愈打愈强，而阿拉伯世界则日益限于被动，开始更加注重利用国际舞台参与反以斗争。二是中东地区产油国石油经济的繁荣。一些阿拉伯产油国不但在各种国际场合中开展声讨和反对以色列的斗争，同时利用巨额“石油美元”在大学、研究机构设立各种基金，在国际社会中的话语权和影响力大大增加了。三是巴勒斯坦民族独立运动走向国际化。1972年的约旦危机发生后，巴勒斯坦的民族独立运动在中东失去了支点，从而走上全球抗争之路，他们对于以色列建国、巴以冲突、锡安主义等问题的认识也随之开始向全球传播。四是中东地区新领导人的崛起。这些相继登台掌权的新领导人，对于纳粹大屠杀和巴以冲突的不同看法自然也会在国际社会产生一定的影响。

2. 意识形态化趋势。一是历次中东战争中的失利，使一部分阿拉伯精英开始从历史、社会、宗教、文化等寻找阿犹关系的根源。第一次中东战争结束后，英国学者乔治·柯克曾评论说：“从巴勒斯坦阿拉伯领袖们所采取的态度中，不难看出某种类似被学校的顽徒紧紧抓

---

① 也有译为《锡安贤达议事录》，系由18世纪一位俄国秘密警察所伪造，主要宣讲犹太人的世界阴谋理论，鼓吹犹太人将要通过革命等手段控制全世界。

住手腕无法摆脱的少年人的那种愤怒而无可奈何的情绪。"① 部分人将这一结果归结为以色列和国际犹太势力以及美国等西方国家的勾结，同时援引"国际犹太阴谋"理论来进行佐证。二是中东地区伊斯兰原教旨主义的兴起。一方面，一些中东穆斯林学者把阿犹冲突中的失败归结为宗教因素，认为现代社会违背了伊斯兰教才导致了这一局面，因而主张回归传统；另一方面，部分学者开始倾向于从历史和宗教传统的角度来探寻阿犹冲突。比如一位宗教学者就曾在国际会议上发言指出："（古兰经揭示）古代犹太人不辨是非。他们顽固地坚持撒谎，与真理相悖。他们对真主安拉撒谎……他们因为贪婪和恶习而臭名昭著……尤为令人吃惊的是，今天的犹太人和古兰经中所提及的犹太人极为相似，虽然他们的环境、地位与他们的前辈相比已经大相径庭，但是依然保有着他们先前的恶习和不良品质。"②

意识形态化的反犹主义不同于作为政治工具的反犹主义，它一旦产生，就很难根除。作为政治工具的反犹主义可以在政治的说教下发生改变，可以随着政治利益和政治关系的变更而发生改变。但是这种意识形态化发展使其开始具有了宗教、思想、文化等方面的特征，原有的政治矛盾和世俗冲突开始积淀并转化为一种深刻的文化乃至文明冲突，其持久性和深刻性都是前者所无法比拟的。这恐怕是未来对于以色列和犹太人安全的最大挑战，因为在意识形态化的反犹主义分子中间，"反犹主义被用以鼓励巴勒斯坦人和其他穆斯林进行针对以色列和犹太人的恐怖攻击"，一些恐怖分子针对犹太人的恐怖活动也转而成了真主感召下的"圣战"。③ 以色列著名反恐问题专家肖尔·夏伊（Shaul Shay）通过对从事自杀式"人弹"进行研究后发现：在"人弹"当中，经济状况并不是决定性因素，他们的主要动机首先是激进的宗教思想和信仰，其次才是经济与社会因素。④

---

① ［英］乔治·柯克：《1945－1950年的中东》，第574页。

② Abraham H. Foxman, *Never Again: the Treat of the New Anti-Semitism*, New York, 2003, p. 199.

③ Ely Karmon, "Radical Islamic Groups and Anti-Jewish Terrorism", Dina Porat & Roni Stauber edited, *Anti-Semitism and Terror*, Tel -Aviv, 2003, pp. 151－158.

④ Shaul Shay, *The Shahids: Islam and Suicide Attacks*, New Brunswick and London, 2004, P. 84.

四、关于反犹主义的争论及其趋向

长期以来，学者们一直在对中东反犹主义问题展开争论。一些阿拉伯学者及其支持者坚持认为，反犹主义是和反锡安主义，以及以色列对巴勒斯坦的政策紧密相连的。换言之，中东地区的反犹情绪主要源自以色列对巴勒斯坦的占领，而非来自犹太人及其宗教文化特征本身。巴解组织驻联合国观察员在20世纪70年代指出，“犹太人在欧洲反犹主义的迫害下逃亡巴勒斯坦之时，阿拉伯世界曾向犹太人展现了热情和友好。只是当锡安主义者到来时，他们才表现出敌对”。①

但是在不少犹太裔学者及其支持者看来，“反犹主义是反锡安主义的一个方面，憎犹症是在反锡安主义和反对以色列的外衣下浮现的”。②“无论这种攻击来自极右或是极左，来自自由派或是原教旨主义者，都集中体现在作为犹太人集体代表的以色列上。这种对反锡安主义和反犹主义的繁琐区分……毫无意义……。无论一个人如何沉迷于这种理论上的曲解，以色列就是一个犹太国，任何人要想诋毁或是破坏它，无论是明是暗的政策，实际上都是在实践着昔日对犹太人的仇恨，无论其宣称的目的是什么。”③ 因此，对于他们而言，这两者是不能分割的，甚至反锡安主义本身就是一种反犹主义。在这些学者看来，这样的区分实质上是一种谎言。“一些反复国主义分子声称并不反对犹太人，只是反对犹太国。假设有人说，我只是反对大英国的存在，并不反对英国人；或者有人告诉我，我热爱瑞典人，但是瑞典应当被铲除。没有人会信以为真的，因为很难在热爱或者尊敬一个民族的同时，又去憎恨他的国家。”④

① Efraim Karsh, “The Long Trail of Islamic Anti-Semitism”, *Israel Affairs*, Vol. 12, No. 1, January, 2006.

② Murray Gordon, *The New Anti-Semitism in Western Europe*, AJC, September, 2002, p. 16.

③ Robert Wistrich, “The Old-new anti-Semitism”, *The National Interest*, Summer 2003, p. 65

④ Per Ahlmark, “*Combating Old-new Anti-Semitism*”, SICSA Annual Report, 2002, Jerusalem.

一些比较中立的学者认为，虽然反犹主义客观上是存在的，但是反犹和反以是有区别的。比如美国中东问题专家伯纳德·刘易斯针对某些把两者混为一谈的倾向评论说，“这种等同很明显是错误的”，“阿以冲突的起源与实质是政治性的，是两个国家和民族之间在现实问题上的冲突，而非歧视和迫害”。① 美国学者威廉·布鲁斯坦也指出：“必须将对锡安主义和以色列国的仇恨同反犹主义区别开来，反对锡安主义和以色列国的政策并不一定导致反犹。”② 同样，否认阿以冲突和反犹主义之间的关联也是不客观的，因为阿以冲突的恶化往往会引起不同程度的反犹情绪。比如，2002 年以来世界不少地方发生的反犹主义事件，就和巴以冲突局势的恶化有关。因此，有关阿以冲突究竟是反犹主义的“因”还是“果”的争论，从某种程度上说只是代表了国际争端中的不同立场而已。

由于在反犹主义的认定方面存在极大分歧，国际社会在中东反犹主义的表现形式问题上也存在很大争议。首先是前面提到的关于反犹主义与反以色列、反锡安主义之间的关系问题；其次是对于纳粹大屠杀的认识问题。一些中东政治家和学者否认大屠杀的事实，主张对大屠杀的历史进行“修正”。而犹太裔学者及其支持者则认为这是“选择性阅读的极端案例”，旨在“妖魔化锡安主义的道德与历史基础，并使以色列‘去合法化（delegitimizing）’”。③ 再次是关于反犹主义与种族主义的关系问题。一些中东国家坚持将以色列对巴勒斯坦的政策定性为“种族主义”，并多次在联合国反种族主义大会等场合进行谴责，而以色列和美国等西方国家反对这一指责，多次抵制联合国的反种族主义大会。最后是关于反犹主义是否被“扩大化”的争论。一些学者认为，二战后的反犹主义是一个被无限夸大的子虚乌有的神话，是被锡安主义用以拓展自己利益的一个政治工具。法国学者格罗杰·格鲁迪就谈到，“在法国，人民可以批评天主教的教义和马

① Bernard Lewis, *Semites and Anti-Semites: An Inquiry into Conflict and Prejudice*, London, Phoenix, 1997, pp. 236 – 237.

② 此处观点来自布鲁斯坦教授 2005 年春天给作者的来信。

③ Meir Litvak and Esther Webman, “The Representation of the Holocaust in the Arab World”, *The Journal of Israel History*, Vol. 23, No. 1, Spring 2004.

克思主义，可以抨击无神论和民族主义，可以谴责苏联、南非和美国的制度，也可以颂扬无政府主义和君主制，是不会引起别的麻烦的，更不会受到什么威胁。但是，当有人剖析锡安主义时，作者就会面临另外一种境地——他将从撰文、言论的领域被推到法庭的前面”。[①] 2007 年，美国前总统卡特出版了专著《巴勒斯坦：和平而非隔离》一书，书中因对巴勒斯坦现状的描述和对以色列的批评而招致了很大的争论，并被一些人冠以“反犹分子”的称号。[②] 同时，一些犹太裔学者则认为，当前反犹主义不是被“夸大”了，而是被严重忽视了。

冷战结束后，中东地区的反犹主义呈现出两种趋势：一是政治性反犹主义出现衰退。由于冷战的终结，一些原本出于社会意识形态对抗或国际政治斗争需要的反以和反犹宣传已渐趋减弱，甚至不复存在。而且，由于冷战后美国在中东的一家独霸地位，加上 1991 年的海湾战争、2003 年美国使伊拉克“政权更迭”，中东地区的强硬势力已经衰退，支持反犹主义的政治根源也已经大为削弱。在美国的打压下，一些与美国为敌的政府迫于压力，也不得不有所收敛，而那些传统的美国盟友也不得不切断对反犹主义势力的支持。另外，随着 90 年代后中东和平进程的启动，不少中东穆斯林国家都改善了同以色列的关系。

二是草根型反犹主义情绪的上升。这一趋势主要受三个因素的影响：首先是冷战后信息技术的发展使得信息的流动速度也大大加快，和反犹主义有关信息的传播速度也随之加快。比如，中东巴以冲突的画面通过卫星电视瞬间就可以传播到全球各地。中东阿拉伯国家民众的平均识字率只有 15% 左右，不少人是在广播、电视、漫画等的影响下逐步产生了强烈的反犹主义情绪。因此，关于犹太人的世界阴谋理论、关于犹太人的世界权力理论以及有关《锡安长老议事录》的传说等都开始在中东地区变得广为人知。其次是美国政府在中东地区长期

---

① ［法］罗杰．格鲁迪：《以色列问题：犹太复国主义的谎言和梦想》，［巴勒斯坦］艾哈迈德·穆萨 译，世界知识出版社 1986 年版，第 1 页。

② ［美］吉米·卡特：《牢墙内的巴勒斯坦》，郭仲德译，西北大学出版社 2007 年版。

奉行的“双重标准”引起了中东地区穆斯林群体的强烈不满。2001年美国发动反恐战争以来，中东地区的反美主义情绪居高不下，而以色列作为中东地区美国的关键盟友的身份自然也备受关注。卡特在其著作中就指出：“今天伊斯兰极端主义的增加以及伊斯兰世界对于美国的敌视达到前所未有的地步，这与以色列人同巴勒斯坦人不断流血冲突是息息相关的。”① 最后是巴以冲突的影响，和平进程长期停滞不前使一些人认为有关国家缺乏诚意，在当前巴弱以强的情况下更是如此。

五、结论

通过前文的分析，我们不难得出以下几点结论：

1. 反犹主义并不是中东地区穆斯林国家的历史传统，它只是在近代伴随着欧洲殖民主义者的扩张才被传入到中东地区。与基督教世界不同，反犹主义在中东地区的兴起并不是自发性的，而是经历了一个从输入到强化的过程。从总体来看，早期中东地区的反犹主义带有基督教欧洲的印记，具有强烈的“殖民主义输入”色彩，并且对现实生活的影响比较有限。因此，反犹主义在中东地区的落地生根与发散过程，与近代以来中东地区穆斯林帝国的衰退和当代阿犹冲突的深化几乎是同步进行的。

2. 反犹主义并非伊斯兰教的伴生物，因此中东反犹情绪的起源和一些学者所宣称的“文明”、“文化”以及宗教等因素并无多大联系。它实际上是由现实利益冲突所诱发的社会矛盾，只是在当代被注入了大国政治和宗教争端等因素之后，才不断地深化并最终演变、积淀为深刻的宗教与民族仇恨。把中东的反犹主义情绪当作“文明冲突”的理论不仅缺乏历史依据，而且在事实上掩盖了各方的深层次利益冲突和矛盾。各方在反犹主义问题上的争论本质上与各自所持的政治立场密切相关，然而这种分歧对于反犹主义的未来发展趋势并无多大影响。

---

① ［美］吉米·卡特：《牢墙内的巴勒斯坦》，第161页。

3. 中东地区的反犹主义情绪虽然并非源自宗教意识形态的影响，但是目前却出现了意识形态化的新趋向。与政治性反犹情绪相比，意识形态化的反犹情绪显得更加根深蒂固，它所导致的威胁和挑战也很难在短期内清除。

（王 震，上海犹太研究中心助理研究员）

后　记

2010 年 8 月，正值举世瞩目的上海世博会举行之时，上海犹太研究中心与上海市世界史学会等单位合作，并得到美国中犹研究院的支持，在上海成功举办了首届犹太研究青年论坛。参加会议的青年学者来自中国的所有犹太学研究机构，提交了许多高质量的论文。编辑部征求了作者本人的意见，并结合本书重点研究美国犹太人这一主题，选用了其中的大部分论文。因此，从某种程度而言，本书可以反映中国犹太研究领域生气勃勃、意气风发的新生力量的水平和成果。需要指出的是，本书收入的某些论文的主要内容可能以某种形式发表过，此次作者又做了修改、更新、充实或精简。

全书由潘光、汪舒明提出创意并进行策划和组织，汪舒明、罗爱玲进行统稿，潘光完成最后审稿和定稿。在本书编辑过程中，余建华、王健、王震、周国建、盛文沁等提出了许多建设性的构想和建议；沈国华、姚勤、黄崇峻、王震、张忆南等为本书的编辑、文字校对和其他编务、后勤工作做出了重要贡献；南京大学的宋立宏副教授举荐了高质量的论文；特别要提一下的是，时事出版社编辑部主任苏绣芳女士和责任编辑周镜为本书的出版付出了辛勤的劳动。在此，我们一并表示诚挚的谢意。

本书使用的资料和数据一般截止到 2010 年 9 月底，个别文章又在截稿前补充了一些最新的资讯。

由于本书编者的时间和水平有限，出现挂一漏万之处在所难免，还请读者批评指正。

编　者

2010 年 11 月

于上海犹太研究中心

征稿启示

《犹太·以色列研究论丛》是由上海社会科学院上海犹太研究中心（CJSS）主办的学术论丛。它以犹太民族和以色列的历史和现状为主要内容，有较高学术水准的学术论文是我们热切期盼的重点。同时，我们也欢迎各种与犹太民族和以色列相关的比较研究。

在犹太研究方面，我们将向所有可能的研究领域开放。无论是关于犹太—以色列历史、政治、宗教、哲学、文学和社会的专门研究，或者关于犹太人生活或名人名家的介绍，国内外相关著作的介绍和评论，与犹太研究相关的重要活动信息，都是本刊兴趣所在。

本刊主要设置了“犹太人在中国”、“以色列历史和现状”、“阿以关系”、“世界各地犹太人研究”、“犹太文化与教育”、“犹太宗教和哲学”、“反犹主义”等栏目。我们将根据来稿的题材对栏目进行灵活调整。

本刊采用中文和英文文稿。文章大标题为三号字体，小标题为四号字体。中文文稿请用简体汉字、小四字号、宋体。英文文稿请用Times New Roman 字体，小四字号。

每篇要求随附中英文的标题和摘要，注明作者单位、职务、职称。文稿采用脚注、小五号字体、分页另起编号。

中文脚注格式范例如下：

著作：杨曼苏：《以色列——谜一般的国家》，世界知识出版社1992 年版，第 93 页。

译著：［以］阿巴·埃班著，阎瑞松译：《犹太史》，中国社会科学出版社 1986 年版，第 414 页。

论文或文章：陈景：“从犹太移民浪潮看中东局势变化”，《西亚非洲》1990 年第 4 期。

网络文章：王晓泉："普京政府的俄罗斯东北亚政策特点及影响"，http：//www. sinoir. com/power/showaticle. asp

英文脚注格式范例如下：

Book：M. D. David, *Bombay The City of Dreams*, Bombay 1995, p. 104.

Article：1), Nicholas D. Kristof, "The China Scapegoat," *The New York Times*, May 29, 2005

2), Meyrav Wurmser, "Can Israel Survive Post-Zionism?", in *Middle East Quarterly*, March 1999, p. 4.

3), Condoleezza Rice, "Remarks at Sophia University," March 19, 2005, http：//www. . state. gov/secretary/rm/2005/43655. html.

请务必提供作者的真实姓名、通讯地址、电话号码及所在单位，以便于稿酬发放等事宜。

真诚期望您为本刊惠赐文稿！

来稿请寄：上海淮海中路 622 弄 7 号 476 室（邮编：200020）

上海社会科学院上海犹太研究中心《犹太 · 以色列研究论丛》编辑部

联系人：汪舒明

联系电话：021 – 53060606 – 2476

传真：021 – 53510041

E-mail：wsm@ sass. org. cn 或 shengwenqing@ sass. org. cn

《犹太 · 以色列研究论丛》编辑部

图书在版编目（CIP）数据

犹太人在美国：一个成功族群的发展和影响/潘光，汪舒明，罗爱玲主编．—北京：时事出版社，2010. 12

ISBN 978-7-80232-380-3

Ⅰ．①犹… Ⅱ．①潘… ②汪… ③罗… Ⅲ．①犹太人－民族历史－美国－文集 Ⅳ．①K18－53

中国版本图书馆 CIP 数据核字（2010）第 224188 号

出版发行：时事出版社
地　　址：北京市海淀区万寿寺甲 2 号
邮　　编：100081
发行热线：（010）88547590　88547591
读者服务部：（010）88547595
传　　真：（010）68418647
电子邮箱：shishichubanshe@ sina. com
网　　址：www. shishishe. com
印　　刷：北京昌平百善印刷厂

开本：787×1092　1/16　印张：24　字数：355 千字
2010 年 12 月第 1 版　2010 年 12 月第 1 次印刷
定价：58. 00 元